Sprechen und Lesen

Helmut Rehder

Ursula Thomas

Freeman Twaddell

Suzanne Jebe

Sprechen und Lesen

REVISED EDITION

Holt, Rinehart and Winston
New York   Toronto   London

ILLUSTRATION CREDITS

Jan Lukas: pp. iii, xiv–xv-*bottom*, xv, 52-*left*, 96, 105, 107, 143, 148, 159, 168, 185, 192-*top*, 260. — Courtesy Swiss National Tourist Office, New York: pp. v, vii, xi, xxvi-1, 5, 75, 99, 216, 229, 242-*bottom*, 278. — Cosy-Verlag, Alfred Gründler, Salzburg: pp. vi, xxvi, 217. — Courtesy German Information Center, New York: pp. viii, 10–11, 34, 56, 57, 71, 72, 81, 87, 108-*bottom*, 115, 172, 177, 193, 194, 225, 281, 290–291-*top*, 290-*bottom*, 311, 312, 315, 319, 328, 329. — Landesbildstelle Württemberg, Stuttgart: pp. ix, x, xii, xiv-*top*, xiv–xv-*top*, xxvi-*bottom*, 33, 52-*right*, 65, 67, 68, 69, 70, 78, 80, 86, 88-*top*, 89, 95, 95-*right*, 98, 102, 103, 104, 106, 142, 144, 145, 178, 192-*bottom*, 207, 247, 285, 309. — Courtesy Stadtverkehrsbüro Salzburg: pp. xiii, 218. — Courtesy Presse- und Informationsamt der Bundesregierung, Bonn: pp. xvi, 27-*top*, 95-*left*, 212. — Courtesy Swissair, New York: pp. 1, 48. — Renata Hiller: pp. 3, 54-*top*. — Foto Krautwasser, Stuttgart: pp. 9, 90-*left*, 151, 189, 228, 234-*left*. — Frank Zehme, New York: pp. 17, 323. — Courtesy German Tourist Information Office, New York: pp. 36, 51, 152, 214. — Ursula Thomas: pp. 39, 41, 113, 116, 118, 124, 128, 133, 137, 139, 141, 156, 157-*bottom*, 162, 164, 242-*top*. — Heinz Bogler, Frankfurt: p. 42. — Courtesy Lufthansa, New York: pp. 54-*bottom*, 55. — Courtesy Rosenthal A. G., Selb: p. 61. — Courtesy Landesbildstelle Berlin: 88-*center*, 318, 325. — Deutsche Fotothek Dresden: pp. 88-*bottom*, 108-*top*, 109, 149, 160, 163. — Courtesy Volkswagen Fifth Avenue, Inc., New York: p. 90-*right*. — Suzanne Jebe, courtesy West High School, Minneapolis, Minnesota: p. 91. — Courtesy Germanisches Nationalmuseum, Nürnberg: p. 215. — Ruth Riley, p. 223. — Courtesy Austrian National Tourist Office, New York: pp. 264, 265, 286, 289. — Courtesy Mercedes-Benz of North America, Inc., Fort Lee: p. 266-*top*. — Courtesy Porsche/Audi, Englewood Cliffs: p. 267. — Fritz Henle, Monkmeyer Press Photo Service, New York: pp. 271, 308, 330. — Fremdenverkehrsstelle der Stadt Wien: pp. 283, 284, 287. — Franz Milz, Füssen: p. 304. — Courtesy Roy Blumenthal International Associates, Inc., New York: p. 312. — The following pictures by Horst H. Baumann, Heinz Bogler and Sieghart Kemper are re-used from the first edition: pp. 14, 19, 20, 22, 27-*bottom*, 30, 46, 73, 76, 82, 84, 97, 100, 101, 174, 180, 186, 190, 195, 198, 201, 204, 208, 211, 219, 222, 226, 230, 232, 234-*right*, 237, 249, 250, 251, 252, 256, 261, 262, 266, 269, 274, 277, 279, 292, 294, 297, 300, 302, 303, 305.

COLOR SECTION

Jan Lukas: pp. xvii-*top*, xxiv-*center-right*. — H. H. Baumann: pp. xvii-*bottom*, xxiv-*bottom-left*, xxiv-*top-right*. — John Vachon: pp. xviii, xviii–xix-*bottom*, xix-*top-right*. — Courtesy Roy Blumenthal International Associates, Inc., New York: pp. xix-*top-left*, xix-*bottom-right*, xxiv-*top-left*. — BASF Wyandotte Corporation, New York: p. xx-*top*. — Landesbildstelle Württemberg, Stuttgart: pp. xx-*bottom*, xxi. — Fremdenverkehrsstelle der Stadt Wien: p. xxii-*top-left*. — Austrian National Tourist Office, New York: p. xxii-*top-right*, xxii-*bottom*. — Swiss National Tourist Office, New York: p. xxiii. — Deutsche Fotothek Dresden: p. xxiv-*bottom-right*.

Drawings by Alan Moyler.

Maps on pages 110, 157, 240 and 246 by Ruth Riley.

Cover picture from Landesbildstelle Württemberg, Stuttgart.

Library of Congress Catalog Card Number: 71-162677

Printed in the United States of America

ISBN: 0-03-084939-X

234567890   071   98765432

Inhalt

Vierzehntes Kapitel 311

Salzburg

Autobahn

Neckarhafen, Stuttgart

STUTTGART

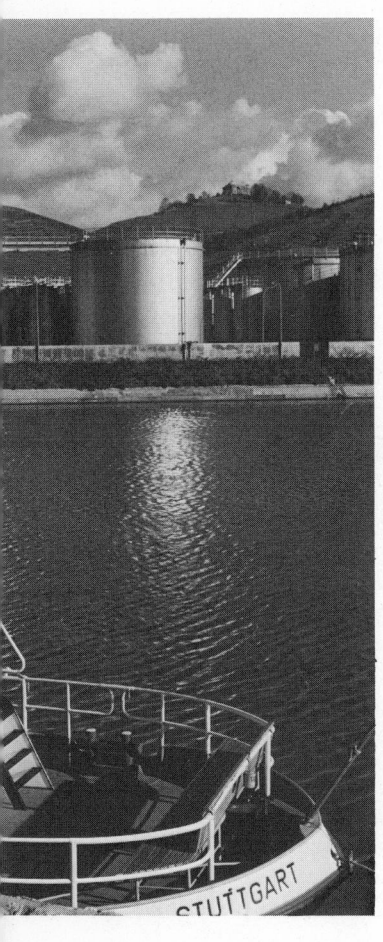

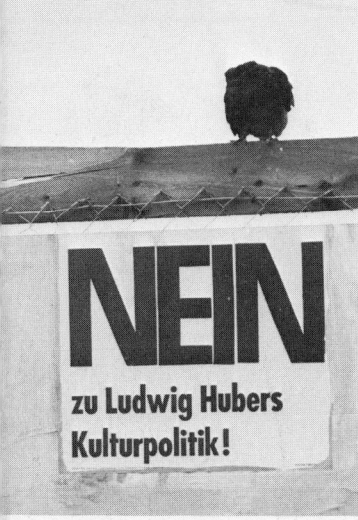

NEIN
zu Ludwig Hubers
Kulturpolitik!

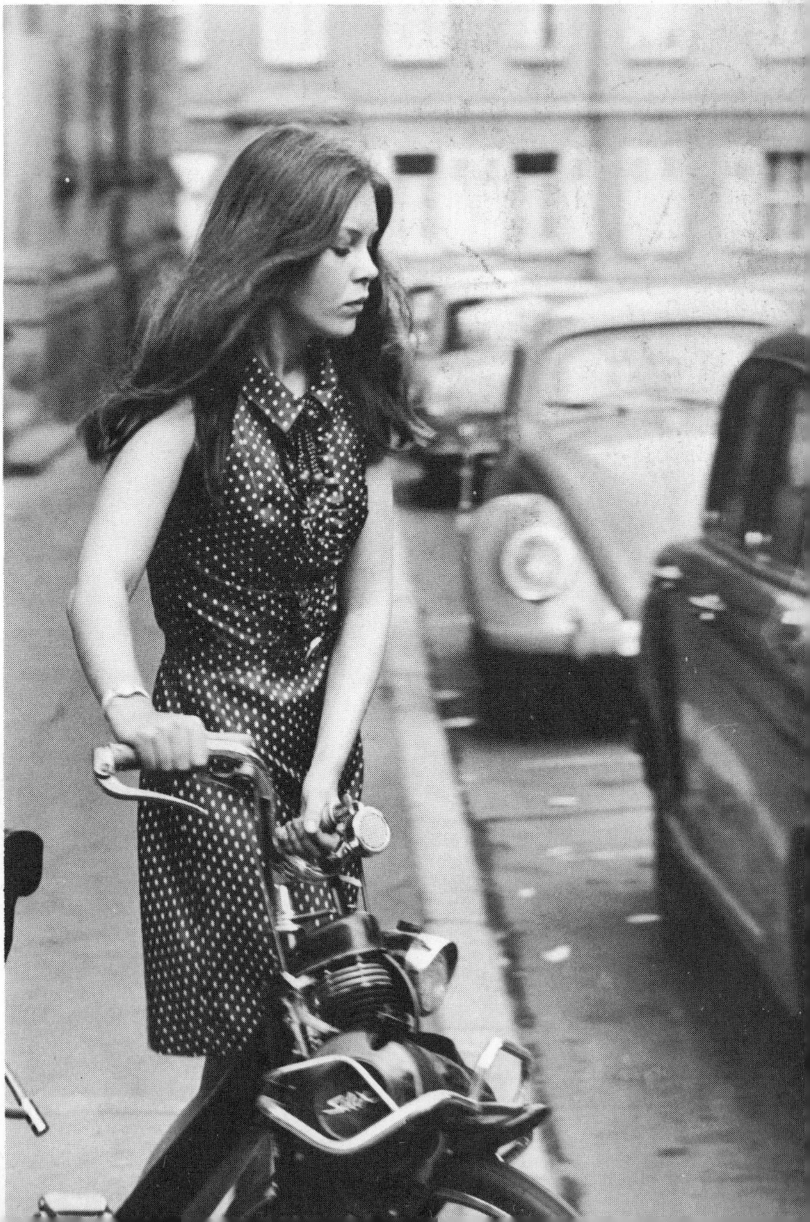

BAYERN

BAYERN

München

Berlin

Berlin

Am Rhein

Am Neckar

Allgäu

Schwarzwald

xxi

Wien

Innsbruck

SCHWEIZ

Zürich

Frankfurt

Lübeck

Hamburg

xxiv

Harz

Sprechen und Lesen

SALZBURG
bei Nacht

Bern

SWISSAIR

Zur Wiederholung

1

0/1 Nach den Sommerferien

Herr Bach, Lehrer an einer amerikanischen High-School, spricht mit seinen Schülern.

HERR BACH: Na, da sind wir ja alle wieder. Was habt ihr in den Ferien gemacht? — Christoph?

CHRISTOPH: Ich hab' den ganzen Sommer gearbeitet. 5

HERR BACH: So? Hast du denn eine gute Stellung gehabt?

CHRISTOPH: Ja gewiß. Die hatte ich mir schon im Mai verschafft. Mein ältester Bruder besitzt eine Tankstelle, und da hat er mich arbeiten lassen. Ich habe bei ihm gewohnt und dazu noch zwei Dollar die Stunde verdient.

HERR BACH: Das hattest du dir aber schön ausgedacht! Du hast sicher dabei auch eine 10 Menge gelernt.

CHRISTOPH: Ja, und mit dem Geld hab' ich mir einen Wagen gekauft.

HERR BACH: Was? Soviel Geld hast du verdient?

CHRISTOPH: Nun, es war eigentlich nicht so viel. Der Wagen hat nur hundertfünfzig Dollar gekostet. Es ist der alte Wagen von meinem Bruder. Er hat jetzt einen 15 neuen.

HERR BACH: Ach so! — Und du, Dorothea, was hast du getan?

DOROTHEA: Ich habe eine Reise nach Europa gemacht.

HERR BACH: So? Das ist ja großartig. Mit deinen Eltern?

DOROTHEA: Nein. Mit einer Gruppe von Schülern. 20

HERR BACH: Ach ja, das hast du mir schon einmal gesagt. Wie war die Reise? Hat's viel Spaß gemacht?

DOROTHEA: Oh ja. Wir sind nach Deutschland, nach Österreich und in die Schweiz gereist. Es war alles so schön, daß ich gar nicht weiß, was mir am besten gefallen hat. Und dabei hab' ich auch eine Menge gelernt. 25

HERR BACH: Das kann ich glauben. Nun, vielleicht möchtest du uns später etwas mehr von deiner Reise erzählen.

DOROTHEA: Ja gerne.

FRAGEN

1. Wer ist Herr Bach?
2. Mit wem spricht er?
3. Was möchte er wissen?
4. Was hat Christoph gemacht?
5. Wann hatte sich Christoph seine Stellung verschafft?
6. Was besitzt Christophs ältester Bruder?
7. Wer hat an der Tankstelle gearbeitet?
8. Wo hat Christoph gewohnt?
9. Wieviel hat er verdient?
10. Was hat er sich mit dem Geld gekauft?
11. Hat der Wagen sehr viel gekostet?
12. Von wem hat Christoph den Wagen gekauft?
13. Warum hat sein Bruder den alten Wagen verkauft?
14. Was hat Dorothea getan?
15. Wie findet Herr Bach das?
16. Mit wem hat Dorothea die Reise gemacht?
17. Wohin sind die Schüler gereist?
18. Was hat Dorothea am besten gefallen?
19. Hat sie dabei etwas gelernt?
20. Was kann sie später vielleicht machen?

To the Student

This is the first of the written exercises in the course. These exercises practice various points of German grammar.

Often, along with the assignment, you will be given examples of the kind of answers called for, and usually there will be a suggestion to look at "Grammar Reference § Such-and-such, which is on page so-and-so." You may find it unnecessary to consult that suggested paragraph of the Reference Notes, because the directions and examples given with the exercise have told you all that you need to know; so much the better.

If you do feel you want more information before writing the exercise, the tables of grammatical endings in the Reference Notes will often give all the information you need in order to do the exercise. If still further information is needed, the extra examples or fuller explanations in the Reference Notes may help you with the exercise.

ÜBUNG

Future and perfect verb phrases

Grammar Reference §47, §49.1, and §49.2, pages 371 and 373.

Change the following sentences to the future, then to the perfect verb phrase.

EXAMPLE: Was macht ihr in den Ferien?

Was werdet ihr in den Ferien machen?

Was habt ihr in den Ferien gemacht?

1. Ich arbeite den ganzen Sommer.
2. Hast du eine gute Stellung?
3. Verdienst du viel Geld?
4. Ich wohne bei meinem Bruder.
5. Ich verdiene zwei Dollar die Stunde.
6. Du lernst dabei auch eine Menge.
7. Ich kaufe mir einen Wagen.
8. Mein Bruder verkauft seinen alten Wagen.
9. Der Wagen kostet nur hundert Dollar.
10. Ich mache eine Reise nach Europa.

0/2 Besuch in der Schweiz

Bieler-See

Edwins Familie hat im Sommer eine Reise nach Europa gemacht. Edwin ist natürlich auch mitgefahren. Sie sind nach Deutschland und Österreich und in die Schweiz gereist, wo die Familie von seiner Mutter wohnt. Seine Mutter kommt nämlich aus der Schweiz, aus Bern. Edwins Familie hat die Verwandten in der Schweiz besucht.
5 Er hat Onkel und Tanten, Vettern und Kusinen in kleinen Städten nicht weit von Bern. Seine Großeltern wohnen auch dort, in Biel, am Bieler-See. Edwin und seine Eltern haben alle Verwandten besucht, aber sie konnten nicht lange bleiben. Sein Vater mußte schon am 15. August wieder zu Hause sein. Aber Edwin hat seine schweizerischen Verwandten kennengelernt, und er freut sich schon auf eine zweite Reise nach Europa.   **5**

FRAGEN

1. Wohin ist Edwins Familie im Sommer gefahren?
2. Ist Edwin auch mitgefahren?
3. Wo wohnt die Familie von seiner Mutter?
4. Woher kommt seine Mutter?
5. Wen hat die Familie in der Schweiz besucht?
6. Wo wohnen seine Onkel und Tanten?
7. Wo wohnen seine Großeltern?
8. Wann mußte die Familie wieder zu Hause sein?
9. Wen hat Edwin kennengelernt?
10. Worauf freut er sich jetzt schon?

ÜBUNG

Future and perfect verb phrases

Grammar Reference §47, §49.1-3, pages 371 and 373.

Change the following sentences to the future and to the perfect verb phrase.

EXAMPLES: Edwins Familie macht eine Reise nach Europa.
Edwins Familie wird eine Reise nach Europa machen.
Edwins Familie hat eine Reise nach Europa gemacht.

Edwin fährt natürlich auch mit.
Edwin wird natürlich auch mitfahren.
Edwin ist natürlich auch mitgefahren.

1. Sie reisen in die Schweiz.
2. Die Familie besucht die Verwandten in der Schweiz.
3. Edwin lernt seine Verwandten kennen.
4. Sie bleiben nicht lange.
5. Sein Vater ist am 15. August zu Hause.

0/3 Annettes Sommerferien

In den Sommerferien hat Annette gearbeitet. Sie hatte sich eine Stellung beim Kaufhaus Behrens verschafft. Dort hat sie Damenkleidung verkauft. Bei der „Damenkleidung" kann man Kleider, Mäntel, Blusen und Röcke kaufen. Sie hat zwei Dollar die Stunde verdient. Und wenn sie sich etwas bei Behrens kaufen wollte, dann war es für sie
5 billiger. So hat sie ihre Kleidung für den Herbst gekauft. Bei Behrens kann man hübsche Sachen finden. Annette hat sich also zwei Kleider, zwei Röcke, drei Blusen, einen Herbstmantel und ein Paar Schuhe gekauft. Heute trägt sie ein neues Kleid. Steht es ihr nicht glänzend?

---

7 trägt *is wearing*

FRAGEN

1. Was hat Annette in den Sommerferien gemacht?
2. Wo hatte sie sich eine Stellung verschafft?
3. Was hat sie verkauft?
4. Was kann man bei der „Damenkleidung" kaufen?
5. Wieviel hat sie verdient?
6. Was war ein Vorteil für sie?
7. Was hat sie so gekauft?
8. Was für Sachen findet man bei Behrens?
9. Welche Sachen hat sie sich gekauft?
10. Was trägt sie heute?

---

6 Vorteil *advantage*

ÜBUNGEN

Pronoun substitution

Grammar Reference §12, page 343.

Rewrite the following sentences, substituting the appropriate personal pronoun for the subject noun, which is given in **heavy type.**

EXAMPLE: **Der Wagen** steht vor der Tür.
Er steht vor der Tür.

1. Wo hat **Annette** ihre Kleidung gekauft?
2. **Edwin und seine Eltern** haben alle Verwandten besucht.
3. **Sein Vater** mußte schon am 15. August wieder zu Hause sein.
4. Zu Hause schmeckt **das Essen** viel besser.
5. **Meine Freunde** haben heute furchtbar gearbeitet.

Now substitute the appropriate personal pronoun for the accusative or dative object.

EXAMPLE: Wir haben **den Wagen** schon vor einer Stunde gesehen.
Wir haben ihn schon vor einer Stunde gesehen.

6. Heute trägt sie **das neue Kleid.**
7. Morgen wird sie **den neuen Herbstmantel** tragen.
8. Man kann **meinen Freund** nicht gut verstehen.
9. Das muß ein Freund von **meinem Onkel** sein.
10. Er spricht immer von **seinen Töchtern.**

Using the following questions as suggestions, write a paragraph on your own summer activities.

Was haben Sie in den Ferien gemacht?

Sind Sie den ganzen Sommer zu Hause geblieben? Haben Sie gearbeitet? Haben Sie eine gute Stellung gehabt? Wieviel haben Sie verdient? Wo haben Sie gearbeitet? In einem Kaufhaus? An einer Tankstelle? Zu Hause? Für einen älteren Freund der Familie? Für einen älteren Bruder oder einen Onkel?

Waren Sie viel draußen im Freien? Sind Sie schwimmen gegangen? Wo? Im See? Im Fluß? Im Schwimmbad? Können Sie Wasserschi fahren? Haben Sie Tennis gespielt?

Basketball? Korbball? Fußball? Was haben Sie gemacht, wenn das Wetter schön war? Wenn es regnete? Haben Sie ein Fahrrad? ein Moped? Waren Sie den ganzen Tag unterwegs? Was haben Sie am Abend getan? Sind Sie oft ins Kino gegangen? Haben Sie Karten oder Schach gespielt? Mit wem?

Sind Sie zur Sommerschule gegangen? Wie viele Wochen? Haben Sie eine Menge gelernt? Waren Sie am Nachmittag frei? Haben Sie viele Hausaufgaben gehabt? Wer war Ihr Lehrer / Ihre Lehrerin? Hat's Spaß gemacht, oder war es ein bißchen langweilig?

Haben Sie eine Reise gemacht? Wohin? Waren Sie bei Verwandten zu Besuch? Wo wohnen sie? Wie lange sind Sie da geblieben? Haben Sie Freunde besucht? Hat es Spaß gemacht, oder war es ein bißchen langweilig?

9

Lübeck

Erstes Kapitel

To the Student

The Vocabulary Expansion Exercise (*Erweiterung des Wortschatzes*), which accompanies each section of reading in Chapters 1–12, is designed to give you practice in the techniques of reading for meaning. Its form is similar to that of a dictionary or a compact encyclopedia in German. Its most obvious use is to supply vocabulary and cultural information for the dialogue or prose selection immediately following.

If the **headword** (printed in heavy type) is a noun, it is given with its definite article and with an indication of the plural (look at **Apparat, Uhr,** and **Vorort** in the first *Erweiterung des Wortschatzes*). Verbs are given in their infinitive form. Frequently other essential forms of verbs—the so-called "principal parts"—are listed after the infinitive. (There is a special note about principal parts on page 33 at the end of this chapter. You should read this note soon.) Sometimes the same headword will appear in more than one *Erweiterung des Wortschatzes*. In this way you will become familiar with the different meanings or shades of meaning a word can have.

With each headword there is one or more of the following: 1) an illustration; 2) a *definition* (printed in italics); 3) a sentence or two illustrating the use of the headword. These headwords will help you understand the following dialogue or narrative and do the exercises which accompany it. Not every new word is explained in the *Erweiterung des Wortschatzes*. Those words which could be indicated with an illustration or could be explained in terms of your knowledge of German were chosen for this section. You will be able to guess much of the other new vocabulary from context, or it may be glossed at the bottom of the page. If you still meet words you do not understand, you will have to look them up in the end-vocabulary.

However, do not look up a word until you have read through at least the entire sentence in which it occurs and tried to determine what it means from the context of the sentence or paragraph. As you read English, you use contextual clues to guess at the meaning of individual words. At the beginning it is difficult to employ this same technique of "intelligent guessing" in reading a foreign language, but it is worth the trouble, and it should be practiced in reading both the *Erweiterung des Wortschatzes* and the following German texts. As you continue your study of German, you will be able to understand more and more within German itself, and some time you will want to work with one of the dictionaries intended for the use of native speakers. When you can use that kind of dictionary with ease, you will truly be able to read German.

When you study the *Erweiterung des Wortschatzes* you should first go through the entire list of words, looking at the pictures, definitions, and example sentences and trying to make a mental picture of what the headword means. If you are sure you understand a word, do not look it up in the end-vocabulary. Keep a list of the headwords you did not understand and look them up in the back of the book. Then reread the entries in the *Erweiterung des Wortschatzes* and try again to understand the definitions and example sentences. If you still do not understand every word, don't worry. These sentences were constructed with the idea of giving you practice in guessing the meanings of words. It is important for you to have some understanding of each sentence, but it is not important to get a clear-cut picture of every word in every definition or illustrative sentence.

To sum up: You should get a clear picture of the headwords on the page, because these are the words you will meet again in the text which follows. However, the example sentences and definitions for the headwords are to be regarded as having a different priority. It is more important to concentrate on the actual text selections (the dialogues and narratives). You should work to understand these quite accurately, using the *Erweiterung des Wortschatzes* as an aid. With the exception of the headwords, the information in the Vocabulary Expansion Exercises is not of primary importance, although some of it will provide cultural insights which you may find interesting.

1/1 Radiokontakt mit Amerika

ERWEITERUNG DES WORTSCHATZES

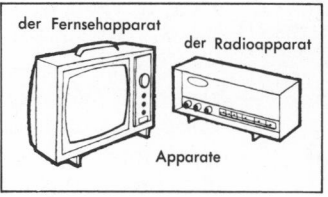

der Fernsehapparat

der Radioapparat

Apparate

als *zur gleichen Zeit* — **Als** ich klein war, wohnten wir in Hamburg.

der **Apparat -e** *kurz für Radioapparat, Fernsehapparat (siehe Zeichnung)*

eigen — Was ein Mensch besitzt, ist sein **eigen.** — Mein Bruder besitzt eine Tankstelle: das ist seine **eigene** Tankstelle.

genau *exakt und klar; nicht mehr und nicht weniger, als es sein soll* — „Wieviel Uhr ist es?" „Es ist **genau** neun Uhr und vier Minuten." — „Wieviel kostet dies Buch?" „**Genau** zehn Mark."

pünktlich *auf die Minute genau; zur rechten Zeit* — Wenn du nicht **pünktlich** kommst, wirst du mich nicht finden — ich warte nicht auf dich.

übrigens *was ich sonst noch sagen wollte . . .* — Ich habe meine Hausaufgaben schon gemacht. **Übrigens,** hast du schon den neuen Schüler aus München kennengelernt?

die **Uhr -en** — Es ist genau sieben **Uhr.** (*siehe Zeichnung*)

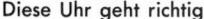

Diese Uhr geht richtig.

Diese Uhr geht nach.

Diese Uhr geht vor.

der **Vorort -e** *eine kleine Stadt, die nicht weit von einer großen Stadt liegt* — Arlington ist ein **Vorort** von Washington, D.C. Oak Park und Blue Island sind **Vororte** von Chikago. Beverly Hills und Pasadena sind **Vororte** von Los Angeles.

13

Paul Elmenhorst, ein Radioamateur in Lübeck, ist in Kontakt mit seinem Freund
Nicholas Webster aus Springfield, Massachusetts.

PAUL: Hallo! W1ZVZ!

NICK: Hier ist W1ZVZ. Bist du's, DL1NX? Paul?

PAUL: Ja. Großartig! Kannst du mich verstehen?   5

NICK: Ja, ausgezeichnet, jedes Wort. Mein Apparat muß wirklich gut funktionieren.

PAUL: Schön. Ich hab' deinen Brief bekommen, wie du deinen Apparat installiert hast.
Er ist schon letzten Dienstag gekommen. Da hab' ich dann vier Tage gewartet, wie
du es wolltest. Bis Samstag abend.

NICK: Bis auf die Minute. Du bist aber pünktlich, das muß ich sagen. Hier ist es jetzt 10
fünf Uhr nachmittags. Dann muß es bei euch in Lübeck elf Uhr abends sein.

PAUL: Ja, das stimmt — mehr oder weniger. Es ist jetzt genau elf Uhr, vier Minuten
und drei Sekunden.

NICK: Donnerwetter! Das ist wirklich akkurat! Warte mal — meine Uhr geht ein
15   bißchen nach; nur ein paar Minuten. So, jetzt stimmt's.

PAUL: Du — es freut mich doch, daß du jetzt deinen eigenen Apparat hast. Weißt du
noch, vor einem Jahr, als du in Lübeck warst? Da hatten wir doch viel Kontakt mit
Leuten in ganz Europa — und manchmal auch in Amerika!

NICK: Ja, das machte viel Spaß.

20 PAUL: Und jetzt hast du deinen eigenen Apparat. Großartig!

NICK: Wie geht's bei euch in Lübeck? Was machen deine Eltern, und wie geht's
Barbara?

PAUL: O, die arbeitet jetzt in einer Bank. Ihr geht's großartig. Aber ich habe letztes
Wochenende Pech gehabt.

25 NICK: Wieso denn?

PAUL: Ich hab' mir den Fuß verrenkt — auf dem Tennisplatz. Und da muß ich eben
still sitzen oder auf dem Sofa liegen.

NICK: Das tut mir aber leid.

PAUL: Na, es wird schon besser werden. Übrigens, nach dem ersten Juli wohnen wir in
30   einer neuen Wohnung.

NICK: So? Wie ist eure neue Adresse?

PAUL: 2401 Lübeck-Ivendorf. — Das ist ein Vorort von Lübeck. Grüner Weg 128.

NICK: Schön. Das hab' ich mir aufgeschrieben. Du wirst von mir hören. — Na, schlaf
recht schön. Schönen Gruß an deine Familie. Ich will jetzt noch mit einem Freund
35   in Kanada sprechen. In England schlafen sie schon alle. Bis später!

PAUL: Auf Wiederhören, Nick!

ÜBUNGEN

*Find at least one occurrence of each headword of the ERWEITERUNG DES WORT-
SCHATZES in the text and copy the sentence in which it occurs, underlining the new
word.*

*Notice in lines 17–19 of the conversation, when Paul and Nick are talking about what
happened "vor einem Jahr", they use a different form of the verb, one which indicates past
time. That form is called the "**preterit**". It is described in Grammar Reference Notes
§41.1–3, page 363.*

The preterit and the present

Grammar Reference §41.1-3, page 363.

The following sentences are all in the preterit. Rewrite them in the present. [Tables for present-tense endings of most verbs are given in §40.1, 2, and for modal auxiliaries in §48.3.]

EXAMPLE: Ich durfte nicht mit.
Ich darf nicht mit.

1. Das machte viel Spaß.
2. Paul wohnte in Lübeck.
3. Nicks neuer Apparat funktionierte sehr gut.
4. Barbara arbeitete in einer Bank.
5. Es freute Paul, daß Nick seinen eigenen Apparat hatte.
6. Dieser neue Apparat kostete 400 Mark.
7. Ich mußte einen neuen Apparat installieren.
8. Konntest du mich nicht verstehen?
9. Dieter wollte bis Samstag nachmittag warten.
10. Wir hatten viel Kontakt mit den Amerikanern.

1/2 Zwei Mädchen im Kaufhaus

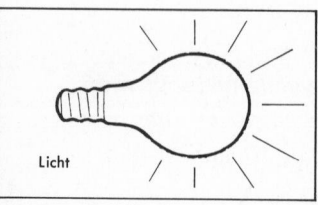

Licht

ERWEITERUNG DES WORTSCHATZES

das **Licht** -er (*siehe Zeichnung*) — Jetzt geht mir ein **Licht** auf! (= Jetzt kann ich's verstehen!)
tragen (trägt), trug, getragen *anhaben* — Annemarie **trägt** heute ein neues Kleid. Steht es ihr nicht glänzend?

Johanna will sich einen Rock kaufen.

SONNHILD: Und dieser, wie gefällt dir dieser?

JOHANNA: Nein, diese Farben gefallen mir gar nicht.

SONNHILD: Aber grün und braun stehen dir gut. Und er kostet nur dreißig Mark.
5   Willst du ihn nicht anprobieren?

JOHANNA: Nein, dieser blaue gefällt mir besser.

SONNHILD: Hast du schon Ingrid gesehen? Sie trägt heute so einen.

JOHANNA: So einen wie diesen? Ingrid?

SONNHILD: Ja, einen dunkelblauen. Der ist genau so wie dieser.
10 JOHANNA: Wo hat sie ihn gekauft?

SONNHILD: Das weiß ich nicht. Vielleicht hier. Kirsten war gestern mit ihr in der Stadt.

JOHANNA: Ingrid! Und sieht sie nicht furchtbar darin aus?

SONNHILD: Nein, er steht ihr glänzend.

JOHANNA: Vielleicht werde ich den grünen und braunen mal anprobieren.
15 SONNHILD: Aber der gefällt dir doch gar nicht.

JOHANNA: Aber ich habe einen grünen Pullover, und, wie du sagst, diese Farben
        stehen mir gut, und —

SONNHILD: Gut. Dann will ich den blauen anprobieren, wenn du ihn nicht willst.

JOHANNA: Ach so! Jetzt geht mir ein Licht auf!

ÜBUNG

Personal pronouns

Grammar Reference §12, page 343.

Answer the questions, substituting the appropriate pronoun for the noun subject. A list of colors is given below.

EXAMPLES: Welche Farben hat die österreichische Flagge?
Sie ist rot und weiß.

Es sind keine Wolken da, und die Sonne scheint. Welche Farbe hat der Himmel?
Er ist blau.

1. Welche Farben hat die amerikanische Flagge?
2. Es regnet den ganzen Tag. Welche Farbe hat der Himmel?
3. Welche Farbe hat die Wandtafel?
4. Welche Farbe hat Ihr Kugelschreiber?
5. Welche Farbe hat das Gras?
6. Welche Farbe hat Ingrids Rock?
7. Ein Rock kostet dreißig Mark. Welche Farbe hat dieser Rock?
8. Ein Rock gefällt Johanna besser. Welche Farbe hat dieser?
9. Welche Farben hat einer von Johannas Pullovern?
10. Sonnhild möchte sich auch einen Rock kaufen. Welche Farbe hat dieser Rock?

FARBEN: blau, rot, gelb, grün, orange, rosa, weiß, grau, schwarz; hellblau, dunkelgrün.

1/3 Es geht Werner ein Licht auf

ERWEITERUNG DES WORTSCHATZES

die **Ahnung -en** — Davon habe ich keine **Ahnung.** (= Davon habe ich keine Idee.)

der **Aussichtspunkt** -e — Von einem **Aussichtspunkt** kann man weit sehen. — Vom Washington Monument sieht man über die ganze Stadt Washington hin. Das ist ein guter **Aussichtspunkt**.
der **Berg** -e / das **Tal** ⸚er (*siehe Zeichnung*)

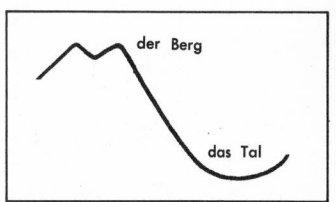

Aussichtspunkt in den Bergen. Heidi sitzt und rupft Blütenblätter. Neben ihr steht Werner.

HEIDI: ... er liebt mich nicht ... liebt mich ...
WERNER: Was tust du da?
5 HEIDI: Das weißt du nicht?
WERNER: Ja, doch; aber wer ist „er"?

---

[1] rupft *is plucking*
[1] Blütenblätter *petals*

HEIDI: O, das weißt du doch.

WERNER: Nein, wie soll ich das wissen? Sag mal, wer ist es denn?

HEIDI: Er ist ein netter Kerl.

WERNER: Das freut mich. Wo wohnt er? 10

HEIDI: Nicht weit von mir.

WERNER: Wie alt ist er?

HEIDI: Vierzehn Jahre alt.

WERNER: Ist er gestern bei Jürgen gewesen?

HEIDI: Nein, leider nicht. Wir haben alle viel Spaß gehabt. Georg hat Klavier gespielt, 15
und ein paar von uns haben getanzt.

WERNER: Sag mal, Heidi, wie heißt er?

HEIDI: Es ist hier recht schön, findest du nicht auch?

WERNER: Ja, ich möchte aber jetzt ins Tal hinuntergehen. Willst du mitkommen?

HEIDI: Ja, gerne. — Aber was ist denn los, Werner? 20

WERNER: Nichts.

HEIDI: Weißt du wirklich nicht, wer es ist?

WERNER: Davon habe ich keine Ahnung.

HEIDI: Na, du bist aber dumm. Er heißt Werner.

FRAGEN

1. Was sagt Heidi, wie sie die Blütenblätter rupft?
2. Was weiß Werner nicht?
3. Was sagt Heidi von „ihm"?
4. Wo wohnt „er"?

5. Wie alt ist „er"?

6. Wo ist Heidi gestern abend gewesen?

7. Was haben die jungen Leute bei Jürgen getan?

8. Was möchte Werner jetzt tun?

9. Was weiß Werner wirklich nicht?

10. Wie heißt „er" denn?

ÜBUNGEN

Position of subject and verb

Grammar Reference §39 and §40.1, pages 361 and 362.

Copy the sentences and underline the subjects once and the verbs twice.

EXAMPLE: <u>Kannst</u> <u>du</u> mich verstehen?

1. Davon habe ich keine Ahnung.

2. Wie soll ich das wissen?

3. Wie gefällt dir dieser Rock?

4. Diese Farben stehen mir gut.

5. Jetzt geht mir ein Licht auf!

Ja/Nein questions

Grammar Reference §52.1 and §52.4, pages 376 and 377.

Change the following statements into **Ja/Nein** *questions.*

EXAMPLE: Ingrid trägt heute einen blauen Rock.
Trägt Ingrid heute einen blauen Rock?

1. Er kostet nur dreißig Mark.

2. Du hast keine Ahnung davon.

3. Werner ist sehr dumm.

4. Du hast deinen eigenen Fernsehapparat.

5. Barbara arbeitet jetzt in einer Bank.

1/4 Martin und Erna gehen durch die Stadt

ERWEITERUNG DES WORTSCHATZES

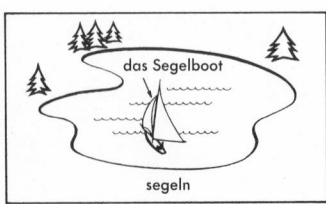

bestimmt *gewiß, sicher* — Ich weiß ganz **bestimmt** (= Ich bin sicher), daß Melanies Geburtstag in den Herbst fällt.

manchmal *von Zeit zu Zeit*

segeln *mit einem Segelboot fahren* — Nur wenn der Wind weht, kann man **segeln**. (*siehe Zeichnung*)

toll *großartig, fabelhaft* — Du machst nächsten Sommer eine Reise nach Japan? Das ist aber **toll**!

☐ *Martin Schmidt möchte gerne Erna Pfeiffenheimer, die die Stadt noch nicht kennt, nach Hause fahren.*

ERNA: Sie sind wirklich sehr nett, Martin. —

MARTIN: Danke schön, Erna.

5 ERNA: Aber Dietrich Krause will um drei Uhr im Wagen auf mich warten, und jetzt mache ich noch ein paar Einkäufe.

MARTIN: Ausgezeichnet, Erna! Ich auch — ich muß . . . einen Pullover kaufen.

ERNA: Einen Pullover! Dazu ist es aber doch zu heiß.

MARTIN: Ja gewiß, aber manchmal gehen wir segeln, und dabei braucht man einen

10 Pullover. Könnten wir nicht zusammen etwas aussuchen?

ERNA: Was? Röcke und Kleider vielleicht? Nein, danke!

MARTIN: Wo gehen Sie denn hin, um Einkäufe zu machen?

ERNA: Ins Kaufhaus Behrens.

MARTIN: Gut. Ich auch. Sollen wir zusammen gehen?

15 ERNA: Gerne. Sie können mir helfen. Ich weiß nicht genau, wo es ist.

MARTIN: Natürlich. Sie kennen doch die Stadt noch nicht. Wir gehen hier immer geradeaus, diese Straße entlang — bis zur dritten Verkehrsampel. Dann ist es dort auf der linken Seite.

ERNA: Na, schönen Dank! — Haben Sie auch Zeit?

20 MARTIN: Aber bestimmt! Ich helfe immer allen Freundinnen von Dietrich furchtbar gerne.

ERNA: Er hat viele Freundinnen, nicht?

MARTIN: Na, Sie kennen ja Dietrich! — Aber er ist ein netter Kerl. Und gestern abend hat er wirklich viel Spaß gehabt.

25 ERNA: Gestern abend? Mußte er nicht zu Hause bleiben und arbeiten?

MARTIN: Dietrich zu Hause bleiben und arbeiten? — Wir waren doch bei Gisela. Ulrike hat ihre Gitarre gespielt, und Dietrich und Elfriede haben getanzt.

ERNA: So? Elfriede . . . sie ist sehr hübsch, nicht?

MARTIN: Na ja, es geht so.

30 ERNA: Wo wohnt sie? Wissen Sie das?

MARTIN: Ja gewiß. Neben Dietrich. — Aber sagen Sie mal, Erna, wie gefällt es Ihnen hier in Lübeck?

ERNA: Ausgezeichnet. Ich bin doch froh, daß wir jetzt hier wohnen.

MARTIN: Haben Sie ein Haus gefunden? — Oder wohnen Sie immer noch im Hotel?

---

33 froh   *happy, glad*

ERNA: Seit Montag wohnen wir Buchenweg dreiundsiebzig.   35
MARTIN: Dreiundsiebzig?
ERNA: Ja. Dreiundsiebzig.
MARTIN: Haben Sie schon Telefon?
ERNA: Erst morgen. — Na, hier ist das Kaufhaus Behrens.
MARTIN: So schnell? — Sagen Sie mal, Erna, sind Sie heute abend frei?   40
ERNA: Heute abend? Ich weiß noch nicht, vielleicht —
MARTIN: Lassen wir Dietrich arbeiten. Wollen Sie nicht mit in die Olympia-Lichtspiele?
ERNA: Heute abend? Ins Olympia?
MARTIN: „Männer der Tiefe", soll ganz toll sein.   45
ERNA: Ja, gewiß. Da gehe ich gerne mit.
MARTIN: Gut. Ich werde um halb acht bei Ihnen vorbeikommen.
ERNA: Ich werde drinnen warten, bis Sie hupen.
MARTIN: Ausgezeichnet! Auf Wiedersehen, Erna.
ERNA: Und Ihr Pullover, Martin? Wollten Sie jetzt nicht Einkäufe machen?   50
MARTIN: Ich glaube, das kann warten. Bis halb acht, Erna!
ERNA: Ja. Auf Wiedersehen, Martin.

FRAGEN

1. Wer kennt die Stadt noch nicht?
2. Was möchte Martin tun?
3. Mit wem wird Erna aber nach Hause fahren?
4. Was will Erna jetzt tun?
5. Was will sich Martin kaufen?
6. Wohin geht Erna, um Einkäufe zu machen?
7. Warum weiß Erna nicht genau, wo das Kaufhaus Behrens ist?
8. Wem hilft Martin gerne?
9. Was, glaubt Erna, mußte Dietrich gestern abend tun?
10. Wo aber waren Martin und Dietrich gestern abend?
11. Mit wem hat Dietrich getanzt?
12. Wo wohnt Elfriede?
13. Wo wohnt Erna?
14. Wohin möchte Martin heute abend mit Erna zusammen gehen?
15. Wann wird Martin bei Erna vorbeikommen?

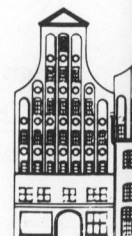

ÜBUNG

Pronouns and position of **nicht**

Grammar Reference §12, §31.1, pages 343 and 356.

Study the examples in each section and answer the questions in the negative, using **nicht.** *Use the appropriate pronouns in your answers. Note that* **nicht** *occurs before the adjective or the prepositional phrase in sentences 1–5.*

EXAMPLE: War sein neuer Mantel sehr teuer?
      Nein, er war nicht sehr teuer.

1. Ist Elfriede sehr hübsch?
2. Ist dein neuer Rock grün?
3. Wohnt Erna im Hotel?
4. Ist das Kaufhaus auf der linken Seite?
5. Mußte Dietrich zu Hause bleiben und arbeiten?

Note that **nicht** *occurs at the end of the sentence in sentences 6–10.*

EXAMPLE: Trägt Dieter seine kurze Hose?
      Nein, er trägt sie nicht.

6. Braucht Martin seinen Pullover?
7. Kennt Erna die Stadt?
8. Kauft Johanna den blauen Rock?
9. Gefällt der braune Rock deiner Mutter?
10. Trägt Annette ihr neues Kleid?

1/5 Ein guter Aussichtspunkt

ERWEITERUNG DES WORTSCHATZES

(das) **-chen** *die Endung an einem Wort, die klar macht, daß etwas klein ist* — Ein **Kätzchen** ist eine kleine Katze. — Ein **Bäumchen** ist ein kleiner Baum. — Ein **Häuschen** ist ein kleines Haus.

das **Dach ⸚er** (*siehe Zeichnung*)

denken, dachte, gedacht *mit dem Kopf arbeiten* — Er sitzt den ganzen Tag und **denkt.** — Ich **dachte,** er würde heute nicht mehr kommen.

die **Kirche -n** — Diese **Kirche** hat einen Turm. (*siehe Zeichnung*)

das **Rathaus** in Lübeck (*siehe Zeichnung*) — Dieses Gebäude ist auf dem Bild auf Seite 27 zu sehen. — Jede Stadt hat ein **Rathaus.** Das ist das Gebäude, wo die Stadtväter zusammenkommen.

schmal/breit — Die Straße links ist **schmal;** die Straße rechts ist **breit.** (*siehe Zeichnung*)

die **Stufe -n** — Diese Treppe hat sieben **Stufen.** (*siehe Zeichnung*)

treffen (trifft), traf, getroffen *mit jemandem zusammenkommen* — Jürgen hat seine Freunde um fünf Uhr vor dem Rathaus **getroffen.**

das Dach

der Turm

die Kirche

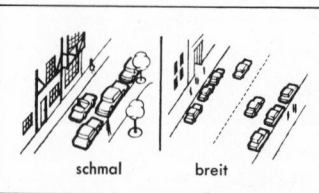

das Rathaus in Lübeck

schmal   breit

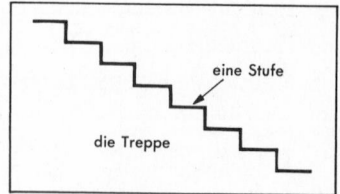

eine Stufe

die Treppe

Heinz und Eugen sind auf einem Kirchturm in Lübeck.

HEINZ: Siehst du die kleinen Türmchen da drüben?

EUGEN: Ja, das ist doch das Rathaus, nicht?

HEINZ: Nein, ich dachte, das wäre das Heiligen-Geist-Hospital.

---

[2] da drüben *over there*

[4] Heiligen-Geist-Hospital *Holy Ghost Hospital*

EUGEN: Nein, das meine ich nicht. Das ist dort links, hinter der Jakobi-Kirche. Hier 5
gerade vor uns ist das Rathaus — das Gebäude mit den vielen kleinen Türmen.

HEINZ: Und was ist das hohe Gebäude ganz dahinten?

EUGEN: Ja, das weiß ich nicht. Nach dem Stadtplan wäre das die Katharinen-Kirche.

HEINZ: Aber das Gebäude hat ja keinen Turm!

EUGEN: Oh doch! Siehst du nicht das schmale kleine Türmchen da auf dem Dach? 10

(Heinz und Eugen treffen Erika und Lotte unten auf der Straße.)

ERIKA: Wie war's da oben auf dem Turm?

HEINZ: Wunderbar! Schade, daß ihr nicht mitgekommen seid.

LOTTE: Warum denn? Das ist ein furchtbar hoher Turm. Wieviel Stufen waren es denn?

EUGEN: Mehr als dreihundert, aber das macht nichts. Da hat man ja eine schöne 15
Aussicht — über die ganze Stadt hin.

---

5 meine *mean*   8 nach dem Stadtplan   *according to the city map*
7 hohe *high, tall*

FRAGEN

1. Wo sind Heinz und Eugen?
2. Welches Gebäude ist das Rathaus?
3. Wo liegt das Heiligen-Geist-Hospital?
4. Wo steht die Katharinen-Kirche?
5. Was für einen Turm hat diese Kirche?
6. Wo treffen die Jungens Erika und Lotte?
7. Was haben die Mädchen nicht getan?
8. Warum wollten sie nicht mitkommen?
9. Wieviel Stufen waren es?
10. Was für eine Aussicht hat man da oben?

ÜBUNG

Indirect questions

Grammar Reference §55.1, page 379.

Change the following questions into indirect questions introduced by: Ich möchte doch wissen, . . .

EXAMPLE: Wo sind Heinz und Eugen?
Ich möchte doch wissen, wo Heinz und Eugen sind.

1. Wo steht die Katharinen-Kirche?
2. Welches Gebäude ist das Rathaus?
3. Wieviel Stufen waren es?
4. Was für eine Aussicht hat man da oben?
5. Warum sind die Mädchen nicht mitgegangen?

Grammar Reference §55.2, page 379.

Change the following **Ja/Nein** *questions into indirect questions introduced by:* Darf ich fragen, ob . . . ?

EXAMPLE: Kommst du heute abend zu uns?
Darf ich fragen, ob du heute abend zu uns kommst?

6. Wirst du auch kommen?
7. Mußt du wirklich zu Hause bleiben?
8. Sind Sie heute abend frei?
9. Haben Sie ein Haus gefunden?
10. Wohnen Sie immer noch im Hotel?

1/6 Schach am Nachmittag

ERWEITERUNG DES WORTSCHATZES

ein Zug

das **städtische Freizeitheim** *Gebäude in einer Stadt, wo junge Leute am Abend, in ihrer „freien Zeit", zusammenkommen, um Sport zu treiben, miteinander zu sprechen und zu singen und Spiele zu spielen*

vergessen (vergißt), vergaß, vergessen *nicht mehr an etwas denken; nicht mehr im Kopf haben; nicht mehr wissen —* Heinz **vergißt** immer, seinen Schlüssel mitzunehmen. — Ich habe **vergessen,** wie die Schachfiguren heißen.

der **Zug** ⸚e *(siehe Zeichnung) —* Lotte macht gerade einen **Zug.**

Schachfiguren: der König/die Dame/der Läufer/der Springer/der Turm/der Bauer

☐ *Peter und Lotte spielen im städtischen Freizeitheim.*

LOTTE: Ach, das geht ja nicht! Der Zug hilft nicht viel. — Du hast wieder mal gewonnen, Peter. Werd' ich jemals Schach spielen lernen?

PETER: Du spielst doch schon ganz gut. Es geht jedesmal besser.

5 LOTTE *(steht auf)*: Nun, ich muß jetzt weiter.

PETER *(steht auch auf)*: Vergiß nicht, du kommst doch heute abend auch zu uns.

LOTTE: Ja, gerne. Aber ich werde erst um neun Uhr kommen. Wir haben nämlich
Probe, von sieben bis drei Viertel neun.

PETER: O, das ist schade. Aber komm, wann du kannst.

10 LOTTE: Das werde ich tun. Darf ich meine Freundin Thea mitbringen? Sie ist bei uns
zu Besuch und möchte mit mir zur Probe kommen.

PETER: Aber natürlich. Ich möchte sie gerne kennenlernen. Seit wann ist sie bei euch?

LOTTE: Seit acht Tagen. Sie will auch später zu unserem Konzert kommen. Weißt du,
sie spielt nämlich auch in einem Orchester. Vor drei Monaten hat sie einen Preis

15 gewonnen.

PETER: Wann ist das Konzert bei euch in der Schule?

LOTTE: Am sechzehnten Oktober. Wirst du auch kommen?

PETER: Wenn ich frei bin, ja. Also auf Wiedersehen, bis heute abend. Wir werden auf
euch warten.

---

3 jemals *ever*
5 weiter = weitergehen *be on one's way*

FRAGEN

1. Wo spielen Peter und Lotte Schach?
2. Wer gewinnt diesmal?
3. Glaubt Lotte, daß sie gut spielen kann?
4. Zu wem soll Lotte heute abend gehen?
5. Warum kann Lotte erst um neun Uhr kommen?
6. Wen möchte Lotte mitbringen?
7. Kennt Peter dieses Mädchen schon?
8. Wer hat vor drei Monaten einen Preis gewonnen?
9. Wann ist das Konzert des Schülerorchesters?
10. Wird Peter auch zum Schülerkonzert kommen?

ÜBUNG

Prepositional phrases

Grammar Reference §32.2, page 357. [Dative forms are given in §3.6 and §17.2.]

Make prepositional phrases, using the dative form of the pronouns or noun modifiers with the indicated preposition. Watch for contractions.

EXAMPLES: aus { das Haus
{ er

aus dem Haus
aus ihm

mit
1. die Familie
2. der Wagen
3. sie (Frau Braun)
4. sie (Herr und Frau Braun)
5. das Geld

bei
6. sein Freund
7. er
8. der Arzt
9. mein Onkel
10. unsere Kusine

zu
11. das Freizeitheim
12. unser Konzert
13. die Probe
14. die Schule
15. wir

Grammar Reference §32.4, page 357. [Accusative forms are given in §2.5 and §17.2.]

Make prepositional phrases, using the accusative form of the pronouns or noun modifiers with the indicated preposition.

durch
16. die Stadt
17. das Zimmer
18. der Vorort

für
19. der Tanz
20. der Vater
21. seine Freundin

gegen
22. ein Haus
23. er
24. ein Baum

ohne
25. mein Freund
26. sie
27. du

um
28. die Kirche
29. der Turm
30. er

To the Student

A learner of German needs only three (sometimes four) basic forms of a verb in order to form any tense or verb phrase. These so-called "principal parts" are: the infinitive, the first and third-person singular preterit form, and the past participle.

Since the control of these "Principal Parts" is essential, it is best to learn them by heart ("auswendig lernen"). Lists of verbs are located at the end of Chapters 1–12 of *Sprechen und Lesen.* While you are working with each chapter, you should be learning the verbs listed on the last page so thoroughly that you can reproduce them either orally or in writing. By the time you have learned these lists, you will have met practically all the verb patterns in German.

Auswendig zu lernen

freuen, freute, gefreut	rupfen, rupfte, gerupft
hören, hörte, gehört	sagen, sagte, gesagt
kaufen, kaufte, gekauft	segeln, segelte, gesegelt
lernen, lernte, gelernt	spielen, spielte, gespielt
lieben, liebte, geliebt	stimmen, stimmte, gestimmt
machen, machte, gemacht	tanzen, tanzte, getanzt
meinen, meinte, gemeint	wohnen, wohnte, gewohnt
arbeiten, arbeitete, gearbeitet	funktionieren, funktionierte, funktioniert
kosten, kostete, gekostet	installieren, installierte, installiert
warten, wartete, gewartet	passieren, passierte, passiert

Frankfurt

Zweites Kapitel

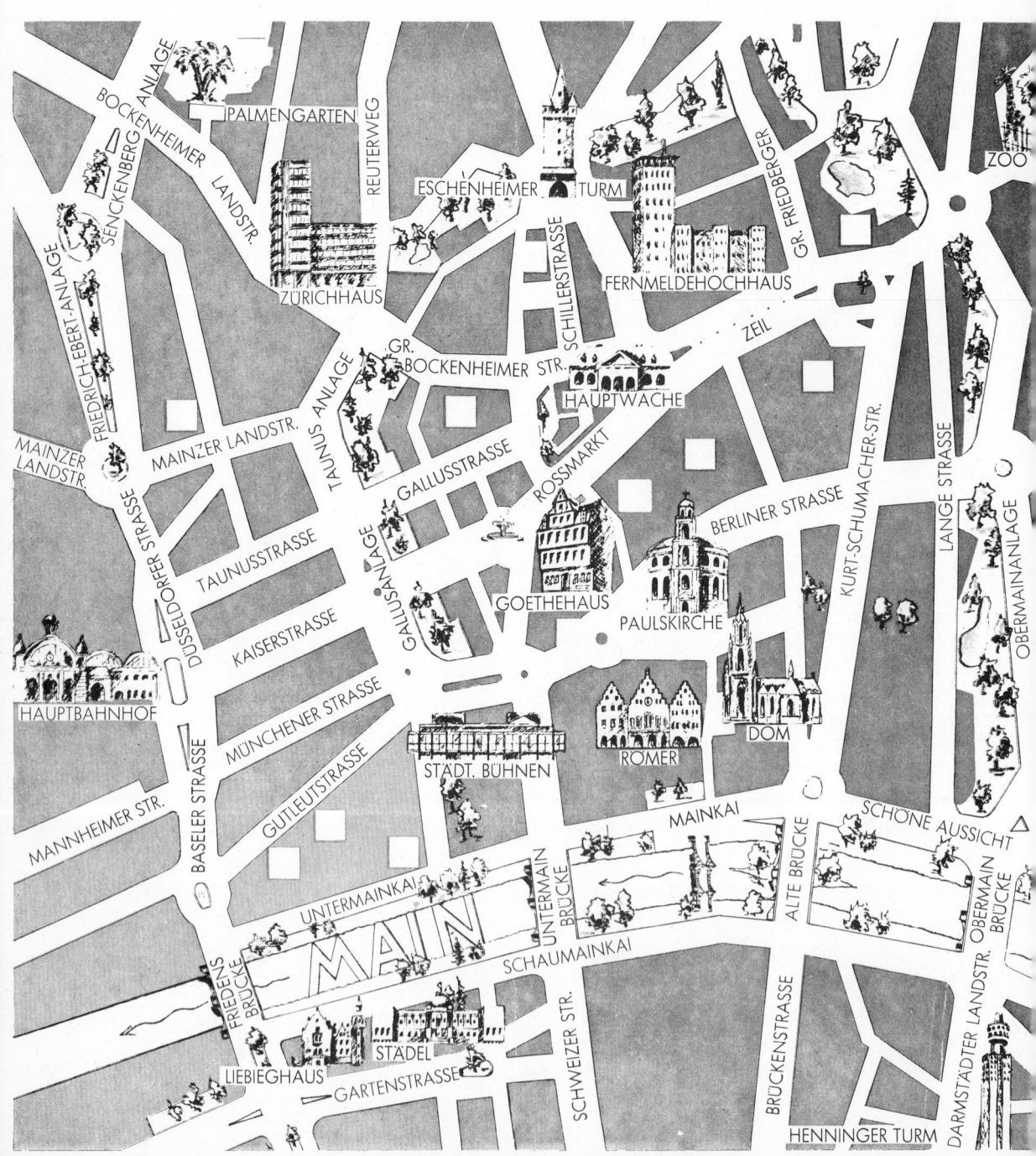

ERWEITERUNG DES WORTSCHATZES

aus-tauschen *einander geben* — **Tauschen** Sie die Papiere **aus,** dann können wir sie korrigieren.

erinnern (sich an etwas) *an etwas denken, was man vergessen hat; noch wissen* — Kannst du **dich** gar nicht **erinnern,** wie die Schwester von deinem Freund heißt? Kannst du **dich an** sie **erinnern?**

trennen (sich) *auseinander gehen* — Die Linien **trennen sich.** (*siehe Zeichnung*)

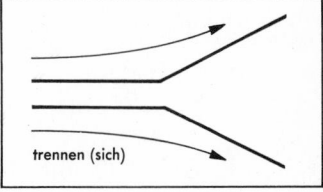

trennen (sich)

verschieden — Die Austauschschüler kommen aus **verschiedenen** Ländern. Paco kommt aus Spanien, Asta kommt aus Schweden, Saburo kommt aus Japan.

vor-schlagen (schlägt . . . vor), schlug . . . vor, vorgeschlagen *eine Idee offerieren* — Ich möchte **vorschlagen,** daß wir heute abend tanzen gehen.

was *etwas* — Jetzt möchte ich **was** sagen.

zufriedenstellen *glücklich machen, Wünsche erfüllen* — Ich habe meine Hausaufgaben gemacht, und damit hab' ich meine Mutter **zufriedengestellt.**

Eine Gruppe von Schülern aus verschiedenen amerikanischen Schulen steht vor dem Frankfurter Hauptbahnhof.

JOHANNES: Da wären wir also! — Was sollen wir uns nun zuerst ansehen, das Goethe-Haus oder den Römer?

5 BARBARA: Der Römer — was ist das?

MARKUS: Das ist doch der alte Teil vom Frankfurter Rathaus. Fräulein Bieber hat ein paar Mal davon gesprochen — erinnerst du dich nicht mehr daran?

DOROTHEA: U n s e r Lehrer, Herr Bach, spricht immer vom Goethe-Haus. Das dürfen wir auch nicht vergessen.

10 JOHANNES: Ich will euch was vorschlagen. Wir können nicht beide Gebäude zu gleicher Zeit sehen. Warum trennen wir uns nicht? Die einen gehen zum Goethe-Haus und die andern zum Römer.

DOROTHEA: Sollen wir uns um sechs Uhr an der Hauptwache treffen?

BARBARA: Ja, und dann tauschen wir unsere Notizen aus!

15 DOROTHEA: Wunderbar! Das sollte eure Lehrerin und unseren Lehrer zufriedenstellen — und wir gewinnen etwas mehr Zeit zum Abendessen.

ÜBUNGEN

Find an occurrence of each of the headwords of the ERWEITERUNG DES WORT-SCHATZES in the text and copy the sentence in which it occurs, underlining the new word.

Modal auxiliaries

Grammar Reference §48.1-5, page 372.

Rewrite the sentences, adding the modal auxiliary given in parentheses at the end of the sentence.

EXAMPLE: Siehst du dir zuerst das Goethe-Haus an? (wollen)
Willst du dir zuerst das Goethe-Haus ansehen?

1. Sie trennen sich nicht. (dürfen)
2. Sie treffen sich an der Hauptwache. (müssen)
3. Erinnerst du dich nicht mehr daran? (können)
4. Johannes schlägt seinen Freunden etwas vor. (wollen)
5. Was ist das? (sollen)
6. Du spielst doch schon sehr gut. (können)
7. Thea kommt später zu unserem Konzert. (wollen)
8. Kommst du auch mit? (dürfen)
9. Bleibst du wirklich zu Hause? (müssen)
10. Werner ist sehr dumm. (sollen)

Goethe-Haus

2/2 Amerikanische Schüler in Frankfurt

(als Erzählung)

ERWEITERUNG DES WORTSCHATZES

bemerken   *sagen* — Martin **bemerkt,** daß heute schönes Wetter ist.

bestehen, bestand, bestanden (auf etwas)   *etwas klar und bestimmt sagen* — Ich **bestehe darauf,** daß wir diesmal das tun, was i c h will.

einverstanden sein   *„Ja" sagen, wenn jemand etwas vorschlägt* — „Ich bestehe darauf, daß wir heute abend Tischtennis spielen." „Gut, ich bin damit **einverstanden.**"

erinnern   *sagen, daß man an etwas denken soll* — Der Lehrer **erinnert** die Schüler daran, daß sie ihre Hausaufgaben machen müssen.

die Erzählung -en   *das, was man erzählt* — Wir haben Dorotheas **Erzählungen** von ihrer Reise nach Europa interessant gefunden.

Eine Gruppe von Schülern aus verschiedenen amerikanischen Schulen steht vor dem Frankfurter Hauptbahnhof.

1. Johannes freut sich, daß sie endlich da sind.

2. Er fragt, was sie sich zuerst ansehen sollen — das Goethe-Haus oder den Römer.

3. Barbara möchte wissen, was der Römer ist.

4. Markus erklärt, daß der Römer der alte Teil vom Frankfurter Rathaus ist.

5. Er erinnert Barbara daran, daß Fräulein Bieber ein paar Mal davon gesprochen hat.

6. Er fragt Barbara, ob sie sich nicht mehr daran erinnert.

7. Dorothea bemerkt, daß i h r Lehrer immer vom Goethe-Haus spricht.

8. Sie besteht darauf, daß sie das auch nicht vergessen dürfen.

9. Johannes macht einen Vorschlag.

10. Er bemerkt, daß sie nicht beide Gebäude zu gleicher Zeit sehen können.

11. Er fragt, ob sie sich nicht trennen sollen.

12. Er schlägt vor, daß die einen zum Goethe-Haus gehen und die andern zum Römer.

13. Dorothea fragt, ob sie sich um sechs Uhr an der Hauptwache treffen sollen.

14. Barbara ist damit einverstanden.

15. Sie sagt, daß sie dann ihre Notizen austauschen können.

16. Dorothea freut sich über diesen Vorschlag. Sie glaubt, daß das die Lehrerin und den Lehrer zufriedenstellen sollte.

17. Sie fügt hinzu, daß sie so etwas mehr Zeit zum Abendessen gewinnen.

---

1 endlich *finally*

FRAGEN

1. Wer freut sich, daß sie endlich da sind? Warum freut sich Johannes?

2. Was fragt Johannes? Was sollen sie sich zuerst ansehen?

3. Was möchte Barbara wissen?

4. Wer erklärt, was der Römer ist? Was ist der Römer? Wie heißt der alte Teil vom Frankfurter Rathaus?

5. Woran erinnert Markus Barbara? Wer hat ein paar Mal davon gesprochen? Wie oft hat Fräulein Bieber davon gesprochen?

6. Was fragt Markus Barbara?

7. Was bemerkt Dorothea? Wer spricht immer vom Goethe-Haus? Wovon spricht ihr Lehrer immer? Wie oft spricht ihr Lehrer vom Goethe-Haus?

8. Worauf besteht Dorothea?

9. Wer macht einen Vorschlag? Was macht Johannes?

10. Was bemerkt er? Was können sie nicht tun? Was können sie nicht zu gleicher Zeit sehen?

11. Was fragt Johannes?

12. Was schlägt er vor? Wohin sollen die einen gehen? Wohin sollen die andern gehen? Wer soll zum Goethe-Haus gehen? Wer soll zum Römer gehen?

13. Was fragt Dorothea? Wann sollen sie sich treffen? Wo sollen sie sich treffen?

14. Wer ist damit einverstanden?

15. Was sagt Barbara? Was können sie dann austauschen?

16. Wer freut sich über diesen Vorschlag? Worüber freut sich Dorothea? Was glaubt sie? Wen sollte das zufriedenstellen?

17. Was fügt sie hinzu? Was werden sie so gewinnen? Wozu werden sie so mehr Zeit gewinnen?

Hauptwache

ÜBUNG

Accusative and dative reflexive pronouns

Grammar Reference §13.1,2 and §52.4, pages 344 and 377.

Rewrite the statements, which are all in the first person, changing them to **Ja/Nein** *questions, using the second-person singular familiar form.*

EXAMPLES: Ich setze mich hin.
Setzt du dich hin?

Ich habe mir die Bilder angesehen.
Hast du dir die Bilder angesehen?

1. Ich freue mich, daß wir endlich hier in Karlsruhe sind.
2. Ich will mir zuerst den Römer ansehen.
3. Ich erinnere mich daran.
4. Ich habe mir ein neues Moped gekauft.
5. Ich habe mir den Fuß verrenkt.
6. Ich habe ein bißchen Geld bei mir.
7. Ich fühle mich nicht wohl.
8. Ich habe mir einen neuen Plan ausgedacht.
9. Ich möchte mich hier hinsetzen.
10. Ich habe mir eine neue Stellung verschafft.

2/3 Die neue Wohnung

ERWEITERUNG DES WORTSCHATZES

der **Blumentopf** ⸚e (*siehe Zeichnung*)
die **Ecke -n** (*siehe Zeichnung*)
das **Geschäft -e** *ein Gebäude oder ein Platz, wo man arbeitet; ein Platz, wo man Einkäufe machen kann —* Ein Kaufhaus ist ein **Geschäft.** — Man kauft Schuhe in einem **Schuhgeschäft,** Schallplatten in einem **Musikgeschäft.** — Herr Braun arbeitet in einem **Papierwarengeschäft.**
die **Rechnung -en** *ein Stück Papier, auf dem geschrieben steht, wieviel etwas gekostet hat —* Wenn unsere Familie im Restaurant ißt, bekommt Vater immer die **Rechnung.**
der **Spiegel -** / die **Stehlampe -n** / die **Wand** ⸚e (*siehe Zeichnung*)

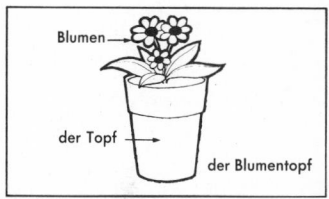

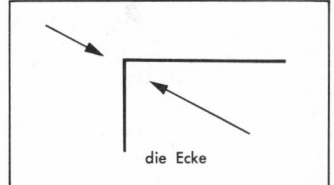

Herr und Frau Günther haben eine neue Wohnung. Um halb neun Uhr kommen die Leute mit dem Möbelwagen und bringen die Möbel. Frau Günther ist allein in ihrer Wohnung, denn Herr Günther ist schon um acht Uhr in sein Geschäft gegangen. Die Leute fragen, wohin sie die Möbel stellen sollen. Und sie bringen die Möbel schneller
5 als Frau Günther antworten kann.

Sie stellen das Klavier in die Ecke und den Tisch vor das Klavier. Sie stellen den Fernsehapparat unter das Fenster, den Sessel neben das Klavier und eine Kommode zwischen den Sessel und den Fernsehapparat. Man bringt die Betten ins Eßzimmer und

43

das Sofa ins Schlafzimmer. Auf das Klavier legen die Leute ein Bild, und auf das Bild setzen sie eine Kaffeekanne. Und sie tragen die Bücher in die Küche und den Kühl- 10 schrank in den Keller.

Um fünf Uhr kommt Herr Günther aus dem Geschäft. Er findet seine Möbel in seiner neuen Wohnung und freut sich sehr. Aber er findet sie nicht da, wo sie stehen sollen. Und er kann auch seine Frau nicht finden. Drei Stühle stehen hinter der Tür, ein Teppich liegt unter dem Fenster, der Teetisch steht zwischen einem Bett und einer 15 Stehlampe, und ein Spiegel hängt an der Wand über der Tür. Auf dem Teetisch steht ein Blumentopf, und vor dem Blumentopf liegt eine Rechnung.

Aber wo ist Frau Günther? Ihr Mann geht durch die Wohnung, in die Küche, ins Schlafzimmer und in den Keller. Er kann seine Frau einfach nicht finden. Aber am Ende findet er sie doch. Frau Günther sitzt in ihrem Sessel in einer Ecke hinter all den 20 Möbeln und schläft.

ÜBUNG

Prepositional phrases

Grammar Reference §32.3, page 357.

Study the examples and answer the questions similarly.

EXAMPLES: Herr Günther ist schon in sein Geschäft gegangen. Wo ist er jetzt?
Er ist jetzt in seinem Geschäft.

Eine Rechnung liegt jetzt vor dem Blumentopf. Wohin haben die Leute die Rechnung gelegt?
Sie haben sie vor den Blumentopf gelegt.

1. Die Leute haben das Klavier in die Ecke gestellt. Wo steht es jetzt?
2. Sie haben den Tisch vor das Klavier gestellt. Wo steht er jetzt?
3. Sie haben den Fernsehapparat unter das Fenster gestellt. Wo steht er jetzt?
4. Wo steht der Sessel jetzt?
5. Wo steht die Kommode jetzt?
6. Wo stehen die Betten?
7. Wo steht das Sofa?
8. Wo liegt ein Bild?

9. Wo steht eine Kaffeekanne?
10. Wo liegen die Bücher?
11. Wo steht der Kühlschrank?
12. Wohin haben die Leute drei Stühle gestellt?
13. Wohin haben sie einen Teppich gelegt?
14. Wohin haben sie den Teetisch gestellt?
15. Wohin haben sie einen Blumentopf gestellt?

2/4 Freundinnen — per Post

Betty, eine Schülerin an einer amerikanischen High-School, erzählt von ihrer deutschen Freundin.

Ich habe eine Brieffreundin in Deutschland. Sie heißt Sonja Berg, und sie wohnt in Astrup, nicht weit von Osnabrück. Seit acht Monaten schreiben wir einander Briefe,
5 einmal im Monat. Sonja ist fünfzehn Jahre alt und ist Schülerin an einer Mädchenschule in Osnabrück. Jeden Morgen fährt sie mit dem Bus nach Osnabrück, und nach der Schule fährt sie wieder nach Hause. Das ist kein Schulbus, wie bei uns, sondern ein gewöhnlicher Bus, und das kostet zehn Mark im Monat. Sie schreibt mir, daß man in Deutschland — ebenso wie in Österreich und in der Schweiz — sechs Tage die Woche
10 zur Schule geht. Nicht nur das: in den deutschen Schulen sind die Sommerferien nicht so lang wie bei uns — nur sechs Wochen lang. Und in der deutschen Schule gibt es keine freien Stunden. Die Klasse bleibt gewöhnlich in e i n e m Klassenzimmer, und man hat hier eine Stunde nach der andern. Jede Stunde kommt ein anderer Lehrer ins Klassenzimmer; der eine Lehrer lehrt Geographie, der zweite Englisch, der dritte Deutsch.
15 Meine Freundin lernt dort Englisch, und ich lerne hier Deutsch. Sie schreibt ihre Briefe halb auf englisch, halb auf deutsch, und ich schreibe meine auch so. Wir üben so. Wir lernen dabei eine Menge, und es macht Spaß. Ich möchte meine Freundin in Deutschland einmal besuchen, und hoffentlich kommt sie auch einmal nach Amerika. Wir sollten uns eigentlich besser kennenlernen.

---

4 einander *each other*

FRAGEN

1. Wo wohnt Bettys Brieffreundin?
2. Wie heißt sie?
3. Wo liegt Astrup?
4. Wie oft schreiben die beiden Mädchen einander Briefe?
5. Wo geht Sonja zur Schule?
6. Wie kommt sie hin?
7. Fährt sie mit einem Schulbus hin?
8. Wieviel kostet das?
9. Muß sie auch am Samstag zur Schule gehen?
10. Wie lang sind die Sommerferien in Europa?
11. Gibt es freie Stunden in einer deutschen Schule?
12. Wo muß man also seine Hausaufgaben machen?
13. Gehen die Schüler in einer deutschen Schule von Zimmer zu Zimmer?
14. Wer geht von Zimmer zu Zimmer?
15. Wie schreiben Betty und Sonja ihre Briefe?
16. Was möchte Betty einmal tun?
17. Was hofft sie auch?
18. Warum sollten sie das tun?

ÜBUNG

Noun plurals

Grammar Reference §6, page 339.

Write the plurals of the noun phrases according to the class to which each belongs.
Remember that the plural of **der, die, das** *is* **die,** *and that* **ein** *has no plural.*

1a. (-n) eine Stehlampe
1b. (-en) die Notiz, die Zeit, eine Erzählung
1c. (-nen) eine Brieffreundin
2a. (-e) ein Freund, der Tisch
2b. (⸚e) der Bahnhof, ein Vorschlag, die Wand, ein Blumentopf
3a. (-er) das Bild
3b. (⸚er) ein Haus, der Mann, das Buch
4a. (-) das Gebäude, der Spiegel, ein Wagen
4b. (⸚) eine Tochter
5. (-s) das Sofa

2/5 Rainers Amerikareise

Rainer ist ein österreichischer Junge. Er wohnt in Schwaz, siebenundzwanzig Kilo-
meter von Innsbruck. Er erzählt seinen Freunden von seiner Reise nach Amerika.

Letzten Sommer hab' ich eine Reise nach Amerika gemacht. Ich habe Verwandte von
mir in Kalamazoo, Michigan, besucht. Ich war fünfeinhalb Wochen da, vom 15. Juni
5 bis zum 24. Juli. Letztes Jahr fiel der 15. Juni auf einen Samstag. An diesem Samstag,
sehr früh am Morgen, haben mich meine Eltern mit dem Wagen nach Innsbruck
gebracht, und von dort bin ich mit dem Zug nach Zürich gefahren. Dann bin ich per
Swissair in einem großen Düsenflugzeug direkt nach Chikago geflogen. Mein Onkel

und seine beiden ältesten Söhne waren schon früher nach Chikago gefahren, und die
haben mich in ihrem großen bequemen Wagen nach Kalamazoo gebracht. Um neun 10
Uhr abends waren wir schon in Kalamazoo. Aber die Reise war sehr lang. Für mich
hatte dieser Samstag dreißig Stunden, und das ist ein ziemlich langer Tag.

FRAGEN

1. Wer ist Rainer?
2. Wo wohnt er?
3. Wem erzählt er von seiner Reise?
4. Wann hat er diese Reise gemacht? Wohin?

5. Wer wohnt in Kalamazoo, Michigan?

6. Wie lange war Rainer bei seinen Verwandten?

7. Auf welchen Tag fiel der 15. Juni?

8. Wann ist Rainer an diesem Tage aufgestanden?

9. Wer hat ihn nach Innsbruck gebracht?

10. Wohin ist er von Innsbruck gefahren?

11. Mit welchem Verkehrsmittel ist er hingefahren?

12. Wie ist er nach Chikago gekommen?

13. Wer war schon in Chikago?

14. Wie sind sie dann nach Kalamazoo gekommen?

15. Wie hat er den amerikanischen Wagen gefunden?

16. Um wieviel Uhr waren sie schon in Kalamazoo?

17. Wieviel Stunden hatte dieser Tag für Rainer?

18. Wie findet Rainer so einen Tag?

ÜBUNG

Position of **nicht**

Grammar Reference §31.1, page 356.

Study the position of **nicht** *in the example sentences, then answer the questions in the negative, substituting pronouns for the nouns in the questions.*

EXAMPLES: Willst du den blauen Rock?
Nein, ich will ihn nicht.

Bringt Joachim seine Gitarre mit?
Nein, er bringt sie nicht mit.

1. Kennt Rainer die Stadt Chikago?

2. Siehst du das große Gebäude?

3. Tauschen die Freunde ihre Notizen aus?

4. Fährst du den Wagen?

5. Gefällt dir diese Stellung?

2/6 Die Autobahn (1)

ERWEITERUNG DES WORTSCHATZES

an-fangen (fängt . . . an), fing . . . an, angefangen *beginnen* — Es ist schon zehn Uhr. Wollen wir **anfangen?** — Die Deutschstunde **fängt** um zwei Uhr **an.**

herrschen *sich finden, da sein* (siehe unten: **Verkehr**)

im allgemeinen *gewöhnlich, beinahe immer*

das **Land ⁼er** *ein Staat in West-Deutschland oder in Österreich* — Tirol ist ein **Land** in Österreich; Hessen, Bayern und Baden-Württemberg sind **Länder** in West-Deutschland.

der **Lastwagen -** *(siehe Zeichnung)*

der **Personenwagen -** *(siehe Zeichnung)*

der **Verkehr** *das Kommen und Gehen von Personen, Wagen, Zügen* — Auf der Straße **herrscht** großer **Verkehr.** (= Auf der Straße gibt es großen **Verkehr.** Auf der Straße ist großer **Verkehr.**)

verschwinden, verschwand, verschwunden *weggehen und nicht mehr da sein* — Wo ist mein Schlüssel? Hast du ihn gesehen? Er war da auf dem Tisch, und jetzt ist er **verschwunden!**

der Lastwagen

der Personenwagen

Tirol   Hessen   Bayern   Baden-Württemberg

   Dies ist eine Autobahn. Es ist die Autobahn zwischen Karlsruhe und Stuttgart. Das sind zwei große Städte im Lande Baden-Württemberg.

   Im allgemeinen herrscht auf der Autobahn immer großer Verkehr. Aber heute hat der Verkehr noch nicht recht angefangen. Es ist ein früher Nachmittag im Juni. Die Sonne steht im Südsüdwesten, und wir sehen eine Reihe von Personenwagen und Lastwagen nach dem Westen fahren. Es ist ein Wochentag, denn am Wochenende müssen die Lastwagen von der Autobahn verschwinden.

5

2/7 Die Autobahn (2)

auf-passen, paßte . . . auf, aufgepaßt *genau zusehen* — Jungens, **paßt auf!** Das Wasser ist hier nicht sehr tief! — Ein Fahrer muß immer **aufpassen,** was die anderen Fahrer tun.

das **Erlebnis -se** — Jeder Tag bringt neue **Erlebnisse,** denn jeden Tag erleben wir etwas — das Wetter (gut oder schlecht), das Essen (es schmeckt gut oder nicht gut). Wir arbeiten, spielen, lesen die Zeitung, sehen uns Fernsehen an. — Man hat gute, schlechte, interessante **Erlebnisse.**

leben *existieren* — In einer Stadt **leben** viele Menschen. — Im allgemeinen dauert unser Leben siebzig Jahre (= **lebt** der Mensch siebzig Jahre).

die **Lichthupe** — Eine Hupe ist ein Signal, das man hören kann. Die **Lichthupe** ist ein Signal, das man sehen kann — das schnelle Blinken der großen Lichter vorne am Wagen.

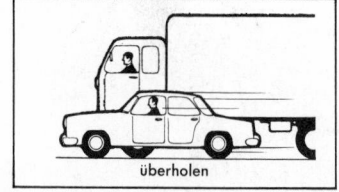
überholen

überholen — Der Personenwagen **überholt** den Lastwagen. (*siehe Zeichnung*) — Wenn ein Fahrer einen anderen Wagen **überholen** will, gibt er ein Signal mit der Lichthupe.

Eine Fahrt auf der Autobahn ist immer ein interessantes Erlebnis, denn hier fährt jeder Fahrer so schnell wie sein Wagen fahren kann. Im allgemeinen gibt es keine Höchstgeschwindigkeit. Jeder Fahrer muß also aufpassen, was der Wagen vor ihm und der Wagen hinter ihm tun will. Wenn man einen Wagen überholen möchte, muß man
5 auch sicher sein, daß die linke Fahrbahn ganz frei ist. Sonst fährt man direkt vor einen anderen Wagen. Und dieser gibt dann gleich mit seiner Lichthupe zu verstehen, daß er jetzt überholen möchte. Das Überholen ist ein endloses Spiel auf den deutschen Autobahnen. Ein Fahrer auf der Autobahn muß also vorsichtig fahren, und wenn er das nicht tut, dann ist er in der nächsten Minute vielleicht nicht mehr am Leben. Wenn er
10 aber gut aufpaßt, braucht die Fahrt kein furchtbares Erlebnis zu sein. Denn über die Autobahn kann man schnell von Stadt zu Stadt kommen und dabei etwas mehr Zeit für den Besuch bei den Freunden in der nächsten Stadt gewinnen.

---

3 Höchstgeschwindigkeit   *speed limit* (höchst *highest;* geschwind *rapid*)

Auswendig zu lernen

Grammar Reference §35, page 359.

herrschen, herrschte, geherrscht
trennen, trennte, getrennt

Grammar Reference §51.1, page 376.

bemerken, bemerkte, bemerkt
erinnern, erinnerte, erinnert
verrenken, verrenkte, verrenkt

Grammar References §37, §38, pages 360 and 361; and review page 33.

aussehen (sieht . . . aus), sah . . . aus, ausgesehen
fahren (fährt), fuhr, gefahren
gehen, ging, gegangen
kommen, kam, gekommen
fallen (fällt), fiel, gefallen
lassen (läßt), ließ, gelassen
stehen, stand, gestanden
tun, tat, getan
sein (ist), war, gewesen

Rhein-Main-Flughafen, Frankfurt

Drittes Kapitel

3/1 Am Rhein-Main-Flughafen

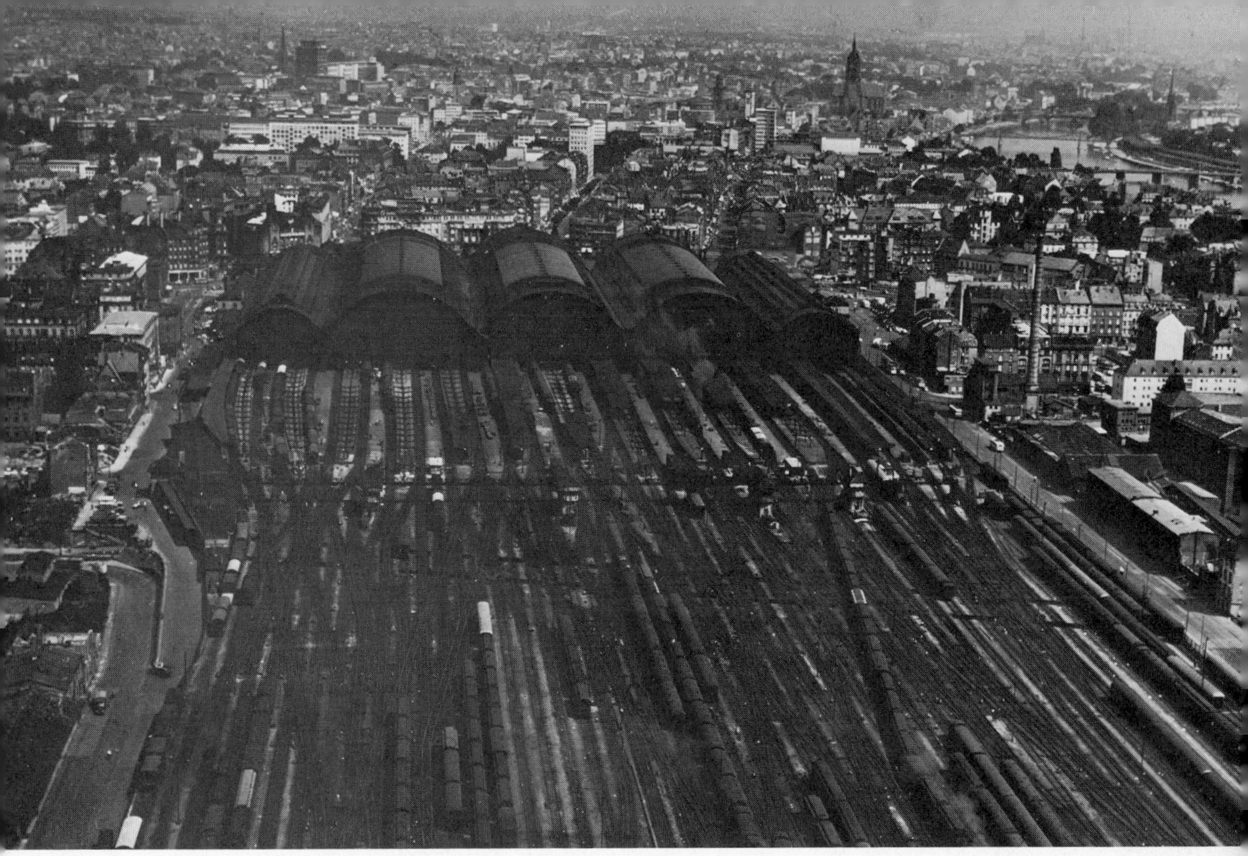

Hauptbahnhof Frankfurt

ERWEITERUNG DES WORTSCHATZES

die **Fahrkarte -n** *Karte, die man sich lösen (kaufen) muß, um in einem Bus oder einem Zug zu fahren* — Die Karte, die man sich lösen muß, um in einem Flugzeug zu reisen, nennt man „Flugkarte".

der **Fluggast ⸚e** *Passagier in einem Flugzeug* — Man nennt die Passagiere in einem Flugzeug **„Fluggäste"**, aber in einem Bus oder Zug nennt man sie „Fahrgäste".

das **Gepäck** *was man auf Reisen mitnimmt*

der **Koffer -** (*siehe Zeichnung*) — Zwei **Koffer** sind nicht viel Gepäck.

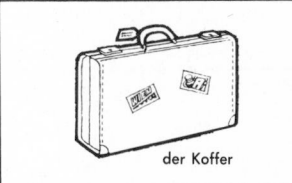

lösen *kaufen* — Man *k a u f t* sich etwas zu essen, ein Buch, einen Wagen. Aber man **l ö s t** sich eine Fahrkarte, eine Flugkarte, eine Eintrittskarte. (Man **löst** sich eine Eintrittskarte, wenn man ins Kino oder ins Theater gehen will.)

rechtzeitig *pünktlich; bevor es zu spät ist*

die **Zollkontrolle** — Wenn man von Amerika nach Europa reist, muß man „durch den **Zoll**" gehen. Da muß man alle Koffer aufmachen und den Beamten alles zeigen.

der Koffer

Harry Reynolds, ein Fluggast aus Chikago, wendet sich an die junge Dame am Auskunftsschalter.

REYNOLDS: [1] Entschuldigen Sie, bitte. [2] Wie komme ich so schnell wie möglich nach Karlsruhe?

DIE DAME: [3] Mit dem Schnellzug nach Basel. [4] Um zehn Uhr fünfzehn ab Hauptbahnhof.

REYNOLDS: [5] Das wäre in einer Stunde. [6] Da hab' ich nicht viel Zeit. — [7] Wie komme ich an den Hauptbahnhof? [8] Geht da vielleicht ein Hubschrauber?

DIE DAME: [9] Das wäre nicht nötig. [10] Es ist nicht so weit zum Stadtinnern.

REYNOLDS: [11] Sollte ich vielleicht eine Limousine nehmen oder ein Taxi?

DIE DAME: [12] Mit dem Bus kommen Sie rechtzeitig hin.

REYNOLDS: [13] Ich muß mir ja noch meine Fahrkarte lösen.

DIE DAME: [14] Machen Sie sich keine Sorgen. [15] Per Bus sind Sie in dreiundzwanzig Minuten in der Stadt — [16] und es kostet nicht so viel. [17] Aber dann müssen Sie schnell machen: der Bus fährt in drei Minuten ab. [18] Haben Sie Gepäck?

REYNOLDS: [19] Meinen Koffer wird die Lufthansa direkt ans Hotel schicken — Schloßhotel in Karlsruhe. [20] Die Zollkontrolle hab' ich schon hinter mir.

DIE DAME: [21] Also gut. [22] Der Bus geht da drüben ab. [23] Sehen Sie zu, daß Sie mitkommen.

REYNOLDS: [24] Ja, das werd' ich. [25] Danke vielmals.

FRAGEN

Wer ist Harry Reynolds? Wo ist er zu Hause? An wen wendet er sich? Wo sitzt das Fräulein?

1. Was sagt Herr Reynolds zuerst?

2. Was will er wissen? Wohin will er so schnell wie möglich kommen? Wie will er nach Karlsruhe kommen?

3. Wie kann er hinkommen? Wohin fährt der Schnellzug?

4. Wann fährt der Schnellzug ab? Wo fährt er ab?

5. Wann wird das sein?

6. Wieviel Zeit hat Herr Reynolds?

7. Was fragt er das Fräulein? Wohin will er kommen?

8. Womit könnte er vielleicht zum Hauptbahnhof kommen?

9. Was sagt das Fräulein?

10. Warum ist es nicht nötig, mit einem Hubschrauber zum Stadtinnern zu fliegen?
11. Was könnte Herr Reynolds nehmen?
12. Welches Verkehrsmittel sollte er nehmen? Wie kommt er rechtzeitig hin? Wann kommt er mit dem Bus hin?
13. Was muß sich Reynolds noch lösen?
14. Soll er sich Sorgen machen?
15. Wie kommt er in dreiundzwanzig Minuten in die Stadt? Wann ist er per Bus in der Stadt? Wo ist er in dreiundzwanzig Minuten per Bus?
16. Wieviel kostet das?
17. Was muß Herr Reynolds tun? Wann fährt der Bus ab?
18. Was fragt ihn das Fräulein?
19. Wer schickt seinen Koffer direkt ans Hotel? Wohin schickt die Lufthansa seinen Koffer? Was schickt die Lufthansa direkt ans Hotel? Wie heißt das Hotel? Wo ist das Schloßhotel?
20. Was hat Herr Reynolds schon hinter sich?
21. Wie findet das das Fräulein?
22. Was zeigt sie ihm? Was geht da drüben ab? Wo geht der Bus ab?
23. Was soll Herr Reynolds tun?
24. Wird Herr Reynolds mitkommen?
25. Wem dankt er? Wer dankt dem Fräulein?

ÜBUNG

Prepositional phrases

Grammar Reference §32.3, page 357.

Copy the sentences and fill in the blanks with the appropriate form of the noun phrase in parentheses.

1. Harry Reynolds wendet sich an ____ (der Mann) an ____ (der Schalter).
2. Wie komme ich so schnell wie möglich in ____ (das Stadtinnere)?
3. Man kann in ____ (eine Limousine) oder in ____ (ein Taxi) an ____ (der Bahnhof) kommen.
4. Der Bus fährt in ____ (eine Stunde) ab.
5. Die Lufthansa wird mein Gepäck direkt an ____ (das Hotel) schicken.

3/2 Zwei Frauen beim Kaffee

ERWEITERUNG DES WORTSCHATZES

bekommen, bekam, bekommen — Meine Schwester hat mir vor zehn Tagen einen Brief geschrieben, aber ich habe ihn erst heute **bekommen.**

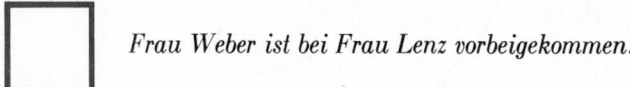

Frau Weber ist bei Frau Lenz vorbeigekommen.

FRAU WEBER: Man hat mir gesagt, daß Ihr Mann sich eine wunderbare neue Stellung verschafft hat. Stimmt das?

FRAU LENZ: Ja, es ist wahr. Sie wissen ja, daß seine frühere Stellung ziemlich langweilig war. Er hat gut verdient, aber die Arbeit war ihm nicht interessant genug. ⁵

FRAU WEBER: Ja, ich weiß. Aber es ist doch schon etwas, wenn man gut verdient, nicht?

FRAU LENZ: O, natürlich! Aber in seiner neuen Stellung wird er noch besser verdienen, und die Arbeit wird auch viel interessanter sein.

FRAU WEBER: O, das ist großartig! Was für eine Stellung ist es denn? Werden Sie immer noch hier in Recksburg wohnen können? ¹⁰

FRAU LENZ: Ja, gewiß. Es würde uns leid tun, wenn wir unsere Freunde hier in Recksburg nicht mehr sehen könnten. — Sie haben wohl gehört, daß Recksburg bald einen großen neuen Flughafen bekommen soll. Und Alfred wird Direktor sein!

FRAU WEBER: Wunderbar! Sagen Sie ihm einen schönen Gruß und beste Wünsche!

FRAGEN

1. Hat Herr Lenz wirklich eine neue Stellung?
2. Wie war seine frühere Stellung?
3. In welcher Stellung wird er besser verdienen?
4. Was ist seine neue Stellung?

ÜBUNG

The preterit and the present

Grammar Reference §41.4, page 364. [The principal parts of all strong verbs used in this exercise are on page 53.]

Rewrite the sentences, changing the word **früher** *to the word* **jetzt** *and the preterit to the present tense.*

EXAMPLE: Werner wohnte früher in Hamburg.
   Werner wohnt jetzt in Hamburg.

1. Werner arbeitete früher in einem großen Geschäft.
2. Früher hatte er eine interessante Stellung.
3. Er verdiente früher 300 Mark die Woche.
4. Früher fuhr er seinen eigenen Wagen.
5. Was tat er früher?
6. Wir bekamen früher unser Geld von unseren Eltern.
7. Ich war früher ziemlich krank.
8. Ich sah früher ein bißchen blaß aus.
9. Der Bus ging früher da drüben ab.
10. Die Lufthansa schickte früher die Koffer direkt ans Hotel.

3/3 Pech auf dem Parkplatz

ERWEITERUNG DES WORTSCHATZES

ab-holen *jemanden (oder etwas) vom Bahnhof, vom Geschäft, vom Flughafen nach Hause bringen* — Die Mutter muß ihre Kinder jeden Tag von der Schule **abholen.**

der **Bekannte (-n) -n** — Wenn ich einen Menschen kenne, dann ist er ein **Bekannter** von mir.

eilig: es eilig haben — Ich **hab' es eilig.** (= Ich muß schnell machen.)

etwas *ziemlich* — Herr Wieland sagt, er findet dieses Fernsehprogramm **etwas** langweilig.

nah(e) *nicht weit* — Die Häuser liegen sehr **nah** beieinander.

vor-stellen (sich etwas) *sich im Kopf ein Bild machen* — Ich kann **mir** gar nicht **vorstellen,** wie der Planet Venus aussieht.

Herr Schilling erzählt einem Bekannten ein komisches Erlebnis.

SCHILLING: Wissen Sie, was mir neulich auf einem Parkplatz passiert ist?

HELLER: Ich hoffe, es war kein Unfall.

SCHILLING: Nein, aber Pech habe ich gehabt, furchtbares Pech.

HELLER: Wieso denn? Sagen Sie mir doch, was los war. 5

SCHILLING: Na, ich sollte einen Herrn vom Flughafen abholen, einen Freund von unserem Präsidenten. Ich hatte eine Stunde frei, aber ich hatte es ziemlich eilig. Denn es regnete, und ich hatte keinen Hut. Ich fuhr also schnell zum Kaufhaus Linden, ließ meinen Wagen im Parkplatz an der Straße und kaufte mir einen Hut.

HELLER: So? Und Sie kamen zurück und hatten gewiß eine Reifenpanne. 10

SCHILLING: Nein, durchaus nicht. Nach zehn Minuten komme ich wieder heraus, und da stehen rechts und links von mir zwei andere Wagen, aber so nahe, daß ich einfach nicht in meinen Wagen konnte.

HELLER: Und was haben Sie da getan?

SCHILLING: Was konnte ich tun? Ich setze mich also an die Straßenecke und warte. Ich 15 hatte noch vierzig Minuten Zeit. Es kamen viele Leute vorbei, aber ich konnte ja nicht zu ihnen gehen und sagen: „Verzeihung! Ist das Ihr Wagen?" Und ich konnte auch nicht hupen, denn ich konnte ja nicht in meinen Wagen.

HELLER: Aber hören Sie mal! Ist Ihr Wagen nicht ein Kombi?

20 SCHILLING: Richtig! Glücklicherweise wird es mir klar, daß mein Wagen ein Kombi ist und daß er hinten offen ist. Ich habe noch eine Viertelstunde Zeit. In diesem Augenblick ist mir alles gleich —! Ich will nur sehen, wie ich in den Kombi hineinkommen kann, auf Händen und Füßen. Da stoße ich mit dem Knie an etwas — ich weiß nicht was — ich rutsche aus, ich verrenke mir den linken Arm, ich falle in den

25 Wagen, und meine Beine stecken hinten aus dem Kombi heraus. Können Sie sich vorstellen, wie das aussah? Da kommt ein hübsches Fräulein, setzt sich in den Wagen links neben mir und fährt los! Sie können mir glauben: es sah so aus, als ob einer von uns beiden etwas dumm war.

HELLER: Sind Sie denn noch rechtzeitig zum Flughafen gekommen?

30 SCHILLING: Ja, der Herr hat auf mich gewartet.

27-28 als ob *as if*

ÜBUNG

The preterit

Grammar Reference §41, page 363.

Put the following sentences into the preterit. Note that all the strong verbs for this exercise appear on the list on page 53.

EXAMPLE: Dietrich muß zu Hause bleiben.
Dietrich mußte zu Hause bleiben.

1. Was kann ich tun?
2. Ich komme zurück.
3. Er fährt zum Kaufhaus.
4. Ich lasse meinen Wagen am Parkplatz.
5. Er kauft sich einen Hut.
6. Rechts und links von mir stehen zwei andere Wagen.
7. Es ist ein Unfall.
8. Wir haben eine Stunde frei.
9. Wir kommen wieder heraus.
10. Ich setze mich an die Straßenecke.

3/4 Doktor Pettenkofer und sein Fisch

ERWEITERUNG DES WORTSCHATZES

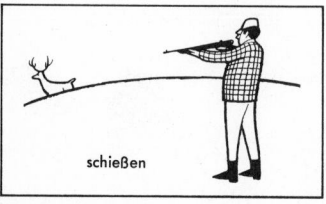

schießen

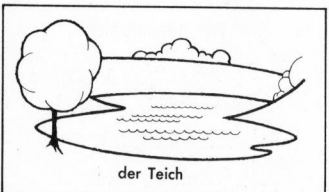

der Teich

die **Forelle -n** *schöner Fisch, manchmal mit braunen Flecken, der in kalten Flüssen in den Bergen zu finden ist*

zweites **Frühstück** *kleine Mahlzeit am Vormittag, zwischen dem Frühstück und dem Mittagessen*

das **Gasthaus ⸚er** *kleines Hotel mit Restaurant*

schießen, schoß, geschossen — Der Mann **schießt** einen Rehbock. *(siehe Zeichnung)*

der **Teich -e** — Ein **Teich** ist viel kleiner als ein See. *(siehe Zeichnung)*

das **Tier -e:** der **Rehbock ⸚e** / der **Löwe -n** / der **Elefant -en** / die **Kuh ⸚e** / das **Pferd -e** / das **Schwein -e** *(siehe Zeichnung)*

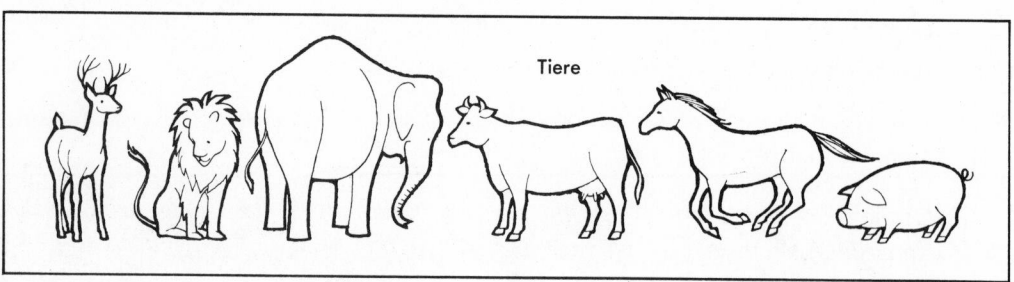

Tiere

Im Restaurant. Herr Doktor Pettenkofer sitzt schon beim Essen. Herr Hanfstängl kommt an seinen Tisch.

HANFSTÄNGL: Guten Abend, Dr. Pettenkofer, wie schmeckt's? Darf ich mich zu Ihnen setzen?

PETTENKOFER: Aber gewiß! Das dürfen Sie. Freut mich sehr! Wollen Sie da nicht Platz nehmen? Wir können ja zusammen zu Abend essen.

HANFSTÄNGL: Ja gerne. — Was gibt's denn Schönes?

5

64

KELLNERIN: Heute haben wir Hühnchen mit Erbsen und Salat. Oder möchten Sie vielleicht Braten mit Spargel?

10 HANFSTÄNGL: Das gefällt mir alles nicht.

KELLNERIN: Oder haben Sie Lust zu einer guten Forelle?

HANFSTÄNGL: Forelle? Ja, großartig! So etwas hab' ich schon lange nicht mehr gegessen.

KELLNERIN: Gut. Einmal Forelle mit Butter. Sie wird in zwanzig Minuten fertig sein.

15 HANFSTÄNGL: Bitte schön! Ich kann warten. — Sind Sie mal wieder auf der Jagd gewesen, Herr Doktor?

PETTENKOFER: Ja, aber ich habe nichts geschossen. Neulich bin ich schon um fünf aufgestanden. Keinen einzigen Rehbock hab' ich gesehen! Es gibt nicht mehr genug Rehböcke in unseren Wäldern.

20 HANFSTÄNGL: Da haben Sie Pech gehabt. Schade.

PETTENKOFER: Aber nicht immer! — Wissen Sie, was mir letzten Winter passiert ist?

HANFSTÄNGL: Nein, was denn? Ich hoffe, nichts Ernstes!

PETTENKOFER: Nun, da bin ich wieder mal auf die Jagd gegangen, nicht weit von Schellbronn. Den ganzen Morgen sehe ich keinen einzigen Rehbock — nichts.

25 Nur ein paar Kühe und Pferde. Aber ich will ja keine Kühe schießen. Und wie ich

---

15 auf der Jagd, 23 auf die Jagd *hunting*

dann durch den Wald gehe, komm' ich an den Fluß. Da bleib' ich an einem Baum hängen — der war da hingestürzt — und falle hin.

HANFSTÄNGL: Das tut mir aber leid!

PETTENKOFER: Na, und wie ich wieder zu mir komme, bin ich bis zum Fluß hinunter gestürzt, zwischen all die kleinen Bäume. Ich liege tief da unten, neben dem Wasser, 30 meine Hose ist ziemlich kaputt, und es tut mir am ganzen Körper weh.

HANFSTÄNGL: Haben Sie sich dabei nicht Arm und Bein gebrochen?

PETTENKOFER: Nein, das nicht. Aber mein rechtes Bein sah furchtbar aus — ganz rot und grün und blau! Aber ich konnte noch gehen.

HANFSTÄNGL: Glücklicherweise sind Sie nicht auch ins Wasser gefallen. 35

PETTENKOFER: Ja, das find' ich auch! Aber wie ich wieder zu meinem Wagen komme, seh' ich, daß ich mein Geld verloren habe — über hundert Mark!

HANFSTÄNGL: Auch das noch! Haben Sie's denn wieder gefunden?

PETTENKOFER: Nein, durchaus nicht! Ich bin gleich wieder den Weg zum Fluß gegangen, aber ich hab's nicht gefunden. Es muß ins Wasser gefallen sein. 40

HANFSTÄNGL: Das war aber wirkliches Pech!

PETTENKOFER: Das find' ich auch.

HANFSTÄNGL: Und wie sind Sie wieder nach Hause gekommen?

PETTENKOFER: Na, nicht sehr schnell. Ich fahre immer geradeaus, immer am Fluß entlang, und da komm' ich zu einem großen Haus, mitten im Wald. Da spielen 45 fünf oder sechs Jungs und Mädels im Freien, und wie die mich sehen, laufen sie gleich ins Haus.

HANFSTÄNGL: Sie haben ja etwas ungewöhnlich ausgesehen!

PETTENKOFER: Ja, wirklich, das kann man sagen. Ich gehe ins Haus und lerne ihre Eltern kennen. Sie bedauern, wie ich aussehe. Es tut ihnen wirklich leid. Sie gehen 50 zu ihrem Kleiderschrank und bringen mir einen alten schwarzen Anzug. Und wie ich den anprobiere — wirklich! — da paßt er mir ausgezeichnet! Dann geben sie mir noch eine Tasse Kaffee und ein Butterbrot, und ich fühle mich wieder warm. Und hab' auch kein Kopfweh mehr.

HANFSTÄNGL: Das war sehr freundlich von ihnen. 55

PETTENKOFER: Ja. Also, ich danke ihnen schön, und spät am Nachmittag setz' ich mich wieder in meinen Wagen und fahre in die Stadt. Denn am nächsten Tag mußte ich wieder arbeiten.

HANFSTÄNGL: Warum sind Sie denn später wieder auf die Jagd gegangen?

PETTENKOFER: Ich bin ja noch nicht fertig. Das Schöne kommt noch. 60

HANFSTÄNGL: Wieso denn?

PETTENKOFER: Ein paar Tage später komm' ich am Gasthaus zum Löwen vorbei. Sie kennen es ja! Es ist ein gutes Gasthaus. Von drinnen kommt Musik — und ich bin furchtbar hungrig. Also — ich gehe hinein und gehe gleich in den Keller hinunter.

65 Sie wissen, wie gut man da unten frühstücken kann. Und ich wollte gerne ein zweites Frühstück essen. Eine Kellnerin kommt und sagt: „Wollen Sie nicht hier auf dem Sofa Platz nehmen? Hier unter dem Licht? Da sitzt man so bequem." — „Gut", sag' ich, „was gibt's heute Schönes?" „Nun", sagt die Kellnerin, „heute haben wir Hühnchen mit Erbsen und Salat. Oder möchten Sie vielleicht Braten mit

70 Spargel?" — „Das gefällt mir alles nicht", sage ich. „Haben Sie nichts Besseres?" — „Ja", sagt sie, „haben Sie nicht Lust zu einer guten Forelle?" „Forelle? Großartig. So etwas hab' ich schon lange nicht mehr gegessen." „Gerne. Wollen Sie sich einen Fisch aussuchen? Sie dürfen sich nämlich einen Fisch aussuchen. Bei uns tut man das so." Ich gehe also an den Wassertank und suche mir einen Fisch aus.

75 „Den da!" sag' ich, und mit dem Netz nimmt sie den Fisch aus dem Wasser heraus und bringt ihn in die Küche. Nach einer Viertelstunde kommt sie wieder und sagt: „Verzeihung, Herr Doktor. Kommen Sie doch bitte schnell in die Küche! Ihr Fisch — " — „Was ist los mit meinem Fisch?" — „Man hat Geld in Ihrem Fisch gefunden. Über hundert Mark!" — „Was für ein Fisch ist das? Wirklich eine

80 Forelle? — Aha! — Darf ich Sie fragen, wo Sie diesen Fisch gefangen haben?" — „Diesen Fisch hier?" sagt der Mann in der Küche. „Dieser Fisch kommt nicht aus unserm Teich nebenan. Den habe ich oben am Fluß gefangen, nicht weit von Schellbronn." — „Wann?" — „Vorgestern." — „Dann ist das mein Geld!" sag' ich. Aber der Mann in der Küche will mir nicht glauben. Und wir setzen uns

zusammen hin, und ich muß ihm alles sagen, was mir vor ein paar Tagen oben am ₈₅ Fluß passiert ist. — „Das mag alles sehr schön und gut sein. Sie können auch einen Preis damit gewinnen. Aber ich glaube es immer noch nicht!" „Hören Sie mal", sag' ich, „mit dem Geld ist auch mein zweiter Wagenschlüssel ins Wasser gefallen. Vielleicht können Sie auch den in diesem Fisch hier finden!" — Und wirklich: sie finden etwas Gelbes — meinen Autoschlüssel! ₉₀

HANFSTÄNGL: Das ist ja reizend!

PETTENKOFER: Ja, nicht wahr? — Nun, hier kommt Ihre Forelle! — Guten Appetit! — Aber essen Sie mit Vorsicht! Wer kann wissen, was in Ihrem Fisch steckt?

ÜBUNGEN

Copy the synopsis, filling in the blanks with appropriate words taken from the conversation.

Dr. Pettenkofer und Herr Hanfstängl treffen sich im ＿＿＿ . Herr Hanfstängl bestellt sich eine ＿＿＿ und muß darauf warten. Dr. Pettenkofer erzählt ihm, was ihm passiert ist, wie er im Winter auf der ＿＿＿ war. An diesem Morgen hat er keinen einzigen Rehbock ＿＿＿ — nur ein paar Kühe und Pferde. Er kommt an einen ＿＿＿ . Da ＿＿＿ er an einem Baum hängen und ＿＿＿ dann bis zum Fluß hinunter. Seine Hose ist ＿＿＿ , es tut ihm am ganzen Körper ＿＿＿ , und sein rechtes Bein sieht ＿＿＿ aus, aber er kann noch ＿＿＿ . Aber dabei hat er sein Geld ＿＿＿ . Freundliche Leute helfen ihm. Sie geben ihm einen alten ＿＿＿ . Spät am Nachmittag kann er dann nach ＿＿＿ fahren. — Ein paar Tage später geht er ins ＿＿＿ zum Löwen. Dort bestellt er sich zum zweiten ＿＿＿ eine ＿＿＿ . Er darf sich einen Fisch ＿＿＿ . Nach einer Viertelstunde sagt ihm die Kellnerin, daß er in die ＿＿＿ kommen soll. In dem ＿＿＿ , den er ausgesucht hat, hat man sein ＿＿＿ und seinen ＿＿＿ gefunden.

Dies- words

Grammar Reference §8, §9.1, pages 340 and 341.

Copy the following sentences and substitute the appropriate form of **dieser** *for the definite article in* **heavy type.**

EXAMPLE: **Die** Stellung gefällt mir nicht.
           Diese Stellung gefällt mir nicht.

1. **Der** braune Rock steht dir glänzend.
2. Ich möchte **die** rosa Bluse anprobieren.
3. Mit **dem** Bus kommen Sie rechtzeitig hin.
4. **Den** Koffer wird die Lufthansa direkt ans Hotel schicken.
5. **Die** Arbeit ist doch sehr langweilig.

Rewrite the following sentences, substituting the preposition and the appropriate form of **dieser** *for the contraction in* **heavy type.**

EXAMPLE: Vielleicht können wir **im** Park essen.
           Vielleicht können wir in diesem Park essen.

6. Er fährt **am** Fluß entlang.
7. Die Lufthansa hat mein Gepäck **ans** Hotel geschickt.
8. **Im** Augenblick kann ich nichts tun.
9. Wohnen Sie immer noch **im** Hotel?
10. Wollen Sie nicht mit **ins** Zimmer?

Auswendig zu lernen

Grammar Reference §37, §50, §51, pages 360, 374 and 376.

kommen, kam, gekommen   stehen, stand, gestanden

bekommen, bekam, bekommen   verstehen, verstand, verstanden

mit-kommen, kam . . . mit, mitgekommen   auf-stehen, stand . . . auf, aufgestanden

fallen (fällt), fiel, gefallen

gefallen (gefällt), gefiel, gefallen

hin-fallen (fällt . . . hin), fiel . . . hin, hingefallen

brechen (bricht), brach, gebrochen

helfen (hilft), half, geholfen

sprechen (spricht), sprach, gesprochen

treffen (trifft), traf, getroffen

werfen (wirft), warf, geworfen

nehmen (nimmt), nahm, genommen

werden (wird), wurde, geworden

Stadion in Köln

Viertes Kapitel

4/1 Beim Fußballspiel

ERWEITERUNG DES WORTSCHATZES

Fußball

rudern

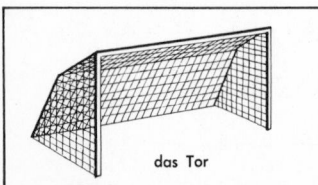

das Tor

behaupten *sehr bestimmt erklären, daß etwas wahr ist* — Der Fahrer **behauptete,** daß er n i c h t durch ein rotes Licht gefahren war.

bitten, bat, gebeten *einen Wunsch aussprechen* — Bei Tisch sagt man: „Darf ich um das Brot **bitten?**" — Wir haben Herrn Weber **gebeten,** am Samstag zu uns zu kommen. — Ich **bitte** dich! (= Bitte, sag das nicht! Bitte, tu das nicht!)

bloß *nur* — Sieh doch **bloß** einmal, wie sie spielen!

FC = *Fußball-Club*

der **Fußball** *(siehe Zeichnung)*

gehören — Wenn ich etwas besitze, dann **gehört** es mir.

nachdenklich *kontemplativ, reflektierend* — Wenn man den Kopf in die Hände legt, nichts sagt, lange auf eine Sache sieht und diese zu verstehen sucht, — dann ist man **nachdenklich.**

rudern — Der Mann **rudert** das Boot. *(siehe Zeichnung)* — Das Rudern ist in Deutschland sehr populär.

das **Tor -e** *das Goal -s (siehe Zeichnung)*

wett-machen — Wenn die anderen zwei Tore gemacht haben und wir nur ein Tor, dann versuchen wir es **wettzumachen** (= dann versuchen wir, auch ein zweites Tor zu machen).

Stadion in Dortmund

Jürgen Siebold ist mit Erika Breitenkamp und ihrer Schwester Monika zum Fußballspiel gegangen.

ERIKA: Findest du nicht auch, daß Hannover heute in guter Form ist?

JÜRGEN: Das will ich nicht gerade behaupten. Ich habe sie schon besser spielen sehen.
5   Sie haben doch schon zwei Goals verloren!

ERIKA: Nun ja, sie sind zwei Tore hintenan. Was ist das schon? Die können sie doch bald wieder wettmachen. — Sieh doch bloß einmal, wie sie spielen! Als ob der Ball ihnen gehörte —

JÜRGEN: Dann frag' ich mich nur, wie sie die zwei Tore verloren haben!

10 ERIKA: Das ist nicht die Hauptsache. Die Hauptsache ist doch der Stil!

JÜRGEN: Ihr geht wohl oft zum Fußballspiel?

ERIKA: Bestimmt drei- oder viermal in der Saison.

JÜRGEN: Warum bist du so nachdenklich, Monika?

MONIKA: Weil Fußball mir langweilig ist.

15 JÜRGEN: Was? Hast du denn für Fußball nicht viel übrig?

MONIKA: Nein, ich wäre viel lieber rudern gegangen.

ERIKA: Weil sie da Rudolf zu sehen bekommt.

MONIKA: Ja, und statt dessen muß ich mir deinen Rainer ansehen.

ERIKA: Monika, ich bitte dich!

20 JÜRGEN: Wer ist Rainer?

MONIKA: Ich glaube, das ist der neue Halb-Links-Spieler vom FC Hannover, der so einen schönen Stil hat.

---

18 statt dessen   *instead of that*

ÜBUNGEN

Copy the synopsis, filling the blanks with appropriate words taken from the conversation.

Jürgen, Erika und Monika sind beim ＿＿. Erika behauptet, daß der FC ＿＿ heute in guter Form ist. Aber Jürgen bemerkt, daß die Spieler schon zwei Goals ＿＿ haben. Erika glaubt, daß sie die zwei Goals bald wieder ＿＿ können. Sie fügt hinzu, daß sie spielen, als ob der Ball ihnen ＿＿ . Sie findet, daß die Hauptsache der ＿＿ ist. Jürgen möchte wissen, ob Erika wirklich etwas vom Fußball versteht. Er fragt sie daher, ob sie und ihre ＿＿ oft zum Fußballspiel gehen. Erika antwortet, daß sie drei- oder viermal in der ＿＿ hingehen.

Monika, ihre Schwester, sitzt nur da und sagt nichts. Jürgen fragt sie, warum sie so ＿＿ ist. Sie antwortet, daß Fußball ihr ＿＿ ist. Sie wäre viel lieber ＿＿ gegangen. Und warum? Erika weiß es. Weil ＿＿ auch gerne rudern geht. Aber jetzt hören wir, warum Erika zum ＿＿ gekommen ist. Sie will ＿＿ sehen. Wer ist das? Monika weiß es. Das ist der neue ＿＿ vom FC Hannover.

Indirect statements

Grammar Reference §56.1, page 380.

Change the following statements into indirect statements introduced by: Erika behauptet, daß . . . .

EXAMPLE: Hannover ist heute in guter Form.
     Erika behauptet, daß Hannover heute in guter Form ist.

1. Sie können die Goals bald wieder wettmachen.
2. Sie spielen heute sehr gut.
3. Die Hauptsache ist doch der Stil.
4. Sie geht drei- oder viermal in der Saison zu einem Fußballspiel.
5. Monika möchte ihren Freund Rudolf sehen.

4/2 Schulfest in der Schweiz

ERWEITERUNG DES WORTSCHATZES

auf-hören *etwas nicht mehr tun; zu Ende gehen* — Es hat **aufgehört** zu regnen. (= Es regnet nicht mehr.)

aus-ruhen *eine Pause machen*

flüstern *ohne Stimme sprechen* — Da stehen die drei Mädchen, stecken ihre Köpfe zusammen und sprechen **flüsternd** über ihre Freundin.

sachte *langsam, vorsichtig* — Die alte Frau geht **sachte** die Treppe hinunter.

der **Schlegel -** / die **Trommel -n** / der **Trommler -** (*siehe Zeichnung*)

während *zur gleichen Zeit* — **Während** Franz sein Trompeten-Solo spielt, flüstern die beiden Trommler.

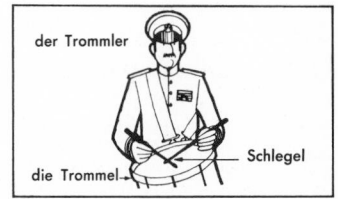

Zwei Trommler, Gerold Seiffert und Fridolin Sommertag, warten auf das große Trompeten-Solo.

FRIDOLIN (*der ältere, flüsternd*): So — hier ist die große Pause. Zweiundsiebzig Takte. Jetzt kommt das große Trompeten-Solo.

GEROLD (*ziemlich nervös*): Sprich jetzt nicht, Fridolin! Wir müssen aufpassen! Du 5 machst mich ganz nervös.

FRIDOLIN: Nun kommt Franz mit seiner Trompete. Der kann gut spielen. Jetzt können wir ausruhen. — Übrigens, hast du Freitag frei?

GEROLD: Ja, ich habe von Freitag bis Montag frei. Warum?

FRIDOLIN: Meine Eltern haben eine Hütte am See gekauft, und wir wollen hinfahren. 10 Willst du mitkommen?

GEROLD: Ja, gerne. Wie weit ist es denn?

FRIDOLIN: Fünfundsechzig Kilometer von hier. Wir wollen am Freitag früh schon um sieben Uhr losfahren. Wir werden in Kirchdorf ein bißchen essen, und um halb zehn sind wir schon da. 15

GEROLD: Das wäre großartig.

FRIDOLIN: Wir werden viel Spaß haben, wenn du mitkommen kannst.

GEROLD: Ich will's meinen Eltern sagen, daß ich dann nicht zu Hause bin. (*Er hebt seine Schlegel.*)

---

³Takte *measures*

20 FRIDOLIN: Mensch, warte doch! Noch nicht!

GEROLD (*legt die Schlegel hin*): Ist es noch nicht Zeit?

FRIDOLIN: Warte doch noch einen Augenblick. Jetzt kommt die Kadenz — und dann
der Marsch. Sachte! Vier — drei — zwei —
(*Gerold fängt leise zu trommeln an.*)

25 FRIDOLIN: Noch nicht! — Aber jetzt!
(*Und während Franz zu spielen aufhört, spielt die ganze Kapelle einen Marsch.*)

FRAGEN

1. Worauf warten die Trommler?
2. Wie lange dauert die große Pause?
3. Wer spielt das Trompeten-Solo?
4. Was können die Trommler in der Pause tun?
5. Was möchte Fridolin am Wochenende machen?
6. Kann Gerold mitkommen?
7. Wer von den beiden Trommlern ist nervöser?
8. Wer ist der bessere Trommler?
9. Was kommt vor dem Marsch?
10. Wann fangen die Trommler wieder zu spielen an?

ÜBUNG

Word order: time before place

Grammar Reference §62, page 386.

Make sentences of the following words and phrases by arranging them in the proper order. Start each sentence with the subject.

EXAMPLE: in die Stadt — sind . . . gekommen — wir — in 23 Minuten
Wir sind in 23 Minuten in die Stadt gekommen.

1. in Kirchdorf — um acht Uhr — werden . . . sein — wir
2. den ganzen Morgen — durch den Wald — Dr. Pettenkofer — geht
3. zu meinem Wagen — ich — komme — ein paar Minuten später
4. ich — gleich — bin . . . gegangen — in die Küche
5. kommt — die Kellnerin — zu mir — nach einer Viertelstunde.

4/3 Hartmut ist Nummer Eins

ERWEITERUNG DES WORTSCHATZES

anderthalb   *eineinhalb (1½)* — Von ein Uhr bis halb drei sind
   anderthalb Stunden.
der **Atem**   *was durch die Nase in die Lungen geht und aus den Lungen
   kommt* — Kannst du den **Atem** anderthalb Minuten anhalten?
außer — Beim Schwimmen oder beim Laufen kommt man manchmal **außer** Atem.
begegnen (+ Dativ)   *treffen; mit jemandem zusammenkommen* —
   Ich **begegne** ihm jeden Tag vor der Schule.
etwas Besonderes   *etwas Ungewöhnliches*
fertig-bringen, brachte . . . fertig, fertiggebracht   *etwas wirklich tun,
   was man vorgehabt hat* — Du hast etwas Besonderes **fertiggebracht.**
das **Wettlaufen**   *laufen, um zu prüfen, wer am schnellsten laufen
   kann*

Renate begegnet Hartmut, der einen Preis im Wettlaufen gewonnen hat.

RENATE: Sag mal, Hartmut! Wie hast du das gestern fertiggebracht? Achthundert
   Meter in zwei Minuten!

HARTMUT: Das war wirklich nichts Besonderes.

5 RENATE: Was? Das sagst du so! Es war doch beinahe so gut wie der Weltrekord.

HARTMUT: Das will ich nicht sagen. Zum Weltrekord gehört doch wohl ein bißchen
mehr. — Aber Spaß hat's doch gemacht.

RENATE: Hast du viel trainiert?

HARTMUT: Gar nicht mal so viel. Vielleicht eine Stunde jeden Morgen und dann eine
10   zweite Stunde nach der Schule.

RENATE: Das konnte man sehen. Die anderen kamen ja erst lange hinterher.

HARTMUT: So weit war's doch nicht. Es waren nicht mehr als anderthalb Meter.

RENATE: Aber die waren alle ganz außer Atem.

HARTMUT: Ja, das hat sicher eine Rolle gespielt. Deshalb trainiert man so. Herr Fricke
15   sagt immer, wir müssen jeden Tag zwei Stunden laufen. Dann kommt man nicht so
sehr außer Atem. Und wer gewinnen will, muß darauf aufpassen, was Herr Fricke
sagt.

RENATE: Ich kann dir gar nicht sagen, wie schön das aussah. — Ich — wir alle in der
Humboldtschule sind sehr stolz auf dich.

20 HARTMUT: Das ist furchtbar nett von dir, Renate. — Hast du's sehr eilig?

RENATE: Nein, warum?

HARTMUT: Vielleicht können wir eine kleine Strecke zusammen gehen.

RENATE: Aber gerne!

HARTMUT: Darf ich dir deine Tasche abnehmen?

---

19 stolz *proud*

ÜBUNGEN

Copy the synopsis and fill in the blanks with appropriate words taken from the conversation.

Hartmut hat gestern einen Preis im Wettlaufen ____. Er ist ____ ____ in zwei
Minuten gelaufen. Hartmut findet das wirklich ____ ____. Renate ist aber sehr ____
auf Hartmut, denn sie glaubt, das ist beinahe so ____ wie der Weltrekord. Hartmut hat
jeden Tag zwei Stunden ____. Renate kann das glauben, denn die anderen waren alle
ganz ____ ____. Hartmuts Sportlehrer ist ____ ____. Wer gewinnen will, muß darauf
____, was der sagt. Renate sagt noch einmal, wie ____ das alles war. Hartmut fragt sie
dann, ob sie es ____ hat. Er schlägt vor, daß sie eine ____ zusammen gehen. Renate ist
damit einverstanden, und er nimmt ihr ihre ____ ab. Sie gehen weiter, und Hartmut
trägt die Tasche.

Position of **nicht**

Grammar Reference §31.1, page 356.

Make the following sentences negative, using **nicht.**

EXAMPLES: Ich finde sie sehr hübsch.
Ich finde sie nicht sehr hübsch.

Das kann ich glauben.
Das kann ich nicht glauben.

1. Wir sind sehr stolz auf ihn.
2. Das ist sehr nett von dir.
3. Ich hab' es eilig.
4. Die anderen waren außer Atem.
5. Ich will es meinen Eltern sagen.
6. Fridolin darf mitkommen.
7. Gerold legt die Schlegel hin.
8. Franz hörte auf, die Trompete zu spielen.
9. Das konnte man sehen.
10. Hartmut will Renate die Tasche abnehmen.

4/4 Ein Bild vom Sportfest

ERWEITERUNG DES WORTSCHATZES

die „A" und die „B" — In beinahe jeder höheren Schule gibt es zwei Klassen für jeden Jahrgang: zwei vierte Klassen, zwei fünfte Klassen und so weiter. Diese Klassen nennt man die „A" und die „B". Wenn ein Schüler im ersten Jahr in der „A" ist, dann bleibt er jedes Jahr in der „A". In den vielen Jahren, die er in der Schule bleibt, hat er dieselben Schulkameraden; er lernt sie alle sehr gut kennen, und man bleibt oft fürs ganze Leben gute Freunde.

halten (hält), hielt, gehalten (von) — Was **hältst** du **davon?** (= Wie denkst du darüber?) — „Was **hältst** du **von** diesem Fernsehprogramm?" „Ich finde es langweilig."

der **Handball** *Ballspiel, etwas wie Fußball, aber nur mit den Händen und Armen zu spielen (nicht wie der amerikanische „handball")*

das **Kugelstoßen** *(siehe Zeichnung)*

das Kugelstoßen

prima *ausgezeichnet* — Ein kühles Getränk schmeckt **prima,** wenn das Wetter warm ist.

sausen *sehr schnell laufen oder fahren*

schlagen (schlägt), schlug, geschlagen — Der Mann **schlägt** mit dem Hammer auf den Tisch. *(siehe Zeichnung)*

schlagen

das **Speerwerfen** *(siehe Zeichnung)*

unentschieden — Wenn es noch nicht klar ist, wer gewinnen wird, dann ist das Spiel noch **unentschieden.**

versuchen *etwas tun, um zu sehen, ob man es tun kann* — Ich habe **versucht,** den Atem anderthalb Minuten anzuhalten, aber ich konnte es nicht tun.

das **Waldfest -e** — An einem schönen Tag im Frühling kommt die ganze Schule im Freien zusammen. Die Klassen haben ihr Picknick und spielen verschiedene Spiele.

das Speerwerfen

Hein trifft Margit nach der Schule.

MARGIT: Wie war's neulich bei eurem Waldfest?

HEIN: Einfach toll. Darf ich dir ein Bild davon zeigen? — Hier in der Schülerzeitung. Was hältst du von Waldemar?

MARGIT: Das ist ja prima! Was für ein großartiges Bild! 5

HEIN: Nicht wahr? — Wir haben ein wirkliches Sportfest gehabt. Erst kam Hundert-Meter-Lauf, dann Kugelstoßen und Speerwerfen — und zuletzt haben wir Handball gespielt. Mit der „B".

MARGIT: Und wer hat gewonnen?

HEIN: Wir natürlich! Aber das war ein wirklicher Entscheidungskampf. Das hättest 10 du sehen sollen!

MARGIT: Erzähl mir doch mal!

HEIN: Die längste Zeit war's unentschieden — sie einen Ball, wir einen Ball. So ging's hin und her. Endlich war's zehn zu zehn. Nur noch anderthalb Minuten. Aufregend! Da machen wir den elften Ball. 15

MARGIT: Ja, und die „B" versucht, es wettzumachen.

HEIN: Natürlich. — Und da saust der Waldemar von hinten mitten ins Spiel. Auf einmal war er mitten drin — und schlägt den Ball dem Berger von der „B" aus der Hand. Und das war die Entscheidung!

---

10 Entscheidungskampf   *decisive contest*
14-15 aufregend   *exciting*
17-18 auf einmal   *all of a sudden*
19 Entscheidung   *decisive moment*

FRAGEN

1. Was zeigt Hein seiner Freundin Margit?
2. Was spielen die Jungens auf dem Bild?
3. Was für Sport gab es sonst noch bei diesem Waldfest?
4. In welcher Klasse ist Hein — in der „A" oder in der „B"?
5. Welche Klasse hat das Handballspiel gewonnen?
6. Wie war das Spiel die längste Zeit?
7. Wie lange vor dem Ende des Spiels haben die von der „A" den elften Ball gemacht?
8. (*Siehe Bild!*) Wie heißen die beiden Spieler, die nach dem Ball springen?

ÜBUNG

The perfect verb phrase

Grammar Reference §49.1-3, page 373.

Copy the sentences and supply the perfect verb phrase. Be careful to select the appropriate auxiliary, **haben** *or* **sein,** *to form the verb phrase.*

EXAMPLE: Wir ____ Sonntag nachmittag zum Fußballspiel ____.   (gehen)
Wir sind Sonntag nachmittag zum Fußballspiel gegangen.

1. Hein ____ neulich zu einem Waldfest ____.   (gehen)
2. Die „A" ____ das Handballspiel ____.   (gewinnen)
3. Das ____ Hein natürlich ____.   (freuen)
4. Alle Schüler ____ viel Spaß ____.   (haben)
5. Sie ____ mit einem Bus ____.   (zurückkommen)
6. Hein ____ Margit heute nach der Schule ____.   (treffen)
7. Er ____ auf sie ____.   (warten)
8. Er ____ ihr ein Bild ____.   (zeigen)
9. Das Bild ____ in der Schülerzeitung ____.   (stehen)
10. Margit ____ viel von dem Bild ____.   (halten)

83

4/5 Am Schwanenteich

ERWEITERUNG DES WORTSCHATZES

alle *zu Ende* — Das Brot ist **alle.** (= Wir haben kein Brot mehr.)

außerdem *noch dazu* — Es regnete furchtbar; **außerdem** war es sehr kalt.

die **Bude -n** *ein kleines Häuschen, wo man billige kleine Sachen kaufen kann* — In dieser **Bude** kann man kühle Getränke kaufen.

fressen (frißt), fraß, gefressen — Die Menschen essen, die Tiere **fressen.** — Der Schwan **frißt** das Brot.

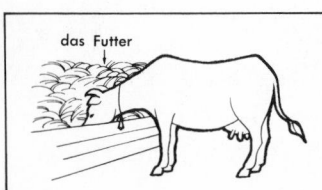

das **Futter** *das, was die Tiere fressen* — Pferde und Kühe fressen gern Heu. Das ist ihr **Futter.** (*siehe Zeichnung*)

die **Limonade** *ein kühles Getränk* — Coca Cola ist eine **Limonade.**

suchen *finden wollen* — „Ich **suche** meine Handschuhe. Wo sind sie denn?" „Hier, auf dem Sofa."

◻ *Erna gibt einem Schwan ein Stück Brot.*

ERNA : Seht doch mal, ihr beiden! Er frißt mir aus der Hand. Schnell, gib mir noch ein
Stück Brot. Da kommt ein anderer Schwan angeschwommen.

KURT : Schade, aber für den hab' ich nichts. Das Brot ist alle.

5 ERNA : So lauf doch mal schnell zur Bude und kauf ein bißchen Zwieback!

MELANIE : Ach, laß doch! Ich hab' für diese dummen Schwäne nicht viel übrig. Die
sollen doch ihr eigenes Futter suchen. Und außerdem ist es mir hier zu windig.

KURT : Was sollen wir jetzt tun? Wollt ihr ein bißchen Tennis spielen, um warm zu
werden?

10 MELANIE : Ich nicht. Das mag ich heute nicht. Es ist mir viel zu windig. Wie wär' es mit
etwas Musik?

ERNA : Ach, ich mag keine Schallplatten mehr anhören. Ich habe heute genug Musik
gehört.

KURT : Was möchtest du tun?

15 MELANIE : Ich? Ich bin hungrig. Aber ich mag noch nicht nach Hause gehen.

ERNA : Ich bin auch hungrig. Gehen wir doch ins „Knusperhäuschen"! Da gibt es
immer etwas Gutes zu essen.

KURT : Aber das ist ein bißchen weit von hier.

ERNA : Hört mal. Ich glaube, bei uns zu Hause ist noch etwas Apfelkuchen in der
20 Küche. Und wir haben auch immer ein paar Flaschen Limonade im Kühlschrank.
Wenn ihr wollt, so kommt doch mit.

FRAGEN

1. Was gibt Erna den Schwänen zu fressen?
2. Woher wissen wir, daß Kurt kein Brot mehr hat? Was sagt er?
3. Warum soll er zur Bude laufen?
4. Warum gefällt es Melanie hier nicht?
5. Was können die jungen Leute tun, um warm zu werden?
6. Was möchte Melanie tun?
7. Was hat Erna heute schon getan?
8. Wer ist hungrig?
9. Wo bekommt man immer etwas Gutes zu essen?
10. Wo ist das „Knusperhäuschen"?
11. Was gibt es noch bei Erna zu essen?
12. Was können sie da auch zu trinken finden?

ÜBUNGEN

The present

Grammar Reference §40.1 and §40.4, page 362.

Copy the sentences and fill in the blanks with the proper present form of the infinitive in parentheses. (All verbs in this exercise are in the verb-lists on pages 70 and 87.)

1. In diesem Häuschen ＿＿ es kühle Getränke.   (geben)
2. Erna ＿＿ immer, Futter für die Schwäne mitzubringen.   (vergessen)
3. Ein Mensch ＿＿, aber ein Tier ＿＿.   (essen, fressen)
4. Die Schwäne ＿＿ Erna aus der Hand.   (fressen)
5. Es ＿＿ Melanie in ihrem Badeanzug etwas kühl.   (werden)
6. Heinz ＿＿ Erika und Lotte unten auf der Straße.   (treffen)
7. Warum ＿＿ du immer noch von den dummen Schwänen?   (sprechen)
8. Ich muß noch die Pferde füttern. ＿＿ du mir dabei?   (helfen)
9. Was ＿＿ du den Pferden zu fressen?   (geben)
10. Ich ＿＿ Sie Dienstag um zehn Uhr im Kaufhaus Behrens.   (treffen)

Imperatives

Grammar Reference §43.1-5, page 367.

Copy out of the preceding conversation all imperatives and identify each one as to form: formal, informal singular or plural, or first-person plural. Which category is missing? Why?

You should find eight forms. Rewrite these forms as formal commands.

Auswendig zu lernen

lesen (liest), las, gelesen

sehen (sieht), sah, gesehen

geben (gibt), gab, gegeben

essen (ißt), aß, gegessen

fressen (frißt), fraß, gefressen

vergessen (vergißt), vergaß, vergessen

bitten, bat, gebeten

Neckarhafen, Stuttgart

Elbe

Berlin

Schwäbische Alb

Fünftes Kapitel

5/1 Bilder aus Deutschland (1)

ERWEITERUNG DES WORTSCHATZES

ähnlich — Wenn etwas ungefähr so aussieht, wie etwas anderes, dann sehen die beiden Dinge **ähnlich** aus. — Die Zwillinge sehen sich (= einander) sehr **ähnlich.**

das **Beispiel -e** *das Exempel* — Geben Sie mir ein gutes **Beispiel** dafür! — Ja, sehen Sie sich z. B. (zum **Beispiel**) dieses Wort an!

einfach *nicht kompliziert* — Zwei und zwei ist vier: das ist ein **einfaches** Problem.

die **Gegend -en** *die Region*

das **Geschäft -e** *eine Transaktion, in der man durch Kaufen und Verkaufen Profit machen kann* — In einer Bank macht man **Geldgeschäfte.**

die **Gewohnheit -en** *das, was man gewöhnlich tut* — Wir haben die **Gewohnheit,** um sieben Uhr aufzustehen und um zwölf Uhr Mittag zu essen. Das ist nur eine **Gewohnheit.** Manchmal essen wir um ein Uhr.

das **Meer -e** *der Ozean, die See* — Die Türkei liegt südlich vom Schwarzen Meer.

sogar *auch* — „Weißt du, was dieses Wort bedeutet?" „Nein, ich weiß es nicht, und ich kann es nicht finden. **Sogar** der Lehrer hat mir gesagt, er weiß es auch nicht."

stehen-bleiben, blieb . . . stehen, stehengeblieben *nicht weitergehen* — Wir sind bis zum Turm gegangen, dann sind wir **stehengeblieben,** denn von dort aus hatten wir eine schöne Aussicht.

ungefähr *mehr oder weniger, nicht genau* — „Wieviel Uhr ist es?" „Na, ich weiß nicht — **ungefähr** zehn Uhr."

zunächst *zuerst, fürs erste, vor allem anderen* — Am Anfang der Stunde sagt der Lehrer: „**Zunächst** einmal müssen wir sehen, wer heute fehlt."

zurecht-finden, fand . . . zurecht, zurechtgefunden (sich) *den richtigen Weg finden; wissen, wie man etwas richtig macht* — „Weißt du, wo der Hauptbahnhof ist?" „Nicht genau, aber ich werde **mich** schon **zurechtfinden.**"

Hans-Heinrich Langenstein spricht im Deutschen Verein.

Ihr habt mich gebeten, über Deutschland zu sprechen. Das ist nicht sehr einfach. Denn jeder stellt sich unter Deutschland etwas anderes vor. Hier sitzt Karl: der denkt dabei an Sauerkraut; und dort sitzt Hildegarde: die denkt an Dirndlkleider. Richard
5 hat sich ein paar deutsche Schallplatten gekauft. Ihm gefällt die deutsche Musik. Und Mack dort hinten, Mack denkt an seinen kleinen deutschen Wagen. Denn er fährt gern in der Gegend herum und ist immer unterwegs. Das ist alles schön und gut — aber was hat das mit Deutschland zu tun? Und über Deutschland soll ich doch sprechen.

Ich hab' hier nun ein paar Lichtbilder mitgebracht und eine Landkarte. Dann
10 bekommt ihr vielleicht eine Ahnung, wo Deutschland liegt und wie es aussieht. Werner hat seinen Projektor mitgebracht und ist so freundlich, mir zu helfen. Bitte, würde

---

9 Lichtbilder *slides*

jemand das Licht ausdrehen? — So, das erste Bild, bitte! Nein, Werner, das ist doch das letzte! Du mußt am andern Ende anfangen! — Also, dies ist eine Karte von Europa. Aber halt! Du hast Europa auf den Kopf gestellt. Das geht nicht. Die Karte steht ja auf dem Kopf! Die mußt du umdrehen. Ja, so ist es besser. Na, du wirst dich schon 15 zurechtfinden.

Zunächst einmal ist es gar nicht klar, w a s Deutschland eigentlich ist und w o es ist. Man spricht Deutsch in der Mitte von Europa, also zwischen Frankreich im Westen und Polen und Rußland im Osten, zwischen den skandinavischen Ländern im Norden und Italien im Süden. Aber nun gehört der Teil von Mitteleuropa, wo Deutsch gespro- 20

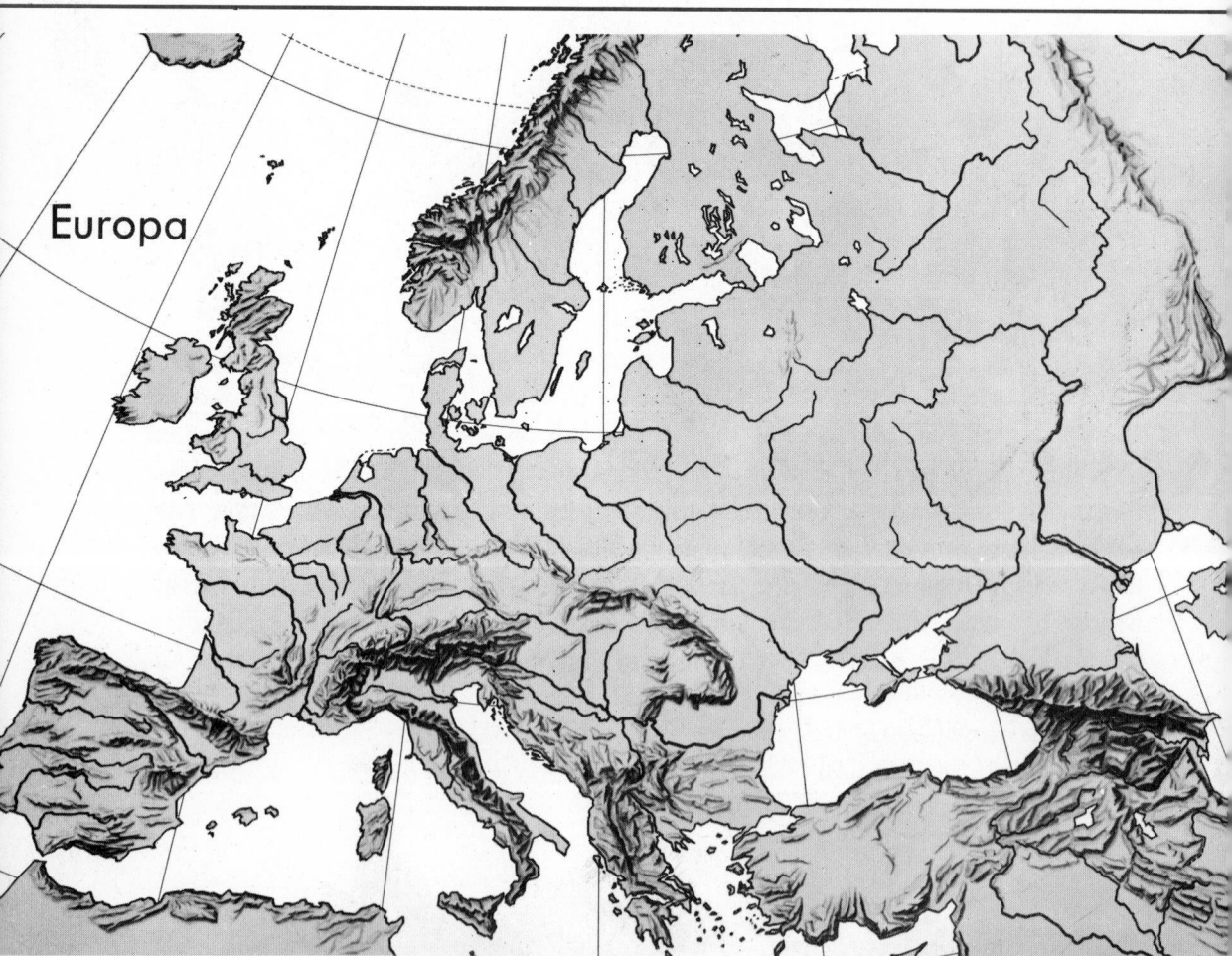

chen wird, zu vier verschiedenen Ländern. Da sind West-Deutschland und Ost-Deutschland im Norden und die Schweiz und Österreich im Süden und Südosten. Alle vier haben ihre eigene Hauptstadt — nämlich Bonn und Berlin und Bern und Wien — und alle haben ihre eigene Regierung und ihre eigenen Gewohnheiten und politischen
25 Anschauungen. Sogar die Sprache, die hier gesprochen wird, ist in allen vier Ländern nicht immer die gleiche. Es gibt viele Dialekte, und daher kommt es, daß ein Bauer am Meer und ein Bauer in den Bergen sich nicht immer gleich verstehen können. Aber wenn sie miteinander ein Geschäft machen wollen, dann geht's. ↓

_____

24 Regierung *government*
25 Anschauungen *views, opinions*

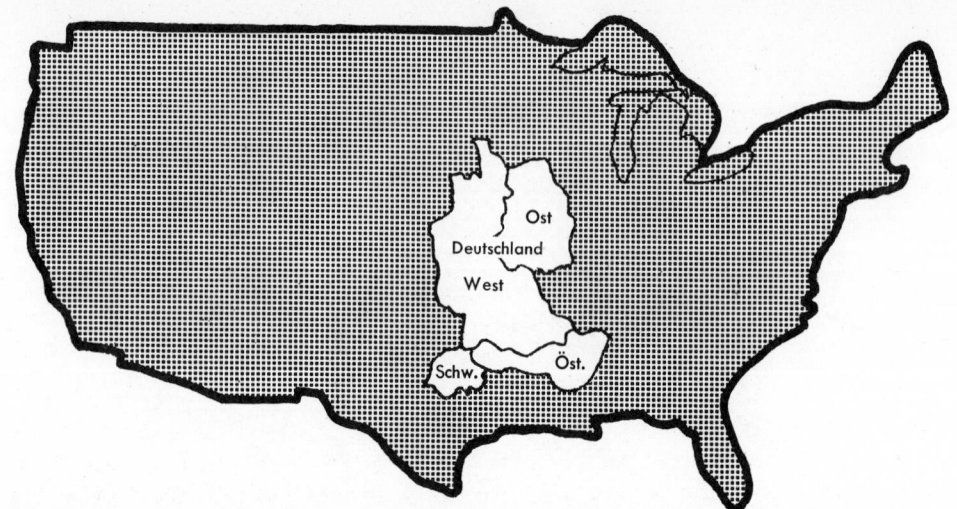

Halt, Werner! Mach noch nicht weiter! Bei dieser Karte wollen wir noch ein bißchen länger stehenbleiben. Dazu muß ich noch ein paar Dinge sagen. Zum Beispiel: wie groß sind eigentlich diese Länder? Da ist West-Deutschland: das ist ungefähr so groß wie der Staat Oregon, und Ost-Deutschland, das ist so groß wie Tennessee. Aber in West-Deutschland leben nicht etwas über zwei Millionen Menschen wie in Oregon, sondern etwas über sechzig Millionen; und ähnlich ist es in Ost-Deutschland, wo mehr als siebzehn Millionen Menschen leben, gegenüber nicht ganz vier Millionen in Tennessee.

FRAGEN

1. Woran denken Sie, wenn Sie von Deutschland hören? Denken Sie vielleicht an die deutsche Musik? an die deutsche Kleidung? vielleicht auch an Lederhosen?

2. Haben Sie schon Lichtbilder von Deutschland, Österreich oder der Schweiz gesehen? Welche Teile des Landes haben Sie auf Lichtbildern gesehen? Welche Städte?

3. Was können Sie von der deutschen Sprache sagen? Zum Beispiel: Spricht man die gleiche Sprache in allen Teilen? (Spricht man das gleiche Englisch in England, in Massachusetts, in Texas und in Kalifornien?)

4. Was können Sie von der Größe des Landes sagen? Zum Beispiel: Wie groß ist West-Deutschland? Wie viele Menschen leben in Ost-Deutschland? Wie groß ist die Schweiz? Wie viele Menschen leben in der Schweiz? Wie groß ist Österreich? Wie viele Menschen leben dort?

ÜBUNG

Emphatic and relative pronouns; definite articles

Grammar Reference §17, page 347.

*Identify each of the words in **heavy type** in the following sentences, labeling it definite article, emphatic pronoun, or relative pronoun.*

1. Hier sitzt Karl: **der** denkt an Sauerkraut.
2. **Die** Karte steht ja auf **dem** Kopf! **Die** mußt du umdrehen.
3. **Die** Sprache, **die** hier gesprochen wird, ist in allen vier Ländern nicht immer die gleiche.
4. Die Länder, von **denen** ich spreche, sind Ost- und West-Deutschland, Österreich und **die** Schweiz.
5. Da ist West-Deutschland: **das** ist ungefähr so groß wie **der** Staat Oregon.

links: Johann Sebastian Bach, rechts: Richard Wagner

5/2 Bilder aus Deutschland (2)

ERWEITERUNG DES WORTSCHATZES

ab und zu *manchmal, von Zeit zu Zeit*

das **Dorf** ⸗er — Eine Stadt ist groß, ein **Dorf** ist klein. — In einem **Dorf** leben gewöhnlich nur Bauern.

erstrecken (sich) *immer weiter gehen* — Die Autobahn **erstreckt sich** von Flensburg in Norddeutschland bis zum Brenner in den österreichischen Alpen.

fast *beinahe* — **Fast** alle Menschen wollen die Wahrheit sagen.

flach — Unser Haus hat ein **flaches** Dach. (*siehe Zeichnung*) — In Holland ist das Land im allgemeinen **flach**.

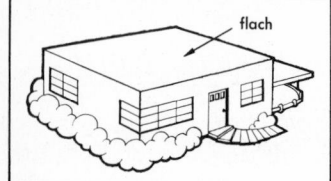

der **Hafen** ⸗ *Landeplatz für Schiffe* — New York und San Franzisko haben große **Häfen**. — Auch Hamburg hat einen großen **Hafen**.

der **Handel** *Geschäft; das Kaufen und Verkaufen von Produkten der Industrie*

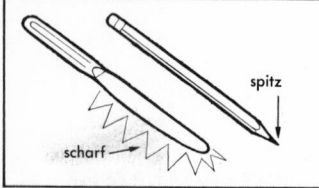

die **Küste -n** — Wo ein Land ans Meer stößt, findet sich eine **Küste**. — Die **Küste** von New Jersey ist überall sehr flach.

die **Landschaft -en** *wie ein Land aussieht; das Bild einer Gegend oder Region* — Kansas hat im allgemeinen eine flache **Landschaft**. Berglandschaften findet man in Pennsylvanien und Colorado.

spitz / scharf — Der Bleistift ist **spitz**. Das Messer ist **scharf**. (*siehe Zeichnung*)

die **Weide**

die **Tiefebene -n** *das flache Land*

verbinden, verband, verbunden — Landstraßen **verbinden** Städte und Dörfer miteinander. Die Landstraßen sind daher eine Verbindung zwischen den Städten und den Dörfern.

die **Weide -n** — Auf einer **Weide** wachsen Gras und Blumen. Kühe grasen auf der **Weide**. (*siehe Zeichnung*)

die **Wiese**

die **Wiese -n** — Gras und Blumen wachsen auch auf einer **Wiese**. Aber auf einer **Wiese** muß das Gras gemäht werden. (*siehe Zeichnung*)

Wir fangen im Norden an.

Das nächste Bild, bitte. Das ist ein Bild von der Küste im Norden, wo das Land ans Meer stößt. Da könnt ihr sehen, wie flach das Land ist, ebenso flach wie in Amerika die Küste am Golf von Mexiko. In Europa erstreckt sich eine große Tiefebene, das Flachland, von Frankreich bis nach Rußland. Belgien, die Niederlande, Deutschland, Polen liegen zum Teil in dieser Tiefebene. Da ist das Land überall grün und fruchtbar.

In den Dörfern und kleinen Städten stehen die Häuser um die Kirchen mit ihren hohen, spitzen Kirchtürmen. Um die Dörfer herum sind Wiesen und Felder, wo Bauern auf ihren Traktoren arbeiten, und Weiden, worauf Kühe grasen. Ab und zu sieht man auch einen Wald.

Landstraßen und Autobahnen erstrecken sich durchs Land. Aber sie sind fast schon zu schmal für den heutigen Verkehr. Auch Kanäle sind ein wichtiger Teil der norddeutschen Landschaft. Sie verbinden die Flüsse miteinander und die vielen Flußhäfen, die es im Inland gibt. Denn Deutschland besitzt nicht nur große Seehäfen, wie Hamburg und Bremerhaven, die es mit der Welt verbinden, sondern auch Flußhäfen, die vor allem für die Industrie und den Handel wichtig sind. Solche Häfen gibt es z. B. in Düsseldorf und in Mannheim, in Karlsruhe und in Stuttgart, und auch in Basel, in der Schweiz.

---

12 **wichtig** *important*

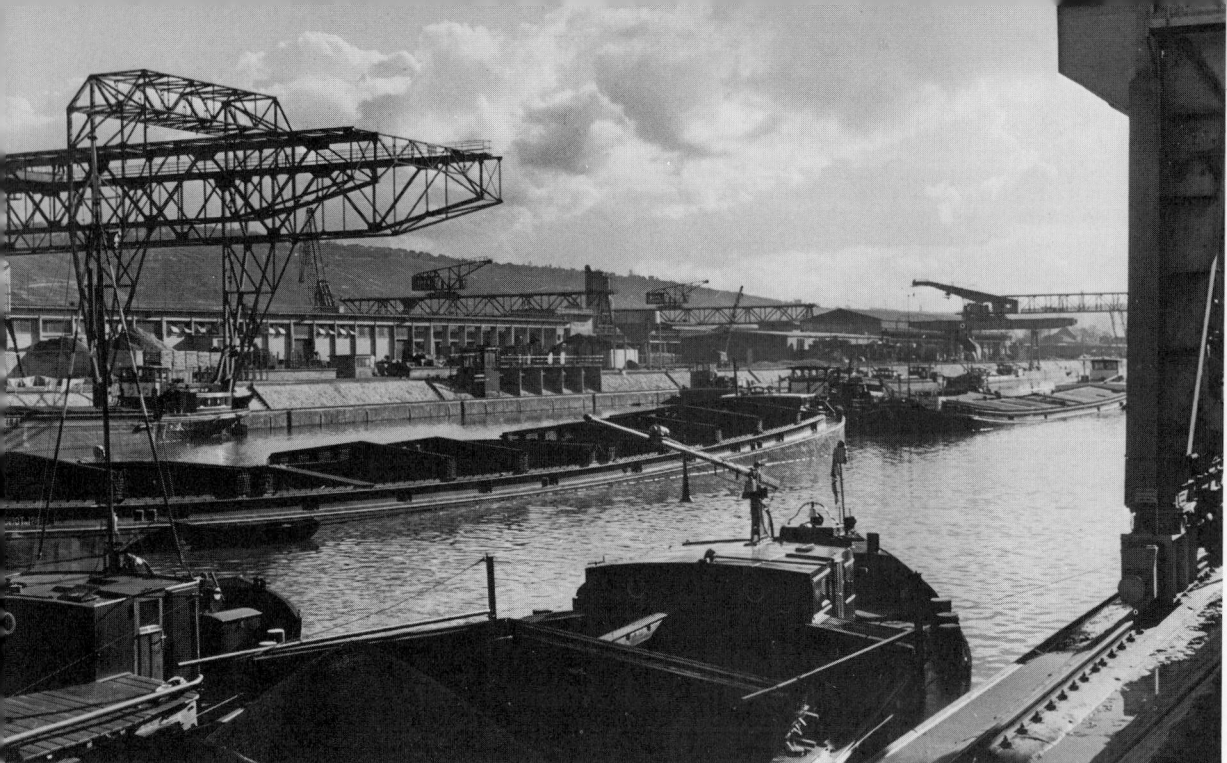

Neckarhafen, Stuttgart

ÜBUNGEN

Gliederung

In reviewing the information given in a text, it is a good idea to make a simple outline (Gliederung). *The outline for the preceding passage might look like this.*

Norddeutschland

A. Landschaft
    I. Küste
    II. große Tiefebene (von Frankreich bis nach Rußland)
    III. grün und fruchtbar

B. Das Leben auf dem Lande
    I. Die Gebäude
        a) Häuser
        b) Kirchen
    II. Das Land
        a) Wiesen und Felder
        b) Weiden
        c) Wälder

C. Verkehr
    I. Landstraßen und Autobahnen
    II. Kanäle und Flüsse
    III. Häfen
        a) Seehäfen
        b) Flußhäfen

98

Descriptive adjectives

Grammar Reference §24.1, page 352.

Make a complete sentence with **ist** *or* **sind** *out of each noun phrase.*

EXAMPLES: die große Tiefebene
Die Tiefebene ist groß.

die hohen Kirchtürme
Die Kirchtürme sind hoch.

(*Note the two forms:* **hoh-** + *ending before a noun,* **hoch** *when there is no ending.*)

1. die kleinen Städte
2. die grüne Wiese
3. das hohe Haus
4. der große Traktor
5. das einfache Problem

Grammar Reference §22.1,2, page 350.

Make a noun phrase out of the information in each sentence.

EXAMPLE: Die Tiefebene ist groß.
die große Tiefebene

1. Die Küste ist flach.
2. Der Kirchturm ist hoch.
3. Das Feld ist fruchtbar.
4. Die Wiesen sind grün.
5. Die Landstraßen sind schmal.

Basel

5/3 Bilder aus Deutschland (3)

ERWEITERUNG DES WORTSCHATZES

berühmt *sehr bekannt* — Jeder weiß, wer Einstein war. Er war ein **berühmter** Physiker.

bilden *formen, machen*

dicht *nahe beieinander* — Diese Berge sind **dicht** bewaldet — die Bäume stehen nahe beieinander.

einige *ein paar; mehr als zwei, aber nicht sehr viele*

die Erhebung -en *eine hohe Stelle in der Landschaft* — Der Aussichtsturm steht auf einer **Erhebung,** so daß man weit sehen kann.

das Gebiet -e *Land, Gegend, Region;* das **deutsche Sprachgebiet** *die Länder, wo Deutsch gesprochen wird*

das Gebirge - *zusammenhängende Gruppe von Bergen* — Das Matterhorn ist ein Berg in den Alpen, einem europäischen **Gebirge.**

wandern *große Strecken zu Fuß gehen* — Seine Großeltern sind von Virginien nach Missouri **gewandert.** — Am Wochenende **wandern** unsere jungen Leute oft durch die schöne Landschaft.

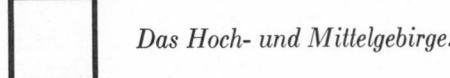

Das Hoch- und Mittelgebirge.

Dies ist ein Bild vom anderen Ende des Landes, ein Bild aus den Alpen. Denn das deutsche Sprachgebiet erstreckt sich im Süden bis in das Hochgebirge der Alpen. Die Schweiz und Österreich liegen zum größten Teil in den Alpen, und ihre höchsten Berge

5 sind höher als die Berge von Colorado. Im Sommer gibt es in den Alpen noch mehr Schnee und Eis als in Colorado, und daher gibt es dort auch mehr Gletscher. Die Gletscher aus der Eiszeit haben die vielen schönen Seen gebildet, wie den Bodensee und den Starnberger See und den Zürichsee und den Königssee. In den Alpengegenden sieht man viele Touristen und Sportenthusiasten. In diese Berge fährt man im Winter

10 zum Schilaufen. Hier wandern wir auch gerne, wenn das schöne Wetter wiederkommt.

Und hier haben wir ein paar Bilder aus der Mitte des Landes, aus der Mitte zwischen Norden und Süden. Hier gibt es eine Menge von Gebirgen, die nicht so hoch sind wie die Alpen — ihre höchsten Erhebungen gehen über 1500 m nicht hinaus. Geologisch betrachtet, ist dieser Teil der älteste Teil der deutschen Landschaft. Das

15 sieht man an der Form der Berge, an ihren großen breiten und runden Rücken. Durch Jahrtausende hindurch haben Wind und Wetter an ihnen gearbeitet, ihre Spitzen abgerundet und ins Tal getragen. Sie sind fast alle bewaldet, und mit ihren dichten Wäldern geben sie der Landschaft ein ernstes und feierliches Aussehen. Einige der berühmtesten von diesen Wäldern sind der Schwarzwald, der Böhmer Wald und der

20 Bayrische Wald.

---

13 über . . . hinaus *beyond*
14 geologisch betrachtet *from
   a geological point of view*
16 Spitzen *peaks*
18 feierlich *solemn*

Schwarzwald

ÜBUNGEN

Gliederung

Make an outline in more detail, following the main divisions given below, in preparation for class discussion of the reading passage.

A. Das Hochgebirge
    I. Berge
    II. Seen
    III. Sport

B. Die Mitte des Landes
    I. Gebirge
    II. Wälder

The genitive case

Grammar Reference §4.1 and §4.4,5, page 338.

Copy the noun phrases and supply the genitive of each phrase in parentheses.

EXAMPLE: ein wichtiger Teil . . . (die Landschaft / das Buch)
    ein wichtiger Teil der Landschaft
    ein wichtiger Teil des Buches

1. das andere Ende . . . (das Land / der Spielplatz / die Wiese)
2. die Spitze . . . (die Kirche / der Berg)
3. die Form . . . (das Gebäude / der See)
4. einige . . . (die Berge / die Wälder / die Bilder / die größten)

5/4 Bilder aus Deutschland (4)

ERWEITERUNG DES WORTSCHATZES

angenehm *hübsch, freundlich, nett* — Dies ist eine **angenehme** kleine Stadt. — „Ist Herr Kempf nicht ein **angenehmer** Mensch?" „Ja, er ist immer freundlich und nett. Auch hat er eine **angenehme** Stimme."

der Bauernhof ⸚e — Auf einem **Bauernhof** macht man Landarbeit, wie auf einer Farm in Amerika. Aber die meisten deutschen **Bauernhöfe** sind anders als die amerikanischen Farmen. Die typische amerikanische Farm liegt auf offenem Land: ein Haus, und um das Haus herum die Farmgebäude — die Scheunen und Ställe. In Deutschland liegen die meisten Bauernhöfe in einem Dorf; die Bauernhöfe stehen also nah beieinander. Das Bauernhaus steht an der Dorfstraße, die Scheunen und Ställe liegen um einen Hof herum. Der Bauer besitzt Felder, Wiesen und Weiden, die auf offenem Lande sind, und jeden Morgen fährt er hinaus zu seiner Arbeit.

die Burg -en *(siehe Zeichnung)*

fern *weit* — Japan liegt im **Fernen** Osten.

der Hügel - *eine kleine Erhebung in der Landschaft* — Ein **Hügel** ist nicht so hoch wie ein Berg.

lebendig — Was Leben besitzt, ist **lebendig;** was leblos ist, ist tot. — Das Fußballspiel am letzten Samstag war sehr **lebendig.**

sanft / steil *(siehe Zeichnung)*

das Ufer - *die beiden Seiten eines Flusses, ein rechtes Ufer und ein linkes Ufer* — Köln liegt auf dem linken **Ufer** des Rheins, St. Louis auf dem rechten **Ufer** des Mississippi.

winden, wand, gewunden (sich) — Der Fluß **windet sich** durch das Tal. *(siehe Zeichnung)*

die Burg

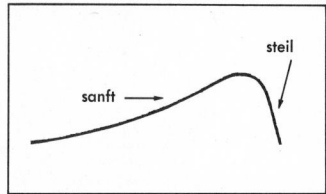

sanft → steil

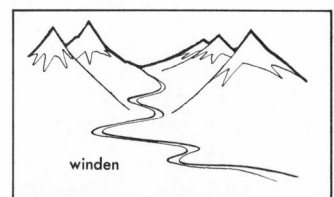

winden

□ *Verschiedene Landschaften.*

Überall in Mittel- und Süddeutschland findet man solche Landschaften. Da ist ein sanftes Hügelland, ein angenehmes Tal, ein Dorf mit seinen Bauernhöfen, eine kleine alte Stadt mit einer Kirche aus dem zwölften Jahrhundert und mit Häusern aus dem siebzehnten. Und draußen vor der Stadt findet man Wiesen und Gärten mit Obst- 5 bäumen und kleinen Gartenhäuschen. Ein kleines Flüßchen windet sich durchs Tal. Viele Menschen gehen am Ufer spazieren oder sie haben ein Picknick. Denn es ist Sonntag, und sie sind gerne im Freien. In der Ferne sieht man beinahe immer einen Turm auf einem Berg. Das ist vielleicht ein Aussichtsturm oder ein Wasserturm oder eine alte Burg. Denn die gehören in eine deutsche Landschaft wie ein Silo in eine 10 amerikanische.

Aber nicht überall sieht es in Deutschland so aus. — In diesem Hafen hier herrscht lebendiger Verkehr. Schiffe kommen und gehen, das eine bringt Rohstoffe aus fernen Ländern, das andere nimmt fertige, neue Waren auf und bringt sie in die Welt hinaus. Der Kran am Ufer greift seine Ladung, er dreht sich, er läßt sie wieder los. Eben ist ein Schiff aus Holland angekommen. Gerade neben ihm fährt ein anderes nach London ab. Der Verkehr im Hafen hört nie auf.

FRAGEN

1. Sehen Sie sich das Bild auf Seite 104 an! — Was können Sie auf diesem Bild sehen? Zum Beispiel: Ist da eine Kirche? ein Turm? ein Hügel? ein Tal? ein Flüßchen? eine Wiese? ein Bauernhof? Menschen, die spazieren gehen?
2. Was sehen Sie auf dem Bild oben auf dieser Seite?

105

ÜBUNG

Coordinating and subordinating conjunctions

Grammar Reference §59.1 and §60, pages 384 and 385.

Join each of the following pairs of sentences with the conjunction in parentheses.

EXAMPLES: Richard hat sich ein paar deutsche Schallplatten gekauft. Ihm gefällt die deutsche Musik.   (weil)
Richard hat sich ein paar deutsche Schallplatten gekauft, weil ihm die deutsche Musik gefällt.

Die Karte mußt du umdrehen. Sie steht auf dem Kopf.   (denn)
Die Karte mußt du umdrehen, denn sie steht auf dem Kopf.

1. Was ist Deutschland? Wo liegt es?   (und)
2. Man spricht Deutsch in der Mitte von Europa. Der Teil, wo Deutsch gesprochen wird, gehört zu vier verschiedenen Ländern. (aber)
3. Ein Bauer am Meer und ein Bauer in den Bergen können sich nicht immer gleich verstehen. Beide sprechen „Deutsch".   (obwohl)
4. Aber sie können sich gewiß gleich verstehen. Sie wollen miteinander ein Geschäft machen.   (wenn)
5. Man nennt das Flachland in Nordeuropa die Tiefebene. Das Land ist tief, eben und flach.   (weil)
6. In den Alpengegenden sieht man viele Sportenthusiasten. Dort kann man im Winter Schi laufen und im Sommer wandern.   (denn)
7. Es gibt in den Alpen mehr Gletscher als in den Bergen von Colorado. Es gibt im Sommer noch mehr Schnee und Eis.   (weil)
8. Im allgemeinen sind die deutschen „Mittelgebirge" nicht sehr hoch. Wind und Wetter haben durch Jahrtausende hindurch an ihnen gearbeitet.   (da)
9. Viele der Gebirge haben das Wort „Wald" im Namen. Sie sind bewaldet.   (weil)
10. Viele Menschen gehen am Ufer spazieren. Sie haben ein Picknick.   (oder)

5/5 Bilder aus Deutschland (5)

ERWEITERUNG DES WORTSCHATZES

das **Ausland**   *alle Länder außer dem eigenen Land* — „Im Sommer fahren wir nach Mexiko." „Dann fahren Sie also ins **Ausland.**" — „Wo wohnt dein Onkel?" „Im **Ausland,** in Guatemala."

der **Bach** ⸚e   *ein kleiner Fluß* — Jeder Fluß ist am Anfang ein kleiner **Bach.**

bauen — Man kann ein Haus aus Holz oder aus Stein **bauen.**

die **Brücke -n** — Eine **Brücke** führt über einen Fluß. (*siehe Zeichnung*)

d. h. = das heißt   *das ist*

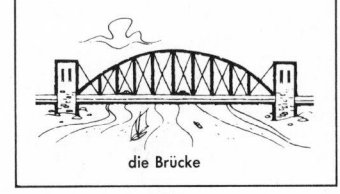

die Brücke

entstehen, entstand, entstanden   *anfangen zu existieren; in die Welt kommen; ins Leben treten* — Durch die Technik sind viele neue Industrien **entstanden.**

die **Geschichte -n**   *das, was früher geschehen ist* — In der amerikanischen **Geschichte** lernen wir jetzt etwas über die amerikanische Revolution.

die **Mündung -en** — Der Mississippi hat seine **Mündung** im Golf von Mexiko. (Er mündet in den Golf von Mexiko.)

nieder-lassen (läßt . . . nieder), ließ . . . nieder, niedergelassen (sich)   *herkommen, haltmachen, sich ein Haus bauen und anfangen zu wohnen* — Die Pilgerväter haben **sich** 1620 in Massachusetts **niedergelassen.**

die **Quelle -n** — Der Mississippi hat seine **Quelle** in Minnesota.

schiffbar — Wenn ein Fluß tief genug ist, daß Schiffe darauf fahren können, dann ist er **schiffbar.**

der **Strom** ⸚e   *großer, wichtiger Fluß*

wasserreich — Ein **wasserreiches** Land ist ein Land mit vielen Flüssen, Bächen, Quellen und Seen.

die **Weise -n: auf diese Weise**   *so*

ziehen, zog, gezogen   *kommen, gehen, fließen*

St. Goar am Rhein

Elbe

Lorelei-Felsen am Rhein

Wasser ist wichtig.

Mitteleuropa ist ein wasserreiches Land. Wenn man durch das Land fährt, kommt man in kurzer Zeit über viele Ströme und Flüsse, Bäche und Kanäle. Fünf große Ströme ziehen durch das deutsche Sprachgebiet; der Rhein und die Elbe fließen nach dem
5 Nordwesten; die Weser und die Oder nach dem Norden. Nur ein Strom, die Donau, fließt in östlicher Richtung, d. h. zuerst nach Nordosten und dann nach Südosten. Der Rhein, die Weser und die Elbe münden in die Nordsee; die Oder mündet in die Ostsee und die Donau ins Schwarze Meer. Nur die Weser hat Quelle und Mündung auf deutschem Gebiet. Die anderen haben entweder ihre Quelle oder ihre Mündung im Ausland.
10 Alle diese Flüsse sind zum größten Teil schiffbar. Daher ist Deutschland auch durch seine Flüsse ein Land des internationalen Verkehrs.

Wo Wasser ist, ist Leben. Viele der großen Städte sind an einem Fluß entstanden. Menschen haben sich an den Ufern niedergelassen und angefangen, Handel zu treiben, und Brücken wurden gebaut. Auf diese Weise sind Rom, Paris und London entstanden,
15 auf diese Weise auch Hamburg und Köln, Frankfurt und Wien, Basel und Ulm, Heidelberg und Regensburg. Berühmt sind die Täler, wo ein Fluß sich einen Weg durch die Berge gebrochen hat. Berühmt ist das Rheintal zwischen Bingen und Bonn, wo der Reisende an einem hohen Felsen vorbeifährt und sich gerne an die Lorelei erinnert — die Lorelei mit ihrem goldenen Haar. Berühmt ist auch das Neckartal bei Heidelberg
20 und die „schöne blaue Donau" bei Wien.

Warum sind sie so berühmt? Ich glaube, weil hier die Landschaft und die Menschen, die Natur und die Geschichte zusammen gearbeitet haben. Dabei ist etwas entstanden, was man vielleicht „Kultur" nennen kann. Und darüber hätte ich vielleicht sprechen sollen, wenn ich über Deutschland sprechen sollte. Das will ich ein anderes
25 Mal tun.

---

9 entweder *either*   Oder

FRAGEN

Consult the map on page 110 and the end-vocabulary for information with which to answer the following questions.

EXAMPLES: Was ist die Mosel?

Die Mosel ist ein Nebenfluß auf der linken Seite des Rheins.

Was ist die Iller?

Die Iller ist ein Nebenfluß auf der rechten Seite der Donau.

1. Was ist der Lech? 2. die Isar? 3. der Inn? 4. die Salzach? 5. die Enns? 6. die Neiße? 7. die Havel? 8. die Spree? 9. die Saale? 10. die Ruhr? 11. die Lahn? 12. der Main? 13. der Neckar? 14. die Aare? 15. die Limmat?

ÜBUNG

Negative: **nicht** or **kein**

Grammar Reference §31.1,2, page 356.

*Answer the questions in the negative, using **nicht** or the proper form of **kein**, whichever is appropriate.*

EXAMPLES: Mündet der Mississippi in den Pazifischen Ozean?

Nein, der Mississippi mündet nicht in den Pazifischen Ozean.

Hat der Staat Iowa einen hohen Berg?

Nein, der Staat Iowa hat keinen hohen Berg.

1. Ist Arizona ein wasserreiches Land?
2. Fließt die Donau nach dem Norden?
3. Mündet die Weser in die Ostsee?
4. Hat der Rhein seine Mündung auf deutschem Gebiet?
5. Hast du die Quelle der Oder gesehen?
6. Zieht ein großer Strom durch die Schweiz?
7. Sind die kleinen Flüsse schiffbar?
8. Gibt es einen großen Strom in der Nähe von Hannover?
9. Ist eine große Stadt da entstanden, wo die Werra und die Fulda zusammenfließen?
10. Gibt es Leben, wo kein Wasser ist?

5/6 Eine Stadt am Fluß

ERWEITERUNG DES WORTSCHATZES

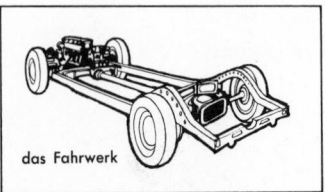

das Fahrwerk

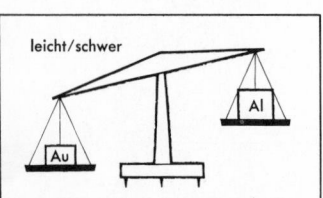

leicht/schwer

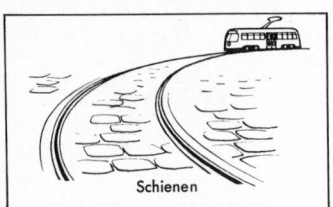

Schienen

eng *schmal, nicht breit*

erleichtern *leichter, einfacher machen* — Eine Maschine **erleichtert** gewöhnlich die Arbeit.

erzeugen *machen, produzieren* — In einem Elektrizitätswerk wird elektrische Energie **erzeugt.**

der **Fahrgast** ⸗e *Passagier in einer Straßenbahn, in einem Bus oder in einem Zug*

das **Fahrwerk** *Unterbau eines Wagens; Gestell mit Rädern (siehe Zeichnung)*

das **Fahrzeug** -e *ein Ding, in dem man fahren kann: z. B. ein Wagen, ein Schiff*

km = Kilometer

leicht / schwer — Gold ist **schwer**, Aluminium ist **leicht.** *(siehe Zeichnung)* — Wenn etwas **leicht** ist, ist es einfach und ohne Komplikationen. Wenn es **schwer** ist, hat es viele Komplikationen.

die **Schiene** -n — Eine Straßenbahn läuft auf **Schienen.** *(siehe Zeichnung)* Für einen Bus sind keine **Schienen** nötig.

die **Schwierigkeit** -en *was schwer ist* — Wir haben unsere **Schwierigkeiten** mit der deutschen Sprache! „Deutsche Sprache, schwere Sprache" hat man schon oft gesagt.

Die Stadt Wuppertal ist aus zwei Industriestädten zusammengewachsen: Elberfeld und Barmen. In Wuppertal findet sich die weltberühmte chemische Fabrik von Bayer; hier wurde 1899 das berühmte Aspirin erfunden. (Heute wird Aspirin vor allem in der benachbarten Stadt Leverkusen gemacht.) Wuppertal hat außerdem viel Schwerindustrie: hier werden Textilien, Maschinen und chemische Produkte erzeugt.

In einer modernen Industriestadt ist der schnelle Verkehr von größter Wichtigkeit, und in Wuppertal ist das Problem besonders akut. Die Stadtmitte liegt in dem engen Tal der Wupper, Nebenfluß des Rheins. Um die Verkehrsschwierigkeiten im „Tal" zu erleichtern, baute man am Anfang dieses Jahrhunderts eine elektrische Schwebebahn.

5

112

10 Diese Bahn (13,3 km lang) verbindet die Stadtteile, die weit voneinander liegen. Bei einer Schwebebahn hängen die Fahrzeuge an einem Fahrwerk, dessen Räder auf einer Schiene über — nicht unter — dem Wagen laufen. Da eine solche Bahn über der Straße oder über dem Fluß hängt, hat sie keine Verkehrsschwierigkeiten zu überwinden. Da oben gibt es keine Straßenkreuzungen und keine Verkehrsampeln. In Wuppertal gibt es

15 natürlich auch Straßenbahnen und Busse, wie in anderen großen Städten. Aber wenn man schnell zur Arbeit oder nach Hause fahren will, nimmt man die Schwebebahn. Man hat dabei gewiß nicht viele schöne Aussichten auf die Stadt oder das Tal, sondern sieht meistens nur die Hinterseiten von Häusern und Geschäften und die massiven Stahlpfeiler, auf denen die Bahn aufgehängt ist. Aber die Fahrgäste wollen eben so

20 schnell wie möglich ins Geschäft oder nach Hause kommen und lesen daher meistens die Morgen- oder die Abendzeitung.

---

13 überwinden *overcome*

ÜBUNGEN

Prepare to make a brief oral report on Wuppertal. Do not write out your report word for word, but make a list of ten to fifteen "catchwords" which will remind you of what you want to say, and to which you can refer while talking.

Emphatic and relative pronouns; definite articles

Grammar Reference §17, page 347.

Identify each of the words in **heavy type** *in the following sentences, labeling it definite article, emphatic pronoun, or relative pronoun.*

1. Die Kanäle verbinden **die** vielen Flußhäfen, **die** es im Inland gibt.
2. Hier gibt es eine Menge von Gebirgen, **die** nicht so hoch sind wie die Alpen.
3. Hier gibt es Gebirge, **deren** Erhebungen über 1500 m nicht hinausgehen.
4. Das ist vielleicht ein Aussichtsturm oder eine alte Burg. Denn **die** gehören in eine deutsche Landschaft wie ein Silo in eine amerikanische.
5. Viele **der** großen Städte sind an einem Fluß entstanden.
6. Menschen haben sich an **den** Ufern niedergelassen.
7. Bei einer Schwebebahn hängen die Fahrzeuge an einem Fahrwerk, **dessen** Räder auf einer Schiene über dem Wagen laufen.
8. Man sieht die massiven Stahlpfeiler, auf **denen** die Bahn aufgehängt ist.
9. „Ist das die richtige Antwort?" — „Ja, **dessen** bin ich sicher."

Auswendig zu lernen

finden, fand, gefunden

singen, sang, gesungen

sinken, sank, gesunken

springen, sprang, gesprungen

stinken, stank, gestunken

trinken, trank, getrunken

verbinden, verband, verbunden

verschwinden, verschwand, verschwunden

winden, wand, gewunden

Nürnberg

Sechstes Kapitel

6/1 Ein deutscher Austauschschüler (1)

ERWEITERUNG DES WORTSCHATZES

anders *nicht so wie früher; nicht so wie andere* — Jürgen ist **anders** als seine Freunde; er ist viel netter und freundlicher.

an-fangen (fängt . . . an), fing . . . an, angefangen *tun, machen* — Was hast du da in der Hand? Einen Blumentopf? Was kann man damit **anfangen?**

auf-halten (hält . . . auf), hielt . . . auf, aufgehalten (sich) *bleiben* — „Wir konnten **uns** nur drei Tage in Wien **aufhalten.**" „O, das ist schade. Da haben Sie nicht viel von der Stadt gesehen."

augenblicklich *zur Zeit, momentan*

der **Bürgerkrieg -e** *ein Krieg, in dem Bürger desselben Landes gegeneinander kämpfen* — Der amerikanische **Bürgerkrieg** hat 1861–65 stattgefunden.

die **Mannschaft -en** *eine Gruppe von Spielern, die zusammengehören* — Unsere Stadt hat die beste **Fußballmannschaft** im Lande.

niemand *keiner, kein Mensch* — Alle Schüler sind heute hier: **niemand** fehlt.

die **Puppe -n** *(siehe Zeichnung)*

scheinen, schien, geschienen *nicht so, wie es aussieht* — Diese Sache **scheint** nur gut zu sein; aber sie ist wirklich nicht gut.

verabschieden (sich) *„Auf Wiedersehen" sagen* — Er **verabschiedete sich,** machte die Tür auf und ging.

vor-stellen *einen Bekannten mit einem anderen bekannt machen* — Darf ich Ihnen meinen Freund Manfred **vorstellen?**

die Puppe

Winnebago High School in Racine. Hildegard Becker und Anneliese Krautner sprechen mit Herrn Kohler, ihrem Deutschlehrer, nach der Stunde.

ANNELIESE: Nun, auf Wiedersehen, Herr Kohler. Montag werden wir die Listen fertig haben, die Sie haben möchten.

5 HERR KOHLER: Schön! — Übrigens, haben Sie schon den Austauschschüler aus Deutschland kennengelernt?

ANNELIESE: Ja, er ist in meiner Geschichtsstunde.

HILDEGARD: Ich hab' ihn auch gesehen — aber noch nicht kennengelernt. Wie heißt er denn?

10 HERR KOHLER: Karl-Wolfgang — Karl-Wolfgang Hoffmann — Sie werden ihn sicher im Deutschen Verein treffen, denn er wohnt bei Peter Sachse.

ANNELIESE: Ja. Wir sollten dafür sorgen, daß er sich bei uns in Winnebago wohl fühlt.

HERR KOHLER: Ja. Dessen bin ich sicher. Wiedersehen.

15 (*Die Mädchen gehen in den Korridor.*)

HILDEGARD: Glaubst du, daß dieser deutsche Junge Fußball spielt?

ANNELIESE: Fußball? Das weiß ich nicht. Man kennt ja unsern „football" in Deutschland nicht.

HILDEGARD: Vielleicht könnte er es lernen. Du weißt, wir brauchen neue Spieler in

20 unserer Mannschaft.

ANNELIESE: Still. Da kommt er, mit Peter Sachse.

PETER: 'n Tag, Hilde und Anneli! Darf ich euch meinen Freund aus Deutschland vorstellen? Dies ist Karl-Wolfgang Hoffmann — Hildegard Becker und Anneliese Krautner.

25 HILDEGARD: Es freut mich sehr, Sie kennenzulernen.

ANNELIESE: Sehr angenehm.

KARL-WOLFGANG: Freut mich sehr!

PETER: Karl-Wolfgang wohnt jetzt bei uns. Er wird das ganze nächste Jahr bei uns wohnen.

30 ANNELIESE: Ich hab' dich schon in der Geschichtsstunde gesehen, nicht?

KARL-WOLFGANG: Ja, ich muß wohl etwas über amerikanische Geschichte lernen.

ANNELIESE: Ja, ja. Revolution und Bürgerkrieg — das lernen wir immer wieder — zweimal, dreimal haben wir das schon gehabt.

HILDEGARD: Was tut ihr jetzt alle?

35 PETER: Wir haben augenblicklich nichts zu tun.

KARL-WOLFGANG: Wir sollten eigentlich nach Hause gehen. Ich muß arbeiten. Diese amerikanische Geschichte —

HILDEGARD: Kommt doch mit zu „Gablers". Da kann Karl-Wolfgang ein paar von den anderen kennenlernen.

ANNELIESE: Ich kann mich da nur ganz kurz aufhalten. 40

(Bei „Gablers")

HILDEGARD: Ich hoff', daß heute die Bedienung ein bißchen besser ist. Ich kann auch nicht lange bleiben.

PETER: Hier bringt sie schon die Getränke.

HILDEGARD: Gut. *(Zu Karl-Wolfgang)* Übrigens, spielst du Fußball? 45

KARL-WOLFGANG: Ich, Fußball? Nein, das war auch zu Hause nicht meine Stärke. Bei uns spielt man Fußball anders als bei euch.

ANNELIESE: Ja, Herr Kohler hat uns davon erzählt. — Wofür interessierst du dich denn?

KARL-WOLFGANG: Na, ich mag gerne wandern.

HILDEGARD: Zum Wandern ist in der Stadt selbst nicht viel Gelegenheit. 50

KARL-WOLFGANG: Das ist schade. Aber ich mag auch gern segeln.

ANNELIESE: O, dafür hast du auf dem See gute Gelegenheit. Doch dazu mußt du jemanden kennen, der ein Boot hat. Ich kenne niemanden in unserer Klasse mit einem Boot.

PETER: Aber Karl-Wolfgang kann auch wunderbar holzschnitzen. 55

HILDEGARD: Holzschnitzen? — Was kann man d a m i t anfangen?

PETER: Ich hab' ein paar von seinen Sachen gesehen. Die sind einfach großartig — Masken, Gesichter und Puppen.

ANNELIESE: Das klingt ja sehr interessant.

KARL-WOLFGANG: Aber Peter, ich glaube, wir müssen weiter. 60

(Karl-Wolfgang verabschiedet sich höflich von den Mädchen. Peter und Karl-Wolfgang gehen nach der einen Seite ab, um die Rechnung zu bezahlen. Anneliese und Hildegard gehen nach der anderen Seite.)

ANNELIESE *(zu Hildegard)*: Wie hat er dir gefallen?

HILDEGARD: Nicht schlecht. Aber glaubst du nicht, daß Puppenschnitzen ein bißchen 65 kindisch ist?

ANNELIESE: Ja, das scheint mir auch so.

HILDEGARD: Fußball, sagt er, ist nicht seine Stärke. Der wird noch 'ne Menge zu lernen haben!

---

⁴² Bedienung *service*   ⁵⁵ holzschnitzen *do wood carving*
⁵⁰ Gelegenheit *opportunity*   ⁶¹ höflich *politely*

118

FRAGEN

Answer the following questions with a word or phrase. (Note that a question with **Warum** *usually requires a full sentence as an answer.)*

EXAMPLES: Mit wem sprechen Hildegard und Anneliese?
Mit Herrn Kohler.

Wer ist Herr Kohler?
Ihr Deutschlehrer.

Was werden sie am Montag fertig haben?
Die Listen.

1. Wo hat Anneliese den neuen Jungen aus Deutschland kennengelernt?
2. Wie heißt er?
3. Wo wohnt er?
4. Wo werden sie ihn sicher treffen?
5. Wofür sollten sie sorgen?
6. Wohin gehen die Mädchen dann?
7. Glaubt Anneliese, daß Karl-Wolfgang Fußball spielt?
8. Warum hatte Hildegard gehofft, daß er Fußball spielen würde?
9. Wer stellt Karl-Wolfgang vor?
10. Wem stellt er ihn vor?
11. Was sagt man, wenn man einen anderen Menschen kennenlernt?
12. Wie lange wird Karl-Wolfgang bei Peter wohnen?
13. Worüber muß Karl-Wolfgang noch etwas lernen?
14. Warum will er gleich nach Hause gehen?
15. Warum sollte er doch mit zu „Gablers" gehen?
16. Wie lange kann Anneliese da bleiben?
17. Was hofft Hildegard?
18. Warum will Karl-Wolfgang nicht Fußball spielen?
19. Wofür interessiert er sich denn?
20. Was sagt Hildegard übers Wandern?
21. Wofür interessiert er sich sonst noch?
22. Was kann Karl-Wolfgang aber auch tun?
23. Was für Sachen hat er gemacht?
24. Wer bezahlt die Rechnung bei „Gablers"?
25. Was halten die beiden Mädchen von dem Jungen aus Deutschland?

6/2 Ein deutscher Austauschschüler (2)

ERWEITERUNG DES WORTSCHATZES

auf-heben, hob . . . auf, aufgehoben — Wenn etwas auf dem Boden liegt, und man es in die Hand nimmt und wieder aufsteht, dann **hebt** man es **auf.**

aus-machen — Das **macht** nichts **aus!** (= Das ist gar nicht so schlimm!)

betrachten *sich etwas ansehen* — Die jungen Leute standen vor dem Bild und **betrachteten** es lange.

einsam *allein, freundlos* — Ein **einsamer** Mensch hat keine Freunde oder ist von seinen Freunden getrennt.

das **„Ende der Fährte"** — In dieser kleinen Figur sieht man den müden Indianer, der auf seinem Pferd sitzt und denkt: „Für mich ist dies das Ende." (*siehe Zeichnung*)

Ende der Fährte

geschickt — Wenn ein Arbeiter **geschickt** ist, macht er seine Arbeit schnell und gut.

merken *entdecken, auf eine Idee kommen* — Wir haben einen Unfall mit dem Wagen gehabt. Aber er ist so geschickt repariert worden, daß niemand etwas **merkt.**

schlimm *schlecht; gar nicht gut* — „Meine Mutter hat sich den Fuß gebrochen." „O, das ist aber **schlimm.**"

traurig *nicht glücklich, nicht froh* — Der Indianer ist einsam und **traurig,** denn alle seine Freunde sind gestorben.

verlassen (verläßt), verließ, verlassen (sich) *jemandem glauben, daß er tun wird, was er gesagt hat* — Du kannst **dich** darauf **verlassen,** daß ich rechtzeitig kommen werde.

die **Vorführung -en** *das Zeigen von einem Film oder von Bildern* — Letzte Woche hatten wir im Deutschen Verein eine **Vorführung** von Lichtbildern, die Erwin in der Schweiz gemacht hatte.

Wohnzimmer von Victor Jorgensen, Freund von Peter Sachse. Victor, Peter, Karl-Wolfgang, Richard Sohm und Erwin Lange sitzen auf Sofa und Stühlen, betrachten eine Vorführung von Lichtbildern.

PETER (*am Projektor*): Dies ist das letzte Bild von Victors Ferienfahrt — eine Büffelherde in South Dakota.

5

VICTOR: Ja, am nächsten Morgen, als wir aus den „Schwarzen Bergen" abfuhren, da standen all diese Büffel in der Wiese am Straßenrand.

KARL-WOLFGANG: Büffel? Was? Die gibt es da noch wild?

PETER: Ja, in den „Schwarzen Bergen". Da werden sie geschützt. Die Regierung muß
10   sie schützen, sonst sterben sie aus. — Karl-Wolfgang, würdest du bitte die Lampe da neben dir andrehen?

KARL-WOLFGANG: Gerne.

> (*Wie er sich zum Tisch hinüberlehnt und das Licht andreht, stößt er eine Holzfigur vom Tisch; sie fällt herunter und bricht in zwei Stücke.*)

15 ERWIN: Was ist los, Karl-Wolfgang? Hast du Schwierigkeiten?

KARL-WOLFGANG (*aufspringend und die Stücke aufhebend*): Ach, das tut mir furchtbar leid. Die hab' ich wirklich nicht gesehen.

VICTOR: Laß doch, Karl-Wolfgang! Mach dir keine Sorgen! Es war ja doch nur „das Ende der Fährte". (*Zu Karl-Wolfgang, erklärend*) Weißt du, das ist doch der
20   einsame traurige Indianer auf seinem müden Pferd.

KARL-WOLFGANG: Entschuldige vielmals, Victor! Wie kann ich das nur wieder gutmachen?

VICTOR: Ach, Karl-Wolfgang, beruhige dich doch! So schlimm ist das doch gar nicht. ↓

---

9 geschützt   *protected*   21–22 gutmachen   *make up for*
10 sterben . . . aus   *become extinct*

Ich hab' die Figur nie gern gemocht. Ich bin ja froh, daß der Kitsch endlich einmal verschwindet. 25

KARL-WOLFGANG: Aber die Figur gehört doch deinen Eltern.

VICTOR: O, denen wird es auch nicht viel ausmachen. Es war ja doch nur ein Ferien-Souvenir von unserer Reise nach der Westküste. — Vom Grand Canyon. Da waren wir vor zwei Jahren. — Wenn's da nicht so geregnet hätte, dann hätte meine Mutter es wohl gar nicht gekauft. 30

KARL-WOLFGANG: Siehst du, deine Mutter hat's aber gerne gemocht.

VICTOR: Ach, was weiß ich? Es ist ja doch nur der Name, der ihr gefallen hat — „Am Ende der Fährte". — Übrigens, wie haben euch die Bilder gefallen?

RICHARD: Nicht schlecht. Das muß eine interessante Fahrt gewesen sein. — Aber möchtet ihr vielleicht Karten spielen? 35

ERWIN: Ja, eine gute Idee!

KARL-WOLFGANG: Sag mal, Peter. Sollten wir nicht lieber nach Hause? Morgen müssen wir früh aufstehen, und ich muß noch etwas Geschichte wiederholen.

PETER: Ja, ich glaube, Victor, es wäre besser. Dürfen wir uns verabschieden?

VICTOR: Müßt ihr schon gehen? 40

KARL-WOLFGANG: Ja, wirklich. Die Bilder haben mir großartig gefallen. Vielen Dank! — Aber ich habe eine Bitte, Victor, —

VICTOR: So?

KARL-WOLFGANG: Darf ich die Stücke da von der Figur mitnehmen —?

VICTOR: Die? Ja, die kannst du gerne haben! 45

KARL-WOLFGANG: Nein! Haben will ich sie nicht. Ich möchte sie nur reparieren.

VICTOR: Aber das ist doch nicht nötig!

KARL-WOLFGANG: Doch, ich möchte es gerne tun. Und ich glaube, ich kann's so reparieren, daß niemand etwas merkt.

PETER: Ja, darauf kannst du dich verlassen. Karl-Wolfgang ist in solchen Sachen 50 furchtbar geschickt.

ERWIN: Woher kannst du das denn?

KARL-WOLFGANG: Mein Vater hat doch eine Spielzeugwerkstatt in Nürnberg — und da hab' ich als Junge viel gearbeitet.

VICTOR: Na, wenn du willst — das ist wirklich sehr nett von dir. Aber es ist ja gar nicht 55 nötig!

KARL-WOLFGANG: Deine Mutter wird's doch lieber haben.

VICTOR: Ich glaube, da hast du recht. (*Gibt ihm die Stücke.*) Also war's doch nicht das „Ende" der „Fährte"! —

---

[24] Kitsch *worthless trinket*

ÜBUNGEN

Find at least one occurrence of each headword of the ERWEITERUNG DES WORT-SCHATZES in the text and copy the sentence in which it occurs, underlining the new word.

Double infinitive

Grammar Reference §49.4, page 374.

Rewrite the sentences, substituting the perfect verb phrase for the present.

EXAMPLE: Ich muß etwas über amerikanische Geschichte lernen.
Ich hab' etwas über amerikanische Geschichte lernen müssen.

1. Er muß arbeiten.
2. Ich kann mich da nur ganz kurz aufhalten.
3. Wir können nicht lange bleiben.
4. Wie kann er das wieder gutmachen?
5. Wir müssen früh aufstehen.
6. Dann dürfen wir länger bleiben.
7. Karl-Wolfgang darf die Stücke mitnehmen.
8. Darauf kann er sich verlassen.
9. Läßt er die Figur fallen?
10. Wir lassen unseren Wagen waschen.

6/3 Ein deutscher Austauschschüler (3)

ERWEITERUNG DES WORTSCHATZES

beliebt — Wenn meine Bekannten und Freunde mich gern haben, bin ich **beliebt**. Wenn ich nicht sehr nett und freundlich bin, bin ich **unbeliebt**.

bereit *fertig für etwas* — Seid ihr für den Ausflug **bereit**? Habt ihr alles, was ihr dafür braucht?

das **Blatt ⸚er** — Die meisten Bäume haben **Blätter.** Diese **Blätter** sind im Frühling und im Sommer grün; im Herbst werden sie rot und gelb und braun und fallen zur Erde. — Man nennt eine Zeitung auch oft ein „**Blatt**". „Osnabrücker **Tageblatt**" ist der Name einer Zeitung in Osnabrück.

bloß   *nur, nicht mehr als* — Mein Bruder hat **bloß** etwas Kleingeld bei sich.

erlauben   *sagen, daß jemand etwas tun darf* — **Erlauben** die Eltern, daß du mitkommst? — Ist es **erlaubt**, hier zu tanzen? (= Darf man hier tanzen?)

gestehen, gestand, gestanden   *die Wahrheit sagen, auch wenn es schwer ist* — Ich muß **gestehen,** ich hab' meine Hausaufgaben noch nicht gemacht. — Offen **gestanden,** ich habe kein Geld bei mir.

reich — Wer viel besitzt, ist **reich**; er ist nicht arm. John D. Rockefeller war ein sehr **reicher** Mann.

statt-finden, fand . . . statt, stattgefunden — Das Konzert **findet** am 13. Oktober um 20 Uhr in der Konzerthalle **statt.**

unbedingt   *gewiß, sicher, auf jeden Fall*

die **Versammlung -en**   *das Zusammenkommen von einer Gruppe von Menschen* — Gehst du heute abend zur **Versammlung** des Deutschen Vereins?

vorher   *früher, vor dieser Zeit*

zeichnen   *skizzieren; mit dem Bleistift ein Bild (eine Zeichnung) machen*

zögern   *warten, bevor man etwas tut; es nicht eilig mit etwas haben; nicht gerne tun* — Sie **zögert** mit der Antwort. — Die alte Dame **zögert,** über die Straße zu gehen, denn der Verkehr ist an dieser Ecke sehr stark.

□ *Peter Sachse, Hildegard Becker und Karl-Wolfgang auf dem Wege nach Hause.*

HILDEGARD: Wie geht's denn in der amerikanischen Geschichte?

KARL-WOLFGANG: O, es geht so. Aber ich muß gestehen, ich hab' schwer zu arbeiten. Müßt ihr Amerikaner immer so viel lesen?

5 PETER: Ja, gewöhnlich. Aber dann ist es ja auch nicht viel Neues. — Hör mal, du solltest eigentlich Hildegard deine Zeichnungen zeigen.

KARL-WOLFGANG: Was meinst du?

PETER: Na, die Karikaturen, die du da in dein Heft gezeichnet hast. — (*Zu Hildegard*) Karl-Wolfgang hat nämlich ein paar wunderbare Skizzen von unserer Ge-
10 schichtslehrerin gemacht.

HILDEGARD: O, die muß ich sehen! Darf ich sie sehen? Bitte? (*Karl-Wolfgang scheint unwillig, Hildegard seine Zeichnungen zu zeigen.*) Warum zögerst du? Bitte! Zeig sie mir doch!

KARL-WOLFGANG: Aber da ist wirklich nichts daran. (*Zeigt die Bilder.*)

15 HILDEGARD: Was? Die sind doch phantastisch! Ganz so sieht Fräulein Greene aus. „Geschichte ist nicht an einem Tag gemacht worden." — Ich wußte gar nicht, daß du so schön zeichnen kannst. Ich dachte, daß du bloß Puppen schnitztest!

KARL-WOLFGANG: Das tu' ich auch. Aber manchmal muß ich sie mir vorher skizzieren. —

20 HILDEGARD: Da kommt mir eine Idee.

PETER (*zu Karl-Wolfgang*): Wenn Hildegard eine Idee hat, dann muß man aufpassen!

HILDEGARD: Wie wär's, wenn Karl-Wolfgang ein paar Karikaturen für die Schüler-zeitung zeichnen würde?

PETER: Ausgezeichnet! Das würde Leben ins Blatt bringen!

25 KARL-WOLFGANG: Karikaturen? Von wem?

PETER: Haha! Von Fräulein Greene oder Herrn Magruder — oder von Phillip Brock-man oder von Blanche Frederick.

KARL-WOLFGANG: Halt, halt! Glaubt ihr, ich möchte mich unbeliebt machen?

HILDEGARD: Aber stell dir doch vor, wie fleißig unsere Zeitung dann gelesen würde!
30 Zu schade, daß man sie nicht verkaufen kann. Wir könnten das Geld ganz gut gebrauchen.

PETER: Was ich fragen wollte, wie steht's mit den Finanzen des Deutschen Vereins?

HILDEGARD: Eine gute Frage, Herr Präsident. Die Antwort ist leider eine kurze. Wir haben so gut wie kein Geld mehr in der Kasse. Wir müssen unbedingt neue Gelder
35 einnehmen.

PETER: Sollten wir nicht eine Versammlung des Vereins einberufen?

HILDEGARD: Ja, gewiß. Aber was willst du ihnen vorschlagen?

PETER: Nun, was wir vorher getan haben — eine „Wagenwäsche", zum Beispiel.

KARL-WOLFGANG: Erlaubt mir eine Frage: wieviel wird das einbringen?

PETER: Offen gestanden, nicht viel. Damit wird man nicht reich. Aber es hilft! 40

HILDEGARD: Ja, versuchen wir's doch einmal mit der Wagenwäsche. Ihr Jungs werdet gerne dazu bereit sein. Wann soll's stattfinden?

PETER: Nächste Woche?

HILDEGARD: Mir soll's recht sein. Schlag's doch dem Deutschen Klub vor.

ÜBUNG

Question words

Grammar Reference §53.2, page 377.

Make a question out of each of the following statements, using one of the question words: **Wann / Wo / Wer / Warum,** *to which the phrase in* **heavy type** *would be the answer.*

EXAMPLES: **Dieser Junge** spielt Fußball.
Wer spielt Fußball?

Der Junge aus Deutschland wohnt **in unserer Straße.**
Wo wohnt der Junge aus Deutschland?

Die Jungen sollten nach Hause gehen, **weil Karl-Wolfgang arbeiten muß.**
Warum sollten die Jungen nach Hause gehen?

1. Victor und Peter sitzen **im Wohnzimmer.**
2. **Karl-Wolfgang** soll die Lampe neben sich andrehen.
3. Die Familie Jorgensen war **vor zwei Jahren** am Grand Canyon.
4. **Niemand** merkt, daß Karl-Wolfgang die Figur repariert hat.
5. Sein Vater hat eine Spielzeugwerkstatt **in Nürnberg.**
6. Er hat als Junge **in der Werkstatt** viel gearbeitet.
7. Karl-Wolfgang hat **in den letzten Tagen** ein paar Karikaturen in sein Heft gezeichnet.
8. Karl-Wolfgang zögert, Karikaturen für die Schülerzeitung zu zeichnen, **weil er sich nicht unbeliebt machen möchte.**
9. Hildegard möchte die Zeitung verkaufen, **um Geld für den Deutschen Verein zu bekommen.**
10. **Der Verein** könnte das Geld ganz gut gebrauchen.

6/4 Ein deutscher Austauschschüler (4)

ERWEITERUNG DES WORTSCHATZES

die **Aufführung -en** — Letzte Woche haben wir im Schillertheater eine schöne **Aufführung** von „Hamlet" gesehen.

ausgerechnet *gerade* — Wir wollten am Samstag mit einer „Wagenwäsche" etwas Geld verdienen, und **ausgerechnet** an diesem Tage mußte es den ganzen Tag regnen.

bewegen — Wenn man zu Fuß geht, **bewegen** sich die Arme und die Beine. — Der arme alte Mann ist paralysiert: er kann den rechten Arm und das rechte Bein nicht **bewegen.**

der **Boden** ⁼ — Der Teppich liegt auf dem **Boden.**

gähnen *langsam und tief durch den weit offenen Mund atmen* — Wenn man müde ist, **gähnt** man oft. Wenn eine Sache langweilig ist, **gähnt** man auch oft. (*siehe Zeichnung*)

der **Gedanke -n** *eine Idee; das, was man denkt* — Der erste **Gedanke** ist nicht immer der beste.

halt *einfach* — Da ist **halt** nichts zu machen.

der **Knochen** - (*siehe Zeichnung*)

der **Kunde -n** *Käufer* — Der Geschäftsmann muß seinen **Kunden** gute Waren geben, sonst gehen sie in andere Geschäfte.

selten *rar, was man nicht jeden Tag sieht* — Dieser junge Mann hat ein **seltenes** Talent.

trübe *regnerisch, dunkel, bei schlechtem Wetter* — Der Himmel ist ganz bewölkt, bald wird es regnen: es ist ein **trüber** Tag.

überlegen (sich etwas) *über eine Sache nachdenken* — Ich muß **es mir überlegen,** ob ich diesen Sommer in die Berge oder ans Meer fahren will.

versprechen (verspricht), versprach, versprochen *sagen, daß man etwas bestimmt tun wird; sein Wort geben* — Meine Mutter hat mir gesagt, ich sollte vor Mitternacht wieder zu Hause sein, und ich habe es ihr **versprochen.**

vertreiben, vertrieb, vertrieben: sich die Zeit vertreiben *etwas tun, wenn man lange Zeit auf etwas warten muß; warten, bis die Zeit vorbeigeht, und dabei etwas tun, das nicht sehr wichtig ist*

vor-kommen, kam . . . vor, vorgekommen *scheinen* — Dieses Bild **kommt** mir bekannt **vor.** (= Dieses Bild scheint mir bekannt zu sein. = Ich glaube, ich kenne dieses Bild schon.)

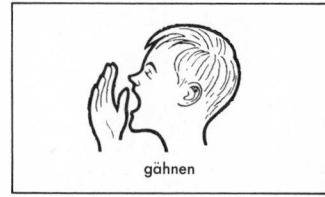

gähnen

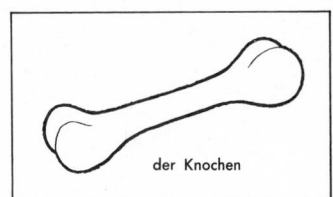

der Knochen

An einer Tankstelle. Trüber Tag. Peter, Victor, Richard und — ein wenig abseits — Karl-Wolfgang stehen herum. Auf der anderen Seite kommen Anneliese Becker und Dorothy Petersen heran.

PETER: Es sieht nicht so aus, als ob wir heute viele Kunden haben werden.

VICTOR: Warte doch noch ein bißchen. Es wird sicher bald wieder klar werden. Dann 5 können wir sehen, ob wir hier weiter bleiben sollen.

DOROTHY: Wieviel haben wir eingenommen, Peter?

PETER (gähnend): Fünf Dollar — fünf Wagen. Das ist alles.

ANNELIESE: Daß es ausgerechnet heute so trübe sein muß!

RICHARD: Da ist halt nichts zu machen, Anneliese. Wir müssen eben warten. 10

ERWIN (kommt): Ist Fräulein Greene schon vorbeigekommen? Ich hab' ihr gesagt, daß wir hier sind, und sie hat mir versprochen, sie würde bestimmt ihren Wagen waschen lassen.

PETER: Ach, die! Die wagt sich bei solchem Wetter nicht auf die Straße. Es ist ihr viel zu windig. 15

VICTOR: Ja, sie mag bei schlechtem Wetter einfach nicht hinaus, nur wenn sie ihren kleinen Hund ausführen muß.

ANNELIESE (zu Karl-Wolfgang tretend): Warum sitzt du hier so ganz allein? Was tust du da eigentlich?

KARL-WOLFGANG: Ich? O, ich vertreibe mir ein bißchen die Zeit. (Hält ihr ein Stück 20 Holz hin, woran er geschnitzt hat.) Da — wie gefällt dir dies?

ANNELIESE: Ha — das ist ja Fräulein Barlow! Unglaublich! — He, Jungs, kommt doch einmal her! Habt ihr schon so etwas gesehen?

12-13 ihren Wagen waschen lassen *have her car washed*   14 wagt sich *dares (to go)*

RICHARD: Ein Gesicht! Das kommt mir bekannt vor.

25 VICTOR: Wer soll denn d a s sein?

KARL-WOLFGANG (*den geschnitzten Holzblock langsam in der Hand bewegend, mit verstellter Stimme*): „Victor, nicht sprechen!"

PETER: Mein Gott! Ist das nicht die Biologielehrerin, Fräulein Barlow?

RICHARD: Ja, wirklich! Frappante Ähnlichkeit!

30 ANNELIESE: Karl-Wolfgang, ich kann mich totlachen. Spiel doch noch ein bißchen mehr! (*Zu Dorothy*) Ist das nicht ganz die lange Nase von Fräulein Barlow? Spiel noch mehr, Karl-Wolfgang!

KARL-WOLFGANG (*mit verstellter Stimme, wie Fräulein Barlow*): „Ruhe bitte!" —„Aber das Fenster m u ß z u bleiben!" — „Wer hat denn a l l das P a p i e r da
35 auf den B o d e n g e w o r f e n?" — „Erwin Lange, k o m m mal h e r und h e b es a u f. Dies ist doch kein S c h u t t a b l a d e p l a t z !"

> (*Wie Karl-Wolfgang diese Worte spricht, drängen sich die anderen um ihn, lachend.*)

PETER (*Fräulein Barlow auch imitierend*): „Wie heißen die Knochen in deinem Arm?"

40 KARL-WOLFGANG (*immer imitierend*): „Hoffmann, wie heißen die Knochen in deinem Arm, von der Schulter bis zu den Fingerspitzen? — Was? Das weißt du nicht? Jedes Kind weiß das!"

> (*Inzwischen ist Herr Lange, der Vater von Erwin, in die Garage getreten, hat sich hinter die Jungs gestellt und der Vorführung zugesehen. Erwin sieht ihn plötzlich.*)

45 ERWIN: O — Vati. Was tust du hier? Willst du deinen Wagen waschen lassen?

HERR LANGE: Nein, das nicht. Aber ich wollte dich abholen. Es regnet ja so.

ERWIN: Ist das nicht schrecklich? — Ich glaube, es wird doch niemand mehr kommen.

HERR LANGE: Karl-Wolfgang, das war ja großartig! Wo hast du das gelernt?

KARL-WOLFGANG: Ich mag halt gern Kasperletheater spielen.

50 HERR LANGE: Also mit Handpuppen? Das ist ja etwas ganz Seltenes. Tust du das schon lange?

KARL-WOLFGANG: Das hab' ich schon als kleiner Junge getan. Mein Vater hat nämlich eine Spielwarenwerkstatt in Nürnberg, und da hab' ich's gelernt.

PETER: Karl-Wolfgang schnitzt seine Puppenköpfe selber! Den da hat er auch gemacht.

55 HERR LANGE: Was? Das verstehst du auch? Das ist ja ein ganz seltenes Talent.

KARL-WOLFGANG: Da ist doch nichts dabei.

HERR LANGE: Na, hör mal. So etwas kann nicht jeder! Du solltest einmal eine Aufführung geben. Damit kann man Geld verdienen.

---

27 verstellter *disguised*
29 frappante *striking*
30 mich totlachen *die laughing*

36 Schuttabladeplatz *dump*
37 drängen sich *crowd*
49 Kasperletheater spielen *put on puppet shows*

ANNELIESE (*zu Peter*): Hast du das gehört?

PETER: Ja, wirklich. Daran hatte ich noch gar nicht gedacht. Karl-Wolfgang! Da 60 kommt mir ein Gedanke! Du mußt eine Aufführung geben. Und wir werden Eintrittsgeld verlangen. Überleg's dir mal!

KARL-WOLFGANG: Dazu ist dieses Stück hier doch nicht gut genug!

PETER: Aber sicher! Wir werden dir alle mithelfen. Wir brauchen doch Geld — und d a s ist viel besser als Wagen waschen. 65

HERR LANGE: Das glaub' ich auch.

KARL-WOLFGANG: Na, wenn ich euch helfen kann — ich will's mir gerne überlegen.

PETER: Ja, das mußt du tun. Wann sollen wir anfangen?

---

62 Eintrittsgeld verlangen *charge admission*

ÜBUNG

The perfect verb phrase

Grammar Reference §49.1-3, page 373.

Rewrite the sentences, replacing the present form of the verb with the perfect verb phrase.

EXAMPLES: Plötzlich kommt mir dieses Bild bekannt vor.
Plötzlich ist mir dieses Bild bekannt vorgekommen.

Karl-Wolfgang nimmt die Stücke mit.
Karl-Wolfgang hat die Stücke mitgenommen.

1. Am Aussichtsturm bleiben sie stehen.
2. Findest du dich im Wald zurecht?
3. Wir lassen uns hoch am Berge nieder.
4. Wir fangen bald an, unter uns zu sprechen.
5. Wolfgang stellt Herrn Kohler seinen Freund Stefan vor.
6. Das Buch fällt auf den Boden.
7. Ich hebe es vom Boden auf.
8. Der Zug kommt rechtzeitig an.
9. Monika hält sich nicht lange in Hamburg auf.
10. Die Vorführung von Pauls Lichtbildern findet heute nachmittag statt.

6/5 Ein deutscher Austauschschüler (5)

ERWEITERUNG DES WORTSCHATZES

die **Art** -en   *die Sorte* — Die Couch ist eine **Art** von Bett. — Ein
    Walzer ist eine besondere **Art** von Tanz.

berichten *erzählen, aber unpersönlich, objektiv* — Die Zeitung
    berichtete (machte einen Bericht) über den schweren Unfall.

ein-laden (lädt . . . ein), lud . . . ein, eingeladen *jemandem sagen*
    oder schreiben, er soll zum Abendessen, zum Tanzen, zu Besuch
    kommen — Ich habe sie zu einer Tasse Kaffee **eingeladen.**

entscheiden, entschied, entschieden (sich) *wenn zwei oder mehr*
    Sachen möglich sind, eine von diesen klar und bestimmt tun
    wollen — Ich habe **mich entschieden,** diesen Sommer zu ar-
    beiten.

erledigen *zu Ende bringen* — Ich bin jetzt frei: ich habe meine
    Arbeit **erledigt.**

fesseln *faszinieren* — Dieses Buch hat mich **gefesselt** — ich mußte
    es gleich am selben Abend zu Ende lesen.

die **Gemeinde** -n   *alle Leute, die in der Nachbarschaft leben* — Diese
    Dorfgemeinde hat 300 Einwohner.

der **Künstler** -   — Maler, Musiker und Bildhauer sind **Künstler.** *(siehe*
    Zeichnung) — Rembrandt und Dürer waren Maler. Michel-
    angelo und Rodin waren Bildhauer. (Michelangelo war aber
    auch ein Maler.)

Künstler — der Maler — der Bildhauer

lohnen (sich) — Wenn eine Arbeit **sich lohnt,** dann hat man etwas
    davon: man verdient Geld oder lernt etwas dabei.

das **Mitglied** -er   *Mensch, der zu einer Partei oder zu einem Verein*
    gehört — Sind Sie **Mitglied** des Deutschen Vereins?

schuldig — Wenn man etwas Schlechtes tut, fühlt man sich später
    schuldig.

schweigen, schwieg, geschwiegen *nichts sagen* — Die Kinder sollten
    schweigen, wenn die Eltern sprechen.

die **Strafe** -n — Ich habe einen **Strafzettel** bekommen, weil ich
    meinen Wagen zu lange am Parkplatz gelassen habe. Jetzt muß
    ich meine **Strafe** bezahlen.

der **Zuschauer** -   *ein Mensch, der im Theater sitzt und zusieht*

der **Zustand** ̈-e — Meine Gitarre ist in sehr schlechtem **Zustand** — sie
    ist kaputt.

To the Student

The following scene depicts a meeting of the German Club, during which a number of the most common terms of parliamentary procedure are used.

einen Antrag stellen	make a motion, move
den Antrag unterstützen	second the motion
den Antrag zur Abstimmung bringen	call for a vote
Der Antrag ist angenommen.	The motion is carried.
der Ausschuß	committee
einstimmig	unanimous
die Kasse	treasury
der Kassenbericht	treasurer's report
das Mitglied	member
zur Ordnung rufen	call to order
einen Präzedenzfall schaffen	create a precedent
der Schatzmeister	treasurer
der Schriftführer	secretary
die Sitzung	meeting
die Tagesordnung	agenda
die Versammlung	meeting
Ich erkläre die Versammlung für beendet.	I declare the meeting adjourned.
die Verfassung	constitution
der Vorsitzende	president

Sitzung des Deutschen Vereins, Peter Sachse als Vorsitzender.

PETER: Ich rufe die Versammlung zur Ordnung! — Sind alle Mitglieder hier? Herr Vizepräsident?

WILBUR HAGERTY: Mitglieder Charles Williams und Franz Heinemann lassen sich entschuldigen. Franz muß morgen einen Bericht über Botanik geben. Er hat erst   5
zwei Seiten geschrieben. — Und Charles ist krank, er liegt zu Bett mit hohem Fieber — er hat eine schwere Halsentzündung.

PETER: Sie sind entschuldigt! Übrigens, Karl-Wolfgang Hoffmann wollte auch hier

---

4–5 lassen sich entschuldigen *send their regrets*

sein, aber vor ein paar Tagen hat er versprochen, heute die Deutschklassen an
der Lincoln High School zu besuchen. — Nun: Auf der Tagesordnung steht
eigentlich nur ein Punkt — der Zustand unserer Finanzen. Ihr wißt alle, daß unser
Klub in diesem Jahr versprochen hat, die Summe von zweihundert Dollar unserem
Austauschschülerprogramm beizutragen. Es ist uns in diesem Jahr besonders
wichtig, denn Karl-Wolfgang kommt aus Deutschland. Und zur gleichen Zeit ist
ein Mitglied unseres Vereins, Richard Brewster, als Austauschschüler in Graz in
Österreich.

(*Applaus.*)

Nun müssen wir aber auch an das nächste Jahr denken, um einen ähnlichen Austausch möglich zu machen. Aber, soviel ich weiß, ist der Zustand unserer Finanzen
sehr schlecht — einfach deprimierend. Ich bitte daher unsere Schatzmeisterin,
Fräulein Hildegard Becker, einen Kassenbericht zu geben und uns über die Maßnahmen zu berichten, die wir unternommen haben, Gelder in unsere Kasse zu
bekommen. Ich bitte also Fräulein Becker, uns ihren Bericht zu geben.

---

13 beitragen   *contribute*
21-22 Maßnahmen   *means to an end, measures*

HILDEGARD: Herr Präsident! Mein Bericht ist sehr kurz. Und nicht sehr rosig. Vom letzten Jahr haben wir in der Kasse nur noch neun Dollar und dreiundsiebzig Cents 25 übrig.

    (Zurufe: „Unglaublich!" „Warum so wenig?")

Wir haben uns daher entschieden, durch außerordentliche Maßnahmen unsere Einnahmen zu erhöhen. Vor drei Tagen wurde eine Wagenwäsche abgehalten. Aber da es an diesem Tage regnete, konnten nur fünf Wagen gewaschen werden. 30 Die Einnahmen dafür erreichten die Summe von fünf Dollar.

    (Zurufe: „Unerhört!" „Nur fünf Dollar!")

Der heutige Zustand unserer Kasse ist daher ziemlich schlecht — wir haben im Ganzen die Summe von vierzehn Dollar und dreiundsiebzig Cents.

PETER: Vielen Dank, Fräulein Schatzmeisterin. — Heute ist der 15. November, und ich 35 muß euch daran erinnern, daß wir versprochen haben, vor dem 1. April zweihundert Dollar zu bezahlen. Wir brauchen also noch rund hundertneunzig Dollar mehr. Hat jemand konstruktive Vorschläge zu machen?

LOUIS DAVENPORT: Ich schlage vor, daß wir eine Papierwoche abhalten. Das hilft auch bei der Umweltverschmutzung! 40

VIOLA EGGERT: Das ist ein sehr guter Vorschlag. Meine Mutter sagt, man könnte schon bei uns einen Lastwagen voll laden.

PETER: Wenn wir das tun, dann sollten wir eigentlich kein Geld dafür bekommen. Das sollten wir für die Gemeinde tun. Was wir brauchen, ist Geld. — Hat jemand einen anderen Vorschlag? 45

JACK MORRIS: Ich glaube, wir müssen irgendwie das Geld verdienen. Was wir versprochen haben, müssen wir halten. Wir wollen auch im nächsten Jahr einen Austauschschüler bei uns sehen und einen aus unserer Schule ins Ausland schicken. Ich möchte also den Antrag stellen, daß jedes Mitglied zwei Dollar in die Kasse bezahle. 50

    (Stimmen und Zurufe: „Das ist unerhört!" „Nein!" „Keine Steuer!" „Das geht nicht!")

PETER (schlägt seinen Hammer): Ruhe! Ordnung! Bitte zur Ordnung!

JACK: Ich weiß, daß mein Antrag ungewöhnlich ist. Aber wir haben es versprochen!

VIOLA: Eine solche Maßnahme schafft einen Präzedenzfall. Außerdem sieht sie etwas 55 wie eine Strafe aus. Und ich glaube, keiner von uns fühlt sich schuldig daran, daß wir so wenig Geld in der Kasse haben.

PETER: Möchte jemand Jacks Antrag unterstützen?

---

29 erhöhen *increase*
40 Umweltverschmutzung *environmental pollution*

46 irgendwie *somehow*
51 Steuer *tax*

WILBUR: Darf ich daran erinnern, daß unsere Verfassung keine Art von Besteuerung
60   erlaubt?

PETER: Das erledigt den Antrag von Jack Morris. — Hat sonst noch jemand einen
    Vorschlag?

HILDEGARD: Ich höre von meinen Freunden, daß wir unter uns einen großen Künstler
    besitzen. Er versteht es, mit seinen Handpuppen seine Zuschauer zu fesseln —
65   einfach zu fesseln! Ihr wißt, von wem ich spreche — Karl-Wolfgang Hoffmann.
    Man sagt mir, daß Karl-Wolfgang bereit sei, einen Theaterabend abzuhalten.
    Wenn wir dies tun wollen und unsere Eltern und Freunde einladen und einen
    kleinen Eintrittspreis verlangen, glaube ich, können wir mit einer schönen Ein-
    nahme rechnen.

70   (*Stimmen:* „Gut!" „Ausgezeichnet!" „Prima!")

FRED WOLSKI: Erwin Lange hat mir gesagt, daß Karl-Wolfgang großartig ist. Sein
    Vater hat ihn auch gesehen, und der sagt, dies sei eine große Sache! Damit könne
    man Geld verdienen. — Ich bin sehr dafür.

VIOLA: Wissen wir, ob Karl-Wolfgang dazu bereit ist?

75 PETER: Ja, das ist er. Ich habe mit ihm gesprochen.

HILDEGARD: Das kann er aber doch nicht alleine tun.

JACK: Nein. Wir müssen ihm helfen.

HILDEGARD: Deshalb möchte ich einen Antrag stellen, daß der Präsident einen
    Ausschuß ernenne. Den Puppentheater-Ausschuß. Dieser soll die Sache vor-
80   bereiten.

FRED: Ich unterstütze den Antrag.

PETER: Gut. Soll ich den Antrag zur Abstimmung bringen? Wer dafür ist, sage bitte: Ja.
       (*Alle:* „Ja!")

PETER: Jemand dagegen?

85   (*Schweigen.*)

    Der Antrag ist einstimmig angenommen. —
       (*Applaus.*)

    Das erledigt unsere Tagesordnung. Sonst noch etwas? — Ich erkläre die Ver-
    sammlung für beendet.

90   (*Die Mitglieder stehen auf und gehen in den Korridor. Peter tritt zu Hildegard.*)

    Das freut mich, daß du an Karl-Wolfgang gedacht hast.

HILDEGARD: Ja. — Und er ist doch so ein angenehmer Mensch!

PETER: Das ist er auch! — Na, wir werden viel Spaß haben.

HILDEGARD: Ja, und auch viel Arbeit! Aber es wird sich sicher lohnen.

---

59 Besteuerung *tax assessment*
68–69 rechnen . . . mit *count on*

ÜBUNG

Werden

Grammar Reference §45.3, page 369.

For each of the following sentences indicate whether the verb **werden** *is used independently, or in a future verb phrase, or in a passive verb phrase.*

1. In den „Schwarzen Bergen" werden die Büffel geschützt.
2. Wieviel wird das einbringen?
3. Damit wird man nicht reich.
4. Ihr Jungs werdet gerne dazu bereit sein.
5. Geschichte ist nicht an einem Tag gemacht worden.
6. Es sieht nicht so aus, als ob wir heute viele Kunden haben werden.
7. Es wird sicher bald wieder klar werden.
8. Vor drei Tagen wurde eine besondere Wagenwäsche abgehalten.
9. Aber da es an diesem Tage regnete, konnten nur fünf Wagen gewaschen werden.
10. Der Wolf wird älter aber nicht besser.

6/6 Ein deutscher Austauschschüler (6)

ERWEITERUNG DES WORTSCHATZES

anstrengend — Was müde macht, ist **anstrengend.**

die **Beleuchtung** — **Beleuchtung** hat mit Licht zu tun. — Bei starker **Beleuchtung** ist alles klar und hell; bei schwacher **Beleuchtung** ist alles dunkel und unbestimmt.

gelt? *nicht? nicht wahr?*

kaum *nicht ganz, beinahe nicht* — Es regnete sehr, und man konnte **kaum** etwas sehen.

kriegen *bekommen* — Zweimal die Woche **kriegt** sie einen Brief von ihrer Mutter. — Der neue Austauschschüler ist gestern angekommen, aber ich hab' ihn noch nicht zu sehen **gekriegt.**

die **Nachricht -en** *etwas Neues, ein Bericht von einer Sache* — Sie hätten diese **Nachricht** in der Zeitung lesen können. — Um zehn Uhr kann man die **Tagesnachrichten** im Radio hören.

ordentlich   *wirklich, sehr*

schiefgehen   *nicht gutgehen*

die **Steckdose -n** / die **Strippe -n** (*siehe Zeichnung*)

treten (tritt), trat, getreten   *den Fuß setzen, kommen, gehen* — Der Lehrer **tritt** an die Tafel.

vor-kommen, kam . . . vor, vorgekommen   *passieren* — In diesem Film **kamen** komische und tragische Situationen **vor.**

die **Wirkung**   *der Effekt*

wirkungsvoll   *mit großem Effekt*

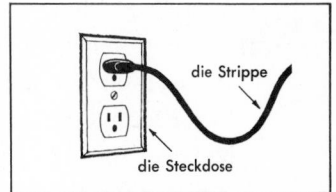

[Das Puppenspiel, das Karl-Wolfgang und seine Freunde aufführen, ist das alte berühmte Puppenspiel vom Doktor Faust. In diesem Spiel macht Doktor Faust einen Pakt mit dem Teufel. Der Teufel verspricht Faust, daß er für ihn alles tun wird, was dieser will, solange er lebt. Aber am Ende seines Lebens bekommt der Teufel Fausts Seele. Faust und der Teufel sind die Hauptfiguren im Puppenspiel, aber es gibt auch eine wichtige Nebenfigur. Das ist Kasperle, der Clown, der manchmal mit den Zuschauern spricht und sie und ihre Bekannten imitiert.]

Vor dem Auditorium, nach der Aufführung des Puppenspiels vom Doktor Faust. Schüler stehen in Gruppen herum.

VIOLA: Heute war's sogar noch besser als vorgestern. Wie der Teufel den Faust holt, das war doch zum Schießen!

ANNELIESE: Ich hab's mir auch zweimal angesehen. Aber mir hat das Kasperle am ₅ besten gefallen.

VICTOR: Ja — mir auch! Ich frag' mich nur, was Fräulein Greene dazu sagen wird.

ANNELIESE: Wieso?

VICTOR: Na, die kam doch auch vor.

ANNELIESE: Wann denn? ₁₀

VICTOR: Weißt du nicht? — wie das Kasperle mit dem kleinen Hund an der Straße sitzt — das war doch Fräulein Greene, wie sie ihr Hündchen ausführt.

ANNELIESE: Das hab' ich gar nicht gemerkt. Aber du hast ganz recht.

VIOLA: Glaubst du, daß da noch mehr solche Stellen vorkamen?

VICTOR: Ganz bestimmt. Vielleicht haben wir sie nur nicht alle erkannt. ₁₅

ERWIN: Ja, zum Beispiel, wie Kasperle überall herumgeht und Papier aufhebt — da hab' ich an Fräulein Barlow denken müssen.

VIOLA: Oder an Louis Davenport, mit seiner Papierwoche.

JACK: Aber wie hat Karl-Wolfgang das wissen können? Er war doch gar nicht dabei! ₂₀

ANNELIESE: Ja — wie hat er das alles nur machen können? All die Rollen auswendig — und zu gleicher Zeit mit den Puppen hantieren — das ist doch großartig!

DOROTHY: Und die Köpfe hat er doch auch geschnitzt.

VICTOR: Na, die Puppen hat er sich doch von zu Hause schicken lassen.

ANNELIESE: Es sind aber doch seine eigenen. Die hat er selber geschnitzt! ₂₅

(*Fräulein Barlow tritt zu den Schülern. Diese treten etwas vorsichtig auseinander.*)

FRL. BARLOW: Das war wirklich eine nette Aufführung. Der Deutsche Klub kann ordentlich stolz darauf sein.

VIOLA: Ja, Fräulein Barlow. Alle Mitglieder haben dabei mitgeholfen.

FRL. BARLOW: Das konnte man merken. All die schönen Kostüme — ₃₀

ANNELIESE: Die haben Dorothy und Viola gemacht.

FRL. BARLOW: Und dann erst die Beleuchtung! Die war außerordentlich wirkungsvoll!

JACK: Dabei haben Peter und Erwin mitgeholfen.

FRL. BARLOW: Aber wo ist Karl-Wolfgang? Ich wollte ihm so gerne meine Bewunderung aussprechen. ₃₅

VIOLA: Der ist noch drinnen — beim Zusammenpacken. Peter und die anderen helfen ihm noch dabei.

FRL. BARLOW: Na, wenn ich ihn jetzt nicht zu sehen kriege, sagen Sie ihm doch, daß

---

4 zum Schießen *hysterically funny*
22 hantieren mit *handle*

28 stolz *proud*
34-35 Bewunderung *admiration*

ich mich wunderbar amüsiert habe. Ich muß jetzt leider weiter. Aber Sie dürfen es
40 nicht vergessen!

VIOLA: Ja, bestimmt! Ich will's ihm ausrichten.

(*Fräulein Barlow geht weg.*)

VICTOR: Na, ich hoffe, daß sie nichts gemerkt hat!

DOROTHY: Es sieht nicht so aus. Sie hat uns alle noch gern.

45 (*Karl-Wolfgang, Peter und Erwin — Alle anderen drängen sich um sie herum.*)

ANNELIESE: Das war ja fabelhaft, Karl-Wolfgang!

VIOLA: Gratuliere! Das hast du schön gemacht.

VICTOR: Einfach elegant!

DOROTHY: Du — das hat mir großartig gefallen.

50 JACK: Große Sache, Karl-Wolfgang, große Sache!

KARL-WOLFGANG: Danke, danke. Na, ihr habt doch alle mitgeholfen. Ihr habt's ja
erst möglich gemacht. Aber Spaß hat's gemacht.

PETER: Ja, besonders, wo's beinahe schiefging.

KARL-WOLFGANG: Wie's Licht ausging, gelt? Das war auch so 'ne Sache!

55 VICTOR: Wieso? Davon haben wir gar nichts gemerkt.

KARL-WOLFGANG: Was? Das habt ihr nicht gemerkt? Wie Faust gerade dem Teufel seine Seele verschreibt...

ANNELIESE: Ja, was passierte da?

KARL-WOLFGANG: Da hab' ich den Teufel beinah' fallen lassen, und Peter will unter mir durchschlüpfen, und reißt dabei die Strippe aus der Steckdose, und alles ist im Dunkeln — 60

VIOLA: Aber das war doch alles so wirkungsvoll! So mußte es doch sein!

KARL-WOLFGANG: Aber wir konnten ja nichts sehen! Glücklicherweise hatte Erwin seine Taschenlampe dabei, Gott sei Dank; die brannte kaum noch —

ANNELIESE: Das sah doch so rot wie 's Höllenfeuer aus. Gehörte denn das nicht dazu? 65

KARL-WOLFGANG: Na, wenn's so ausgesehen hat, dann sollte mich's nur freuen. Dann will ich nichts gesagt haben!

PETER: Sagt mal, jetzt müssen wir uns aber ein bißchen hinsetzen. Es war doch ein klein wenig anstrengend.

VICTOR: Hier habt ihr jeder 'ne Flasche Limonade. Ihr müßt doch durstig sein. 70

KARL-WOLFGANG: Danke! Jetzt wollen wir aber alle zusammen noch irgendwo hingehen.

(Hildegard kommt.)

HILDEGARD: O, lauft noch nicht weg! Ich möchte auch mit!

PETER: Hildegard — ! Hast du gute Nachrichten? 75

HILDEGARD: Ja, wißt ihr, wieviel Leute heute da waren? Beinahe hundertfünfzig! Und das letzte Mal waren's über hundert. Das heißt, wir haben beinahe hundertfünfzig Dollar eingenommen! Nicht schlecht, was?

PETER: Das ist doch phänomenal!

HILDEGARD: Und das verdanken wir dir, Karl-Wolfgang! 80

KARL-WOLFGANG: Nein — uns allen!

HILDEGARD: Ja, fein! Der Deutsche Klub ist wieder im Gang!

---

57 verschreibt *signs over*   82 wieder im Gang *back on the track*
71 irgendwo *somewhere*

ÜBUNGEN

In preparation for discussion of the Racine episode, choose two characters and select three to five quotes which will throw light on their personalities.

People who come in contact with another culture often experience "culture shock." Find incidents and quotations in the preceding story which indicate culture shock in Karl-Wolfgang and in his new friends.

Relative clauses

Grammar Reference §57.1-4, page 381.

Make an independent sentence out of the relative clause, substituting a personal pronoun for the relative.

EXAMPLES: Herr Rahner, der eine Menge Geld hat, ist wirklich glücklich.
Er hat eine Menge Geld.

Karl-Wolfgang hat ein Gesicht geschnitzt, das Richard bekannt vorkommt.
Es kommt Richard bekannt vor.

1. Der neue Junge, der Karl-Wolfgang heißt, wohnt bei Peter Sachse.
2. In dieser Figur sieht man den müden Indianer, der auf seinem Pferd sitzt.
3. Die Bauern, die miteinander ein Geschäft machen wollen, können einander verstehen.
4. Er will eine Aufführung geben, die etwas Geld einbringen wird.
5. Eine Mannschaft ist eine Gruppe von Spielern, die zusammengehören.

Note that when the relative pronoun is an object, the new sentence will usually have the subject in the first position, then the verb, followed by the pronoun object.

EXAMPLE: Der Deutsche Verein ist sehr stolz auf die Aufführung, die eine Gruppe von Schülern gegeben hat.
Eine Gruppe von Schülern hat sie gegeben.

6. Letzte Woche hatten wir eine Vorführung von Lichtbildern, die Erwin in der Schweiz gemacht hatte.
7. Montag werden sie die Listen fertig haben, die Herr Kohler haben möchte.
8. Dieter stößt einen Teller, den er wirklich nicht gesehen hat, vom Tisch.
9. Karl-Wolfgang spielt gern Kasperletheater mit Handpuppen, die er selber macht.
10. Schon beim ersten Auto, das die Jungen gewaschen haben, hat es angefangen zu regnen.

6/7 Von Spiel und Sport

ERWEITERUNG DES WORTSCHATZES

körperliche Übung

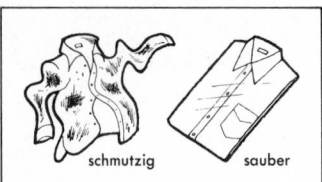

schmutzig   sauber

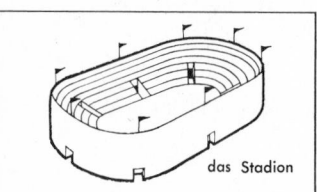

das Stadion

einzeln *alleinstehend; individuell; von anderen getrennt*

das **Fach** ⸗er *Wissensgebiet, Spezialität in der Schule oder auf der Universität* — „Welche **Fächer** hast du in diesem Jahr?" „Englisch, Deutsch, Chemie und Geschichte."

gründen *ins Leben rufen* — Die Gemeinde Plymouth wurde 1620 von den Pilgervätern **gegründet.**

körperliche Übung -en = das **Turnen** *(siehe Zeichnung)*

locken *näher zu bringen suchen, wie ein Stück Eisen durch einen Magnet* — Karl hörte Musik im Keller. Er wurde durch die Musik in den Keller **gelockt.**

obwohl *wenn auch* — **Obwohl** es sehr kalt war, hatte der Junge keine Schuhe an.

schmutzig / sauber *(siehe Zeichnung)*

die **Sportart -en** *bestimmte Art von Sport, z. B. Schwimmen, Fußball, Schilaufen*

das **Stadion Stadien** *das Sportfeld, der Sportplatz (siehe Zeichnung)*

teilnehmen (nimmt . . . teil), nahm . . . teil, teilgenommen (an + Dativ) *bei etwas mitmachen* — Peter, Victor und Erwin haben **an der** „Wagenwäsche" **teilgenommen.** Karl-Wolfgang will nicht **am** Sport **teilnehmen,** denn das ist nicht seine Stärke.

der **Unterricht** *das Lehren* — In unserer Schule beginnt der **Unterricht** um 8 Uhr und dauert bis 3 Uhr. Frau Holz gibt **Unterricht** in der Biologie. Herr Becker gibt den **Englischunterricht.** Ich habe Dienstag und Donnerstag von 9 bis 10 **Turnunterricht.**

Hamburg

In Deutschland spielt der Sport seit langer Zeit eine wichtige Rolle. Beinahe überall sind Spiel- und Sportplätze zu finden. An einem Sonntagnachmittag im Frühjahr, im Sommer oder im Herbst besuchen oft Millionen von Menschen die Stadien in den großen Städten, um sich die Fußballspiele anzusehen. Denn Fußball ist vielleicht der
5 populärste Sport in Deutschland. Und wenn eine deutsche Mannschaft mit der eines anderen Landes um die Weltmeisterschaft spielt, dann sind nicht viele Menschen auf den Straßen zu sehen; denn fast jedermann sitzt zu Hause atemlos vor dem Fernsehapparat und hofft, daß die eigene Mannschaft gewinnen wird.

Aber auch der Wassersport ist sehr beliebt. Denn das Land ist reich an Flüssen
10 und Seen, und das Rudern und Segeln, das Motorbootfahren und Wasserschifahren lockt Tausende ins Freie. Am Wochenende möchte jeder hinausfahren, an den Fluß oder an einen See in der Nachbarschaft oder an einen See weit weg in den Bergen. Auf den großen Flüssen sieht man nicht viele Wassersportenthusiasten. Denn durch die Industrie sind die meisten Flüsse sehr schmutzig geworden. Und wer möchte in
15 schmutzigem Wasser schwimmen? Da geht man lieber in die großen Schwimmhallen, die beinahe in allen Städten zu finden sind. Diese städtischen Schwimmhallen sind das ganze Jahr offen, Sommer und Winter, von morgens bis abends. ↓

143

Sehr populär ist das Wandern. Man wandert, weil man mit Freunden allein sein möchte, befreit vom Verkehr und der schmutzigen Luft der Großstädte. Wandern ist ein wichtiger Teil der „Jugendbewegung", die im Jahre 1896 an einer Schule in Berlin 20 entstand. Eine Wanderung ist ein großer Ausflug in die Berge oder an die See oder in die Heide, z. B. die Lüneburger Heide. Oft kann eine solche Wanderung mehrere Tage dauern, und manchmal wandert man mehr als vierzig Kilometer an einem Tag. In allen Teilen des Landes gibt es Wandervereine, wie z. B. den Schwarzwaldverein oder den Alpenverein. Diese Vereine lassen besondere Wege durch die Wildnis bauen — Fuß- 25 pfade, auf denen man stundenlang wandern kann, ohne eine menschliche Wohnung zu sehen.

Im Winter übernimmt das Schilaufen die Rolle des Wanderns, besonders unter Schülern und Studenten. Man weiß, wieviel Spaß es macht, an einem kalten, klaren Wintertag durchs Gebirge zu laufen und über Wiesen wieder hinunterzusausen, wenn 30 frischer Schnee gefallen ist. Jeden Freitag sieht man Tausende von Autos mit Schiern in die Berge fahren. Am Sonntag kommt man dann langsam und müde wieder zurück.

Schilaufen im Schwarzwald

144

An deutschen Schulen gibt es Sport nur in der Form von athletischen Spielen im Turnunterricht. „Turnen" — das heißt soviel wie körperliche Übungen. An diesen
35 Übungen muß jeder Schüler teilnehmen, zweimal die Woche, solange er zur Schule geht (wenn er nicht durch einen Arzt vom Turnen befreit ist). Turnen, als besonderes Fach im Unterricht, gibt es an deutschen Schulen seit zweihundert Jahren. Zuerst gab es nur systematische körperliche Übungen, die den Körper gesund und die Muskeln stark machen sollten. Aber diese Übungen in den Schulen waren für den Berliner Lehrer
40 Friedrich Ludwig Jahn (1778–1852) nicht genug. Er wollte, daß nicht nur einzelne Schüler, sondern das ganze Volk durch körperliche Übungen stark werden sollte. Im Jahre 1811 gründete er in Berlin den ersten Turn- und Sportplatz für das allgemeine Publikum. In den meisten Städten und auch in den kleineren Gemeinden wurden nun Turnvereine gegründet. Das machte Jahn berühmt als den „Turnvater Jahn".

45 Heute sind fast alle Sportarten — es sind beinahe dreißig — zu großen nationalen Verbänden organisiert. Die Mitglieder dieser Verbände kommen jedes Jahr zu nationalen Jugendspielen und Wettkämpfen zusammen; daran nehmen Tausende von **145**

Schülern und Studenten teil. Sie kommen als individuelle Mitglieder eines Sportklubs; sie vertreten keine Schule oder Universität.

In Deutschland gibt es keinen besonders organisierten Schulsport. Die Deutschen 50 sind mehr daran interessiert, daß a l l e jungen Menschen in den Schulen — nicht nur einzelne junge Leute in einer Sportmannschaft — an körperlichen Übungen teilnehmen. Ein Turnlehrer kann, wenn er will, mit seiner Klasse auch Fußball, Handball, oder andere Ballspiele üben. Auch gibt es besondere Sportnachmittage, an denen die Schüler von Hausaufgaben befreit sind. Dann kämpfen Mannschaften aus verschiedenen 55 Klassen derselben Schule gegeneinander; aber einen Wettkampf zwischen Schulen oder zwischen Universitäten kennt man in Deutschland nicht. Obwohl es aber keinen „interscholastic" Sport gibt, spielt der Sport doch eine wichtige Rolle im Leben des Deutschen.

ÜBUNGEN

Find in the text statements which either confirm or deny the following statements. When the information does not agree with the text, copy the sentence(s) which present(s) the contrary view.

1. Es gibt in Deutschland viele Zuschauer bei einem Fußballspiel.
2. Beinahe alle Deutschen interessieren sich für die Fußball-Weltmeisterschaft, besonders wenn die deutsche Mannschaft mitspielt.
3. Auf den kleinen Flüssen und Seen sieht man viele Wassersportenthusiasten.
4. Auf dem Rhein und der Donau kann man jeden Sonntag Wasserschifahrer sehen.
5. Man kann auch im Winter in den städtischen Schwimmhallen schwimmen.
6. Wenn man wandert, geht man im Wald herum und sucht den Fußpfad.
7. Das Wandern kann sogar ein anstrengender Sport sein.
8. Das Schilaufen ist im Winter sehr beliebt, besonders unter Schülern und Studenten.
9. Beinahe jede höhere Schule und jede Universität hat ihre eigene Fußballmannschaft.
10. Turnen ist ein besonderes Fach im Unterricht in allen deutschen Schulen.
11. Turnvater Jahn wollte, daß nicht nur Schüler starke Muskeln und gesunde Körper haben sollten.
12. Mitglieder der vielen Sportverbände nehmen jedes Jahr an nationalen Jugendspielen und Wettkämpfen teil.
13. Nur einzelne junge Leute in Deutschland nehmen an körperlichen Übungen teil.
14. An besonderen Sportnachmittagen sind die Schüler von Hausaufgaben befreit.
15. Beim „interscholastic" Sport kämpfen Mannschaften aus verschiedenen Klassen derselben Schulen gegeneinander.

The genitive case

Grammar Reference §4.1 and §4.4,5, page 338.

Copy the sentences and supply the genitive form of the noun phrase in parentheses.

1. Der Vorsitzende ____ (der Klub) ist Peter Sachse.
2. Wir wollen jedes Jahr einen Austauschschüler einladen und die Kosten ____ (sein Studium) tragen.
3. Der Zustand ____ (unsere Finanzen) ist sehr schlecht.
4. Das Ende ____ (mein Kassenbericht) ist einfach deprimierend.
5. Der gegenwärtige Zustand ____ (unsere Kasse) ist schlimm.
6. In den hohen Bergen ist man von der schmutzigen Luft ____ (die Großstädte) befreit.
7. Die Fußballmannschaft ____ (unser Land) hat in diesem Jahr die Weltmeisterschaft gewonnen.
8. Die Mitglieder ____ (diese Vereine) kommen jeden Monat zu Wettkämpfen zusammen.
9. Tausende von jungen Menschen nehmen als individuelle Mitglieder ____ (ein Sportklub) teil.
10. Mannschaften aus verschiedenen Klassen ____ (dieselbe Schule) kämpfen gegeneinander. (*See page 146, line 56.*)

Auswendig zu lernen

bringen, brachte, gebracht
denken, dachte, gedacht

brennen, brannte, gebrannt
kennen, kannte, gekannt
nennen, nannte, genannt
rennen, rannte, gerannt
senden, sandte, gesandt
wenden, wandte, gewandt

wissen (weiß), wußte, gewußt

bleiben, blieb, geblieben
entscheiden, entschied, entschieden
scheinen, schien, geschienen
schreiben, schrieb, geschrieben
schreien, schrie, geschrien
schweigen, schwieg, geschwiegen
steigen, stieg, gestiegen
vertreiben, vertrieb, vertrieben

[*See page 87*]
treten (tritt), trat, getreten

Harz

Siebtes Kapitel

7/1 Der Sonntagnachmittagsspaziergang

ERWEITERUNG DES WORTSCHATZES

das **Allgäu** (*siehe Zeichnung*)

der **Alltag**   *der Wochentag, der Arbeitstag*

der **Bürger** -   a) *Ein Mensch, der in einer Stadt wohnt, viel arbeitet und durch seine Arbeit reich geworden ist oder reich werden möchte, z. B. ein Kaufmann, ein Geschäftsmann, ein Handwerker, ein Beamter.* — Solche Menschen gehören zum „Mittelstand". b) *Jeder Erwachsene (über 18–21 Jahre alt), der mit anderen Menschen im gleichen Land, im gleichen Staat, in der gleichen Stadt lebt und die gleichen Rechte (Bürgerrechte) wie sie hat.* — Wernher von Braun war früher deutscher **Bürger**; jetzt ist er amerikanischer **Bürger**. (Siehe auch **Bürgerkrieg,** page 116.)

der **Gang** ⸚e — Wenn man einen **Gang** macht, geht man zu Fuß. Wenn man einen **Spaziergang** macht, macht man diesen **Gang** zum Vergnügen.

die **Gaststätte -n**   *Gasthaus mit Café-Restaurant*

genießen, genoß, genossen   *Vergnügen haben*

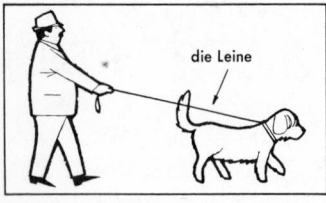

die Leine

der **Genuß Genüsse**   *Vergnügen* — Wenn einem etwas sehr gefällt, dann ist es ein **Genuß.**

der **Grund** ⸚e   *das „Warum" einer Sache* — Aus welchem **Grund** (= Warum) hast du das getan? — Sie wollen aus verständlichen **Gründen** allein sein. (= Wir verstehen, warum sie allein sein wollen.)

die **Leine -n** — Hunde sind an der **Leine** zu führen. (*siehe Zeichnung*)

das **Personal**   *alle Leute, die in einer Fabrik oder in einem Geschäft arbeiten* — Die Kellner und Kellnerinnen gehören zum **Personal** eines Restaurants.

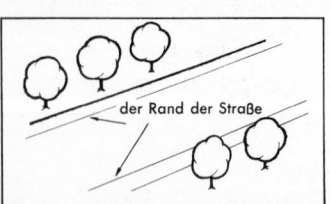

der Rand der Straße

der **Rand** ⸚er (*siehe Zeichnung*) — Wir wohnen am **Rande** der Stadt. Von meinem Fenster kann ich über die Wiesen bis an den **Waldrand** sehen.

der **Ruhetag -e**   *Tag, an dem man nicht arbeitet*

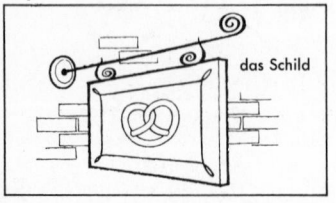

das Schild

das **Schild -er** — Siehst du die Bäckerei da an der Ecke? Da hängt ein **Schild** an der Tür. (*siehe Zeichnung*)

der **Schutz**   *etwas, was sicher macht* — In einem Haus findet man **Schutz** gegen das Wetter. Das Haus bietet also **Schutz** gegen das Wetter.

der **Sonnenschirm -e** — Ein **Sonnenschirm** bietet Schutz gegen die
Sonne. (*siehe Zeichnung*) Ein Regenschirm bietet Schutz gegen
Regen. Wissen Sie, was ein Fallschirm ist?

trocken — Im Herbst werden die Blätter an den Bäumen **trocken.**
Sie sind dann nicht mehr grün, sondern gelb oder rot oder
braun.

wachsen (ä), u, a *größer werden*

wegen (+ Genitiv) *auf Grund von; eine Antwort auf „Warum?"* —
„Warum bist du zu Hause geblieben?" „**Wegen** der Krankheit
meiner Mutter." — Die Stadt Innsbruck ist **wegen** ihres Winter-
sports berühmt. — Das Café ist **wegen** Ruhetages geschlossen.
(= Das Café ist geschlossen, weil heute ein Ruhetag ist.)

der **Wirt -e** *der Besitzer eines Hotels oder eines Restaurants*

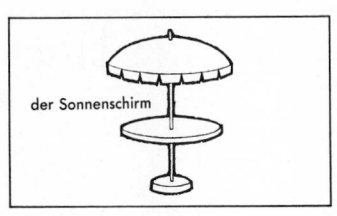

der Sonnenschirm

Zu den regelmäßigen Gewohnheiten einer deutschen Familie gehört der Sonntagnachmittagsspaziergang. Ob man im Süden lebt oder im Norden, am Rhein oder an der
Weser — wenn am Sonntag das Wetter schön ist, macht man einen Spaziergang. Wenn
man in einer Stadt wohnt, geht man durch einen Park in der Nachbarschaft oder am
5 Fluß entlang. Die Bauern auf dem Lande haben ihre Sonntagskleider an und gehen
durch die Felder, um zu sehen, wie das Korn gewachsen ist. Viele Bürger fahren in die
Berge, um von der Endstation der Eisenbahn oder der Straßenbahn einen Gang durch
kühle Täler zu machen und sich von den Sorgen des Alltags zu befreien. Gewöhnlich ist
der Endpunkt eines solchen Spaziergangs ein Café oder ein Restaurant an einem Seeufer
10 oder am Rande eines Waldes, von wo man eine schöne Aussicht hat. Da gibt es
gewöhnlich eine Terrasse mit oder ohne Sonnenschirme. Auf dieser Terrasse kann man
stundenlang sitzen und die frische Luft genießen. Da gibt es Kaffee und Kuchen, Erd-

---

6 Korn *grain*

beeren mit Schlagsahne, Eiskaffee oder Fruchtsaft und manchmal auch ein Glas Bier oder Wein.

Solche Genüsse haben auch diese Bürger von Sonthofen auf die Terrasse des 15 „Allgäuer Berghofs" gelockt. Diese Gegend im Allgäu in Südbayern ist wegen ihres Wintersportes berühmt. Aber es kommt auch eine Zeit, wenn man froh ist, daß der Schnee endlich verschwunden ist, daß die Blumen wieder blühen und daß man mit trockenen Füßen durch die Tannenwälder spazierengehen kann. Dann sieht man die Spaziergänger in kleinen Gruppen auf den Waldwegen: manchmal Jungen oder Mädchen 20 zusammen, manchmal eine Familie — Eltern mit Kindern und Hund (der natürlich an der Leine sein muß) — manchmal ein junges Paar oder „Pärchen", das aus verständlichen Gründen allein sein will.

Alle Welt scheint in Deutschland am Sonntagnachmittag unterwegs zu sein, nur die Wirte nicht und das Personal der Gaststätten. Die Wirte und Wirtinnen, die Kellner 25 und Kellnerinnen müssen wohl ihre Spaziergänge am Montag machen, denn am Montag findet man oft an Gaststätten ein Schild ausgehängt: „Wegen Ruhetages geschlossen."

ÜBUNGEN

In preparation for class discussion, either a) make a list of ten to fifteen "catchwords" which will remind you of what you want to say about the "Sunday afternoon walk"; or b) make a list of the objects you can name on the picture, to prepare for an oral report on it.

Adjective endings

Grammar Reference §22.2, page 350.

Study the examples carefully. Then copy the second and third sentence of each group and fill in the blanks with the appropriate form of the adjective.

EXAMPLES: Der Spaziergang war lang. (masculine)

Das war ein ____ Spaziergang.

Das war ein langer Spaziergang.

Wenn das Wetter schön ist, macht man einen ____ Spaziergang.
Wenn das Wetter schön ist, macht man einen langen Spaziergang.

Die Stadt ist groß. (feminine)
Das ist eine ____ Stadt.
Das ist eine große Stadt.
Wir wohnen in einer ____ Stadt.
Wir wohnen in einer großen Stadt.

Das Feld ist grün. (neuter)
Das ist ein ____ Feld.
Das ist ein grünes Feld.
Wir spielen auf dem ____ Feld.
Wir spielen auf dem grünen Feld.

Die Berge sind hoch. (plural)
Das sind ____ Berge.
Das sind hohe Berge.
Wir fuhren in die ____ Berge.
Wir fuhren in die hohen Berge.

1. Der Nachmittag ist heiß. Das ist ein ____ Nachmittag. An einem ____ Nachmittag geht man nicht gern spazieren.

2. Das Restaurant ist teuer. Das ist ein ____ Restaurant. Wir essen im ____ Restaurant zu Mittag.

3. Der Kuchen ist frisch. Das ist ein ____ Kuchen. Möchtest du ein Stück von diesem ____ Kuchen?

4. Die Sonnenschirme sind blau. Das sind ____ Sonnenschirme. Die Gäste sitzen unter den ____ Sonnenschirmen.

5. Die Kellnerin ist nett. Das ist eine ____ Kellnerin. Wir sprechen mit der ____ Kellnerin.

6. Der Fluß ist breit. Das ist ein ____ Fluß. Wir gehen am ____ Fluß entlang.

7. Die Aussicht ist schön. Das ist eine ____ Aussicht. Alle Hotelgäste wollen ein Zimmer mit einer ____ Aussicht.

8. Das Schild ist alt. Das ist ein ____ Schild. Wir gehen am ____ Schild vorbei.

9. Die Felder sind trocken. Das sind ____ Felder. Die Bauern gehen durch die ____ Felder.

10. Das Gebäude ist hoch. Das ist ein ____ Gebäude. Treffen wir uns vor dem ____ Gebäude da drüben!

7/2 Ein Ausflug (1): Die Einladung

ERWEITERUNG DES WORTSCHATZES

ab-kochen *im Freien kochen*

der (die) **Angestellte -n** *ein Mann (eine Frau), der (die) für eine Firma arbeitet* — Ein **Angestellter** wird einmal im Monat bezahlt.

die **Braut ⸚e** — *Mädchen oder junge Dame, die verlobt ist ("Verlobt" heißt, daß man versprochen hat, jemanden zu heiraten.)*

Feierabend machen — Wenn man um fünf Uhr mit der Arbeit fertig ist, **macht** man **Feierabend.**

der **Feldkocher -** (*siehe Zeichnung*)

die **Hochstraße -n** *Straße, die hoch in den Bergen liegt, die nicht durch die Täler zieht*

der **Proviant** *das Essen für eine bestimmte Zeit* — Wenn wir ein Picknick haben, müssen wir genug **Proviant** mitnehmen.

radeln *mit dem Fahrrad fahren*

schieben, o, o — Wenn man sein Fahrrad den Berg hinauffahren muß, muß man manchmal absteigen, neben dem Fahrrad zu Fuß gehen und das Fahrrad **schieben.**

die **Sonntagsrückfahrkarte -n** *Fahrkarte, die man am Wochenende löst* — **Sonntagsrückfahrkarten** sind billiger als gewöhnliche Fahrkarten, die man am Wochentag löst, aber man muß Montag morgen um drei Uhr zurück sein.

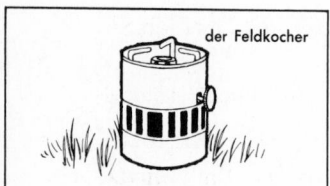

der Feldkocher

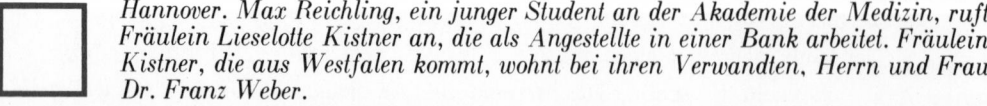

Hannover. Max Reichling, ein junger Student an der Akademie der Medizin, ruft Fräulein Lieselotte Kistner an, die als Angestellte in einer Bank arbeitet. Fräulein Kistner, die aus Westfalen kommt, wohnt bei ihren Verwandten, Herrn und Frau Dr. Franz Weber.

MAX REICHLING: Hallo? Zwoundfünfzig dreiundsiebzig sechsundvierzig? Ist vielleicht ₅
Fräulein Kistner zu sprechen? Hier Reichling.

FRAU WEBER: Einen Augenblick, bitte. Ich will sie rufen.

     *   *   *

LOTTE KISTNER: Ja bitte?

REICHLING: Hier ist Max Reichling. Guten Abend, Fräulein Kistner. Haben Sie schon
10   Feierabend gemacht?

LOTTE KISTNER: Ja, ich bin heute etwas früher nach Hause gekommen. Ich wollte noch
ein paar Briefe schreiben und dann etwas lesen.

REICHLING: Na, hoffentlich störe ich doch nicht? Ich wollte Sie fragen, ob Sie wohl
Lust hätten, am nächsten Sonntag einen Ausflug mit uns zu machen? Meine
15   Schwester und mein Schwager haben vor, eine Tour in den Harz zu machen, und
Oskar Naegele und Lilo Stoeps werden auch mitkommen. Es würde mich furchtbar
freuen, wenn Sie auch dabei sein könnten.

LOTTE KISTNER: Das ist wundervoll. Ja, nächsten Sonntag bin ich frei, und Sie wissen
ja, wie gerne ich im Freien bin. Wann soll es denn losgehen?

20 REICHLING: Mit dem ersten Zug, um vier Uhr fünfzig ab Hauptbahnhof. Darf ich Sie
abholen?

LOTTE KISTNER: Ja, das wäre sehr nett. Was soll ich mitbringen?

REICHLING: Nur einen kleinen Rucksack mit etwas Proviant. Ich werde meinen Feldkocher einpacken, dann können wir abkochen. Wie wäre es, wenn Sie Ihr Fahrrad
25   mitnähmen?

LOTTE KISTNER: Ist es nicht ein bißchen steil da im Harz?

REICHLING: Nur am Anfang müssen wir etwas schieben. Aber dafür haben wir später
eine schöne lange Talfahrt. — Übrigens, Gültzow hat versprochen, mit seiner
Braut von Göttingen herüberzufahren.

30 LOTTE KISTNER: Das wird fein sein. Hoffentlich bleibt das Wetter schön.

REICHLING: Das glaube ich schon. Das Barometer steht auf „Beständig", und wir
haben Nordwind.

LOTTE KISTNER: Wie weit wollen wir fahren?

REICHLING: Wir nehmen eine Sonntagsrückfahrkarte nach Seesen, und von da werden
35   wir in die Berge radeln.

LOTTE KISTNER: Auf der Harzhochstraße?

REICHLING: O nein. Die fängt erst weiter im Süden an. Und da gäb' es wohl zu großen
Verkehr. All die vielen Motorräder und Kraftwagen! Nein, wir haben vor, von
Seesen direkt nach Lautenthal und Hahnenklee hinaufzufahren.

40 LOTTE KISTNER: Da bin ich noch nie gewesen.

REICHLING: Na schön. — Soll ich um halb fünf vorbeikommen?

LOTTE KISTNER: Gut, ich werde fertig sein.

REICHLING: Das freut mich kolossal. Also bis nächsten Sonntag.

---

13 störe *bother*
31 Das Barometer steht auf „Beständig". *The barometer is steady.*

ÜBUNG

Relative clauses

Grammar Reference §57.4, page 381.

Study the examples, then copy the beginning and complete the sentence from the information given in the relative clause.

EXAMPLES: Ein Hügel ist eine kleine Erhebung in der Landschaft, die nicht so hoch ist wie ein Berg.
Ein Hügel ——.
Ein Hügel ist nicht so hoch wie ein Berg.

Ein Bürgerkrieg ist ein Krieg, in dem Bürger desselben Landes gegeneinander kämpfen.
In einem Bürgerkrieg ——.
In einem Bürgerkrieg kämpfen Bürger desselben Landes gegeneinander.

1. Ein Wirt ist ein Mann, der ein Hotel oder ein Restaurant besitzt. Ein Wirt ——.
2. Ein Angestellter ist ein Mann, der für eine Firma arbeitet. Ein Angestellter ——.
3. Ein Ruhetag ist ein Tag, an dem man nicht arbeitet. An einem Ruhetag ——.
4. Eine Hochstraße ist eine Straße, die hoch in den Bergen liegt. Eine Hochstraße ——.
5. Eine Sonntagsrückfahrkarte ist eine Fahrkarte, die man sich am Wochenende löst. Eine Sonntagsrückfahrkarte ——.

Bahnhof Seesen

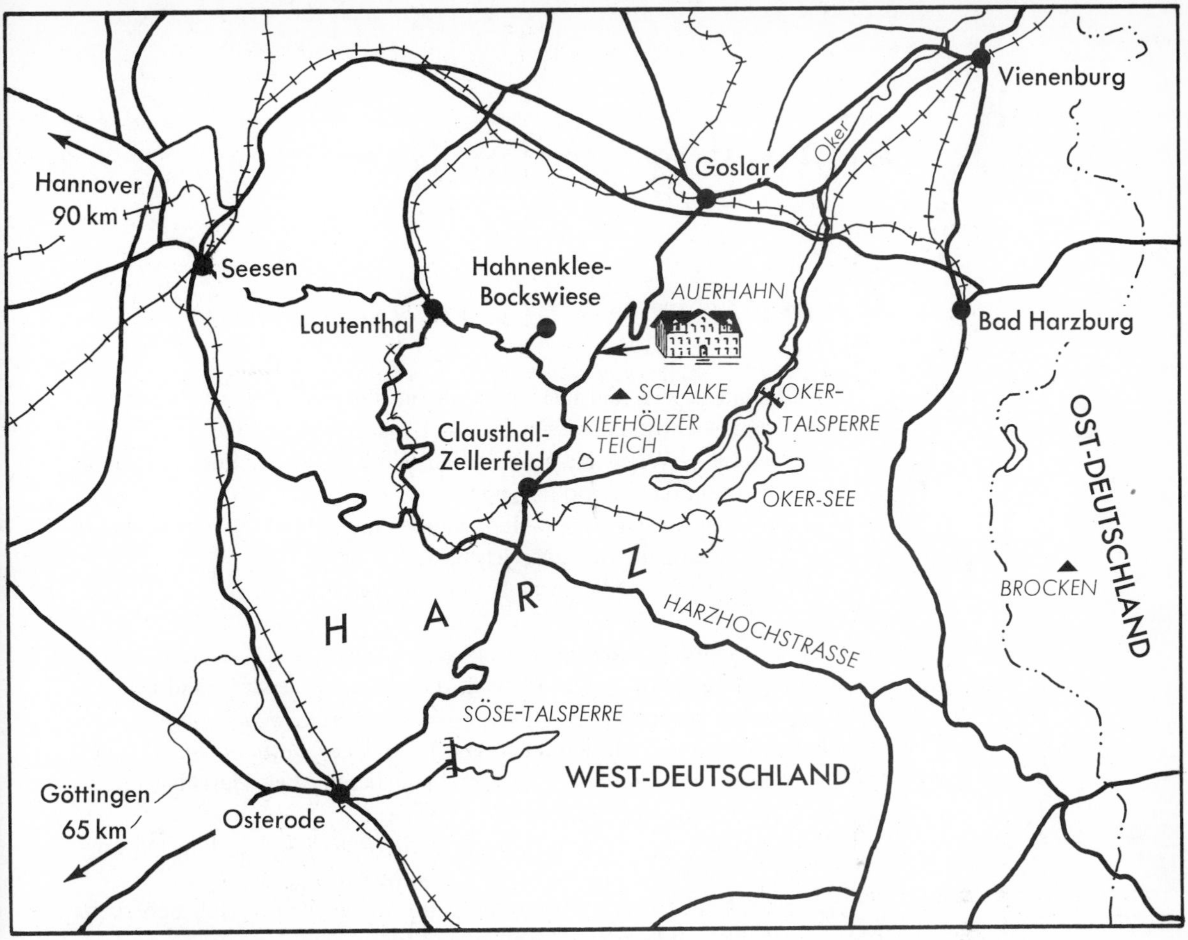

Hannover
90 km

Seesen

Lautenthal

Hahnenklee-
Bockswiese

Goslar

Vienenburg

Oker

AUERHAHN

SCHALKE

KIEFHÖLZER
TEICH

OKER-
TALSPERRE

OKER-SEE

Bad Harzburg

OST-DEUTSCHLAND

BROCKEN

Clausthal-
Zellerfeld

H A R Z

HARZHOCHSTRASSE

SÖSE-TALSPERRE

WEST-DEUTSCHLAND

Göttingen
65 km

Osterode

Hahnenklee-Bockswiese 19 km
Lautenthal 11 km

7/3 Ein Ausflug (2): Im Harz

ERWEITERUNG DES WORTSCHATZES

an-kommen, a, o (darauf) — Es **kommt** nur **darauf an,** . . . (= Es ist nur wichtig, zu wissen, . . . = Es ist nur die Frage, . . .)

ausgesetzt — Wenn man gegen den Wind keinen Schutz hat, dann ist man dem Wind **ausgesetzt.**

aus-reichen *genug sein* — Ich glaube, mein Geld wird für meine wenigen Einkäufe **ausreichen.**

der **Brennstoff** — Alles, was brennt, ist **Brennstoff:** z. B. Gas, Benzin, Holz.

einen **Eindruck machen** *eine Wirkung haben* — Als ich das Hochgebirge zum ersten Mal sah, hat es einen großen **Eindruck** auf mich **gemacht.**

ein-schlagen (ä), u, a (einen Weg) *in einer bestimmten Richtung gehen oder fahren* — Wir müssen diesen **Weg einschlagen,** um zum Rathaus zu kommen.

halt-machen *stehenbleiben, nicht weiterfahren* — Ich bin hungrig. Könnten wir am nächsten Restaurant **haltmachen?**

leer *(siehe Zeichnung)* — Könntest du mir aushelfen? Ich habe kein Geld mehr: meine Taschen sind **leer.**

meinen *denken; eine Meinung haben* — Ich glaube, wir sollten hier haltmachen. Was **meint** ihr dazu?

die **Pfanne -n** *(siehe Zeichnung)*

verfehlen *nicht finden* — Sie dürfen uns nicht **verfehlen.** (= Sie müssen uns finden.)

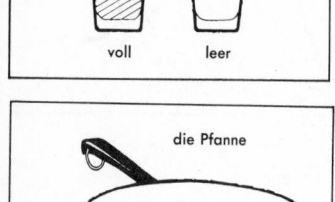

voll   leer

die Pfanne

Nicht weit von der Schalke, östlich von Hahnenklee-Bockswiese.

HANS TRILLE: Hier ist ein guter Platz. Sollen wir hier haltmachen? Was meint ihr dazu?

IRMGARD TRILLE: Ja, hier haben wir eine großartige Aussicht, und außerdem sind wir hier nicht so dem Wind ausgesetzt wie oben auf der Höhe.

MAX REICHLING: Gut. Wollen wir hier rasten und auspacken? — Wie gefällt Ihnen dieses Plätzchen?

5

158

Lotte Kistner: Wunderbar. Ist der Tannenwald nicht herrlich? Ich hab' mich schon die ganze Zeit darauf gefreut.

10 Max Reichling: Ja, er hat immer einen großen Eindruck auf mich gemacht.

Lilo Stoeps: Sollen wir uns wirklich hier niederlassen? Ich frage mich nur, ob Gültzow und seine Braut Gerda uns finden werden. Sie dürfen uns nicht verfehlen.

Irmgard Trille: Ja, wo bleiben die? Sie werden uns doch nicht im Stiche lassen?

Hans Trille: Unmöglich. Kommt nicht in Frage. Es ist ja eben erst zwölf. Sie
15 werden sich schon zurechtfinden.

Lilo Stoeps: Es kommt nur darauf an, welchen Weg sie eingeschlagen haben.

Max Reichling: Soviel ich weiß, wollten sie über Osterode und Clausthal fahren.

Oskar Naegele: Max, ich fürchte, daß dein Kocher nicht groß genug für diese Pfanne sein wird.

20 Max Reichling: Er hat schon einmal für acht Personen ausgereicht.

Hans Trille: Hast du genug Brennstoff mitgebracht?

Oskar Naegele: Soll ich mich nach Holz umsehen?

Max Reichling: Ja, das ist ein guter Vorschlag. Dann können wir an zwei verschiedenen Stellen Feuer machen, um keine Zeit zu verlieren.

25 Lilo Stoeps: Diese Feldflasche ist schon leer! Werden wir genug Wasser haben?

Max Reichling: Das macht nichts. Ich weiß, wo es hier eine Quelle gibt. Gleich da unten, gar nicht weit entfernt von hier. — Fräulein Kistner, würde es Ihnen Spaß machen, wenn wir zusammen da hinunterstiegen? Es gibt da ein paar großartige Felsen.

30 Lotte Kistner: Ja, gewiß.

Max Reichling: Und während wir Wasser holen, können die andern ja das Essen vorbereiten. Fräulein Stoeps weiß alles so nett zu arrangieren.

(Max und Lotte verschwinden im Wald.)

---

13 im Stiche lassen *fail, leave in the lurch*
18 fürchte *am afraid, strongly suspect*
32 vorbereiten *prepare*

ÜBUNG

Imperatives

Grammar Reference §43.1-5, page 367.

Rewrite, changing the suggestions to imperatives as in the examples:

EXAMPLES: Du sollst es mir gleich geben.
Gib es mir doch gleich!

Sie sollen hier haltmachen.
Machen Sie doch hier halt!

Ihr sollt es euch ansehen.
Seht es euch doch an!

Wir wollen nicht hingehen.
Gehen wir doch nicht hin!

1. Sie sollen etwas Proviant mitbringen.
2. Wir wollen eine Sonntagsrückfahrkarte nach Seesen nehmen.
3. Sie sollen um halb fünf vorbeikommen.
4. Wir wollen diesen Weg einschlagen.
5. Wir wollen uns hier niederlassen.
6. Du sollst dich nach Holz umsehen.
7. Du sollst dir keine Sorgen machen.
8. Sie sollen es sich ansehen.
9. Du sollst uns anrufen.
10. Ihr sollt euch das einmal vorstellen.

Harz

7/4 Ein Ausflug (3): Eine Stunde später

ERWEITERUNG DES WORTSCHATZES

befestigen *festbinden* — Die Krankenschwester **befestigt** die Binde. (*siehe Zeichnung*)

begabt *mit großem Talent*

etwa *ungefähr*

das **Fernglas** ⸗er (*siehe Zeichnung*) — Man nimmt oft ein Fernglas mit zum Fußballspiel.

die **Hexe** -n (*siehe Zeichnung*)

hin = **hingehen** — Wie schade, daß wir da nicht **hin** können.

sowohl . . . wie *nicht nur . . . sondern auch*

stecken *bleiben* — Wo habt ihr **gesteckt?** (= Wo seid ihr geblieben?) — Wo **stecken** meine Schuhe? Ich kann sie nicht finden.

die **Talsperre** -n — Hinter dieser **Talsperre** ist ein großer See. (*siehe Zeichnung*)

verlaufen (äu), ie, au (sich) *den falschen Weg einschlagen und sich nicht zurechtfinden können* — Wir warteten eine Stunde lang im Restaurant auf ihn, aber er hatte **sich** in der Stadt **verlaufen** und konnte uns nicht finden.

verrückt *nicht recht bei Verstand; nicht ganz normal* — Wenn Gäste kommen, springt mein Hund herum wie **verrückt**.

wechseln *etwas an die Stelle von etwas anderem setzen* — Wir hatten eine Reifenpanne und mußten den Reifen **wechseln**. — Darf ich den Platz mit Ihnen **wechseln?**

die **Zone** *die DDR = die Deutsche Demokratische Republik, Ost-Deutschland*

befestigen
die Binde

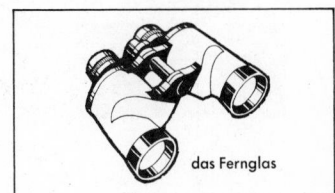
das Fernglas

die Hexe

die Talsperre

Lilo sieht Albert und Gerda den Weg entlang kommen. Sie haben ihre Freunde doch nicht verfehlt.

LILO STOEPS: Da kommen die andern endlich. Also haben sie sich doch nicht verlaufen. Ich weiß, daß Gültzow nie ohne Landkarte fährt.

5 ALBERT VON GÜLTZOW: Na, da seid ihr ja. Es ist gar nicht so leicht gewesen, euch zu finden. Wenn wir das Lachen nicht gehört hätten, wären wir noch bis zum Aussichtsturm gelaufen.

IRMGARD TRILLE: Wo habt ihr denn den Wagen gelassen?

ALBERT VON GÜLTZOW: Den haben wir am Auerhahn geparkt. Diese kleine Strecke wollten wir zu Fuß gehen. 10

HANS TRILLE: Wo habt ihr denn so lange gesteckt?

GERDA VON ERXLEBEN: Bert hat eine Reifenpanne gehabt, 'was ganz Seltenes. Da mußten wir erst den Reifen wechseln.

VON GÜLTZOW: Ihr hättet sehen sollen, wie fix Gerdl bei der Hand war. Die versteht es ja wie eine gelernte Mechanikerin. 15

GERDA VON ERXLEBEN: Nun, da ist doch nichts dabei.

VON GÜLTZOW: Aber Kinder, ihr habt euch eine idyllische Stelle ausgesucht. Man muß wohl Goslar von hier aus sehen können.

HANS TRILLE: Nein, das ist nicht zu sehen. Es sind da die Berge im Weg.

VON GÜLTZOW: Aber sonst ist die Aussicht doch wirklich recht nett. Willst du auch 20 einmal durchs Fernglas sehen?

GERDA VON ERXLEBEN: Vielen Dank, Bert. — Was ist denn die Wasserfläche da im Osten?

VON GÜLTZOW: Wo? Ich sehe keine Wasserfläche. — O, jetzt seh' ich, was du meinst. Ja, das muß wohl ein Teil vom Oker-See sein, an der Oker-Talsperre. Das ist der 25 größte See im Harz.

---

14 fix bei der Hand = geschickt
15 gelernte *trained, professional*

22 Wasserfläche *body of water*

GERDA VON ERXLEBEN: Kann man von hier auch den Brocken* sehen?

VON GÜLTZOW: Ich glaube nicht. Dazu sind wir nicht hoch genug. Der Brocken liegt da im Südosten, hinter dem sanften Rücken da drüben.

30 GERDA VON ERXLEBEN: Das ist aber doch gar nicht so weit.

VON GÜLTZOW: Na, etwa zwanzig Kilometer. Er liegt aber schon in der Zone.

GERDA VON ERXLEBEN: Wie schade, daß wir da nicht hin können.

HANS TRILLE: Was ist denn los, Oskar? Warum springst du denn so herum wie verrückt?

35 LILO STOEPS: Er hat den großen Stein hier aufheben wollen, und da hat er sich den Finger geklemmt.

OSKAR NAEGELE: O, es ist nichts weiter.

IRMGARD TRILLE: Laß einmal sehen. Nein, das wollen wir doch lieber verbinden. Das ist ja eine offene Wunde! Damit soll man nicht spaßen. Und wie es blutet! Wo ist 40 das Verbandzeug?

GERDA VON ERXLEBEN: Aber erst muß man die Stelle auswaschen und desinfizieren. So. Sonst bekommen Sie noch einen entzündeten Finger. Und nun die Binde; die wollen wir gut befestigen. — So. Aber jetzt müssen Sie vorsichtig sein!

OSKAR NAEGELE: Danke vielmals. Sie sind ja die reinste Krankenschwester!

45 VON GÜLTZOW: Ja, Gerda ist sowohl theoretisch wie praktisch außerordentlich begabt.

LILO STOEPS: Tut es dir noch weh, Oskar?

OSKAR NAEGELE: Nein. Es geht schon viel besser.

---

* In der Nacht vor dem ersten Mai (Walpurgisnacht), kommen der Teufel und die Hexen zu einem großen Ball auf dem „Hexen-Tanzplatz" am Brocken zusammen — so sagt man.

36 geklemmt *pinched, bruised*
37 nichts weiter *nothing to it*
39 spaßen *treat lightly*
40 Verbandzeug *first-aid kit*
44 die reinste Krankenschwester *a real nurse*

Brocken

ÜBUNG

Accusative and dative reflexive pronouns

Grammar Reference §13, page 344.

Rewrite the following sentences, changing the subject from the plural to the singular and making all other necessary changes.

EXAMPLES: Wir befreien uns von den Sorgen des Alltags.
Ich befreie mich von den Sorgen des Alltags.

Ihr sollt euch die Bilder ansehen.
Du sollst dir die Bilder ansehen.

1. Wir werden uns schon zurechtfinden.
2. Wollt ihr euch hier niederlassen?
3. Wir wollen uns nach Holz umsehen.
4. Wollt ihr euch ein paar Schallplatten anhören?
5. Wir hatten uns in der Stadt verlaufen.
6. Ihr wollt euch ein Haus kaufen?
7. Wir müssen uns verabschieden.
8. Ihr solltet euch diesen Plan überlegen.
9. Wir haben uns darauf gefreut.
10. Wir haben uns wunderbar amüsiert.

Kirche in Hahnenklee

7/5 Ein Ausflug (4): Guten Appetit!

ERWEITERUNG DES WORTSCHATZES

die **Abfahrt** — Wenn man losfährt, nennt man das die **Abfahrt**. —
Bald müssen wir an die **Abfahrt** denken.

bunte Reihe (*siehe Zeichnung*) — Die Jungen und Mädchen auf dem
Bild haben „**bunte Reihe**" gemacht: d.h. ein Junge zwischen
zwei Mädchen und ein Mädchen zwischen zwei Jungen.

nachher *später* — Zunächst einmal müssen wir arbeiten. Dann
können wir **nachher** etwas spielen.

raten (rät), riet, geraten *sich in Gedanken ein Bild von etwas machen,
ohne zu wissen, ob es richtig ist oder nicht* — Könnt ihr **raten,**
was ich in der linken Hand habe?

der **Sonnenuntergang** ‎̈e — Die Sonne geht am Abend unter und am
Morgen wieder auf. — Der **Sonnenuntergang** war heute abend
besonders schön.

bunte Reihe

Max und Lotte kommen wieder zurück.

MAX REICHLING: Habt ihr einen Unfall gehabt?

OSKAR NAEGELE: Nicht der Rede wert.

HANS TRILLE: Na, die Quelle war wohl ein bißchen weiter, als du gedacht hattest?

5 MAX REICHLING: Ja, wie gut du raten kannst. — Übrigens, Lotte, darf ich dir Fräulein von Erxleben vorstellen?

(*Er macht die Mädchen miteinander bekannt.*)

LOTTE KISTNER: Es freut mich wirklich, daß Sie heute dabei sein können. Gefällt Ihnen der Harz nicht auch?

10 GERDA VON ERXLEBEN: Ja, ich habe immer etwas für die Berge übrig gehabt.

HANS TRILLE: Nun, ich glaube, das Essen ist fertig. Wollen wir bunte Reihe machen?
Nachher fahren wir zum Kiefhölzer Teich und schwimmen noch etwas. Aber vor
Sonnenuntergang müssen wir an die Abfahrt denken.

---

3 nicht der Rede wert *not worth talking about*

FRAGEN

Consult the map on page 157 and the end-vocabulary for information with which to answer the following questions.

1. Ist Hannover in West-Deutschland oder in Ost-Deutschland?
2. Ist der Harz in West- oder Ost-Deutschland?
3. Sind die Berge im Harz so hoch wie die Berge in den Alpen?
4. Liegt Göttingen südlich oder nördlich vom Harz?
5. Ist Seesen im östlichen oder westlichen Teil des Harzes?
6. Was ist die Schalke?
7. Ist die Schalke höher als der Brocken?
8. Ist der Brocken östlich oder westlich von der Schalke?
9. Kann man den Brocken von der Schalke aus sehen?
10. Wie weit ist der Brocken von der Schalke entfernt?
11. Ist es leicht, von der Schalke bis zum Brocken zu kommen?
12. Könnte man diese Strecke zu Fuß wandern?
13. Liegt Goslar im nördlichen oder im südlichen Teil des Harzes?
14. Wie heißt der größte See im Harz?
15. Ist das ein natürlicher oder ein künstlicher See?

7/6 Nach dem Ausflug (1): Ein Brief

ERWEITERUNG DES WORTSCHATZES

gelingen, a, u — Etwas **gelingt** mir. (= Ich kann etwas tun.) — Es ist mir **gelungen**, zwei Karten zu bekommen.

der **Oberstudiendirektor -en** *Direktor einer höheren Schule*

Pfingsten *christliches Fest: der fünfzigste Tag (der siebte Sonntag) nach Ostern* — **Pfingsten** fällt gewöhnlich in den späten Mai oder frühen Juni.

unbekannterweise — Grüße deinen Freund **unbekannterweise**. (= Ich kenne deinen Freund noch nicht, aber grüße ihn, bitte, von mir.)

verbringen, verbrachte, verbracht — Viele Amerikaner aus dem Norden **verbringen** den Winter im Süden.

vergehen, verging, vergangen *vorübergehen* — Wenn man Spaß hat, **vergeht** die Zeit schnell. — Der letzte Sonntag ist schnell **vergangen**, denn wir haben einen schönen Ausflug gemacht.

Fräulein Lotte Kistner
bei Herrn Oberstudiendirektor Dr. Franz Weber
3 Hannover
Gartenstr. 47

5   den 27. Mai

Liebe Lotte!

Da ich Dich heute abend nicht telefonisch erreichen konnte, möchte ich auf diesem
Wege fragen, ob Du wohl Lust hättest, am Freitag abend ins Kino zu gehen? Es wird
„Der ewige Sommer" gegeben; und da ich weiß, wie sehr Du Dich für einen solchen
10 Film interessierst, glaube ich, daß es Dir Freude machen wird. Es ist mir nicht mehr
gelungen, zwei Karten für das Symphoniekonzert zu bekommen, weil schon alles
ausverkauft war. Aber wenn wir einen Abend zusammen verbringen könnten, bliebe
es sich gleich, was wir sehen. Wenn es Dir recht ist, können wir nachher noch ins Café
gehen und ein bißchen tanzen.

15   Ich kann Dir gar nicht sagen, wie sehr ich mich über unseren Ausflug gefreut habe.
Du warst den ganzen Tag so frisch und froh, daß mir diese Stunden, die nur zu schnell
vergangen waren, immer in Erinnerung bleiben werden. Besonders die Heimfahrt wird
mir unvergeßlich sein, als der Mond über den Bergen aufging.

Wenn Du zu Pfingsten nach Hause fährst, wünsche ich Dir, daß Du ein paar
20 schöne Tage der Ruhe erleben wirst. Grüße, bitte, Deine Eltern unbekannterweise.
Aber wenn Du mir einen Gefallen tun willst, komme bald wieder zurück. Vorher aber
hoffe ich, Dich am Freitag abend wiedersehen zu dürfen.

Mit herzlichem Gruß
Dein Max

12-13 bliebe es sich gleich *it wouldn't make any difference*
21 Gefallen *favor*

ÜBUNG

When Max Reichling telephoned Lotte Kistner in the first scene, he addressed her with
"Sie". In his letter to her, he calls her "du". At what point in the story does the transition
from "Sie" to "du" take place?

ERWEITERUNG DES WORTSCHATZES

die **Absicht -en** *was man vorhat; was man geplant hat* — Dieser Student hat die **Absicht**, Medizin zu studieren. — Albert hat die **Absicht**, Gerda zu heiraten.

der **Chef -s** *Arbeitgeber, Vorgesetzter*

durch-fallen (ä), fiel, a *beim Examen nicht durchkommen* — Ich habe sehr an der Mathemathik gearbeitet, aber im Examen bin ich **durchgefallen**.

eingebildet — Wenn man glaubt, daß man besser ist als die anderen, dann ist man **eingebildet**.

das **Einkommen -** *das Geld, das man verdient*

die **Gans ∸e** — Wenn jemand ein Mädchen eine **Gans** nennt, will er damit meinen, daß es ihm nicht gefällt.

gemütlich *nett, freundlich, herzlich, wie zu Hause* — Es ist **gemütlicher**, ein paar Freunde zu uns einzuladen, als in einem Restaurant zu essen.

den 26. Juni

Liebe Irmgard!

Ich möchte Dir und Hans noch einmal dafür danken, daß Ihr mich neulich zu Eurem Ausflug in den Harz mitgenommen habt. Ich wäre schon längst einmal wieder bei Euch vorbeigekommen, wenn ich in den letzten Wochen nur etwas mehr Zeit gehabt ⁵ hätte. Aber mein Chef muß übermorgen ins Ausland reisen, und da muß ich noch eine Menge Korrespondenz fertigmachen, so daß ich manchmal noch lange nach Geschäftsschluß an der Schreibmaschine sitzen muß.

Ihr habt in der letzten Zeit wohl auch nicht viel von Max zu sehen bekommen. Man sagt, daß er jetzt bald sein Examen machen müsse, und da säße er den ganzen Tag ¹⁰ über seinen Büchern. Beim letzten Staatsexamen seien über zwanzig Kandidaten durchgefallen. — Die kleine Kistner, die er neulich zum Ausflug eingeladen hatte, ist ja ein liebes Mädel. Eine Freundin von mir kennt sie von der Schule her und sagt, daß ihre Eltern früher einmal eine große Maschinenfabrik besessen hätten; aber die hätten sie 15 aufgeben müssen, und jetzt wäre ihr Vater Versicherungsagent in einer kleinen Stadt in Westfalen.

Was haltet Ihr übrigens von Gültzow? Mir hat er immer gesagt, daß er sich noch lange nicht verheiraten würde. Damit müßte er warten, bis er ein festes Einkommen hätte. Jetzt scheint er aber doch mit der Erxleben ziemlich ernste Absichten zu haben. 20 Wenn sie nur nicht eine so eingebildete Gans wäre! Sie ist ja intelligent, das muß man sagen. Aber daß man mit ihr lange zusammen sein könnte, kann ich mir nicht vorstellen.

Oskar Naegele habe ich seit dem Ausflug nur einmal gesehen, und das war nur ganz kurz. Ich traf ihn einmal abends im Bus. Er hatte immer noch einen verbundenen Finger und schien gar nicht guter Laune zu sein.

25 Ich hoffe, daß ich Euch in nächster Zeit einmal wieder besuchen kann. Es ist immer so gemütlich bei Euch. Ich werde Euch aber vorher anrufen.

Jetzt muß ich aber wieder zu meiner Korrespondenz zurück. Also, auf Wiedersehen!

Herzlichen Gruß, auch an Hans, von
30 Deiner Lilo

---

15 Versicherungsagent *insurance agent*
24 guter Laune *in a good mood*

ÜBUNG

Indirect discourse

Notice in the second and third paragraphs of the above letter that Lilo, gossiping about her friends, quotes what other people say about them. In grammatical terms, this is called "indirect discourse." Special verb forms may be used in German to express indirect discourse. Read Grammar References §56.2, §42, and §44 in that order.

After you have read the Grammar References, look back at the second and third paragraphs of the letter and copy out five sentences which contain indirect discourse and underline the subjunctive or quotative forms.

7/8 Nach dem Ausflug (3): Der letzte Brief

ERWEITERUNG DES WORTSCHATZES

anders: Ich konnte nicht **anders.** (= Ich mußte es so tun.)
bedeuten *wichtig sein* — Frau Holz hat nur einen Sohn, und dieser Sohn **bedeutet** ihr alles.
inzwischen *bis zu einem bestimmten Zeitpunkt*
verloben (sich) *jemandem versprechen, ihn (oder sie) zu heiraten*

☐

den 22. Juli

Lieber Max!

Schon seit einigen Wochen von der Reise zurück, möchte ich Dir ein paar Worte über den Grund meines Schweigens mitteilen. Ich habe mich nämlich verlobt. Als ich zu Hause war, habe ich einen alten Jugendfreund von mir wiedergetroffen, und obwohl 5 wir uns Jahre lang nicht mehr gesehen hatten, haben wir doch gleich gemerkt, daß wir einander sehr viel bedeuten. Rudi hat schon eine sehr gutgehende Praxis als Arzt, und ich bin sicher, daß wir sehr gut zu einander passen. Im Herbst wollen wir heiraten. Vielleicht wirst Du das nicht gleich verstehen können, aber ich konnte nicht anders. Ich hoffe, daß Du bald Gelegenheit haben wirst, Rudi kennenzulernen. Ihr solltet eigentlich 10 gute Freunde sein. Inzwischen wünsche ich Dir alles Gute.

Lotte

---

8 gut zu einander passen *be congenial*

ÜBUNGEN

As a preparation for class discussion, choose two of the characters portrayed and find three to five quotations from dialogues or letters which will throw light on their personalities.

Noun plurals

Grammar Reference §6, page 339.

Give plurals of the following nouns, all of which belong to class 2b (⸚e).

1. der Gang   2. der Gast   3. der Bach   4. der Zustand   5. die Gans   6. die Stadt
7. die Wand   8. der Strom   9. der Bauernhof   10. der Blumentopf   11. der Zug
12. der Stuhl   13. der Grund   14. die Kuh   15. der Genuß (⸚sse).

Rewrite the sentences, making the nouns in **heavy type** *plural. (Don't forget to add* **-n** *in the dative plural and remember that there is no plural of* **ein**.)

1. In **diesem Bach** sind viele Forellen.
2. Aus **welchem Grund** willst du das nicht lernen?
3. Mit **diesem Gast** kann man sich wohl fühlen.
4. Es sind **eine Kuh** und **eine Gans** auf **diesem Bauernhof.**
5. An **der Wand** hängen schöne Bilder von den Alpen.

Give the plurals of the following, all of which belong to class 3 **(-er** *or* **⸚er).** *(Note that in this class all the vowels which can "take umlaut" do so. These vowels are:* **a (ä), o (ö), u (ü),** *and* **au (äu).** *The vowels* **e** *and* **i** *never "take umlaut" under any circumstances.)*

1. das Dach   2. das Dorf   3. das Glas   4. das Haus   5. das Kind   6. das Land
7. das Licht   8. der Rand   9. das Schild   10. das Tal

Auswendig zu lernen

fließen, floß, geflossen

genießen, genoß, genossen

schießen, schoß, geschossen

schließen, schloß, geschlossen

heben, hob, gehoben

auf-heben, hob . . . auf, aufgehoben

fliegen, flog, geflogen

schieben, schob, geschoben

verlieren, verlor, verloren

ziehen, zog, gezogen

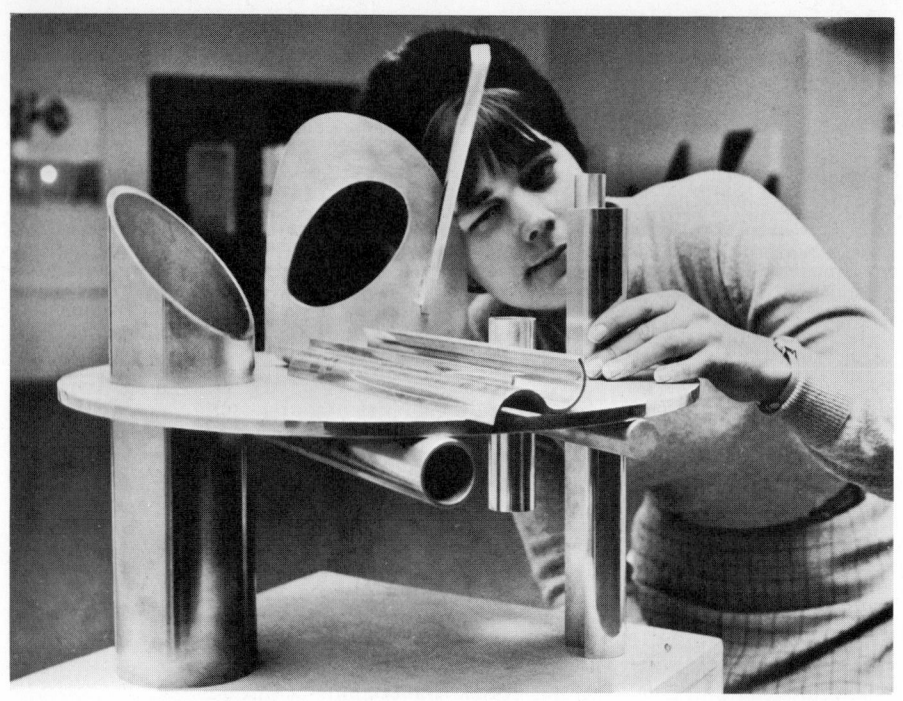

Kunstausstellungen

Achtes Kapitel

8/1 Kunst — und zwei Tänzerinnen

(als Gespräch)

ERWEITERUNG DES WORTSCHATZES

die **Plastik -en** *Skulptur, Bildhauerkunst* — „Der Denker" ist eine berühmte **Plastik** von Rodin, einem französischen Bildhauer. (Siehe auch **Künstler,** Seite 131.)

| | *Drei Freunde betrachten eine moderne Plastik im Kunstmuseum.* |

BODO: Was soll denn d a s bloß sein?

HERMANN: Keine Ahnung. Sieht aus wie eine Kreuzung zwischen Dinosaurus und Dachshund.

5 BODO: Wer konnte sich so etwas ausdenken? Wie heißt denn der Bildhauer?

HERMANN (*steht auf, geht zur Plastik hinüber und liest*): „Figur. Von Theobald Geist.“

BODO: Was? Das muß der Freund von meinem Onkel sein. Ja. Theobald Geist. Er spricht ja immer von ihm. Und von den Preisen, die er gewonnen hat.

DETLEV: Ist das dein Onkel Christoph?

10 BODO: Ja, du erinnerst dich doch an ihn. Du hast ihn ja bei uns getroffen, als er mit seiner Familie zu Besuch kam.

DETLEV: Kommen sie denn nicht bald mal wieder?

BODO: Erst in zwei Monaten. Mein Onkel Christoph ist jetzt auf Reisen. — Warum fragst du?

15 DETLEV: Ich erinnere mich ja auch an deine Kusinen. (*Zu Hermann*) Sein Onkel Christoph hat nämlich zwei hübsche Töchter, die noch unverheiratet sind.

HERMANN: So?

DETLEV: Und die können ausgezeichnet tanzen. Du solltest Julia und Luise einmal kennenlernen.

FRAGEN

1. In was für einem Gebäude sitzen die drei jungen Männer?
2. Wie sieht die Plastik aus? (Was sagt Hermann darüber?)
3. Wer ist der Bildhauer?
4. Wie heißt die Plastik?
5. Wer ist Theobald Geist?
6. Wann hat Detlev Bodos Onkel kennengelernt?
7. Wann kommt Onkel Christophs Familie wieder?
8. Warum erst dann?
9. Wer sind Julia und Luise?
10. Kennt Hermann die beiden schon?

ÜBUNG

Pronouns or **da(r)**- and prepositions

Grammar Reference §33 and §34.1, 2, pages 357 and 358.

*Rewrite the following sentences, substituting the **da(r)**- compound or the preposition + personal pronoun, whichever is appropriate, for the prepositional phrase in* **heavy type.**

EXAMPLES: Du erinnerst dich doch **an Herrn Geist!**
Du erinnerst dich doch an ihn!

Du erinnerst dich doch **an die Plastik!**
Du erinnerst dich doch daran!

1. Bodo, Hermann und Detlev sitzen **vor einer Plastik.**
2. Ich freue mich so **auf deinen Besuch.**
3. Man kann sich **auf die jungen Leute** verlassen.
4. Mein Onkel spricht immer **von seinem Freund, dem Bildhauer.**
5. Ich erinnere mich **an deine Kusinen.**
6. Der Bildhauer kann sehr stolz **auf seine Plastik** sein.
7. Der Onkel ist sehr stolz **auf seinen Freund.**
8. Peter muß etwas **über amerikanische Geschichte** lernen.
9. Versuchen wir's doch einmal **mit dieser Kreuzung.**
10. Die jungen Leute drängen sich **um Hannes.**
11. Herr Lange hat sich **hinter die jungen Leute** gestellt.
12. **An eine Aufführung** hatte ich gar nicht gedacht!
13. Wer **für den Antrag** ist, sage bitte: Ja.
14. **Bei den Dekorationen** haben viele mitgeholfen.
15. **Zu einer langen Reise** ist mein alter Wagen doch nicht gut genug!

8/2 Kunst — und zwei Tänzerinnen

(als Erzählung)

ERWEITERUNG DES WORTSCHATZES

die **Ausstellung -en** *Sammlung von Sachen, die man zusammenge-bracht hat, so daß die Leute sie sehen können* — In einer **Möbel-ausstellung** kann man Sofas und Tische sehen; in einer **Kunst-ausstellung** kann man Bilder und Plastiken sehen. Was bekommt man in einer **Automobilausstellung** zu sehen?

bedeuten — „Was **bedeutet** das Wort ‚prima'?" „Es **bedeutet** ‚ausge-zeichnet'."

begeistert *enthusiastisch* — Hildegard und Anneliese waren am Anfang nicht sehr **begeistert** von Puppen.

eine **Bekanntschaft machen** *kennenlernen* — Darf ich mich vor-stellen? Ich glaube, ich habe Ihre **Bekanntschaft** noch nicht **gemacht.**

Genaueres *genauere Auskunft* — Weißt du etwas **Genaueres** über Dieters Unfall mit dem Wagen?

die **Raumrakete -n** *(siehe Zeichnung)*

überhaupt *eigentlich* — Hast du heute **überhaupt** etwas gegessen?

die **Vorstellung -en** *Idee; Bild, das man sich vorgestellt hat*

wahrscheinlich *nicht ganz sicher, aber mehr als möglich* — Der Pessi-mist: „Wir möchten morgen einen Ausflug machen, aber **wahrscheinlich** wird's regnen." Der Optimist: „O nein. Das ist **unwahrscheinlich.** In der Zeitung steht, daß das Wetter schön sein wird."

wundern (sich) *überrascht sein* — Ich **wundere mich** darüber, daß ich im Examen nicht durchgefallen bin.

zweifelhaft *fraglich, unsicher* — Es ist **zweifelhaft,** ob wir morgen losfahren können, denn der Wagen muß repariert werden.

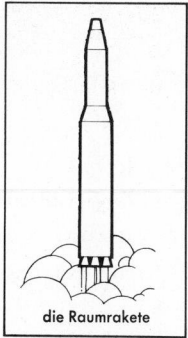

die Raumrakete

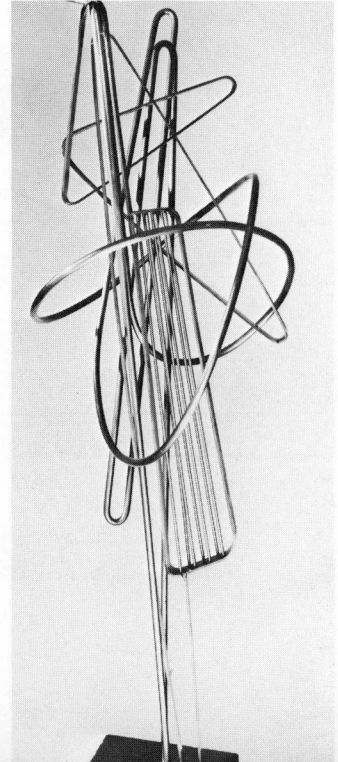

Wenn man früher ein Kunstmuseum besuchte, konnte man verstehen, was man sah. Man konnte immer erkennen, was für Dinge und Menschen der Künstler vor Augen gehabt hatte. Heute, bei der modernen Kunst, ist das ganz anders. Auf modernen Bildern sehen „Männer" manchmal wie Raumraketen aus und „Frauen" wie Erdbeeren. Es ist sogar zweifelhaft, ob man sich bei solchen Bildern oder Plastiken 5 überhaupt etwas vorstellen soll.

Bodo, Hermann und Detlev, die eine Kunstausstellung besuchen und vor einer modernen Plastik sitzen, fragen sich, was diese Figur eigentlich bedeuten soll. Sie können keine Antwort darauf finden. Keiner hat eine Ahnung. Hermann sieht darin eine Kreuzung von einem Dinosaurus und einem Dachshund, eine Vorstellung, die sie 10 alle zum Lachen bringt. Die Plastik sieht auch wirklich so ähnlich aus. Dann wollen sie wissen, wer die Plastik gemacht hat und wie sie heißt. Sie kommen aber damit nicht viel weiter, denn Hermann sagt, daß die Figur einfach „Figur" heißt.

Aber der Bildhauer, der die Figur gemacht hat, von dem haben sie gehört. Er heißt nämlich Theobald Geist und ist ein Freund von Bodos Onkel. Der Onkel hat oft von 15 den vielen Preisen erzählt, die Theobald Geist gewonnen hat, und Bodo kann einfach nicht verstehen, daß solche Produkte mit Preisen ausgezeichnet werden.

Detlev hat den Onkel Christoph schon in Bodos Familie kennengelernt; Hermann hat seine Bekanntschaft noch nicht gemacht. Onkel Christoph ist zur Zeit auf Reisen, und Detlev möchte wissen, wann der Onkel wieder einmal zu Besuch kommt. Darüber 20 wundert sich Bodo ein bißchen: warum sollte sein Freund Detlev den etwas langweiligen, alten Herrn so interessant finden? Ob er von ihm vielleicht etwas Genaueres über den Künstler Theobald Geist hören möchte? Das wäre etwas unwahrscheinlich! Und der Grund liegt wirklich in etwas ganz anderem. Detlev fängt nämlich an, über Onkel Christophs schöne Töchter zu sprechen. Er ist so begeistert von ihnen, daß auch 25 Hermann die Mädchen kennenlernen möchte. Denn er hört, sie können ausgezeichnet tanzen.

---

17 mit Preisen ausgezeichnet werden *are awarded prizes*

ÜBUNG

> ### Emphatic and relative pronouns; definite articles
>
> Grammar Reference §17, page 347.
>
> *Identify each of the words in* **heavy type** *in the following sentences, labeling it definite article, emphatic pronoun, or relative pronoun, and identifying its number, its gender (if singular), and its case.*
>
> 1. Bodo, Hermann und Detlev, **die** vor einer modernen Plastik sitzen, fragen sich, was diese Figur bedeuten soll.
> 2. Hermann sieht darin eine Vorstellung, **die** sie alle zum Lachen bringt.
> 3. **Der** Bildhauer, **der die** Figur gemacht hat, von **dem** haben sie gehört.
> 4. Bodos Onkel spricht immer von **den** Preisen, **die der** Bildhauer gewonnen hat.
> 5. Warum sollte Detlev **den** etwas langweiligen, alten Herrn so interessant finden?

8/3 Bringer des Glücks

(als Gespräch)

ERWEITERUNG DES WORTSCHATZES

das **Abteil -e** *der Raum für die Reisenden in einem Eisenbahnwagen (siehe Zeichnung)* — Man muß sich eine Fahrkarte erster Klasse lösen, wenn man in einem **Abteil** erster Klasse fahren will.

auf-geben (i), a, e *Gepäckstücke einem Beamten im Gepäckraum oder im Gepäckwagen geben*

der **Bahnsteig -e** *die Plattform im Bahnhof, von der man in den Zug einsteigen kann (siehe Zeichnung)*

der **Brand ⸗e** *Feuer, bei dem ein Gebäude brennt*

heizen *warm machen*

das **Land** — Wenn man in einem kleinen Dorf (nicht in der Stadt) wohnt, dann sagt man, daß man auf dem **Lande** lebt.

der **Lehrling -e** / der **Geselle -n** / der **Meister -** — Wenn man mit ungefähr 14 Jahren anfängt, einen Beruf zu erlernen, dann ist man noch ein **Lehrling.** Wenn man nach drei Jahren ein Examen (die Gesellenprüfung) macht, dann wird man **Geselle.** Nach einigen Jahren — und einem weiteren Examen — wird man **Meister.**

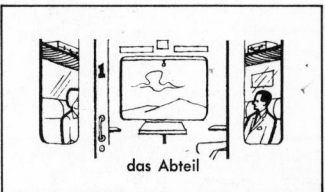

das Abteil

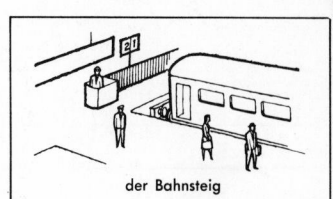

der Bahnsteig

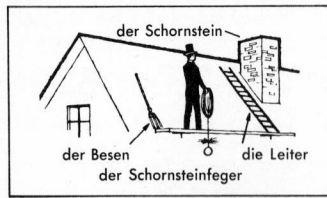

der Schornstein
der Besen · die Leiter
der Schornsteinfeger

der Zylinder

schauen *sehen*

der **Schornsteinfeger** - *ein Mann, der den Schornstein wieder sauber macht (siehe Zeichnung)*

unterbrechen (i), a, o *plötzlich aufhören* — Paul **unterbricht** seine Erzählung von der Reise.

vernünftig — Wenn man etwas aus guten Gründen tut, kann man sagen, daß es **vernünftig** ist.

verpassen, verpaßte, verpaßt: den Zug verpassen *mit diesem Zug nicht fahren können, weil man zu spät gekommen ist*

der **Zylinder** - *(siehe Zeichnung)*

Hauptbahnhof Darmstadt. Matthias Bolz ist vom Lande in die Stadt gekommen, um seinen amerikanischen Freund Paul Neal von der Bahn abzuholen. Auf dem Bahnsteig sieht Paul drei Schornsteinfeger stehen.

PAUL *(seine Erzählung von der Reise unterbrechend)*: Sag mal, was sind denn das für Leute? 5

MATTHIAS: Die da? Das sind doch Schornsteinfeger. Der Mann mit dem Zylinder, das ist der Meister. Der Große, das ist sein Geselle, und der Kleine, der Junge, ist noch ein Lehrling. Der ist noch beim Lernen.

PAUL: So etwas gibt es noch bei euch?

MATTHIAS: Ja gewiß. Überall, wo mit Kohle geheizt wird, haben sie noch viel zu tun. 10 Denn man soll seinen Schornstein doch mindestens zweimal im Jahr fegen lassen.

PAUL: Das ist sehr vernünftig. Dann gibt es nicht so viel Brände. — Sag mal, haben die nun ein besonderes Abteil oder einen Wagen für sich?

MATTHIAS: Nein, gar nicht. Ein Schornsteinfeger bringt doch Glück! Sie dürfen sogar
15   erster Klasse fahren.

PAUL: Aber machen sie denn die Sitze nicht ganz schmutzig?

MATTHIAS: Nicht mehr als andere Leute. Übrigens, gewöhnlich tragen sie eine Leiter
    und einen Besen, wenn man sie auf der Straße sieht. Die müssen sie wohl im
    Gepäckwagen aufgegeben haben.

20 PAUL: Du — Matthias, ich hoffe, daß mein großer Koffer mit diesem Zug gekommen
    ist.

MATTHIAS: Hast du ihn denn nicht in Frankfurt aufgegeben?

PAUL: Ja. Er sollte auch mit diesem Zug kommen. Aber ich hatte in Frankfurt furcht-
    bar wenig Zeit. Hätte beinahe den Zug verpaßt. Daher weiß ich nicht, ob er
25   mitgekommen ist.

MATTHIAS: Na, das wäre dumm, wenn er nicht mitgekommen wäre. Dann müßten wir
    heute abend noch einmal in die Stadt, um ihn abzuholen.

PAUL: Ja, das wäre wirklich dumm. — Aber schau mal, Matthias, da steht er auf dem
    Gepäckkarren da hinter dir.

30 MATTHIAS: Wirklich? Na, da hast du Glück gehabt. Hab' ich dir nicht gesagt, daß
    Schornsteinfeger Glück bringen?

FRAGEN

1. Wohnt Matthias Bolz in der Stadt oder auf dem Lande?
2. Wer ist Paul Neal?
3. Wo stehen die Schornsteinfeger?
4. Was für einen Hut hat der Meister auf?
5. Wer von ihnen ist der Geselle?
6. Wo haben die Schornsteinfeger viel zu tun?
7. Wie oft soll man seinen Schornstein fegen lassen?
8. Warum ist das nötig?
9. Warum brauchen die Schornsteinfeger nicht in einem besonderen
    Abteil sitzen?
10. Was haben Schornsteinfeger gewöhnlich bei sich?
11. Worüber macht sich Paul Sorgen?
12. Wo hat er den Koffer aufgegeben?
13. Was ist in Frankfurt beinahe passiert?
14. Wo sieht Paul seinen Koffer?
15. Wem haben die Schornsteinfeger diesmal Glück gebracht?

sollt-: hätt- . . . sollen

Grammar Reference §42.1-3 and §49.4, pages 365 and 374.

Rewrite the sentences, changing from the present time ("should") to the past time ("should have").

EXAMPLE: Das solltest du eigentlich lernen.
Das hättest du eigentlich lernen sollen.

1. Mein Koffer sollte mit diesem Zug kommen.
2. Ich sollte bei euch vorbeikommen.
3. Sollte Herr Reynolds vielleicht eine Limousine nehmen?
4. Hans-Heinrich sollte über die deutsche Kultur sprechen.
5. Warum sollten die jungen Leute in dem Augenblick nicht sprechen?
6. Brigitte sollte eigentlich nach Hause gehen.
7. Wir sollten unseren Freund vom Hauptbahnhof abholen.
8. Ihr solltet sehen, wie fix Gerdl bei der Hand ist.
9. Du solltest Hildegard deine Zeichnungen zeigen.
10. Ihr solltet eigentlich gute Freunde sein.

8/4 Bringer des Glücks

(als Erzählung)

ERWEITERUNG DES WORTSCHATZES

die **Angst** *Furcht, Sorge, Unruhe, Unsicherheit* — Kleine Kinder haben oft **Angst** vor großen Hunden.

der **Aufenthalt** *die Zeit, die man an einer Stelle verbringt* — Dieser Zug hat in Frankfurt fünfzehn Minuten **Aufenthalt**.

der **Beruf -e** *die Arbeit, die man fürs Leben lernt* — „Was ist Ihr **Beruf**?" „Ich bin Mechaniker."

die **Berufserfahrung** — Wenn man lange in einem Beruf gearbeitet hat, hat man viel **Berufserfahrung**.

der **Daumen** - *der Finger, der nur zwei Knochen hat (siehe Zeichnung)*
— Wenn ein Amerikaner sich Glück wünscht, „kreuzt" er die
Finger. Wenn ein Deutscher sich Glück wünscht, „hält" er den
Daumen.

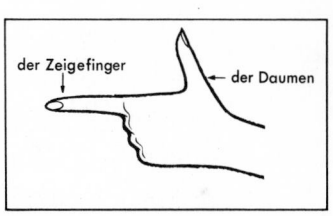

ebenfalls *auch*

ein-fallen (ä), fiel, a *wieder in den Sinn (in den Kopf) kommen* — Es
ist mir **eingefallen** (= Ich habe mich daran erinnert), daß ich
meine Schlüssel zu Hause gelassen habe.

erfahren (ä), u, a *lernen, herausfinden* — „Wissen Sie etwas von der
Kunst des Bildhauers?" „Nein, aber ich möchte etwas darüber
erfahren."

die **Gefahr -en** — Vorsicht! **Lebensgefahr**! 20 000 Volt!

das **Gerät -e** *Werkzeug, mit dem man arbeitet* — Der Besen ist ein
Gerät des Schornsteinfegers.

geschehen (ie), a, e *passieren, vorkommen* — Was ist in der letzten
Zeit **geschehen?**

gründlich *von Grund auf* — Wenn man etwas **gründlich** erlernt hat,
weiß man alles darüber.

grundlos *ohne Grund* — Deine Angst ist **grundlos.** (= Du solltest
keine Angst haben, denn es gibt hier keine Gefahr.)

die **Note -n** — In der Schule bekommt man **Noten** für die Arbeit,
die man macht. Die beste **Note** in einer deutschen Schule ist die
Note „1". Wenn man eine „5" bekommt, bedeutet das, daß man
durchgefallen ist.

vermindern *kleiner machen*

zusammen-hängen, i, a *miteinander verbunden sein*

zuverlässig — Wenn man sich auf jemanden verlassen kann, dann
glaubt man, daß er **zuverlässig** ist.

Matthias Bolz wohnt in dem kleinen Städtchen Auerbach an der Bergstraße, die
von Darmstadt durch eine hübsche, freundliche Hügellandschaft nach Süden bis in die
Gegend von Heidelberg führt. Heute ist Matthias nach Darmstadt gefahren, um seinen
Freund Paul Neal, der eben in Deutschland angekommen ist, an der Bahn abzuholen.

5   Paul hat sehr viel von der großen Reise zu berichten. Es war sein erster Flug über
den Ozean, und dieses Erlebnis hat einen großen Eindruck auf ihn gemacht. Aber
plötzlich unterbricht er seine Erzählung, weil er da einige ungewöhnlich gekleidete
Leute auf dem Bahnsteig stehen sieht. Sie alle tragen schwarze Arbeitskleidung, und der
ältere Mann hat einen ungewöhnlichen Hut auf dem Kopf. So etwas hat Paul in

Amerika nie gesehen, und deshalb möchte er gern etwas über sie erfahren. Von seinem 10
Freund Matthias erfährt er, daß diese Männer Schornsteinfeger sind.

Der älteste von ihnen, der den Zylinder trägt, ist der Meister. Er hat große Berufserfahrung und weiß über das Schornsteinfegen und alles, was damit zusammenhängt,
sehr genau Bescheid. Neben ihm steht ein großer, starker Mann mit einer schwarzen
Kappe auf dem Kopf. Das ist der Geselle. Auch er hat das Schornsteinfegen gründlich 15
gelernt, und der Meister kann sich auf ihn verlassen. Die Freunde sehen aber auch einen
Jungen da stehen, der ebenfalls eine Kappe aufhat. Er ist ein paar Jahre jünger als
Matthias und Paul. Jetzt ist er noch Lehrling, aber in einem oder in zwei Jahren, wenn
er schon vieles gelernt hat, kann er die Gesellenprüfung ablegen. Als Geselle wird er
dann schönes Geld verdienen. 20

Für Paul ist das alles neu. In Amerika, wo man kaum noch mit Kohle, sondern viel
mehr mit Gas, Öl oder elektrischem Strom heizt, ist es nicht nötig, Schornsteine so oft
zu fegen. In Deutschland dagegen besteht die Vorschrift, jeden Schornstein wenigstens
zweimal im Jahr reinigen zu lassen, um die Feuersgefahr zu vermindern.

Leider haben die Schornsteinfeger ihre Leitern und Besen nicht mit. Wahrschein- 25
lich haben sie sie schon im Gepäckwagen aufgegeben. Matthias hätte sie seinem Freund
gern mit allen Geräten gezeigt, weil nämlich jeder glaubt, daß Schornsteinfeger mit
einer Leiter Glück bedeuten. Schulkinder, zum Beispiel, die am Morgen auf dem
Schulweg einen Schornsteinfeger treffen, freuen sich, weil nun die Stunden sicher
schnell vorübergehen werden. Und wenn sie eine kleine Prüfung schreiben müssen, 30
verlieren sie ihre Angst und glauben, ganz bestimmt eine gute Note zu bekommen. So
überrascht es nicht, daß auch die Fahrgäste diese Glücksbringer gern in ihrem Abteil
sehen, auch wenn es erster Klasse ist. Man kann immer ein bißchen Glück gebrauchen,
und niemand befürchtet, daß sie mit ihrer schmutzigen Arbeitskleidung die Sitze
beschmutzen. 35

Als sich Paul von seiner Überraschung über die Schornsteinfeger erholt hat, fällt
ihm ein, daß er seinen großen Koffer finden muß, den er als Passagiergepäck aufgegeben
hat. Beide Freunde halten die Daumen und hoffen, daß er in Frankfurt trotz des kurzen
Aufenthaltes in diesen Zug geladen worden ist. Wenn das nicht geschehen wäre, dann
müßten die beiden Jungen am Abend noch einmal nach Darmstadt fahren, um ihn 40
abzuholen. Aber ihre Befürchtungen sind grundlos. Der Koffer steht schon auf dem
Gepäckkarren. Die deutsche Bundesbahn arbeitet schnell und zuverlässig, und außerdem bringen deutsche Schornsteinfeger eben auch amerikanischen Reisenden Glück.

13-14 weiß . . . Bescheid *knows all about*   38 trotz *in spite of*
36 sich . . . erholt *recovered*   42 Bundesbahn *Federal Railway*

ÜBUNGEN

"Bringer des Glücks" is a narrative rendition of the preceding dialogue. What information is in the narrative which was not in the dialogue? Write down sentences or parts of sentences which give you that additional information.

Passive: **man**

Grammar Reference §46.1–3 and §46.5, pages 369 and 371.

Rewrite the following sentences, changing the passive verb phrase into a construction with **man** + *a third-person singular verb.*

EXAMPLES: Heute wird früher gegessen.
Heute ißt man früher.

Mein Freund wird vom Bahnhof abgeholt.
Man holt meinen Freund vom Bahnhof ab.

1. In Amerika wird kaum noch mit Kohle geheizt.
2. Der Koffer wird im Gepäckwagen aufgegeben.
3. Über diesen Fluß wird eine Brücke gebaut.
4. Deutsch wird in vier verschiedenen Ländern gesprochen.
5. Die Alpengegenden werden oft im Sommer besucht.
6. In Düsseldorf wird eine neue Universität gegründet.
7. In zwei Jahren wird die Gesellenprüfung abgelegt.
8. Bei einem Picknick wird im Freien gekocht und gegessen.
9. Hier wird viel gearbeitet.
10. In diesem Café wird jeden Samstag nachmittag getanzt.

8/5 Es geht ein Licht auf

(als Gespräch)

ERWEITERUNG DES WORTSCHATZES

erwarten *hoffen (auf)*, *warten (auf)* — „Ist Klaus noch nicht hier?"
„Nein, wir **erwarten** ihn erst in einer halben Stunde." — Wir
können nicht **erwarten,** daß es besser wird.

die **Feier -n** — Wenn man Geburtstag hat, lädt man manchmal
Freunde ein und feiert auf diese Weise seinen Geburtstag. Dies
nennt man eine **Geburtstagsfeier.**

die **Schlange -n: Schlange stehen** *(siehe Zeichnung)* — Man muß
manchmal furchtbar lang **Schlange stehen,** wenn man am Sams-
tagabend ins Kino gehen will.

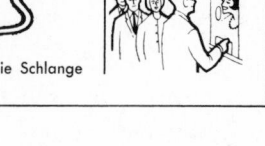

Schlange stehen

die Schlange

Vor der Oper. Martin und seine Mutter kommen über die Straße.

MARTIN: Ist es nicht unglaublich, Mutti, daß wir alle sechs Plätze nebeneinander
bekommen haben? Ohne dich hätte ich sicher keine so guten Plätze bekommen.

MUTTER: Ja, sie sind besser, als ich erwartet hatte. Wir müssen deine Freunde noch
anrufen, sobald wir zu Hause sind. Wir wollen doch sicher sein, daß sie zu deiner
Geburtstagsfeier frei sind.

MARTIN: Ja. Es ist furchtbar nett von Vater und dir, das zu arrangieren, und ich bin
dir dankbar, daß du mitgekommen bist.

MUTTER: Übrigens, wer war die junge Dame, die du grüßtest, da in der Schlange, als
wir herauskamen?

MARTIN: Junge Dame? — O, du meinst wohl Fräulein König.

MUTTER: Wer ist Fräulein König?

MARTIN: Unsere neue Englischlehrerin.

MUTTER: So? Ich hatte gedacht, Frau Schanz ist deine Lehrerin.

MARTIN: O nein. Frau Schanz ist seit dem ersten November nicht mehr bei uns.

MUTTER: Ist Fräulein König denn gut?

MARTIN: O ja, ganz ausgezeichnet. Sie weiß viel, und sie sieht sehr gut aus, nicht? Sie
hat im Herbst einen Preis gewonnen.

MUTTER: Was für einen Preis?

MARTIN: Sie darf im Sommer nach Amerika fahren. Sie soll nämlich die beste Englischlehrerin in der ganzen Stadt sein.

MUTTER: So? Dann solltest du eigentlich viel von ihr lernen. — Jetzt müssen wir aber
machen, daß wir nach Papas Büro kommen. Er wollte, daß wir um halb eins dort
seien, und dann wollte er uns zum Mittagessen im Holstenhof einladen.

FRAGEN

1. Wie viele Karten zur Oper haben Martin und seine Mutter bekommen?
2. Wo sind die sechs Plätze?
3. Warum ist Martin froh, daß seine Mutter mitgekommen ist?
4. Warum wollen sie Martins Freunde anrufen?
5. Wo stand die junge Dame, die Martin grüßte?
6. Wer ist Fräulein König?
7. Wer war früher Martins Englischlehrerin?
8. Seit wann ist Frau Schanz nicht mehr da?
9. Ist Fräulein König eine gute Lehrerin?
10. Was für einen Preis hat sie gewonnen?
11. Wann sollen Martin und seine Mutter beim Vater im Büro sein?
12. Wo werden sie zu Mittag essen?

ÜBUNG

The pronouns **ein-**, **kein-**

Grammar Reference §15, page 345.

Answer the questions a) in the affirmative, using the pronoun **ein-**; *and b)* in the negative, using the negative pronoun **kein-**.

EXAMPLES: Hast du ein Notizbuch?
        a) Ja, ich habe eins.
        b) Nein, ich habe keins.

        Steht ein Wagen vor dem Haus?
        a) Ja, es steht einer vor dem Haus.
        b) Nein, es steht keiner vor dem Haus.

1. Hast du einen Platz bekommen?
2. Siehst du ein Kind hinten im Wagen?
3. Ist eine Flasche Milch im Kühlschrank?
4. Liegt ein Hund auf dem Teppich?
5. Gibt es ein Restaurant hier um die Ecke?

8/6 Es geht ein Licht auf

(als Erzählung)

ERWEITERUNG DES WORTSCHATZES

das Geschenk

das **Geschenk** -e *was man zum Geburtstag oder zu Weihnachten gibt oder bekommt (siehe Zeichnung)*

der **Höhepunkt** -e *der wichtigste oder schönste Augenblick* — Der **Höhepunkt** des Abends war die Vorführung von Jürgens ausgezeichneten Lichtbildern.

die **Kasse** -n *Stelle, wo man sich Theater- oder Opernkarten kaufen kann* — Vor der **Kasse** stand eine lange Schlange.

rechnen (auf) *sich auf etwas verlassen, etwas mit Sicherheit erwarten* — Wir können **darauf rechnen**: wenn wir den Wagen waschen, dann regnet es gleich.

unterrichten *lehren* — Herr Bach **unterrichtet** uns im Turnen.

Staatsoper I, Opernring Kasse 52 76 36 Der Programmdienst der Bundestheater kann unter der Nummer 15 18 jederzeit gehört werden	Im Abonnement VI. Gruppe, Beschränkter Kartenverkauf — Preise V In italienischer Sprache **Don Giovanni** von W. A. Mozart Dirigent: Josef Krips Inszenierung: Otto Schenk Coertse, Della Casa, Sciutti Siepi, Kreppel, Blankenship, Ganzarolli, Lackner Anfang 19 Uhr Ende 22.30 Uhr	Beschränkter Kartenverkauf Preise IV In italienischer Sprache **La Traviata** von Giuseppe Verdi Dirigent: Argeo Quadri Inszenierung: Mario Frigerio Pilou, Dutoit, Hermann Aragall, Sereni, Guggia, Christian, Pröglhöf, Lackner, Equiuz, Sperlbauer, Schweiger Anfang 19.30 Uhr Ende 22 Uhr
Volksoper IX, Währinger Straße 78 Tageskasse 34 36 93 Der Programmdienst der Bundestheater kann unter der Nummer 15 18 jederzeit gehört werden	Beschränkter Kartenverkauf Preise IV **Tiefland** von Eugen d'Albert Dirigent: Dietfried Bernet Inszenierung: Adolf Rott Sorell, Liebesberg, Herze, Soboto, Lobasa Buzea, Cordes, O'Leary, Holecek, Dallapozza, Lehnert Anfang 19 Uhr Ende etwa 21.45 Uhr	Preise V **Wiener Blut** von Johann Strauß Dirigent: Anton Paulik Inszenierung: Otto Schenk Scheyrer, Muszely, Papouschek, Feichtinger, Längauer, Kindler, Wagner Minich, Liewehr, Kuchar, P. Hörbiger, Unterkircher, Prikopa, Laurer, Randers, Fischer Anfang 19 Uhr Ende 22 Uhr

Eben haben Martin und seine Mutter das Opernhaus verlassen. Es ist ein altes solides Gebäude aus Sandstein mit hohen Fenstern.

Martin und seine Mutter haben keine Aufführung gesehen, sondern sie haben Karten gekauft. Sie hatten großes Glück, denn sie haben noch sechs Plätze bekommen,
5 die alle nebeneinander liegen. Das hatten sie gar nicht einmal erwartet. Sie freuen sich besonders darüber, weil der Besuch in der Oper an Martins Geburtstag stattfinden soll. Seine Eltern wollten seine Freunde einladen, zu seiner Geburtstagsfeier zu kommen. Und natürlich mußten sie erst sicher sein, daß sie genug Karten bekommen würden, bevor sie auf den Opernbesuch rechnen konnten. Die Oper am Abend soll dann der
10 Höhepunkt des Tages sein.

Martin ist seinen Eltern für dieses Geschenk sehr dankbar, ganz besonders aber seiner Mutter, weil sie ihn begleitet hat und ihm geholfen hat, die Karten zu kaufen. Er allein hätte sechs so gute Plätze wahrscheinlich gar nicht bekommen. Es kommen nämlich oft so viele Leute an die Opernkasse, daß eine Person nur zwei bis drei Karten
15 bekommen kann.

In der Schlange vor der Opernkasse stand eine junge Dame, die Martin beim Hinausgehen grüßte. Seine Mutter möchte natürlich gerne wissen, wer sie ist und woher er sie kennt. (Eine Mutter interessiert sich nun einmal für die Damenbekanntschaften ihres Sohnes.) Sie hört, daß Fräulein König — so nämlich heißt die junge Dame —
20 Martins neue Englischlehrerin ist. ↓

Martin erzählt seiner Mutter nicht alles, was in der Schule passiert. Sie ist daher überrascht zu hören, daß Fräulein König schon seit dem ersten November in seiner Klasse Englisch unterrichtet und Frau Schanz, die frühere Englischlehrerin, nicht mehr an seiner Schule ist. Martin ist mit dem Wechsel sehr zufrieden, denn Fräulein König ist nicht nur eine ausgezeichnete Lehrerin mit großem Wissen, sondern sie sieht 25 auch sehr gut aus. Außerdem hat sie als beste Englischlehrerin der ganzen Stadt einen Preis gewonnen. Dieser besteht in einer Amerikareise, die sie im Sommer unternehmen wird. Martin ist stolz, daß er eine so prominente Lehrerin hat. In der letzten Zeit hat er viel mehr Interesse am Englischen als letzten September. Jetzt geht seiner Mutter ein Licht auf. 30

Es ist schon lange nach zwölf, und sie müssen schnell machen, wenn sie rechtzeitig in Papas Büro kommen wollen. Er hat sie nämlich zum Essen im Holstenhof eingeladen. Sie wollen nicht zu spät kommen. Denn Papa möchte seine Mittagspause in Ruhe genießen.

---

27 besteht in   *consists of*

ÜBUNG

Word order: time before place

Grammar Reference §62, page 386.

Make sentences of the following phrases by arranging them in the proper order.
Start each sentence with the subject.

EXAMPLE: in die Olympia-Lichtspiele — ist . . . gegangen — gestern abend — meine
Freundin
Meine Freundin ist gestern abend in die Olympia-Lichtspiele gegangen.

1. seit dem ersten November — an unserer Schule — ist — Fräulein König
2. die neue Lehrerin — nach Amerika — darf . . . fahren — im Sommer
3. nicht mehr an unserer Schule — Oberstudiendirektor Schilling — seit Anfang des Jahres — ist
4. wollen . . . kommen — rechtzeitig — Martin und seine Mutter — in Papas Büro
5. einen Schornsteinfeger — Schulkinder — auf dem Schulweg — manchmal — treffen
6. Paul Neal — in Deutschland — ist . . . angekommen — eben
7. am Abend — nach Darmstadt — müssen . . . fahren — die beiden Jungen
8. aus der Stadt — fahren . . . hinaus — heute nachmittag — wir
9. in kurzer Zeit — sind — im nächsten Dorf — wir
10. die großen Seehäfen — Deutschland — seit Jahrhunderten — verbinden — mit der Welt

Auswendig zu lernen

an-fangen (fängt . . . an), fing . . . an, angefangen
zusammen-hängen, hing . . . zusammen, zusammengehangen

fallen (fällt), fiel, gefallen   [*Siehe Seite 114*]
halten (hält), hielt, gehalten   gelingen, gelang, gelungen
lassen (läßt), ließ, gelassen
raten (rät), riet, geraten
schlafen (schläft), schlief, geschlafen

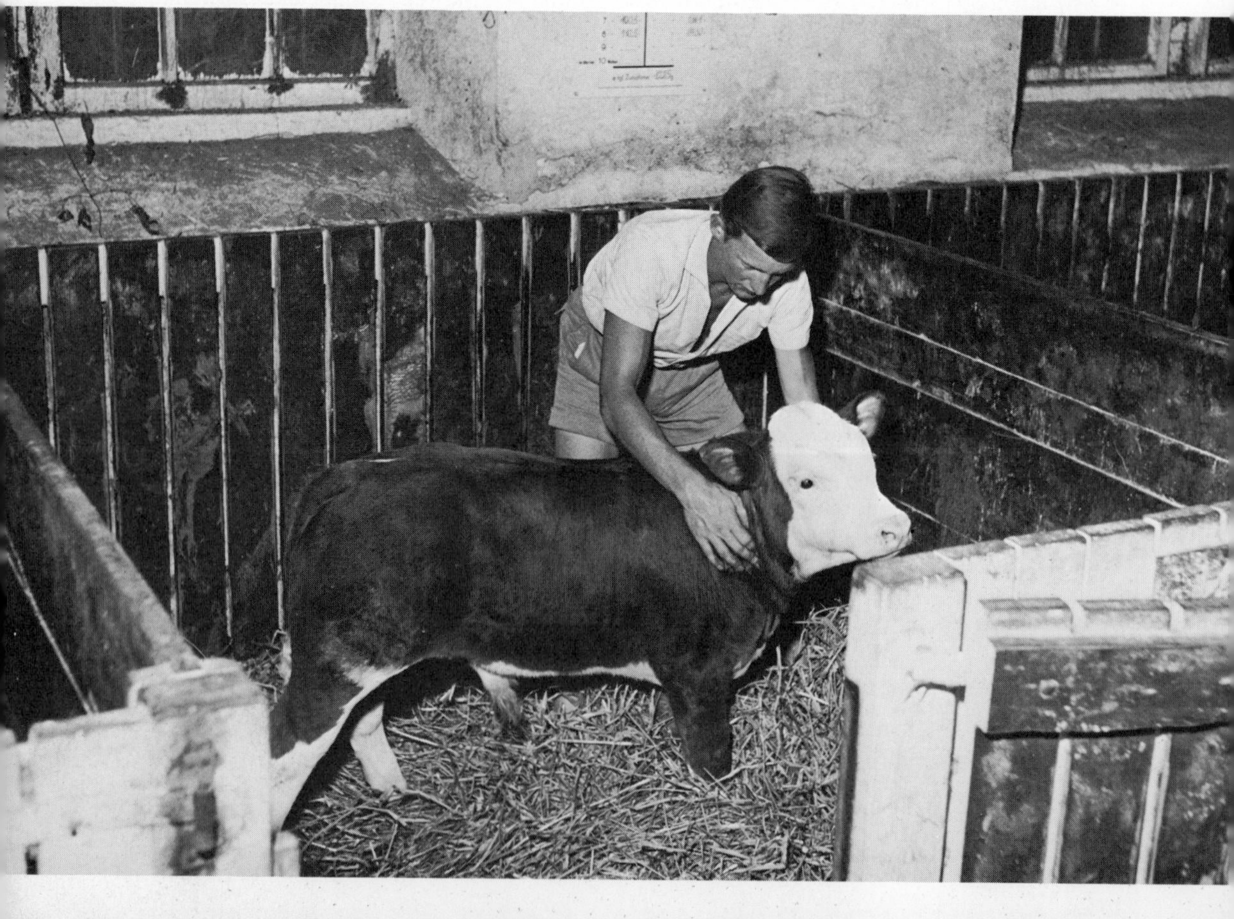

Neuntes Kapitel

9/1 Auf dem Lande (1)

ERWEITERUNG DES WORTSCHATZES

das Benzin

aus-gehen, ging . . . aus, ausgegangen *immer weniger werden und zuletzt ganz verschwinden* — Er konnte das Haus nicht fertig bauen, weil ihm das Geld **ausgegangen war.**

das **Benzin** (*siehe Zeichnung*)

darum *daher; Antwort auf „Warum?"* — Mir ist das Benzin ausgegangen. **Darum** komme ich so spät.

drüben — Wenn man in Europa ist und von Amerika spricht, dann bedeutet das Wort „**drüben**" soviel wie „**drüben** in Amerika".

das **Gut ⸗er** *eine große Farm* — Ein **Gut** ist nicht in einem Dorf, sondern liegt auf offenem Lande.

die **Landwirtschaft** *die Arbeit und das Geschäft der Bauern* — Im Mittelwesten von den Vereinigten Staaten von Amerika — in den Staaten Iowa, Kansas und South Dakota z. B. — ist die **Landwirtschaft** sehr wichtig.

mindestens *nicht weniger als — und vielleicht mehr* — Jürgens neue Gitarre hat **mindestens** 70 Mark gekostet.

der **Ort -e** *der Platz; eine kleine Stadt* — Der Zug hielt in einer kleinen Stadt, und Gerold fragte, wie der **Ort** hieß.

schlau *klug, vorsichtig* — Wenn man **schlau** ist, hat man immer einen guten Plan.

siezen — Wenn man zu einem Menschen „Sie" sagt, dann „**siezt**" man ihn. Was sagt man zu einem Menschen, wenn man ihn „**duzt**"? Sollte man den Schuldirektor **duzen**?

sowieso — Ich nehme deinen Brief mit, denn ich muß **sowieso** zur Post. — Du warst gestern nicht in der Schule? Du mußt **sowieso** deine Hausaufgaben machen!

Vor dem Gasthaus „zur Roten Erde" in Schledehausen. Ein kleiner Wagen, hoch
mit Gepäck beladen, vor dem Eingang. Zwei Mädchen, Hedwig Schweickert,
Tochter des Wirtes, und Elsbeth Soennecken, betrachten den Wagen.

HEDWIG: Du, der hat aber viel Gepäck mitgebracht. Eins, zwei, drei, vier Koffer da
5   oben — und dann noch — sechs, sieben, acht — da drinnen. Wird dein ameri-
    kanischer Vetter lange bei euch bleiben?
ELSBETH: Mindestens ein Jahr, glaub' ich. Er ist eben mit seinem Studium fertig
    geworden und will bei uns die deutsche Landwirtschaft kennenlernen.
HEDWIG: Wie alt ist er denn?
10 ELSBETH: Das weiß ich nicht genau. Ich glaub', er ist einundzwanzig.
HEDWIG: Wo hat er den Wagen her? Hat er den auch mitgebracht?
ELSBETH: Nein! Einen deutschen Wagen aus Amerika nach Deutschland bringen: das
    wäre ja dumm! Aber das hat er auch ganz schlau angefangen. Er hat einen Freund

195

in Bremen. Der ist vor vierzehn Tagen wieder nach Amerika gegangen. Und von dem hat er den Wagen gekauft. 15

HEDWIG: Das ist doch eigentlich sehr praktisch. Dann hat er doch gleich hier einen Wagen zum Herumfahren.

ELSBETH: Darum hat er's ja auch getan.

HEDWIG: Aber warum hat er denn hier haltgemacht?

ELSBETH: Hast du nichts davon gehört? Wie er in den Ort gekommen ist, da ist ihm 20 das Benzin ausgegangen. Und da hat er uns angerufen. Er kannte sowieso nicht den Weg nach unserem Hof.

HEDWIG: Ach darum!

ELSBETH: Ja, und während er auf uns wartete, hat er sich ein Mittagessen bestellt. Und jetzt sitzen wir alle drinnen und warten, bis er damit fertig ist. 25

HEDWIG: Sag mal, ist er nett, dein Vetter?

ELSBETH: Furchtbar nett sogar. Denk mal, wie wir uns kennengelernt haben, da hat er mich sogar „siezen" wollen. — Aber Mama hat ihm dann gesagt, daß er's nicht tun sollte.

HEDWIG: Ist er denn reich — mit all dem vielen Gepäck und dem Wagen und allem? 30

ELSBETH: Sein Vater hat drüben ein Gut, das soll zehnmal so groß sein wie unser Gut.

HEDWIG: Das ist ja toll. Wo kommt er denn her? Aus Chikago oder aus Texas?

ELSBETH: Nein, aus Kalifornien.

HEDWIG: So? Aus Kalifornien? Hat er dir schon viel davon erzählt?

ELSBETH: Nur ein bißchen. Ich hab' ihn ja noch nicht viel reden hören. — Aber jetzt 35 muß ich wohl wieder hinein.

HEDWIG: Ja, das mußt du wohl. — (*Sie wenden sich und gehen hinein.*) Sieh mal, mein Vater hat euch eben die Rechnung gebracht.

ELSBETH (*flüsternd*): Weißt du, wie die Stadt heißt, wo er Student war?

HEDWIG: Nein. Wie? 40

ELSBETH: Sacramento!

HEDWIG: Sacramento? Ist das in der Nähe von Hollywood?

ELSBETH: Das weiß ich nicht. Ich werde Mark fragen müssen.

HEDWIG: Mark? So heißt dein Vetter? Wie unser Geld?

ELSBETH: Ja, komisch, nicht wahr? Aber solche Namen hat man drüben in Amerika. 45

ÜBUNGEN

Find at least one occurrence of each headword of the ERWEITERUNG DES WORT-SCHATZES in the text and copy the sentence, underlining the new word.

Noun plurals

Grammar Reference §6 and §7.3, pages 339 and 340.

Give the plurals of the following nouns. All those in this group belong to class 2a (-e).

1. das Abteil 2. der Bahnsteig 3. der Berg 4. der Beruf 5. das Gerät 6. das Geschäft 7. das Geschenk 8. das Pferd 9. das Schwein 10. der Wirt 11. der Tag (der Ruhetag) 12. der Schirm (der Regenschirm, der Sonnenschirm) 13. der Ort (der Vorort) 14. der Teich (der Schwanenteich) 15. der Krieg (der Bürgerkrieg)

Give the plurals of the following nouns. All those in this group belong to class 4a (-).

1. der Daumen 2. der Knochen 3. der Wagen 4. der Schlegel 5. der Spiegel 6. der Hügel 7. der Bürger 8. der Schornsteinfeger 9. der Künstler 10. der Trommler 11. der Zuschauer 12. der Dampfer 13. der Feldkocher 14. der Koffer 15. das Ufer

The following five nouns belong to class 4b (⸚).

1. der Boden 2. der Hafen 3. der Mantel 4. die Mutter 5. die Tochter

Copy the following sentences and fill in each blank with a noun in the singular or plural which completes the sense of the sentence. You will find appropriate nouns in the lists above.

1. Leute, die in der Stadt arbeiten aber nicht in der Stadt wohnen wollen, wohnen oft in einem ____ der Stadt.
2. In den deutschen ____ sieht man Schiffe aus aller Welt.
3. Mit einem ____ kann man im Freien kochen.
4. Eine Brücke verbindet die beiden ____ eines Flusses.
5. Wenn es regnet, braucht man einen ____ .
6. An einem ____ arbeitet man nicht.
7. Um den eigenen Rücken zu sehen, muß man zwei ____ haben.
8. An jeder Hand hat man einen ____ ; die meisten Menschen haben also zwei ____ .
9. Mit einem großen ____ kann man in fünf bis acht Tagen von Amerika nach Europa fahren.
10. Wenn man einen ____ fahren will, muß man einen Führerschein haben.

9/2 Auf dem Lande (2)

ERWEITERUNG DES WORTSCHATZES

ab-schneiden, schnitt . . . ab, abgeschnitten *(siehe Zeichnung)* — Die Frau **schneidet** eine Ecke des Papiers **ab.** (Die Ecke wird **abgeschnitten.**)

altmodisch *nicht modern, aus früheren Zeiten* — Die alte Frau trägt **altmodische** Kleider.

erben — Wenn die Eltern nicht mehr leben, dann **erben** die Kinder ihr Geld, ihr Haus, ihr Geschäft usw.

das Gegenteil -e — ,,Leer" ist das **Gegenteil** von ,,voll"; ,,klein" ist das **Gegenteil** von ,,groß". — ,,Habt ihr viel Spaß gehabt?" ,,Nein, im **Gegenteil.** Wir haben's langweilig gefunden."

jenseits *auf der anderen Seite* — Auf dieser Seite des Mains liegt Frankfurt; **jenseits** des Flusses liegt die Stadt Offenbach.

stecken-bleiben, ie, ie *nicht weiterkommen können* — Wolfgang hatte eine Reifenpanne, und da er keinen zweiten Reifen hatte, ist er **steckengeblieben.**

der Wert *die Wichtigkeit; der Preis, den man beim Verkauf einer Sache bekommen würde* — Ein großer neuer Wagen hat gewöhnlich mehr **Wert** als ein kleiner alter Wagen.

die Zukunft *die Zeit, die kommen wird* — In **Zukunft** werden wir wohl elektrische Autos fahren müssen.

☐ *Heinrich Soennecken und sein amerikanischer Vetter Mark Sonnecken stehen an einem Weg und betrachten die Felder.*

HEINRICH: Das ist doch klar: wenn hier einmal eine Landstraße durchkommt, dann wird man uns die Ecke dort abschneiden.

5 MARK: Da hast du recht. Die Frage ist nur: was werdet ihr mit dem Land anfangen, das da abgeschnitten wird — mit dem Stück da jenseits der neuen Straße?

HEINRICH: Das hab' ich mich auch schon gefragt. Wenn's einmal abgeschnitten wird, dann hat's für uns keinen großen Wert mehr.

MARK: Das ist doch ein ziemlich großes Stück. Das kann man nicht einfach so liegen
10 lassen. — Sag mal, habt ihr vielleicht an eine Tankstelle gedacht?

HEINRICH: Tankstelle? Wer braucht hier draußen eine Tankstelle?

MARK: Soll i c h dir das vielleicht erklären? — Wenn ich selber steckengeblieben bin — ohne Benzin!

HEINRICH: Vielleicht hast du recht. Gewiß, so etwas braucht man hier in Zukunft. Bei
15 all dem Verkehr. — Aber . . .

MARK: Aber was?

HEINRICH: Aber da kommen mir doch ein paar Zweifel.

MARK: Zum Beispiel, welche Zweifel?

HEINRICH: Unsere Nachbarn, die Heitmanns. — Siehst du, auf dem Hof dahinten, da
20 wohnen die Heitmanns. Und die werden es sicher nicht gern haben, wenn man ihnen eine Tankstelle so gerade vor die Nase setzt.

MARK: Du kannst ja mal mit ihnen reden.

HEINRICH: Das sagst du so. Das ist gar nicht so leicht.

MARK: Wieso? Habt ihr Krach mit ihnen?

25 HEINRICH: O nein, ganz im Gegenteil.

MARK: Wie meinst du das?

HEINRICH (*nach einigem Zögern*): Na — ich gehe nämlich mit Elfriede. Das ist ihre einzige Tochter. Und die wird einmal den Hof erben.

MARK: Sind denn da keine Söhne?

30 HEINRICH: Nein. Sie ist ein Einzelkind.

MARK: Jetzt versteh' ich. Da möchtest du mit den Alten keinen Krach haben. — Ja, das kann ich verstehen.

HEINRICH: Die Landstraße wird doch viel Verkehr bringen. Den Lärm von der Tankstelle könnte man schon von ihrem Haus aus hören.

35 MARK: Na, so schlimm ist das doch nicht! Bei uns in Amerika kommt es oft vor, daß

---

24 Krach *quarrel*

an der nächsten Straßenecke eine Tankstelle gebaut wird. Was kann man dagegen machen? — Wirst du sie einmal heiraten? Ich meine die Elfriede?

HEINRICH: Nun, ich hoffe doch. Das ist es ja eben.

MARK: Na, so mach dir doch keine Sorgen. Dann wirst du doch sowieso ihren Hof erben. Und dann kannst du machen, was du willst. 40

HEINRICH: Ich glaub', du verstehst mich nicht. Wenn wir da jetzt eine Tankstelle bauen lassen, dann geben sie mir Elfriede vielleicht gar nicht.

MARK: Hm! Daran hatte ich gar nicht gedacht. — Das mußt du dir dann eben genau überlegen.

HEINRICH: Ja, und ich fürchte, mein Vater wird auch nicht viel für diese Idee übrig 45 haben.

MARK: Warum denn nicht? Das kann ich einfach nicht verstehen. Wo so eine Sache doch soviel Geld einbringen kann.

HEINRICH: Ja, weißt du, mein Vater ist ein bißchen altmodisch. Er zögert immer, etwas Neues anzufangen. 50

ÜBUNGEN

List each of the characters in the story and record a vote, "pro" (dafür), "con" (dagegen), or "undecided" (unentschlossen), with regard to Mark's suggestion of building a gas station. Bring your tally up to date after each dialogue section and observe any changes in sentiment. You may also include characters who do not have a speaking role (e.g., the Heitmanns).

The preterit

Grammar Reference §41, page 363.

Rewrite the sentences, substituting the preterit for the present-tense form of the verb.

1. Die beiden Mädchen betrachten den Wagen.
2. Mark kennt diesen Weg nicht.
3. Mark muß lange auf uns warten.
4. Das weiß ich nicht.
5. Es ist furchtbar nett von Ihnen.
6. Er will mich sogar „siezen".
7. Heinrich und Mark stehen an einem Weg.
8. Man schneidet uns da ein Stück Land ab.
9. Man fängt an, eine neue Landstraße zu bauen.
10. Wir lassen da eine Tankstelle bauen.

9/3 Auf dem Lande (3)

ERWEITERUNG DES WORTSCHATZES

die **Bundesstraße -n** *offizieller Name für wichtige Verkehrsstraßen in der Bundesrepublik* — Die Autobahn hat vier Fahrbahnen; eine **Bundesstraße** hat nur zwei.

das **Dreieck** (*siehe Zeichnung*)

füttern *Futter geben* — Erna hat die Schwäne **gefüttert**.

gerade *ohne Kurven* — Das Gegenteil von „**gerade**" ist „krumm". (*siehe Zeichnung*)

der **Hof ∸e** a) = *ein Bauernhof oder ein Gut* b) *der Platz zwischen den Gebäuden auf einem Bauernhof* — Auf dem **Hof** steht ein Traktor.

nicken *mit dem Kopf „Ja" sagen*

Osnabrücker Tageblatt *Name einer Zeitung in Osnabrück* — Wie oft erscheint das **Osnabrücker Tageblatt?**

der **Unterschied -e** *Verschiedenheit* — Zwischen den beiden Brüdern herrscht ein **Unterschied** wie Tag und Nacht. — Was ist der **Unterschied** zwischen Heinrichs und Marks Familiennamen?

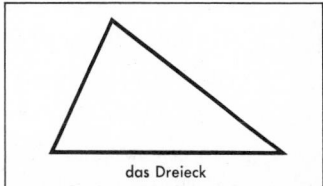

das Dreieck

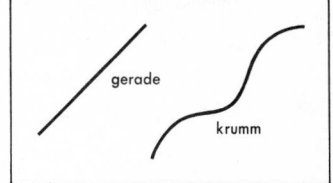

gerade

krumm

Zwei Monate später. Mark zeigt seinem Onkel einen Artikel im „Osnabrücker Tageblatt". Heinrich sieht zu.

MARK: Siehst du, Onkel Johannes, da steht's — und genau so, wie es Herr Heitmann uns gesagt hat: „Die Durchführung der Bundesstraße von Osnabrück über Schledehausen nach Wehrendorf und Bohmte ist endgültig beschlossen worden." ₅ — Das heißt also: sie wird hier bei euch vorbeigehen.

HERR SOENNECKEN: Das wußten wir ja schon lange.

HEINRICH: Und wenn wir nicht aufpassen, dann schneiden sie uns noch die Ecke am „Schnaakenbusch" ab — wenn sie die Straße gerade legen.

HERR SOENNECKEN: Das ist noch gar nicht einmal so sicher. Ich hoffe, sie werden einen ₁₀ netten kleinen Umweg um unser Gut machen.

HEINRICH: Glaubst du das wirklich?

HERR SOENNECKEN: Nee, eigentlich nicht. Die Ingenieure vom Straßenbau haben ja doch kein Verständnis für die Verhältnisse auf dem Lande. — Sieh mal, Mark, alles, was du hier siehst, hat seit vierhundert Jahren den Soenneckens gehört. Die ₁₅ haben diese Felder hier schon bearbeitet, wie ihr drüben noch ganz wilde Indianer wart.

MARK: Ich kann's kaum glauben.

HERR SOENNECKEN: Sieh dir nur mal da drüben die Ulmen an — die hat noch Groß-vater Soennecken — dein Urgroßvater — mit eigener Hand gepflanzt. ₂₀

MARK: Ja, das ist interessant. Aber draußen in Kalifornien, da gibt es Bäume, die dreimal so alt sind und — dreimal so groß.

HEINRICH: Laß doch, Vater. Mit diesen Amerikanern kann man nie reden. Bei denen ist ja doch alles zehnmal so groß.

HERR SOENNECKEN: Das weiß ich! Aber glaubt ihr, daß ich etwas von diesem Land ₂₅ aufgeben möchte? Nur weil da 'ne neue Straße durch soll? Und weil ein paar Leute aus der Stadt um eine Kurve ein bißchen langsamer fahren müssen?

MARK: Das Land aufgeben? Das kann man von dir gar nicht erwarten. — Aber du bekommst doch Geld dafür!

HERR SOENNECKEN: Das tu' ich auch. Aber nicht, weil ich mein Land verkaufen will. ₃₀ Sondern weil man's mir wegnimmt! Das ist ein Unterschied.

HEINRICH: Und deshalb sag' ich, wir sollen aufpassen und Pläne machen.

HERR SOENNECKEN: Was meinst du damit?

HEINRICH: Ich bin sicher, daß sie uns die Ecke am „Schnaakenbusch" abschneiden werden — gegenüber von Heitmanns. Aber dann entsteht auf der anderen Seite der ₃₅ Landstraße ein Dreieck — und das wird immer noch uns gehören.

HERR SOENNECKEN: Ja, das gehört immer noch uns. Aber was willst du damit anfan-gen? Was kann man denn mit so einem Stück anfangen?

---

⁵ endgültig beschlossen worden *been finally decided*   ¹⁹ Ulmen *elms*
⁹ Schnaakenbusch *"Mosquito Hollow"*

HEINRICH: Eine Tankstelle auf diesem Stück bauen lassen.

40 HERR SOENNECKEN: Hm? Eine Tankstelle? Was sollen wir denn damit? — Hier kommen doch nur eine Handvoll Autos vorbei. Willst du für diese wenigen Leute eine Tankstelle bauen? Dann bist du bald bankerott.

HEINRICH: Nein. Aber ich möchte, daß w i r die Tankstelle haben und nicht jemand anders, wenn's hier einmal großen Verkehr gibt. Denn d e n wird's geben. Dessen
45 kannst du sicher sein.

HERR SOENNECKEN: Nicht, solange i c h hier was zu sagen habe.

    (*Heinrich zuckt die Achseln.*)

MARK: Was ist sonst noch zu tun?

HERR SOENNECKEN: Den Hof sauber machen. — Was? Das habt ihr schon getan?

50   (*Mark nickt.*)

HERR SOENNECKEN: Tja — dann wohl nichts mehr bis zum Schweinefüttern heute abend.

---

[47] zuckt die Achseln   *shrugs his shoulders*

ÜBUNG

Modal auxiliaries and double infinitive

Grammar Reference §48.4 and §49.4, pages 372 and 374.

Rewrite the following sentences twice: a) adding the modal auxiliary and then b) changing to the perfect verb phrase.

EXAMPLE: Mark bringt viel Gepäck mit. (müssen)
    a) Mark muß viel Gepäck mitbringen.
    b) Mark hat viel Gepäck mitbringen müssen.

1. Mein Vetter bleibt ein Jahr bei uns. (dürfen)
2. Warum hält er denn hier an? (müssen)
3. Wir holen ihn ab. (sollen)
4. Wir bauen hier eine Tankstelle. (lassen)
5. Herr Soennecken gibt sein Land nicht auf. (wollen)

9/4 Auf dem Lande (4)

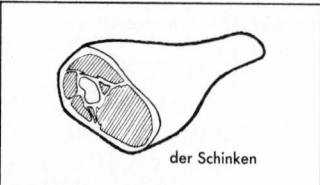

der Schinken

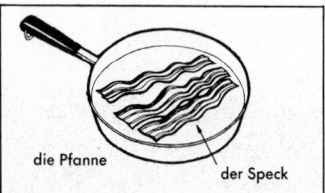

die Pfanne

der Speck

ERWEITERUNG DES WORTSCHATZES

nach-denken, dachte . . . nach, nachgedacht (über) *sich Gedanken machen; reflektieren*

pachten — Wenn jemand nicht genug Geld hat, um sich ein eigenes Geschäft zu kaufen, ist es möglich, das Geschäft von einer größeren Firma zu **pachten**. Der **Pächter** bezahlt der Firma jährlich oder monatlich eine bestimmte Summe dafür. Viele Hotels und die meisten Tankstellen werden **gepachtet**.

der **Schinken** - (*siehe Zeichnung*)

der **Speck** (*siehe Zeichnung*) — Ein großes Stück **Speck** ist eine **Speckseite**.

☐ *Vater Soennecken und Mark beim Schweinefüttern.*

HERR SOENNECKEN: Sag mal, Mark, die Sache mit der Tankstelle — das ist doch sicher dein Vorschlag gewesen.

MARK: Ja, Onkel Johannes.

⁵ HERR SOENNECKEN: Das hab' ich mir gedacht. Denn Heinrich hätte nie so etwas vorgeschlagen.

MARK: O, das will ich nicht sagen. Der hat auch seine Gedanken über die Ecke am Schnaakenbusch.

HERR SOENNECKEN: Das ist ja möglich. Aber du hast doch mehr Interesse an Auto-

¹⁰ mobilen — und am Herumfahren. Und in Amerika soll ja an jeder Ecke eine Tankstelle zu finden sein.

MARK: O, nicht an jeder Ecke. — Aber ein Freund von uns in Kalifornien hat eine Tankstelle, und du solltest einmal sehen, wieviel die einbringt.

HERR SOENNECKEN: Darauf kommt es ja gar nicht an. — Hier sind es die Schinken

¹⁵ und die Speckseiten, die etwas einbringen!

MARK (*die Tiere betrachtend*): Ja, ihr habt eine großartige Herde von Schweinen. So viel hab' ich noch nie beieinander gesehen.

HERR SOENNECKEN: Nicht wahr? Beste Zucht. Macht viel Arbeit, aber die lohnt sich auch. — Aber um noch einmal auf die andere Sache zurückzukommen: ich hab'

²⁰ mir die Sache mit der Tankstelle noch einmal überlegt.

MARK: Das ist fein, Onkel Johannes.

HERR SOENNECKEN: Und ich bin gar nicht so dagegen, wie du glaubst.

MARK: Das hab' ich mir gedacht.

HERR SOENNECKEN: Nee, nichts hast du dir gedacht! — Mit dem Verkehr und all dem

²⁵ habt ihr wohl recht. Aber man baut sich doch nicht einfach so 'ne Tankstelle, wenn man Lust dazu hat.

MARK: Nicht?

HERR SOENNECKEN: Nein, da gehört noch viel mehr dazu. Erstens ist es eine von den großen Firmen, die entscheidet, wo eine Tankstelle hinkommt. Und zweitens

³⁰ kannst du sie nur pachten. Dir selbst wird sie nie gehören.

MARK: Aber denk doch nur, wieviel sie einbringen kann!

HERR SOENNECKEN: Das gehört aber immer noch nicht d i r ! Und warum soll ein Bauer, der hier seinen eigenen Hof hat, ein Pächter werden? ↓

---

¹⁸ Zucht *breed, stock*

MARK: Man kann's auch anders ansehen —

HERR SOENNECKEN: Ich will dir 'was sagen: ich find' es fein, daß ihr beide darüber 35 nachgedacht habt. Aber erst sollt ihr mal herausfinden, was alles mit so einer Sache zusammenhängt.

MARK: Wo sollen wir das herausfinden?

HERR SOENNECKEN: Na, geht doch mal in die Stadt und fragt nach! Und schreibt einen Brief an eine der großen Ölfirmen, ob die euch helfen wollen. — Und wenn ihr all 40 dies herausgefunden habt, dann kommt mal wieder zu mir. Ich? Ich bleibe lieber hier auf dem Land und füttere meine Schweine.

MARK: Ja, Onkel Johannes.

ÜBUNG

Werden

Grammar Reference §45.3, page 369.

*For each form of the verb **werden** in the following sentences indicate whether it is used independently, or in a future verb phrase, or in a passive construction.*

1. Wird dein Vetter lange bei euch bleiben?
2. Ich werde Mark fragen müssen.
3. Wenn eine Landstraße durchkommt, dann wird man uns die Ecke dort abschneiden.
4. Wenn's einmal abgeschnitten wird, dann hat's für uns keinen großen Wert mehr.
5. Bei uns kommt es oft vor, daß an der nächsten Straßenecke eine Tankstelle gebaut wird.
6. Wirst du sie einmal heiraten?
7. Die Durchführung der Bundesstraße ist endgültig beschlossen worden.
8. Sie wird hier bei euch vorbeigehen.
9. Ich bin sicher, daß sie uns die Ecke abschneiden werden.
10. Warum soll ein Bauer, der seinen eigenen Hof hat, ein Pächter werden?
11. Es wird ganz bestimmt hier anders werden.
12. Es wird jeden Tag schöner.
13. Was wird es erst morgen geben?
14. Da wirst du kein Pächter.
15. Ich bin sicher, daß diese Ecke abgeschnitten wird.

9/5 Auf dem Lande (5)

ERWEITERUNG DES WORTSCHATZES

ändern *anders machen, eine andere Form geben* — Es regnete, wir mußten also unsere Pläne **ändern.**

kochen *in der Küche das Essen vorbereiten* — Man **kocht** mit heißem Wasser. Kartoffeln, Eier, Gemüse werden in heißem Wasser **gekocht.** — Elfriedes Mutter beginnt schon um halb zehn, das Mittagessen zu **kochen.**

leiten *dirigieren* — Leonard Bernstein **leitete** das Orchester. — Ein Koch **leitet** die Küche in einem Restaurant.

der **Quatsch** *etwas Dummes* — Tante Wilhelmina redet immer nur **Quatsch.**

die **Raststätte -n** *Ort an der Landstraße oder Autobahn, wo man essen und trinken und tanken (= Benzin fürs Auto kaufen) kann* — An der deutschen Autobahn findet man Rastplätze, **Raststätten** und Rasthäuser. Auf den Rastplätzen gibt es gewöhnlich nur Tische und Bänke zum Ausruhen. Bei den **Raststätten** gibt es ein Restaurant und eine Tankstelle. An einem Rasthaus gibt es nicht nur ein Restaurant und eine Tankstelle, sondern auch ein paar Zimmer zum Übernachten.

der **Topf ̈-e** *tiefes Gefäß zum Kochen (siehe Zeichnung)* — Ein **Topf** ist tief, eine Pfanne ist flach. — In diesem **Topf** hat die Frau Kartoffeln gekocht, in der Pfanne hat sie das Fleisch gebraten.

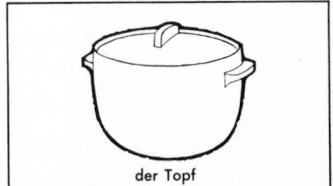

der Topf

der **Waschkessel -** *(siehe Zeichnung)* — Ein **Kessel** ist viel größer als ein Topf, und ein **Waschkessel** ist viel größer als ein gewöhnlicher **Kessel.** In einem **Waschkessel** kocht die Hausfrau ihre **Wäsche,** um sie weiß zu machen.

der Waschkessel

![Familie Soennecken beim Mittagessen]

 *Familie Soennecken um den Eßtisch zum Mittagessen versammelt.*

ELSBETH: Wirklich, so groß war er — mindestens vierzig Zentimeter breit.

HERR SOENNECKEN: Elsbeth, nun hör mal auf! So große Mehlbüdel gibt's ja gar nicht.

ELSBETH: Ich hab' ihn aber doch bei Heitmanns auf dem Tisch gesehen!

FRAU SOENNECKEN: Hat Frau Heitmann denn einen Topf, der groß genug ist für so 5
einen Mehlbüdel?

ELSBETH: Den muß sie wohl haben.

HEINRICH: Vielleicht hat sie ihn im Waschkessel gekocht.

ELSBETH: Quatsch! Das ist doch nicht möglich! — Aber ich muß sagen, er hat wunder-

---

[3] Mehlbüdel *North German name for a huge flour dumpling*

10 schön geschmeckt. Sie hat mir nämlich ein Stück davon gegeben. Mit Himbeersoße.
— Kochen kann sie, das muß ich sagen.

MARK: Das möcht' ich auch mal versuchen — Mehlbüdel mit Himbeersoße.

FRAU SOENNECKEN: Wenn ihr wollt, will ich morgen auch einen machen.

HEINRICH: Ja, Mutter, tu das doch. Mehlbüdel mag ich immer furchtbar gern.

15 MARK: Sag mal, Elsbeth. Hast du nicht gesagt, daß die Heitmanns ein Restaurant
aufmachen wollen?

ELSBETH: Ja, das hat Elfriede mir gesagt. Weil ihre Mutter so gut kochen kann. —
Wenn die neue Landstraße bei ihnen durchgeht, wollen sie ein Restaurant aufmachen.

20 HERR SOENNECKEN: Nun hört aber mal auf! Es ist ja, als ob die neue Landstraße hier
alles ändern würde!

HEINRICH: Das könnte ja auch geschehen.

FRAU SOENNECKEN: Es wird ganz bestimmt anders werden, wenn hier die Motoristen
anfangen, durch die Gegend zu sausen. Aber so schlimm ist das doch nicht,
25 Johannes!

HERR SOENNECKEN: Es wird jeden Tag schöner! Erst eine Tankstelle, nun ein Restaurant! Was wird es erst morgen geben? Hast du auch einen Plan, Mutti?

FRAU SOENNECKEN: Na, das lassen wir den Jungen.

ELSBETH: Hört mal! Ich hab' 'ne Idee!

30 HERR SOENNECKEN: Du auch, Elsbeth?

ELSBETH: Wie wär's, wenn wir 'ne Art von Raststätte auf unserm Land aufmachten?

MARK: Großartig! Mit Restaurant, da Frau Heitmann so gut kochen kann!

HEINRICH: Ja, eine Raststätte, mit Restaurant und Tankstelle. Eine fabelhafte Idee!

MARK: In Amerika haben wir schon längst so 'was.

35 HEINRICH: Elsbeth, das war eine feine Idee! — Ja, Vater, warum bauen wir nicht so 'ne
Sache da auf dem Dreieck? — Und dann kann Frau Heitmann die Küche und das
Restaurant leiten.

HERR SOENNECKEN: Das will ich mir mal überlegen. — Sieh mal, Heinrich. Dieser
Plan ist gar nicht so schlecht. Denn da brauchst du kein Pächter werden. Da bleibst
40 du dein eigener Herr.

FRAU SOENNECKEN: Ja — und wenn wir das so machen, dann sparen die Heitmanns sich
die Kosten. Dann bauen wir die Raststätte, und die Heitmanns nehmen sie in Pacht.

MARK: Ich seh' nicht ein, wie dabei etwas schiefgehen kann.

HEINRICH: Ich auch nicht.

45 HERR SOENNECKEN: Na, ich will's mir mal überlegen.

---

10 Himbeersoße   *raspberry sauce*
41 sparen   *save*

ÜBUNG

> ## The pronouns **ein-**, **kein-**
>
> Grammar Reference §15, page 345.
>
> *Study the examples and rewrite the sentences, substituting the noun or pronoun in parentheses for the subject, and the appropriate form of the pronoun* **ein-** *if* **auch** *is supplied, the appropriate form of the pronoun* **kein-** *if* **aber** *is supplied.*
>
> EXAMPLES: Frau Heitmann hat einen Mehlbüdel gemacht. (Frau Soennecken / auch)
> **Frau Soennecken hat auch einen gemacht.**
>
> Mein Freund hat viel Gepäck mitgebracht. (ich / aber)
> **Ich habe aber keins mitgebracht.**
>
> 1. Mark hat einen Wagen. (Heinrich / aber)
> 2. Mark hat sich ein Mittagessen bestellt. (ich / auch)
> 3. Marks Vater hat ein Gut. (Mein Vater / aber)
> 4. Die Heitmanns haben eine Tochter. (die Soenneckens / auch)
> 5. Schledehausen hat eine Tankstelle. (dieses Dorf / aber)
> 6. Vater Soennecken bekommt Geld für sein Land. (die Heitmanns / aber)
> 7. Frau Heitmann will ein Restaurant aufmachen. (wir / auch)
> 8. Ich lasse eine Raststätte auf meinem Gut bauen. (Herr Soennecken / aber)
> 9. Die Stadt Osnabrück hat eine gute Zeitung. (unsere Stadt / auch)
> 10. Mark möchte einen Vorschlag machen. (ich / auch)

9/6 Auf dem Lande (6)

ERWEITERUNG DES WORTSCHATZES

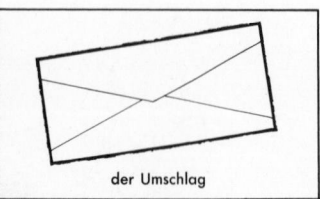
der Umschlag

das **Grundstück -e** *Stück Land*
der **Umschlag ⸚e** — Jeder Brief ist in einem **Umschlag.** In diesem **Umschlag** war ein Brief von Herrn Maier, aber ich habe den Brief verloren. (*siehe Zeichnung*)

Zwei Wochen später. Herr Bodenstädt vom Bundesverkehrsministerium übergibt Herrn Soennecken einen Umschlag. Familie sieht zu.

HERR BODENSTÄDT: Und in diesem Umschlag finden Sie zwei Dinge — das Dokument über den Verkauf des Grundstücks am „Schnaakenbusch" und einen Scheck über
5   fünftausendzweihundertfünfundsiebzig Mark.

HERR SOENNECKEN: Na, recht vielen Dank!

HERR BODENSTÄDT: O, die Behörde ist I h n e n dankbar!

HERR SOENNECKEN: Aber wissen Sie, ich hätte lieber das Land als das Geld. Meiner Familie sollten Sie danken. Die haben schon ein paar eigene Pläne.

10 FRAU SOENNECKEN: Hörst du, Elsbeth? Damit meint er dich!

ELSBETH: Aber Heinrich und Mark haben doch ebenso viel damit zu tun gehabt.

HEINRICH: Ach Quatsch. Du bist's ja gewesen, die den Plan vorgeschlagen hat.

ELSBETH: Aber wenn Mark nicht steckengeblieben wäre —

MARK: Meine liebe Kusine hat natürlich recht. Ja, ja — (*Elsbeth imitierend*) wenn ich
15   nicht steckengeblieben wäre, oder wenn mein Großvater nicht nach Amerika gegangen wäre — oder wenn Urgroßvater Soennecken nicht die großen Bäume gepflanzt hätte, —

FRAU SOENNECKEN: — dann hätten wir hier morgen keine Tankstelle! — Aber vergessen wir unseren Papa nicht! Wenn er sich nicht entschieden hätte, wäre die ganze
20   Sache zu nichts gekommen.

HEINRICH: Also das wäre erledigt. Jetzt muß ich aber mit dem Traktor aufs Land. Im „Schnaakenbusch" muß noch das Gras gemäht werden. — Kommst du mit, Mark?

---

[7] Behörde = Straßenbehörde *Highway Commission*

ÜBUNG

Relative clauses

Grammar Reference §57.5, page 382.

Join the following pairs of sentences by changing the underlined pronoun to a relative pronoun and inserting the clause in the proper place in the first sentence.

EXAMPLES: Sie hat einen Freund. Er ist vor vierzehn Tagen nach Amerika gegangen.
Sie hat einen Freund, der vor vierzehn Tagen nach Amerika gegangen ist.

Unsere Nachbarn werden es sicher nicht gern haben. Sie wohnen auf dem Hof dahinten.
Unsere Nachbarn, die auf dem Hof dahinten wohnen, werden es sicher nicht gern haben.

1. Mein Vater wird nicht viel für diese Idee übrig haben. Er ist ein bißchen altmodisch.
2. Dein Urgroßvater hat die Ulmen mit eigener Hand gepflanzt. Sie stehen da an der Mauer.
3. In Kalifornien gibt es große Bäume. Sie sind dreimal so alt.
4. Dann entsteht auf der anderen Seite der Landstraße ein Dreieck. Das wird immer noch uns gehören.
5. Ein Freund von uns in Kalifornien hat eine Tankstelle. Die bringt sehr viel ein.

9/7 Ein norddeutscher Bauernhof

ERWEITERUNG DES WORTSCHATZES

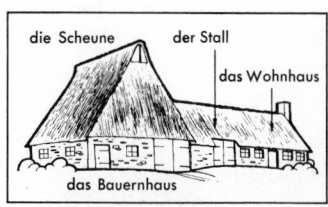

die Scheune   der Stall
das Wohnhaus
das Bauernhaus

das **Bauernhaus** ⸚er (*siehe Zeichnung*)

befinden, a, u (sich)   *an einer Stelle sein* — Der Garten **befindet sich** hinter dem Haus.

der **Haufen** -   *Menge von neben- oder übereinanderliegenden Dingen* — Der Professor hat einen **Haufen** Bücher auf seinem Schreibtisch. — Auf jedem Bauernhof kann man einen **Misthaufen** sehen. (Mist = Exkrement von Tieren auf Stroh)

der **Kachelofen** ⸚ (*siehe Zeichnung*)

der **Knecht** -e   *Arbeiter auf einem Bauernhof, der weiß, wie man Pferde behandelt*

mehrere   *mehr als zwei, aber nicht sehr viele* — Das Wohnhaus hat **mehrere** Fenster.

der Kachelofen

das **Murmeltier** -e (*siehe Zeichnung*)   *ein kleines Tier, das in hohen Gebirgen lebt und einen langen Winterschlaf hält*

sorgen (für) — Die Eltern **sorgen für** ihre Kinder: der Vater verdient das Geld; die Mutter kocht und leitet den Haushalt. — Der Stallknecht **sorgt für** die Pferde: er füttert sie, bringt ihnen Wasser und macht den Stall sauber.

der **Vorteil** -e — Wenn eine Sache besser ist als andere Sachen, dann hat diese Sache einen **Vorteil** über die anderen. Das Gegenteil von „**Vorteil**" ist „Nachteil".

die **Wohnstube** -n   *das Wohnzimmer*

das Murmeltier

   In vielen alten Bauernhäusern in Norddeutschland, besonders in Schleswig-Holstein, leben Menschen und Tiere unter einem Dach. Das hat gewisse Vorteile, aber auch manche Nachteile. Die Menschen können im Winter für ihre Tiere sorgen, ohne durch den Schnee laufen zu müssen. Denn der Winter kann im Norden sehr hart sein.
5 Es ist nicht so schwer, das Haus warm zu halten, wenn die Tiere unter dem gleichen Dach in ihrem Stall versammelt sind. Von den Nachteilen brauchen wir nicht zu sprechen. ↓

Dieser Bauernhof ist gewiß schon mehrere hundert Jahre alt. Das Gebäude ist aus roten Backsteinen erbaut, und das Dach ist aus Stroh (siehe Bild). Das Wohnhaus der Bauernfamilie befindet sich rechts. Das ist an den Fenstern und am Schornstein auf 10 dem Dach zu erkennen. Dort befinden sich die Küche und die Wohnstube. Die Küche hat einen großen Herd und die Wohnstube einen gemütlichen Kachelofen. Hinter der Wohnstube sind die kleinen Schlafzimmer mit ihren Federbetten, unter denen man „wie ein Murmeltier" schläft. Ganz links unter dem hohen Dach befindet sich die Scheune. Der Stall ist also zwischen der Scheune und dem Wohnhaus. 15

Das Bild zeigt einen Abend im Vorfrühling. Sechs Arbeitspferde, schwere und wohlgepflegte Tiere, werden von der Weide heimgetrieben. Zwei Knechte — der eine

17 wohlgepflegte *well cared-for*

rechts, der andere links — sorgen dafür, daß die Tiere zusammenbleiben. Auf dem Hof sind andere Pferde zu sehen. Mehrere stehen schon an der Stalltür. Zwei andere ziehen
20 einen Wagen über den Hof. Wahrscheinlich sind diese Pferde die Hauptquelle von Kraft und Energie auf diesem Gut; denn auf dem Hof kann man keinen Traktor oder ähnliche Maschinen entdecken. Obwohl der Bauer wahrscheinlich keinen Traktor hat, kann man nicht sagen, daß er arm ist. Denn vor der Stalltür liegt ein großer Misthaufen. Und in Europa weiß jeder, der ein bißchen von Landwirtschaft versteht, daß ein großer
25 Misthaufen Wohlstand bedeutet.

---

21 Kraft und Energie   *power*
25 Wohlstand   *a high standard of living*

ÜBUNG

Make a list of expressions relating to rural life, in preparation for an oral report about a typical day of a German farmer. In addition to words you have learned in this chapter, you may find that items in the ERWEITERUNGEN in sections 3/4, 4/5, 5/2, and 5/4 will help you.

Der Hase von Albrecht Dürer

Auswendig zu lernen

beginnen, begann, begonnen	reißen, riß, gerissen
gewinnen, gewann, gewonnen	reiten, ritt, geritten
schwimmen, schwamm, geschwommen	schneiden, schnitt, geschnitten
	vergleichen, verglich, verglichen
liegen, lag, gelegen	[*Siehe Seite 87*]
sitzen, saß, gesessen	geschehen (geschieht), geschah, geschehen

Wilhelm Tell mit seinem Sohn Walter
(Schild an einem Gasthaus)

Salzburg

Zehntes Kapitel

10/1 Wiedersehen nach den Ferien

ERWEITERUNG DES WORTSCHATZES

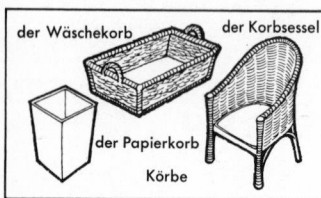

der Wäschekorb   der Korbsessel

der Papierkorb

Körbe

das **Baugeschäft -e** *eine Firma, die Wohn- und Geschäftshäuser und andere Gebäude baut, auch Brücken, Straßen usw.* — Ein Ingenieur oder ein Architekt leitet ein **Baugeschäft.**

der **Korb ⸚e** (*siehe Zeichnung*) — In jedem Klassenzimmer befindet sich ein **Papierkorb.** — Was ist ein **Körbchen?**

mittelprächtig — „Prächtig" bedeutet „großartig, herrlich, sehr schön"; „**mittelprächtig**" ist viel weniger schön als „**prächtig**"; es heißt ungefähr „nicht besonders gut und nicht besonders schlecht".

studieren — Man lernt überall: in der Schule, bei der Arbeit, beim Spiel; man **studiert** aber nur auf einer „Hochschule" (Universität, Technische Hochschule, Handels-, Musik-, Forsthochschule usw.).

T.H. *Technische Hochschule* — Wenn man Ingenieur oder Architekt oder Elektrotechniker werden will, dann geht man auf die **Technische Hochschule.**

Salzburg

Hertha und Paula begegnen sich auf einer Straße an der Salzach in Salzburg.

HERTHA: Grüß Gott, Paula! Wie war's in den Ferien?

PAULA: O, so mittelprächtig. Ich bin doch nicht mehr weggekommen!

HERTHA: Wieso? Warum denn nicht?

5 PAULA: Ach, meine Mutter hat sich Ende Juli den Fuß gebrochen.

HERTHA: Ach nein! So was! Das tut mir aber leid.

PAULA: Und so sind wir zu Hause geblieben.

HERTHA: Das ist aber schade. Wie geht es ihr denn jetzt?

PAULA: O, jetzt ist alles wieder in Ordnung. Sie kann wieder aufstehen und herum-

10   gehen.

HERTHA: Das freut mich sehr. — 'n hübsches Körbchen hast du da.

PAULA: Ja, das haben meine Eltern mir geschenkt. Weil ich zu Hause so mitgeholfen
    hab'.

HERTHA: Das war aber nett. Es paßt so schön zu deinem Kleid. **219**

PAULA: Ja, es gefällt mir auch. — Wie war's denn bei euch? Hast du viel Spaß gehabt? 15

HERTHA: Das kann ich wohl sagen. Ich hab' fast jeden Tag geschwommen und in der Sonne gelegen.

PAULA: Was? Du gehst doch sonst nicht gern schwimmen. Wo wart ihr denn? In Italien?

HERTHA: Nein, nein! Bei meinem Onkel in Darmstadt. Der hat doch ein großes 20 Baugeschäft.

PAULA: Und da wart ihr die ganze Zeit? Das sind doch keine richtigen Ferien!

HERTHA: Das will ich auch gar nicht behaupten. Vati und Mutti sind dann auch bald nach Dänemark weitergefahren. Aber ich durfte bei Marianne bleiben.

PAULA: Wer ist Marianne? 25

HERTHA: Das ist doch meine Kusine. Du, die solltest du sehen. Die kann schwimmen!

PAULA: Wo seid ihr denn schwimmen gegangen?

HERTHA: Da ist so ein kleiner See in der Gegend. Da sind wir jeden Tag hingefahren. — Ja, und dann kamen auch manchmal zwei junge Leute aus Onkel Richards Geschäft. Der eine war aus Hamburg — ein netter Junge. Und immer so lustig. 30 Wir haben furchtbar viel Spaß gehabt.

PAULA: Mußte er denn nicht arbeiten?

HERTHA: Ja, morgens. Aber nachmittags ist er fast jeden Tag herausgekommen. Er war ja nicht richtig im Geschäft. Er sollte nur in den Ferien ein bißchen was lernen.

PAULA: Was tut er denn sonst, studiert er? 35

HERTHA: Ja, auf der T.H. in Darmstadt. Er will nämlich Ingenieur werden.

PAULA: Ach so!

FRAGEN

1. Wo begegnen sich die beiden Mädchen?
2. Was ist die Salzach?
3. Warum mußte Paula zu Hause bleiben?
4. Was haben ihr die Eltern geschenkt?
5. Was hat Hertha in den Ferien getan?
6. Wo war sie denn?
7. Wohin sind Herthas Eltern gereist?
8. Was haben Hertha und Marianne jeden Tag getan?
9. Wer ist manchmal mitgekommen?
10. Wie kam es, daß der Junge aus Hamburg nachmittags nicht arbeiten brauchte?

ÜBUNG

Uses of the dative

Grammar Reference §3.1, §3.3, and §12.1, pages 337 and 343.

Copy the sentences and fill in the blanks with the appropriate form of pronoun indicated by the context.

EXAMPLES: Peter ist nicht krank. Es geht ____ sogar ausgezeichnet.
Es geht ihm sogar ausgezeichnet.

Sie hat ein schönes neues Kleid. Es gefällt ____ sehr.
Es gefällt ihr sehr.

1. Elisabeth besitzt einen Wagen. Der Wagen gehört ____ .
2. Ich habe einen guten Freund. Ich helfe ____ , und er hilft ____ .
3. Ich habe dein schönes Weihnachtsgeschenk bekommen. Ich danke ____ sehr dafür.
4. „Wo hast du Hertha gesehen?" — „Ich bin ____ heute in der Stadt begegnet."
5. Heinrich hat sich einen Plan ausgedacht. Dieser Plan gefällt ____ sehr.
6. Warum sagst du deinem Vater nichts? Warum willst du ____ nicht antworten?
7. Wir haben eine ausgezeichnete Lehrerin. Sie hilft ____ gern, und daher gefällt sie ____ sehr.
8. Wir haben das Geld von Ihnen bekommen. Wir danken ____ sehr dafür. — Wir sind ____ sehr dankbar.
9. Die Zwillinge sagen, es tut ____ leid, daß sie so spät gekommen sind.
10. Ich habe gehört, daß du krank warst. Das tut ____ aber leid! Hoffentlich geht's ____ jetzt wieder besser.

10/2 „Das darf man doch nicht!"

ERWEITERUNG DES WORTSCHATZES

auswärts — Wenn jemand nicht aus unserer Stadt ist, sagen wir, daß er von **auswärts** kommt. Dann hat er auch eine **auswärtige** Nummer an seinem Wagen — in Deutschland erkennt man am Nummernschild, aus welcher Stadt ein Wagen kommt. (Siehe Bild: Der Anfangsbuchstabe „D" am langen Nummernschild bedeutet „Düsseldorf". Das „D" im Kreis bedeutet „Deutschland".)

biegen, o, o *eine Kurve machen* — Der Polizeiwagen **biegt** gerade um die Ecke. **ab-biegen** *nach der Seite abgehen* — Sie müssen nach rechts **abbiegen**. Warum sind Sie denn nach links **abgebogen**?

die Einbahnstraße -n — In einer **Einbahnstraße** dürfen die Wagen nur in einer Richtung fahren. Das Schild, auf das der Polizist auf dem Bild deutet, heißt: „**Einbahnstraße**. Nicht hineinfahren."

der Wachtmeister - *der Polizeisergeant* — Wenn man mit einem Polizisten spricht, sagt man „**Herr Wachtmeister!**" zu ihm.

der Zettel - *ein Stück Papier* — Man schreibt sich Notizen auf einen **Zettel**. Der Polizist schreibt einen **Strafzettel**, wenn ein Fahrer etwas Falsches gemacht hat.

Eine Einbahnstraße in einer kleinen süddeutschen Stadt. Ein Wagen aus Düsseldorf hält vor einem Polizisten, der auf ein Schild deutet.

POLIZIST: Heda, Sie, junger Mann! Halten Sie! Das geht nicht! Hier können Sie nicht durchfahren. Das ist doch eine Einbahnstraße.

5 KURT GIESECKE: Das tut mir furchtbar leid. Das hab' ich nicht gewußt.

POLIZIST: Aber da ist doch ein Schild an der Ecke, groß und breit: Einbahnstraße.

KURT GIESECKE: Das hab' ich aber nicht gesehen. — Sehen Sie, da kam ein Lastwagen um die Ecke, und —

POLIZIST: So? Was Sie nicht sagen! — Na, ich will's diesmal noch gelten lassen. Sie

10 sind ja von auswärts. Aber das nächste Mal muß ich Ihnen einen Strafzettel geben. — Wo wollen Sie denn hin?

KURT GIESECKE: In die Waldstraße. Waldstraße 53. Da wohnt nämlich ein Freund von mir.

POLIZIST: So? Der Karl Stoll ist ein Freund von Ihnen?

15 KURT GIESECKE: Karl Stoll? Aber ich möchte zu einem Herrn namens Werner Stoll.

POLIZIST: Werner? Ja, das ist ja dem Karl sein Sohn. Ja, ja. Wie die Zeit vergeht! Ich hätte gar nicht gedacht, daß der Werner schon so groß ist.

KURT GIESECKE: Ist die Waldstraße nicht hier in dieser Gegend?

POLIZIST: Ja, das ist sie schon. Aber da müssen Sie von der anderen Seite kommen! —

20 Sehen Sie, da an der Ecke, da biegen Sie rechts ab und fahren drei Straßen geradeaus. Und dann biegen Sie wieder rechts um die Ecke, bis Sie an den Karlsplatz kommen. Und da ist dann auch die Waldstraße. Da finden Sie gleich links die Hausnummer 53.

KURT GIESECKE: Ja, das will ich dann tun. Danke schön, Herr Wachtmeister. Ich

25 werde sie schon finden.

---

9 es . . . gelten lassen *let it go*

ÜBUNG

> ## Descriptive adjectives
>
> Grammar Reference §22.1, 2, page 350.
>
> *Study the example, then copy the sentences and substitute the noun in parentheses for the noun in* **heavy type.** *The nominative form of the definite article is given with each noun to indicate its gender.*
>
> EXAMPLE: Herthas Eltern haben ihr ein hübsches **Körbchen** geschenkt. (der Ring)
> **Herthas Eltern haben ihr einen hübschen Ring geschenkt.**
>
> 1. Meine Mutter hat sich eine blaue **Bluse** gekauft. (der Mantel)
> 2. Mein Onkel hat ein großes **Baugeschäft.** (der Wagen)
> 3. Die Verkäuferin hat mir einen schönen blauen **Rock** gezeigt. (das Kleid)
> 4. Die alte Dame setzte sich auf ein bequemes **Sofa.** (der Stuhl)
> 5. Darmstadt hat ein Technisches **Institut.** (die Hochschule)
> 6. Der Polizist hat dem jungen Mann ein kleines **Schild** gezeigt. (der Zettel)
> 7. Er sah vor sich nur ein großes **Auto.** (der Lastwagen)
> 8. Ich habe deine freundliche **Einladung** bekommen. (der Brief)
> 9. Melanie hat eine neue braune **Tasche.** (der Regenschirm)
> 10. Hier haben wir ein großartiges **Bild** von Innsbruck. (der Stadtplan)

10/3 Im Zoologischen Garten

ERWEITERUNG DES WORTSCHATZES

abwechselnd *erst das eine, dann das andere*
die **Aufnahme -n** *Bild, das man mit einem Photoapparat „aufnimmt"*
— Der Photograph macht eine **Aufnahme.**
der **Aufseher -** *ein Mann, der aufpassen muß, z. B. in einem Museum oder in einem zoologischen Garten*

die **Erdnuß -nüsse** (*siehe Zeichnung*)

gucken *schauen, sehen* — **Guck** mal! (= Sieh mal!) [Dialekt: man schreibt „**gucken**", aber man spricht „**kucken**".]

niedlich *hübsch, nett* — Sieht das Kind da in dem kleinen Dirndlkleid nicht **niedlich** aus?

das **Pfund -e** *ein halbes Kilogramm* — In Deutschland hat ein **Pfund** fünfhundert Gramm. — Ein amerikanisches **Pfund** hat nur vierhundertfünfzig Gramm.

der **Rüssel -** (*siehe Zeichnung*)

die **Tüte -n** *ein Sack aus Papier* — Wenn man in einem Geschäft etwas kauft, dann steckt die Verkäuferin die Sache in eine **Tüte**.

wechseln *Geld umtauschen* — „Können Sie mir eine Mark **wechseln**? Ich möchte ein Fünfzigpfennigstück, zwei Zwanzigpfennigstücke und ein Zehnpfennigstück." „Ja gerne."

weich *nicht hart* — Dieses Bett ist **weich**.

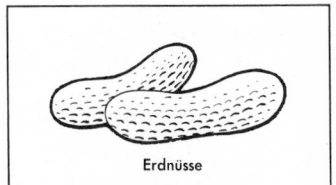

Erdnüsse

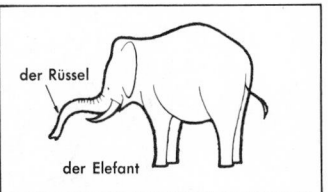

der Rüssel

der Elefant

Eine Menge Menschen hat sich bei den Elefanten versammelt. Eva und Helmut treten von hinten an die Menge heran.

EVA: Komm, laß uns schnell machen. Da füttern sie gerade die Elefanten. Ich möchte sie auch füttern. Ich hab' immer so viel Spaß daran.

HELMUT: Warum so eilig? Du wirst immer noch Zeit haben. —Ich bin schon jahrelang 5 nicht mehr hier gewesen; aber die Elefanten habe ich nicht vergessen. Sie heißen Anton und Antonie, und sie lassen sich stundenlang von den Zuschauern füttern. Darauf kannst du dich verlassen.

EVA: Die Leute füttern sie alle mit Erdnüssen. Ich hab' aber keine mitgebracht.

HELMUT: Ich auch nicht. Aber da ist eine Bude. Dort können wir uns eine Tüte 10 Erdnüsse kaufen. Kommst du mit?

(Sie treten an die Bude.)

'n halbes Pfund Erdnüsse, bitte. — Und würden Sie mir bitte das Zehnpfennigstück wechseln? Könnten Sie mir zehn Pfennigstücke geben? — Danke schön.

EVA: Sag mal, warum wolltest du die zehn Pfennige? Damit kannst du doch nichts 15 anfangen.

HELMUT (geheimnisvoll): — Warte nur!

(Helmut tritt durch die Menge. Eva folgt ihm.)

---

17 geheimnisvoll *mysteriously*

EIN BESUCHER (*der gerade eine Aufnahme machen will*): Ausgerechnet mir muß das
20   passieren! Da müssen mir die beiden dazwischen kommen! Gerade, wie Mathilde
    den Elefanten füttert!

HELMUT: O, verzeihen Sie, bitte! Ihren Photoapparat habe ich nicht gesehen.

DER BESUCHER: Können Sie denn nicht aufpassen?

HELMUT: Das tut mir furchtbar leid. Verzeihen Sie, bitte!

25 EVA (*zu Mathilde*): Hier, nehmen Sie doch ein paar von meinen Erdnüssen. Ich sehe,
    Sie haben keine mehr.

MATHILDE: Danke schön! Sehr freundlich von Ihnen. (*Eva und Mathilde fangen an, die
    Elefanten zu füttern.*)

HELMUT: Das müßt ihr abwechselnd tun. Sonst werden sie eifersüchtig! Hier, Anton!
30   Hier, Antonie! (*Abwechselnd die Tiere fütternd — zu Eva*) Wie gefällt dir denn der
    Rüssel?

EVA: O, der fühlt sich so komisch an, so weich. —

HELMUT: Eva, jetzt paß mal auf! Da kommt der Aufseher. Nun guck mal, was Anton
    mit dem Geld macht.

35 EVA: Ach, sieh mal an! Das ist ja niedlich! Der weiß ganz genau, was er im Rüssel hat.
    Wenn's Erdnüsse sind, dann frißt er sie. Und wenn es Pfennige sind, dann steckt er
    sie dem Aufseher in die Tasche!

AUFSEHER: 'n schlaues Tier, was? Wollen Sie ihm auch einen Pfennig geben?

EVA: Ich hab's noch nie versucht. — Woher weißt du, daß er das tut?

40 HELMUT: O, ich hab' ihn ja schon gefüttert, als ich noch klein war.

EVA (*zum Aufseher*): Dann sollten Sie jetzt ja ein reicher Mann sein!

FRAGEN

1. Warum möchte Eva schnell machen?
2. Was braucht man, wenn man die Elefanten füttern will?
3. Wo kann man Erdnüsse kaufen?
4. Wieviel Erdnüsse kauft Helmut?
5. Was läßt er dabei wechseln?
6. Von wem wollte einer der Besucher eine Aufnahme machen?
7. Was tut Mathilde?
8. Warum gibt Eva der Mathilde ein paar von ihren Erdnüssen?
9. Was tut Anton mit den Erdnüssen?
10. Was tut er mit den Pfennigen?

ÜBUNG

Conditional sentences

Grammar Reference §58, page 383.

For each of the conditional sentences, indicate whether it is a) a real condition, b) a more-or-less possible condition, c) a contrary-to-fact condition.

1. Wenn wir zu diesem Restaurant gingen, dann äßen wir eine Forelle.
2. Wenn du Zeit hast, dann können wir zusammen hingehen.
3. Wenn es Pfennige wären, dann würde er sie dem Aufseher in die Tasche stecken.
4. Wenn's Erdnüsse gewesen wären, dann hätte er sie gefressen.
5. Wenn wir uns das Zehnpfennigstück hätten wechseln lassen, dann hätten wir dem Elefanten einen Pfennig geben können.
6. Wenn wir zu diesem Restaurant gehen, dann essen wir eine Forelle.
7. Wenn's Erdnüsse wären, dann fräße er sie.
8. Wenn es Pfennige gewesen wären, dann hätte er sie dem Aufseher in die Tasche gesteckt.
9. Wenn wir uns das Zehnpfennigstück wechseln lassen, dann können wir dem Elefanten einen Pfennig geben.
10. Wenn du Zeit hättest, dann könnten wir zusammen hingehen.
11. Wenn wir zu diesem Restaurant gegangen wären, dann hätten wir eine Forelle essen können.
12. Wenn's Erdnüsse sind, dann frißt er sie.
13. Wenn du Zeit gehabt hättest, dann hätten wir zusammen hingehen können.
14. Wenn wir uns das Zehnpfennigstück wechseln ließen, dann könnten wir dem Elefanten einen Pfennig geben.
15. Wenn es Pfennige sind, dann steckt er sie dem Aufseher in die Tasche.

10/4 In einem kleinen Restaurant in Zürich

ERWEITERUNG DES WORTSCHATZES

an-schreiben, ie, ie *auf Kredit kaufen, auf die Rechnung schreiben* —
    Wenn man eine Sache jetzt kauft und später bezahlt, läßt man
    die Sache **anschreiben.**

der **Begriff -e** *Ahnung, Idee, Vorstellung*

ehe *bevor*

der **Ober -** *Oberkellner* — Wenn man mit einem Kellner spricht,
    sagt man „**Herr Ober**" zu ihm.

der **Unsinn** *etwas Dummes, Quatsch*

Drei junge Leute — zwei Amerikaner und ihr Freund aus Zürich — essen Käse-Fondue.

BOB: Na, Tim, wie schmeckt's? Glaubst du, Alfred hat recht?

TIM: Aber gewiß. Schmeckt fabelhaft. Käse-Fondue heißt es, gelt?

ALFRED: Ja. Das essen wir oft, wenn wir Schilaufen gehen, und ich habe Bob davon 5 erzählt. Dieses Restaurant soll das beste Fondue in ganz Zürich haben. Daher habe ich Bob gesagt, du sollst mitkommen, ehe ihr beide nächsten Winter Schilaufen geht. Jetzt hast du einen Begriff davon, wie ein gutes Fondue schmeckt, wenn ihr da oben in den Bergen in irgendeinem Winterhotel sitzt.

BOB: Sieh mal, Tims Brot ist schon alle. 10

TIM: Macht nichts. Ich habe wirklich mehr als genug gegessen.

BOB: Unsinn. Man kann immer mehr Brot bestellen, gelt, Alfred?

ALFRED: Aber natürlich! Herr Ober! — Noch etwas Brot, bitte. — Tut mir leid, Jungs, ich muß jetzt wieder ins Büro. Aber eßt doch! Ich hab' dem Kellner gesagt, er soll mir alles anschreiben. 15

230   TIM: Vielen Dank, Alfred, vielen herzlichen Dank!

FRAGEN

1. Wo befinden sich die drei jungen Leute?
2. Was essen sie?
3. Wie schmeckt ihnen das Käse-Fondue?
4. Wann essen Alfred und seine Freunde gewöhnlich Käse-Fondue?
5. Warum hat Alfred die beiden jungen Amerikaner zu diesem Restaurant gebracht?
6. Wann geht man Schilaufen?
7. Wo geht man Schilaufen?
8. Wieviel hat Tim schon gegessen?
9. Wie bekommt man mehr Brot?
10. Wer wird die Rechnung bezahlen?

10/5 Ein freundlicher Polizist

ERWEITERUNG DES WORTSCHATZES

an-melden (sich) *vorher sagen, daß man kommen wird* — (*Im Hotel.*) „Wie können Sie sagen, daß Sie keine Zimmer haben! Ich habe **mich** schon vor zwei Wochen **angemeldet!**"

behalten (ä), ie, a *nicht vergessen* — Für die Geschichtsprüfung müssen wir eine Menge Daten im Kopf **behalten.**

Gern geschehen! = *Es hat mich gefreut, Ihnen helfen zu können.*

Hand: an Hand = *mit Hilfe*

die **Jugendherberge -n** *ein Gebäude, wo junge Leute zu billigem Preis übernachten können, wenn sie durch die Natur wandern* — Heute gibt es überall **Jugendherbergen,** sowohl in Amerika wie auch in Europa. **Jugendherbergen** sind oft auf dem Lande, manchmal auch in der Stadt. Sie sind in Bauernhäusern, in Berghütten, auch in großen, modernen Häusern zu finden. In West-Deutschland allein sind fast 700 von den mehr als 4 000 **Jugendherbergen** der Welt.

der **Neubau -ten** *ein Haus, das noch „im Bau" ist, oder auch ein sehr neues Haus* — Das große Geschäftshaus da drüben ist ein **Neubau.** Es ist gerade eben fertig geworden.

Polizist gibt einem Jungen Auskunft an Hand eines Stadtplans.

POLIZIST: Welche Jugendherberge suchen Sie denn? Wir haben hier doch zwei!

GERHARD: Die im alten Jacobi-Bunker.

POLIZIST: Ach so, die? Ja, die ist in der Innenstadt. Wissen Sie, wie man dahin kommt?

GERHARD: Nein, das möchte ich Sie fragen. 5

POLIZIST: Das ist gar nicht so schwer. Sehen Sie, hier sind wir am Moltkeplatz. Da drüben ist die Karl-Ludwig-Straße.

GERHARD: Da gleich gegenüber?

POLIZIST: Nein, das ist die Prinzenstraße. — Da weiter nach rechts, an der Ecke. Da neben dem großen Neubau. 10

GERHARD: O ja. Das ist also die Karl-Ludwig-Straße.

POLIZIST: Ja, richtig. Das ist 'ne ziemlich lange Straße. Und die gehen Sie entlang, bis Sie an die Augustinerkirche kommen. Das ist eine kleine alte Kirche mit einem dicken Turm. Na, und die Jugendherberge ist da gleich rechts um die Ecke. — Können Sie das behalten? 15

GERHARD: Ich glaube schon. Und wie lange dauert das?

POLIZIST: Na, sagen wir zehn oder zwölf Minuten. — Sind Sie angemeldet?

GERHARD: Ja, ich hab' ihnen eine Postkarte geschickt.

POLIZIST: Na, schön. Da sollten Sie keine Schwierigkeiten haben.

GERHARD: Vielen Dank, Herr Wachtmeister! 20

POLIZIST: Bitte schön! Gern geschehen!

10/6 Wer muß die Strafe bezahlen?

ERWEITERUNG DES WORTSCHATZES

beeilen (sich) *schnell machen* — Gero hat **sich** so **beeilt,** daß er ganz außer Atem ist.

der **Bürgersteig -e** *der Weg auf der Seite der Straße, der für Fußgänger reserviert ist (siehe Zeichnung)* — In Deutschland kann man einen Strafzettel bekommen, wenn man mit dem Fahrrad auf dem **Bürgersteig** fährt.

der Bürgersteig

damit *so daß* — Stefan möchte sich diesen Sommer eine gute Stellung verschaffen, **damit** er sich einen kleinen Wagen kaufen kann.

der **Frisör -e** *(siehe Zeichnung)*

fürchten (sich) *Angst haben*

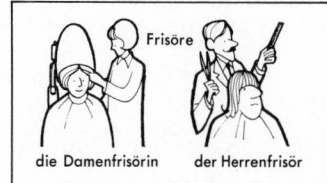

Frisöre

die Damenfrisörin   der Herrenfrisör

die **Mütze -n** *Kappe* — Wenn man eine Uniform trägt, gehört auch eine **Mütze** dazu.

die **Pflicht -en** — Wenn man das tut, was man tun soll, dann tut man seine **Pflicht.** — Es ist die **Pflicht** des Arztes, dem Kranken zu helfen.

rückwärts *nach hinten* — Wenn man **rückwärts** fährt, muß man nach hinten sehen. — Die Endung „**-wärts**" heißt „in dieser Richtung". „**Vorwärts**" heißt also „nach vorne"; „**seitwärts**" heißt „nach der Seite"; „**aufwärts**", „hinauf"; und „**abwärts**", „nach unten".

die **Schuld** — (Man läßt eine Tasse fallen. Die Tasse zerbricht.) Man sagt: „O, entschuldigen Sie, das war meine **Schuld.**"

stehlen (ie), a, o — Wenn jemand etwas nimmt, das ihm nicht gehört, dann **stiehlt** er.

> In der Universitätsstadt Göttingen. Vor dem Hauptgebäude der Universität. Ein Polizist schiebt einen Strafzettel unter den Scheibenwischer eines Autos. In diesem Augenblick tritt Professor Friedrich Ammerich aus dem Gebäude.

AMMERICH: Was? Schon wieder?

5 POLIZIST: Ja, schon wieder, Herr Professor. Aber es ist doch das erste Mal in dieser Woche.

AMMERICH: Daß ich das nicht behalten kann! Das ist doch zu dumm.

POLIZIST: Sie stecken eben zu tief in der Arbeit, Herr Professor!

AMMERICH: Ja, ja! Ich will Ihnen gar keinen Vorwurf machen. Sie müssen eben Ihre
Pflicht tun. Sie sind sozusagen auch bei der Arbeit. 10

POLIZIST: Es tut mir leid, Herr Professor, aber —

AMMERICH: Gewiß, natürlich! Es ist ganz meine Schuld! Ich sollte mich etwas früher
daran erinnern, daß ich hier draußen einen Wagen stehen habe. — Na, geben Sie
mir den Zettel. Ich werde die Sache bei der Polizeiwache in Ordnung bringen.

POLIZIST: Bitte schön, Herr Professor. — Auf Wiedersehen, Herr Professor! (*Legt die* 15
Hand grüßend an die Mütze und tritt auf den Bürgersteig zurück.)

    (*Professor Ammerich steigt in den Wagen, startet ihn und beginnt rückwärts aus
dem Parkplatz herauszufahren.*)

EINE DAME (*kommt von rechts her den Bürgersteig heraufgelaufen*): Halt — Halt! Herr
Wachtmeister! Halten Sie den Wagen da an! Jemand stiehlt meinen Wagen! 20

POLIZIST (*überrascht*): Das ist Ihr Wagen? (*Bläst seine Polizeipfeife, läuft auf die Straße,
hält Professor Ammerich an.*) 'n Moment mal, Herr Professor!

DAME (*inzwischen herangekommen, erkennt ihren Mann*): Ach, Fritz, bist du's?

AMMERICH (*überrascht*): Käte? Wo kommst du denn her?

KÄTE: Na, du weißt doch! Ich mußte doch zum Frisör. (*Steigt in den Wagen ein.*) Und 25
da fährst du mir beinahe vor der Nase weg! Weißt du denn nicht, daß i c h den
Wagen heute habe?

AMMERICH: Du den Wagen?

KÄTE: Ja, ich habe dich doch heute morgen hergefahren, damit ich den Wagen haben
könnte. 30

---

9 Vorwurf *reproach*
21 bläst *blows*

AMMERICH: Ja, aber wie kommt der Wagen dahin, wo ich ihn geparkt habe?

KÄTE: Du hast ihn doch gar nicht geparkt. Das hab' ich getan. Vor einer Stunde. Wie ich zum Frisör gegangen bin.

AMMERICH: Ach so! Na, dann habe ich hier ein kleines Geschenk für dich. (*Nimmt den*
35 *Strafzettel heraus.*) Du hast hier nämlich zu lange geparkt.

KÄTE: Was? Doch nicht ein Strafzettel? Und ich habe mich doch so beeilt!

AMMERICH: Dann möchtest du doch gewiß hierfür die Verantwortung übernehmen? — und die Sache bei der Polizeiwache in Ordnung bringen?

KÄTE: O, Schatz, kannst d u das nicht für mich tun? Ich fürchte mich immer so vor
40 der Polizei.

AMMERICH: Na, ich will's mir überlegen. Ich bin's ja gewöhnt! (*Hupen — Hupen*)

POLIZIST (*an den Wagen herantretend*): Entschuldigen Sie, Herr Professor! — Aber Sie müssen jetzt weiterfahren. Sie halten den ganzen Verkehr auf.

AMMERICH: O, entschuldigen Sie, bitte! — Auf Wiedersehen!

---

[37] Verantwortung *responsibility*
[41] Ich bin's gewöhnt. *I'm used to it.*

FRAGEN

1. Was tut der Polizist gerade, als Professor Ammerich aus dem Hauptgebäude der Universität tritt?
2. Wem gehört der Wagen?
3. Ist der Professor daran gewöhnt, daß er Strafzettel bekommt?
4. Woher wissen wir das? Was sagt er?
5. Warum macht Ammerich dem Polizisten keinen Vorwurf?
6. Was glaubt die Dame, als sie heraufgelaufen kommt?
7. Wer ist die Dame?
8. Warum hat Frau Professor Ammerich heute morgen den Wagen gefahren?
9. Wer hat den Wagen geparkt?
10. Wie lange glaubt Frau Professor Ammerich, beim Frisör gewesen zu sein?
11. Was für ein „Geschenk" hat der Professor für seine Frau?
12. Wer sollte eigentlich die Strafe bezahlen?
13. Wer wird wohl die Sache bei der Polizeiwache in Ordnung bringen?
14. Warum wird er es tun müssen?
15. Warum muß der Polizist noch einmal an den Wagen herantreten?

ÜBUNGEN

Notice in the foregoing conversation how relationships among the three people are expressed in the way they address each other — for instance, in the titles they use or fail to use.

Dative and accusative reflexive pronouns

Grammar Reference §13, page 344.

Study the example and write a **Ja/Nein** *question in the second person singular familiar, and the affirmative answer to it in the first person singular.*

EXAMPLE: Dieter konnte sich auf seinen neuen Stadtplan verlassen.
Konntest du dich auf deinen neuen Stadtplan verlassen?
Ja, ich konnte mich auf meinen neuen Stadtplan verlassen.

1. Käte hat sich so beeilt!
2. Käte fürchtet sich immer so vor der Polizei!
3. Professor Ammerich will es sich überlegen.
4. Helmut kauft sich eine Tüte Erdnüsse.
5. Eva kann sich darauf verlassen.

10/7 Wo ist die Südtiroler-Straße?

ERWEITERUNG DES WORTSCHATZES

die **Apotheke -n** *Geschäft, wo man nach einem Rezept, das ein Arzt geschrieben hat, eine Medizin bekommen kann*
entfernt *nicht in der Nähe; weit weg* — Denver ist mehr als tausend Meilen von San Franzisko **entfernt.** Osnabrück ist 540 km von Stuttgart **entfernt.**
entweder ... oder — Fast alle deutschen Flüsse haben **entweder** ihre Quelle **oder** ihre Mündung im Ausland.

der **Laden** = *ein kleines Geschäft, z. B. ein* **Musikladen,** *ein* **Hand-
schuhladen,** *ein* **Buchladen**

der **Schritt -e** — Als der Astronaut Neil Armstrong den Fuß auf den
Mond setzte, sagte er: „Ein kleiner **Schritt** für einen Menschen,
ein großer Sprung für die Menschheit.‟

die **Weile -n** *eine kurze Zeit* — „Können wir nicht gleich essen?‟
„Nein, wir müssen eine **Weile** warten.‟

*In den Gassen einer österreichischen Stadt. Zwei junge Männer von auswärts
suchen Hottingers Apotheke.*

CARL-ALBRECHT: Was glaubst du, wohin sollen wir nun gehen, wenn wir in die
Südtiroler-Straße kommen wollen — da rechts in die kleine Gasse oder hier links
5   die Straße entlang?

HANS-LEOPOLD: Ich glaube hier links. Die Kellnerin in der „Krone‟ hat doch gesagt:
„Immer geradeaus‟ — und hier kann das nur links sein.

CARL-ALBRECHT: Aber das ist doch nicht geradeaus!

HANS-LEOPOLD: Na, du weißt ja, was die Leute manchmal unter „geradeaus‟
10   verstehen.

CARL-ALBRECHT: Vielleicht sollten wir jemanden fragen.

HANS-LEOPOLD: Warum denn? Gehen wir mal hier entlang. Ich bin sicher, daß wir es
allein finden können. (*Sie gehen nach links.*)

CARL-ALBRECHT (*nach einer Weile*): Siehst du irgendwo das Schild von einer Apotheke? 15

HANS-LEOPOLD: Ich? Nein. — Ich glaube, wir haben uns verlaufen.

CARL-ALBRECHT: Da sollten wir doch lieber jemanden fragen.

HANS-LEOPOLD: Gehen wir noch ein paar Schritte weiter. Wir werden es ganz bestimmt finden.

(*Wie sie ein paar Schritte weiter gehen, sehen sie einen Mann an der Ecke stehen.*) 20

CARL-ALBRECHT: Da steht ein Alter da an der Ecke. Der wird es wohl wissen. — (*Zum Mann*) Ach, verzeihen Sie. Können Sie mir sagen, wo die Südtiroler-Straße ist?

MANN: So? Zur Südtiroler-Straße wollen Sie? Wohin denn da?

CARL-ALBRECHT: Ja, da soll ein alter Apotheker seinen Laden haben.

MANN: Ah, zum Hottinger Karl* wollen Sie? Wie sind Sie denn hierher gekommen? 25

CARL-ALBRECHT: Aus dieser Richtung.

MANN: Ah, so. Also, da können Sie zwei Wege gehen. Entweder laufen Sie wieder zurück, wo Sie hergekommen sind, und dann biegen Sie nach links ab — in eine kleine Gasse — und dann sind Sie in der Südtiroler-Straße. Oder Sie gehen hier noch ein paar Schritte weiter und biegen nach rechts ab — und dann kommen Sie 30 auch in die Südtiroler-Straße.

HANS-LEOPOLD: Was ist näher?

MANN: Wenn Sie zum Hottinger Karl wollen, dann gehen Sie am besten hier geradeaus und dann nach rechts.

HANS-LEOPOLD: Gut. Machen wir das. Schönen Dank! 35

MANN: Gern geschehen.

(*Die jungen Männer gehen weiter.*)

CARL-ALBRECHT: Also hier ist wirklich die Südtiroler-Straße. Gott sei Dank. Jetzt brauchen wir nur noch den Karl Hottinger finden.

HANS-LEOPOLD: Gehen wir mal weiter. 40

CARL-ALBRECHT: Du, ich glaub' dort an der Ecke rechts ist das Haus, das wir suchen. Dort, wo der kleine Wagen steht.

HANS-LEOPOLD: Ja, wirklich.

CARL-ALBRECHT: Hör mal, mir kommt diese Ecke bekannt vor.

HANS-LEOPOLD: Mir auch! An der Ecke da drüben haben wir doch vor einer Viertel- 45 stunde gestanden!

CARL-ALBRECHT: Und waren nur ein paar Schritte von der Apotheke entfernt.

HANS-LEOPOLD: Den Umweg hätten wir uns sparen können.

CARL-ALBRECHT: Ja, wenn wir das gewußt hätten!

---

238 * In den Alpen-Gegenden ist es eine Gewohnheit, den Familiennamen vor dem Vornamen zu nennen.

ÜBUNGEN

Draw a simple map, indicating how the two young men got from the place they were standing at the beginning of the conversation (in the picture) to their destination, the pharmacy.

Weak masculine nouns

Grammar Reference §5, page 338.

Make prepositional phrases in the singular and in the plural, using a) **mit,** *b)* **für.**

EXAMPLE: der Optimist

singular	*plural*
mit dem Optimisten	**mit den Optimisten**
für den Optimisten	**für die Optimisten**

1. der Agent
2. der Assistent
3. der Elefant
4. der Herr
5. der Junge

6. der Löwe
7. der Mensch
8. der Polizist
9. der Präsident
10. der Tourist

Adjectives and participles used as nouns

Grammar Reference §22.3 and §23.2, pages 350 and 351.

Change the article from the definite article **der** *to the indefinite article* **ein** *and change the ending on the noun.*

EXAMPLE: der Große   **ein Großer**

1. der Alte
2. der Bekannte
3. der Angestellte
4. der Reisende

5. der Kleine
6. der Verwandte
7. der Vorsitzende
8. der Arme

239

10/8 Die Schweiz

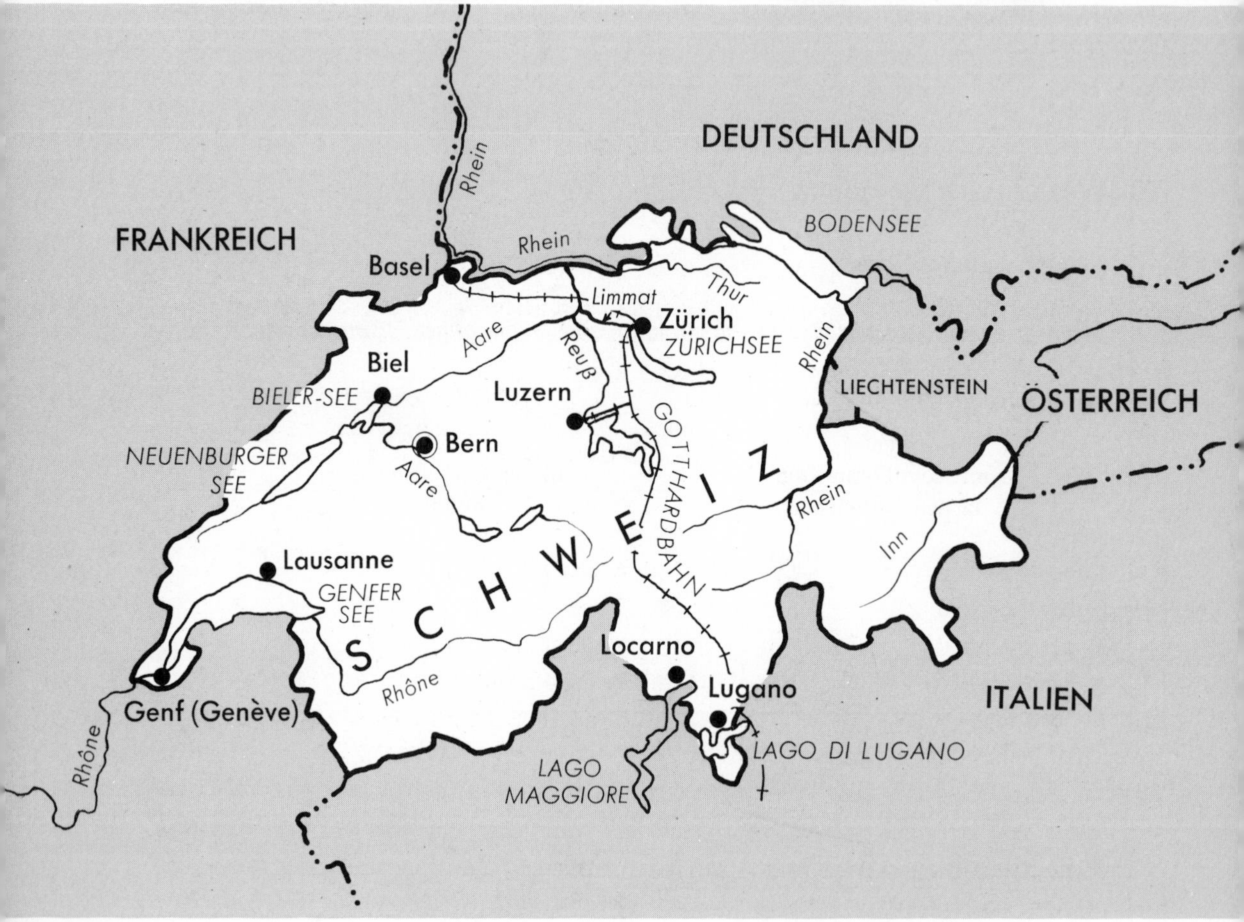

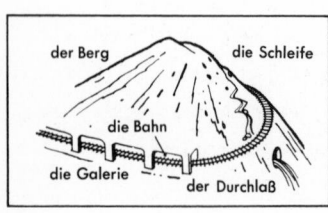

FRANKREICH

DEUTSCHLAND

Rhein

BODENSEE

Rhein

Basel

Thur

Limmat

Zürich

ZÜRICHSEE

Aare

Reuß

Biel

Luzern

BIELER-SEE

Rhein

LIECHTENSTEIN

ÖSTERREICH

NEUENBURGER SEE

Bern

Aare

GOTTHARDBAHN

Rhein

Lausanne

S C H W E I Z

Inn

GENFER SEE

Locarno

Rhône

Lugano

ITALIEN

Rhône

Genf (Genève)

LAGO DI LUGANO

LAGO MAGGIORE

ERWEITERUNG DES WORTSCHATZES

der Berg   die Schleife
die Bahn
die Galerie   der Durchlaß

240

die **Bahn -en** (*siehe Zeichnung*)

das **Denkmal ⸗er**   *die Statue*

die **Errungenschaft -en** — Wenn man sehr lang und sehr schwer gearbeitet hat und dann etwas Gutes hervorbringt, ist das eine
Errungenschaft.

der **Landesteil -e** = *der Teil des Landes*

unterbrochen — Diese Linie ist **unterbrochen:** —— —— Diese Linie
ist **ununterbrochen:** —————

Kleines Land, große Errungenschaften.

Auf dem Bahnhofsplatz in Zürich herrscht enormer Verkehr. Wer zum Bahnhof möchte, muß genau aufpassen. Denn hier kommen Personenwagen, Lastwagen, Fahrräder, Mopeds, Busse und Straßenbahnen aus allen Richtungen. Oder so scheint's.
5 Aber der Verkehrspolizist in weißer Uniform, weißem Helm und weißen Handschuhen steht auf seinem Posten im Verkehrspostenstand und gibt energisch das Signal, wann man über den Platz gehen darf. Man muß sich dann beeilen, und man hat keine Zeit, das Denkmal zu betrachten, das hinter dem Postenstand steht.

Das Denkmal ist ein Monument zur Erinnerung an Alfred Escher. Alfred Escher
10 (1819–1882) war ein berühmter schweizerischer Staatsmann, der bei der Modernisierung der Schweiz eine große Rolle spielte. Er war an der Reformierung des schweizerischen Bank- und Versicherungswesens interessiert, und er nahm an der Gründung der Eidgenössischen Technischen Hochschule in Zürich teil. Die ETH ist heute eines der bedeutendsten technischen Institute der Welt. Escher erkannte auch, daß in dem
15 kleinen Hochgebirgsland mit seinen vielen engen Tälern der Verkehr zwischen den

---

12 Bank- und Versicherungswesen *banking and insurance industry*   13 eidgenössisch *Federal (Swiss)*

Gotthardbahn

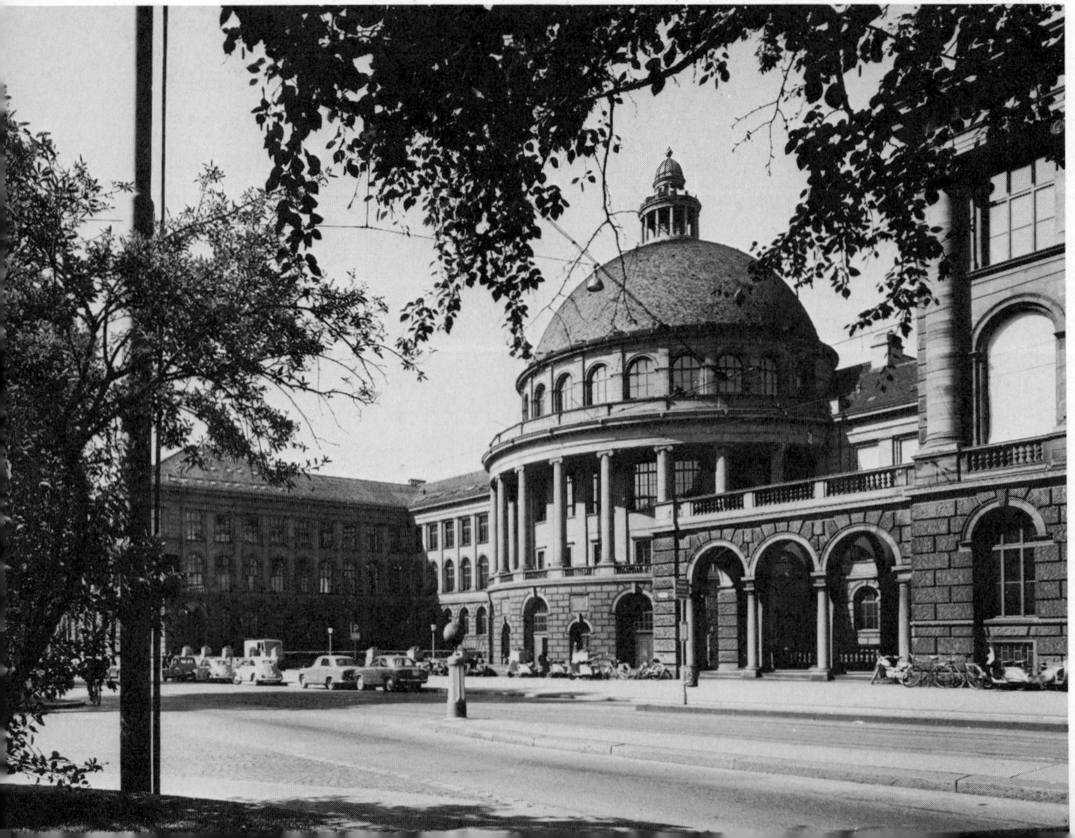

Eidgenössische Technische Hochschule

einzelnen Landesteilen von größter Bedeutung war. Er plante ein System von Kanälen und Bahnlinien, unter anderem die berühmte Gotthardbahn, die die ununterbrochene Verbindung zwischen Nord-Europa und Italien möglich machte.

20 Der Bau der Sankt-Gotthard-Bahn war eine der größten Errungenschaften des Ingenieurwesens im 19. Jahrhundert. Der Gotthardtunnel, den man 1872 zu bauen anfing, ist beinahe 15 km lang. Im Jahre 1880 war er fertig. Die ganze Bahnstrecke ist über 200 km lang. Sie hat viele Kurven und Schleifen, achtzig Tunnels und Galerien und 1 234 Brücken und Durchlässe. Die Bahn wurde am 1. Juni 1882 eröffnet, ein halbes Jahr vor dem Tode von Alfred Escher.

25 Mit dieser Errungenschaft wurde die eigentliche Rolle der Schweiz wirklich klar. Denn die Schweiz liegt in der Mitte des europäischen Kontinents und ist heute das Land der Vermittlung und des Durchgangs zwischen Norden und Süden. Man könnte vielleicht sagen, daß die Schweiz durch ihre Berge von der Welt abgeschlossen ist; durch ihren Verkehr ist sie aber mit der Welt verbunden. Die schweizerischen Züge
30 gehören zu den saubersten, pünktlichsten, modernsten der Welt. Die schweizerischen Banken sind überall in der Welt berühmt. Man hört immer wieder von internationalen Konferenzen und anderen Versammlungen, die in der Schweiz stattfinden — in Zürich, in Genf, in Luzern, in Basel, in Locarno. Genf ist berühmt als der Sitz von vielen internationalen Organisationen. Dort findet man das Internationale Rote Kreuz, den
35 Weltkirchenrat, die Weltgesundheitsorganisation und den europäischen Sitz der Vereinten Nationen.

All dies wäre nicht möglich gewesen, wenn sich nicht schon am Ende des 13. Jahrhunderts die älteste Form moderner Demokratie (die Eidgenossenschaft) in der Schweiz gebildet hätte.

---

27 Vermittlung *mediation, conciliation*

ÜBUNGEN

Gliederung

Make an outline of this reading selection, in preparation for an oral report on one of the four main topics.

A. Der Bahnhofsplatz in Zürich
B. Alfred Escher
C. Die Sankt-Gotthard-Bahn
D. Die Rolle der Schweiz

Gender recognition

To the Student

One use of grammatical clues is to identify the way the various nouns fit into a German sentence. For example, a reader must be able to tell whether a noun serves as the subject of a sentence or as the object of a verb. To do this reliably, it is useful—often necessary—to figure out the gender as well as the case of the nouns. Often the reader needs to know the number of a noun, to decide whether it can be the subject of a given verb or not. Deciding on the number of a noun often depends on identifying its gender.

A German reader has learned to use many clues—unconsciously—to guide his understanding of a passage. He can make deductions from gender-and-number to case and from case to gender-and-number. The foreign learner has to go through a training period of conscious deduction (like detective work) until the processes become semi-automatic and then unconscious.

(There will be an exercise similar to the one following in each of the units from now on. As you work through them, you may want to refresh your memory by consulting Grammar References §1–§9.)

From the clues in the sentences, you should be able to deduce the gender of all the italicized nouns. List the nominative singular form of each noun, preceded by its definite article.

Der *Verkehrspolizist* in weißer *Uniform* gibt das *Signal*, wann man über den *Platz* gehen darf. — Alfred Escher war ein berühmter schweizerischer *Staatsmann*, der bei der *Modernisierung* der *Schweiz* eine große *Rolle* spielte. Er nahm an der *Gründung* der Eidgenössischen Technischen *Hochschule* in Zürich teil. Er plante ein *System* von Kanälen und Bahnlinien, unter anderem die *Gotthardbahn*, die die ununterbrochene *Verbindung* zwischen Nord-Europa und Italien möglich machte. Der *Bau* dieser *Bahn* war eine der größten *Errungenschaften* des Ingenieurwesens im 19. Jahrhundert. Die *Bahn* wurde am 1. Juni eröffnet, ein halbes *Jahr* vor dem Tode von Alfred Escher. Die *Schweiz* ist durch ihre Berge von der *Welt* abgeschlossen; durch ihren *Verkehr* ist sie aber mit der *Welt* verbunden.

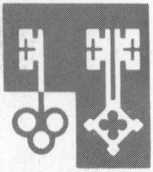    

Auswendig zu lernen

fahren (fährt), fuhr, gefahren

laden (lädt), lud, geladen

ein-laden (lädt . . . ein), lud . . . ein, eingeladen

schlagen (schlägt), schlug, geschlagen

tragen (trägt), trug, getragen

wachsen (wächst), wuchs, gewachsen

waschen (wäscht), wusch, gewaschen

[*Siehe Seiten 70, 233*]

stehlen (stiehlt), stahl, gestohlen

Zürich

245

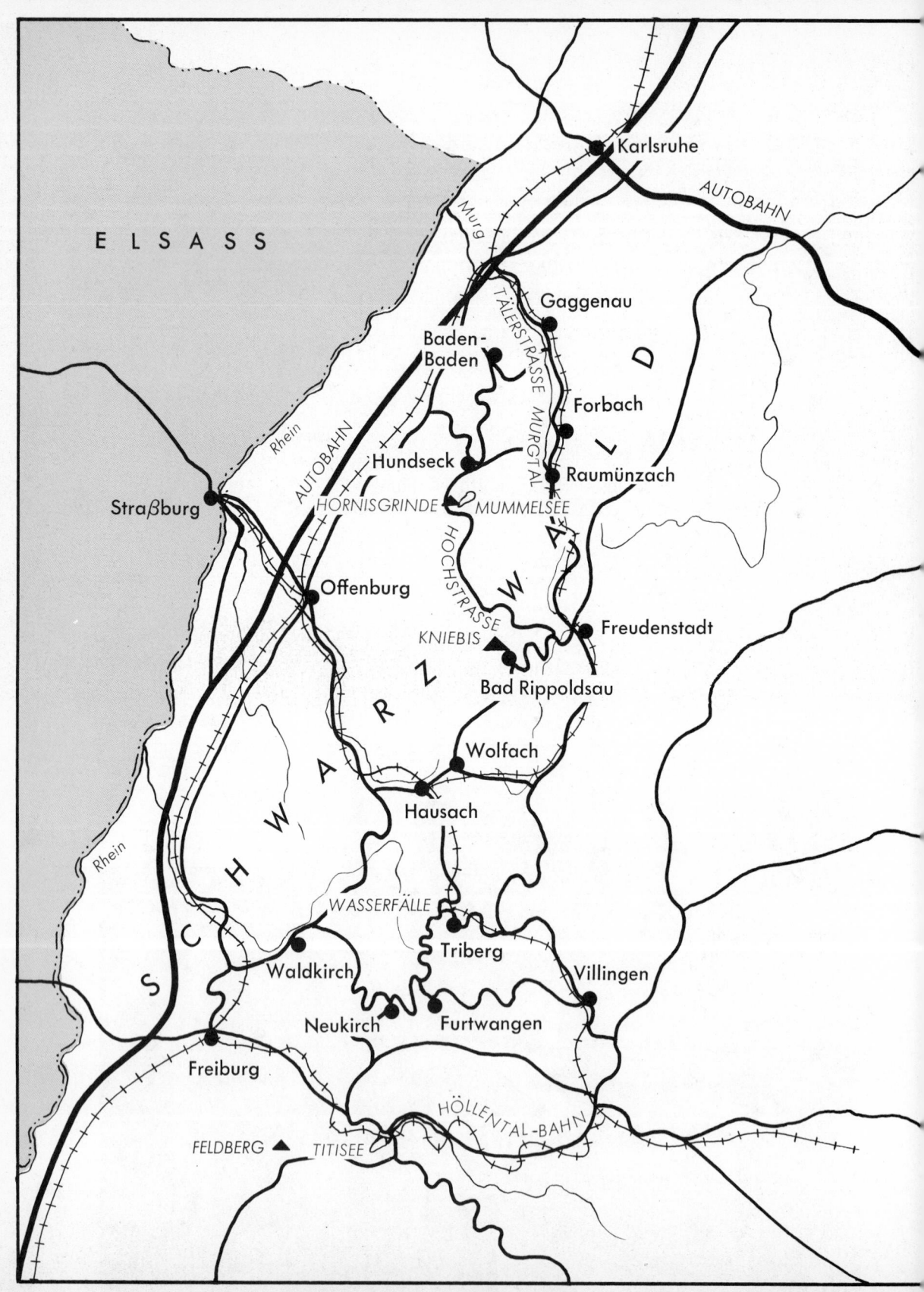

Mummelsee

Elftes Kapitel

247

11/1 Eine Fahrt durch den Schwarzwald (1)

ERWEITERUNG DES WORTSCHATZES

ab-steigen, ie, ie *von einem hohen Sitz (Pferd, Fahrrad usw.) herunterkommen* — Wenn der Weg zu steil ist, muß man von seinem Fahrrad **absteigen.**

aus-steigen, ie, ie *aus einem Flugzeug, Zug oder Wagen herauskommen* — Das Gegenteil von „**aussteigen**" ist „einsteigen".

damals *früher; zu der Zeit, von der wir sprechen* — Wir waren schon 1950 in Hamburg. **Damals** sah die Stadt ganz anders aus.

der **Flieder** *(siehe Zeichnung)*

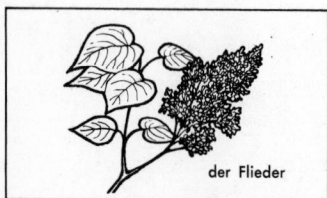
der Flieder

der **Kollege -n** — Jemand, der mit mir arbeitet oder denselben Beruf hat wie ich, ist mein **Kollege.**

naß *das Gegenteil von „trocken"* — Wenn man ins Wasser fällt, wird man **naß.**

Ostern — **Ostern** ist ein Kirchenfeiertag im Frühling. **Ostern** ist aber nicht an einem bestimmten Tag im Kalender. **Ostern** fällt auf den ersten Sonntag nach Vollmond nach Frühlingsanfang. In Deutschland feiert man sowohl **Ostermontag** wie auch **Ostersonntag.**

Pfingstrosen

die **Pfingstrose -n** *(siehe Zeichnung)*

schaffen *das erreichen, was man geplant hat; fertigbringen*

um-ziehen, zog um, umgezogen *die Wohnung wechseln, in eine andere Wohnung ziehen* — Die Familie Schmidt wohnte früher in der Karlstraße, aber im Juni ist sie nach der Bismarckstraße **umgezogen.**

Patricia Wendland schreibt an ihre Freundinnen in Rochester, New York, Edith und Virginia.

Karlsruhe, den 31. Mai

Meine lieben Freundinnen!

Hier blühen jetzt überall der Flieder und die Pfingstrosen, und da muß ich immer daran denken, daß der Flieder ja auch bei Euch schon längst blüht. Seid Ihr schon im

5

New Jersey

„Highland Park" gewesen? Ich kann Euch nur sagen, daß der „Stadtgarten" hier ebenso schön ist.

Ich weiß nicht mehr genau, wann ich Euch zuletzt geschrieben habe. Es muß wohl
10 im Februar gewesen sein. Seitdem hab' ich so viel zu tun gehabt, daß ich nicht mehr
zum Schreiben gekommen bin. Und nun hab' ich so viel zu erzählen, daß ich gar nicht
weiß, wo ich anfangen soll. Vorgestern bin ich von einer wunderbaren Fahrt durch den
Schwarzwald zurückgekommen, und übermorgen soll ich an einem Musikabend teilnehmen. Offen gestanden, ich weiß nicht, wo ich die Zeit zu allen Dingen finden werde.
15 Denn Mitte Juli soll ich ja auch noch mein Examen an der Musikhochschule* machen.

Nun, wie gesagt, es ist hier furchtbar viel los. Anfang März bin ich in den Bay-
rischen Alpen zum Schilaufen gewesen. Dabei hab' ich mir den rechten Fuß verrenkt.
Aber das ist jetzt alles wieder in Ordnung. Zu meiner Geburtstagsfeier im April gaben
Schmieders eine kleine Party. Das war alles furchtbar nett. Vier von meinen Kollegen
20 auf der Musikhochschule brachten ihre Instrumente mit und spielten ein Quartett von
Mozart. Das war unglaublich schön.

Da ich nicht weiß, wann ich wieder zum Schreiben kommen werde, will ich Euch
jetzt berichten, was ich diese letzte Woche alles erlebt habe. Ihr müßt wissen, daß man
hier Pfingsten — den siebten Sonntag nach Ostern — als einen hohen Feiertag betrach-
25 tet. Und dann unternimmt man gewöhnlich etwas Besonderes. Denn der Montag nach
Pfingstsonntag ist auch ein Feiertag. Vor acht Tagen traf ich Lieselotte Engesser an der
Hauptpost. Ihr erinnert Euch, daß ich im Herbst einen Monat bei Engessers wohnte,
bevor ich zu Schmieders umzog. Ich hatte Lilo lange nicht gesehen. Sie hat jetzt eine
Stellung bei einem Zahnarzt, und ihr Bruder Alfred hat gerade sein Diplom-Examen

---

* Eine deutsche Hochschule ist etwas ganz anderes als eine amerikanische „high school". Man „stu- diert" und ist „Student" (nicht mehr bloß „Schüler") nur an einer „Hochschule". Hochschulen sind: Uni- versitäten, Technische Hochschulen (TH), Land- wirtschaftliche Hochschulen, Handels- Musik-, Forsthochschulen usw. Technische Hochschulen werden manchmal auch Technische Universitäten genannt.

gemacht, als Elektrotechniker an der Technischen Hochschule. Sie wollten einen Aus- 30
flug in den Schwarzwald machen, und da lud sie mich ein mitzukommen. Sie wollten
vier bis fünf Tage unterwegs sein. Das hab' ich mir nicht lange überlegt! Ihr wißt ja, wie
gerne ich in den Bergen wandern mag.

Am Samstagmorgen um halb sechs trafen wir uns am Hauptbahnhof. Weil wir
unsere Fahrräder zuerst im Gepäckwagen aufgeben mußten, haben wir selbst beinahe 35

den Zug verpaßt. Aber Gott sei Dank hat der Zugführer uns im letzten Augenblick
noch gesehen und auf uns gewartet. Wir stiegen also schnell ein und fanden drei Plätze
nebeneinander in einem Abteil. Mit uns im Abteil waren noch drei junge Herren; die
wollten auch ins Murgtal fahren. (Ich hab' eine Wanderkarte beigelegt, die zeigt, wo
wir gewesen sind.) Einer von den jungen Herren wollte mir alles erklären, woran wir 40
vorbeifuhren. Es ist aber auch wirklich überraschend, wieviel in diesem kleinen Tal los
ist. Fast alle die großen Lastwagen, die man hier auf den Autobahnen sieht, werden bei
Daimler-Benz in Gaggenau produziert. All dies erklärte er mir wohl nur, weil ich aus
250 Amerika bin.

45 Es war wirklich großartiges Wetter, als wir in Forbach aussteigen mußten. Glücklicherweise! Ich war ja schon einmal im Schwarzwald gewesen, im Winter. Offen gestanden, damals hielt ich nicht viel davon. Das Wetter war naß und windig und so unangenehm. Aber letzten Samstag hatten wir Glück. Es war frisch und angenehm und

gar nicht heiß, als wir das Murgtal aufwärts fuhren. Wir kamen am Murgwerk vorbei,
50 wo die elektrische Energie für Süddeutschland erzeugt wird. In Raumünzach mußten wir uns entscheiden, ob wir die Tälerstraße oder die Hochstraße nehmen wollten. Alfred wollte uns „schonen", wie er sagte, und schlug die Straße nach Freudenstadt vor, die nur ganz sanft aufwärts führt. Aber da sagte ich „Nein", denn wir wollten doch wirklich etwas von den Bergen sehen. So schlugen wir denn den Weg nach der Hochstraße ein,
55 und das war meine Strafe! Denn das war gar nicht einfach. Oft mußten wir absteigen

---

52 schonen *pamper*

und das Rad schieben. Aber endlich schafften wir's doch. Und als wir in Hundseck
ankamen, hatten wir alle enormen Hunger.

Die Raststätte dort sah sehr einladend aus, und wir entschieden uns, hier nur ganz
kurz haltzumachen. Aber aus dem Schinkenbrot, das wir bestellen wollten, wurde ein
volles Mittagessen mit Schweinebraten und Sauerkraut! Wir hatten noch gar nicht 60
davon gesprochen, wo wir eigentlich übernachten sollten. Ich glaube, daß Lilo und
Alfred mich überraschen wollten. Denn während des Mittagessens fand ich heraus, daß
Alfreds Verbindung in der Nähe eine Schihütte besaß, wo wir jederzeit übernachten
konnten, und in dieser Hütte wollte er noch vor Sonnenuntergang ankommen. Nach
der allzukurzen Mittagspause machten wir uns also wieder auf den Weg. 65

---

63 Verbindung *fraternity*

ÜBUNGEN

Each of the following statements is false. Correct each one to conform to the information in the preceding reading passage.

1. Patricia ist erst seit ein paar Wochen in Deutschland.
2. Pfingsten fällt in den Herbst.
3. Patricia ist erst vor ein paar Tagen zu Schmieders umgezogen.
4. Ihre Kollegen auf der Musikhochschule haben sie zu einem Ausflug in den Schwarzwald eingeladen.
5. Alfred war früher Student an der Musikhochschule.
6. Als sich die jungen Leute Samstag morgen am Hauptbahnhof trafen, hatten sie viel Zeit.
7. Sie mußten lange auf den Zug warten.
8. Sie sind mit dem Zug nach Freudenstadt gefahren, und dort sind sie ausgestiegen.
9. Sie sind dann mit ihren Fahrrädern auf der Tälerstraße weitergefahren, denn Patricia wollte wirklich etwas von den Bergen sehen.
10. Sie hatten vor, in der Raststätte Hundseck zu übernachten.

Question words

Grammar Reference §53.2, page 377.

Write a question for each of the following statements, choosing the appropriate question word to elicit as an answer the word or phrase in **heavy type.** *Use as your question word one of the following:* **Wann? Wo? Wohin? Wer? Wen? Wem? Warum? Wie? Was?**

EXAMPLE: Patricia wohnte bei Engessers, **bevor sie zu Schmieders umzog.**
           Wann wohnte Patricia bei Engessers?

1. Patricia wohnte **bei Engessers,** bevor sie zu Schmieders umzog.
2. Lilo und Alfred Engesser wollten zu Pfingsten **in den Schwarzwald** fahren.
3. Pfingsten feiert man **am siebten Sonntag nach Ostern.**
4. Die jungen Leute haben **ihre Fahrräder** mitgenommen.
5. Alfred wollte **seine Schwester und Patricia** schonen.
6. Die Raststätte sah **sehr einladend** aus.
7. Ein junger Herr wollte **der jungen Dame** alles erklären.
8. Patricia schreibt **an ihre Freundinnen Edith und Virginia.**
9. Sie weiß gar nicht, wo sie anfangen soll, **weil sie so viel zu erzählen hat.**
10. Anfang März ist sie **in den Bayrischen Alpen** gewesen.

11/2 Eine Fahrt durch den Schwarzwald (2)

ERWEITERUNG DES WORTSCHATZES

die **Bevölkerung -en** *alle Menschen, die in einer Stadt oder in einem Land wohnen* — München hat über eine Million Einwohner, d.h. eine **Bevölkerung** von mehr als einer Million.

blicken *sehen, schauen*

die **Decke -n** *ein großes Stück Stoff, das man z. B. auf einen Tisch oder auf ein Bett legt* — Die **Tischdecke** liegt auf dem Tisch. — Wo liegt die **Bettdecke?**

entdecken *zum ersten Mal etwas finden* — Kolumbus **entdeckte** Amerika.

das **Gewitter -** *ein schwerer Sturm (mit statischer Elektrizität)* — Bei einem **Gewitter** gibt es Blitze und Donner.

heraus-ragen *höher sein als die Dinge um sich herum* — Vom Flugzeug aus konnten wir nur wenig sehen, denn unter uns waren nur Wolken. Aber hier und da **ragte** die Spitze eines Berges aus den Wolken **heraus.**

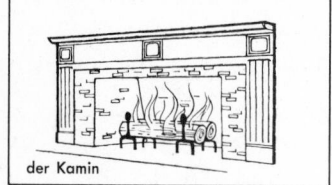

der Kamin

der **Kamin -e** *eine offene Feuerstelle unten am Schornstein* — Wenn es kalt ist, ist ein Feuer im **Kamin** sehr gemütlich. *(siehe Zeichnung)*

der **Nebel -** — Wenn die Wolken bis auf die Erde herunterkommen, nennt man sie **Nebel.** — Der **Nebel** war an diesem Abend so dicht, daß man kaum etwas sehen konnte.

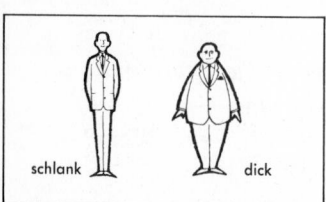

schlank   dick

schlank / dick *(siehe Zeichnung)* — Wenn man **schlank** bleiben will, darf man nicht viel Schokolade und Schlagsahne essen. — Jedes Mädchen möchte ihre „**schlanke** Linie" behalten.

schleppen *etwas Schweres tragen oder ziehen;* **schleppen (sich)** *langsam gehen, wenn man müde ist*

Vögel

der **Vogel ⸗** *(siehe Zeichnung)* — Lerchen, Nachtigallen und Kuckucke sind **Vögel.** Eulen und Schwäne sind auch **Vögel.**

den 1. Juni

Wo bin ich gestern stehengeblieben? Ach ja, beim Mittagessen in Hundseck. — Und danach machten wir uns auf den Weg zur Schihütte.

Ich kann Euch nur sagen: wenn man so seinen Weg durch die Berge arbeiten muß,
dann verschwinden die Sorgen um die „schlanke Linie". Ein paar Stunden später
kamen wir an der „Hütte" an. Die war gar nicht so klein, wie ich gedacht hatte. Unten
waren ein großes Wohnzimmer mit einem gemütlichen Kamin, eine ziemlich große
Küche und eine kleine Wohnung für die Hauseltern. Oben waren die Schlafzimmer für
die Gäste. Ich fühlte mich von Anfang an willkommen. Es waren ein paar Freunde von
Alfred da. Aber den Ton des Hauses gaben die Hauseltern an: ein älteres Ehepaar,
Bauingenieur Koch und seine Frau. Die Kochs verbringen hier jedes Wochenende im
Jahr. — Am Abend saßen wir um den Kamin herum und erzählten uns Geschichten.
Dann holte einer eine Gitarre, und wir sangen eine Weile Volkslieder. Aber wir waren
alle eigentlich recht müde und gingen daher früh zu Bett. Aber was man sonst Schlafzimmer nennt, hatte hier einen anderen Namen, als ob wir Tiere wären. Hier hießen
diese großen Zimmer „Herrenstall" und „Damenstall"!

Am nächsten Morgen wachte ich mit der Sonne auf. Ich ging vors Haus und fand
die Aussicht herrlich. Ganz abseits vom Verkehr lag diese Hütte unter hohen ernsten
Tannen. Von der Wiese vor dem Haus konnte man auf ferne und fernste Berge blicken.
Man hörte nur den Wind und das Singen der Vögel in den Bäumen. Ich konnte verstehen, warum die Menschen in Deutschland für die Natur so viel übrig haben. Da kam
Herr Koch durch den Tannenwald von seinem Morgenspaziergang zurück. Er setzte
sich zu mir und fragte mich freundlich, woher ich komme und was ich hier mache. Er
kam mir bekannt vor. Erinnert Ihr Euch an unseren ersten Deutschlehrer, Herrn
Maurer? Mit Herrn Maurer hatte er frappante Ähnlichkeit. —

Wir durften uns nicht viel länger in der Schihütte aufhalten, wenn wir unsere Fahrt
wie geplant zu Ende führen wollten. Wir mußten uns daher bald verabschieden. Eine
Stunde später schleppten wir uns und unsere Fahrräder zur Hornisgrinde hinauf, dem
höchsten Berg im nördlichen Schwarzwald. Endlich kamen wir zum Aussichtsturm
oben auf dem Berg, von wo aus Alfred mir eine herrliche Aussicht in die Ferne versprochen hatte — Straßburger Münster, Rheintal, Elsaß* und manches andere. Aber
als wir oben ankamen, war alles von Wolken und Nebeln eingehüllt. Wir sahen auf ein
Meer von Wolken hinab. Es sah wie eine große Schneelandschaft aus, und nur die
nächsten Berge ragten wie dunkle einsame Inseln aus diesem Wolkenmeer heraus.

Als wir wieder ins Tal kamen, hatte die Sonne die Morgennebel zerstreut. Wir
blieben nicht lange am Mummelsee. Denn hier waren so viele Touristen mit ihren

25 frappante *striking*
* Das Elsaß ist eine Provinz am Rhein im östlichen
Teil von Frankreich. Die Hauptstadt vom Elsaß ist
Straßburg. Das Straßburger Münster (Kathedrale)
ist durch seine Form sehr berühmt; es war mit zwei
Türmen geplant worden, aber nur e i n Turm
wurde gebaut. An der Stelle des zweiten Turms befindet sich die berühmte „Plattform".
35 zerstreut *dispersed*

Wagen aus dem Tal heraufgekommen, daß wir kaum ans Ufer des Sees herankommen konnten. Am Pfingstsonntag, so schien es, war die Hälfte der Bevölkerung von Südwestdeutschland an diesen Ufern versammelt. —

Wir fuhren also auf der Hochstraße weiter, bis wir an einem kleinen See vorbei- 40 kamen. Wie es schien, hatte noch kein Mensch diesen See entdeckt. „Hier möchte ich

mich etwas ausruhen", sagte Lilo, „und außerdem bin ich hungrig." Dies schien eine ausgezeichnete Idee zu sein. Wir breiteten eine Decke aus über das Gras, wie einen Teppich, und begannen die Butterbrote zu essen, die man uns in der Schihütte mitge-
45 geben hatte. Ein Ruderboot zog still an uns vorbei. Die zwei jungen Leutchen im Boot merkten nichts von uns, und das war uns recht, denn wir wollten auch die Stille genie-ßen. Dann gingen wir ans Wasser hinunter, legten uns hin und sahen in den blauen Himmel hinauf.

Ein Donnerschlag weckte uns auf. Wir alle waren zugleich auf den Beinen. „Jetzt
50 müssen wir aber machen, daß wir nach dem Kniebis kommen. Da ist eine Jugend-herberge", sagte Alfred. Wir packten unsere Sachen zusammen, sprangen auf unsere Fahrräder und sausten davon. Aber eine Viertelstunde später hatte uns das Gewitter eingeholt. In der Jugendherberge am Kniebis war kein Platz mehr. Wie nasse Mäuse kamen wir abends in Rippoldsau an.

---

53 eingeholt   *caught up with*

ÜBUNGEN

Fill in the blanks with a word or phrase which completes the story.

Die drei jungen Leute kamen spät am Nachmittag an ____ an. Eine Hütte ist gewöhnlich klein, aber diese Schihütte war ziemlich ____ . Die Hauseltern waren ____ , Bauingenieur Koch und seine Frau. Am Abend saßen sie um den ____ im Wohn-zimmer, erzählten sich ____ und sangen ____ . Die Jungen, die in dieser Schihütte übernachteten, schliefen im „ ____ ", die Mädchen im „ ____ ". — Am Morgen wachte Patricia sehr ____ auf. Das Haus lag ____ vom Verkehr, und Patricia fand die Aussicht ____ . Patricia und ihre Freunde durften sich aber nicht lange in der Schihütte ____ . Sie fuhren zuerst zur ____ . Die Hornisgrinde ist der höchste ____ im nördlichen Schwarzwald. Alfred hatte gesagt, daß sie vom Aussichtsturm ____ sehen könnten. Aber was sie wirklich sahen, war ____ . Nachher fuhren sie zum ____ weiter. Aber es waren dort so viele ____ , daß sie nicht lange ____ . Später fanden sie einen ____ , wo gar nicht viele Menschen waren. Dort ____ sie sich etwas aus und ____ ihre Butterbrote. Nachher gingen sie ans ____ hinunter, ____ sich hin und ____ in den blauen Himmel hinauf. — Aber ein ____ weckte sie auf, und sie mußten sich beeilen, um zur ____ am Kniebis zu kommen. Sie hatten aber wirklich Pech, denn nach einer Viertelstunde holte ____ sie ein, und in der ____ war kein Platz mehr. Sie konnten erst in ____ übernachten.

The present and the preterit

Grammar Reference §40 and §41, pages 362 and 363.

Rewrite the sentences, changing the preterit to the present.

EXAMPLE: Da machten wir uns auf den Weg zur Schihütte.
Da machen wir uns auf den Weg zur Schihütte.

1. In ein paar Stunden kamen wir an der Hütte an.
2. Oben waren die Schlafzimmer für die Gäste.
3. Den Ton des Hauses gab ein älteres Ehepaar an.
4. Am Abend saßen wir um den Kamin herum.
5. Wir sangen eine Weile Volkslieder.
6. Wir gingen früh zu Bett.
7. Hier hießen diese Zimmer „Herrenstall" und „Damenstall".
8. Diese Hütte lag ganz abseits vom Verkehr.
9. Wir sahen auf ein Meer von Wolken hinab.
10. Es sah wie eine große Schneelandschaft aus.
11. Wir blieben nicht lange am Mummelsee.
12. Wir fuhren auf der Hochstraße weiter, bis wir an einem kleinen See vorbeikamen.
13. Wie es schien, hatte noch kein Mensch diesen See entdeckt.
14. Wir begannen, die Butterbrote zu essen.
15. Ein Ruderboot zog still an uns vorbei.

11/3 Eine Fahrt durch den Schwarzwald (3)

ERWEITERUNG DES WORTSCHATZES

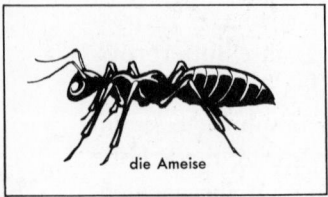

die **Ameise**

die **Ameise -n** (*siehe Zeichnung*)
der **Beamte** (ein **Beamter**) **Beamten** *Angestellter beim Staat* — Der Mann, der hinter dem Schalter im Bahnhof sitzt und Fahrkarten verkauft, ist ein **Bahnbeamter.**
echt *wirklich und natürlich, durchaus nicht imitiert* — Margarine

ist keine **echte** Butter. — **Echte** Kuckucksuhren werden im Schwarzwald gemacht, nicht in Japan.

ermüden *müde machen*

der **Förster -** *ein Beamter, der in einem „Forst", das heißt, in einem großen staatlichen Wald die Autorität besitzt* — Ein **Förster** ist mehr als ein Polizist im Walde. Ein **Förster** muß Botanik, Zoologie, Geologie und andere Dinge studiert haben.

krabbeln *sich schnell bewegen wie ein Insekt*

die **Tracht -en** *die traditionelle Kleidung, die man in einer bestimmten Gegend trägt* — Die **Tracht** der bayrischen und österreichischen Mädchen und Frauen ist oft ein Dirndlkleid. Es gibt verschiedene Arten von Dirndlkleidern. Zum Beispiel, die Dirndlkleider von Salzburg und die von Innsbruck sehen nicht gleich aus. — Auch Männer tragen oft eine **Tracht.**

das **Unterkommen** *Stelle, wo man übernachten — „unter (ein Dach) kommen" — kann*

3. Juni

Liebe Edith und Virginia! — Wenn ich heute nicht mit meinem Brief fertig werde, dann weiß ich nicht, wann ich damit zu Ende komme. Und ich habe noch so viel von unserer Pfingstwanderung zu erzählen!

5   Pfingstmontag war ein trüber Tag. Die Wolken hingen an den Bergspitzen, aber glücklicherweise hatte es zu regnen aufgehört. Wir waren dankbar, daß wir in Rippoldsau zwei Zimmer im „Gasthaus zur Sonne" gefunden hatten. Das Frühstück schmeckte großartig — aber dann mußten wir weiter. Draußen war es ziemlich kühl geworden. Aber das war uns gleich. Wir radelten wie verrückt das Tal hinunter. Wir
10   hatten uns entschieden, in Hausach den Zug zu nehmen, der uns nach Triberg bringen sollte. Wieder den Berg hinaufzufahren, wäre kein Spaß gewesen. Das konnte die Schwarzwaldbahn ebensogut für uns tun. Außerdem bekamen wir auf diese Weise mehr von der Landschaft zu sehen. Und dabei brauchten wir nicht so zu schnaufen!

In Triberg schien wieder die Sonne. Aber es waren so viele Menschen da, daß wir
15   nicht viel unternehmen konnten. Wir sahen uns die berühmten Wasserfälle an; dort krabbelten Leute wie Ameisen auf den Felsen herum. Dann gab's auch noch ein Trachtenfest. In dieser Gegend tragen die jungen Mädchen nämlich noch manchmal die

---

13 schnaufen *puff*

alten Trachten. Nicht eigentlich Dirndlkleider. Aber sie sehen so ähnlich aus. Ich weiß nicht, ob sie das gerne tun, oder nur, um den Touristen zu gefallen.

Wie Ihr wißt, hab' ich mich immer für Schwarzwälder Uhren interessiert. Und die gibt's in Furtwangen. Daher fuhren wir bald nach Furtwangen weiter. Lilo und ich haben mindestens sechs Werkstätten besucht, und Alfred wurde sogar etwas unruhig, weil er so lange auf uns warten mußte. Es war aber wirklich interessant, eine echte Kuckucksuhr entstehen zu sehen. Die meisten sogenannten Schwarzwälder Uhren, die man drüben in Amerika sieht, sind nicht echt. Wenn man die Schwarzwälder Holz- schnitzer bei der Arbeit sieht, merkt man den Unterschied. Die Holzschnitzer waren alle recht freundlich und erlaubten uns gerne, ihnen zuzuschauen.

Es war schwer, Furtwangen und die netten Holzschnitzer zu verlassen. Aber wenn wir noch die Rundfahrt auf dem Titisee machen wollten, mußten wir uns auf den Weg machen. Nicht weit von Neukirch sahen wir einen Forstbeamten im Gespräch mit einem älteren Herrn. Gewiß versuchte er ihm zu helfen. Aber der Alte schien ihn nicht

zu verstehen. Er hörte dem jungen Manne zu und nickte; dann wieder schüttelte er den Kopf, als ob er „Nein" sagen wollte; dann nickte er wieder und schüttelte ein Stück Papier, das er in den Händen hatte. Glücklicherweise kam da ein richtiger Förster
35 vorbei — mit Jagdhund und Gewehr, mit Fernglas und einem grünen Mantel — und d i e s e n Förster konnte der alte Herr gleich verstehen. Der Herr war aus Nord-

deutschland und wollte nach Villingen. In den hohen Bergen war er die falsche Straße gefahren.

Am Nachmittag erreichten wir den Titisee. Auf dem Weg dorthin freute ich mich wirklich auf die Rundfahrt, weil Alfred mir viel davon erzählt hatte. Aber als wir am 40 Landungssteg ankamen, fanden wir eine Menge Schulkinder — mindestens vierzig — um ihren Lehrer versammelt. Sie waren wohl auf einem Klassenausflug und warteten auf das nächste Boot, und ich sah schon, wie sie alle um uns herumkrabbeln würden. Auf einmal hatten wir keine Lust mehr, die Rundfahrt zu machen. Das Wetter war trüb geworden; die vielen Touristen, die langen Tage unterwegs hatten uns ermüdet, 45 und wir konnten nur noch an die Heimfahrt denken.

Zuerst kam aber noch die lange Fahrt nach Freiburg, durch ein schönes und enges Tal. Aber davon bekamen wir nicht viel mehr zu sehen, weil es schon anfing, dunkel zu werden. Auch mußten wir auf dem Wege sehr vorsichtig sein. Ihr könnt Euch kaum vorstellen, wie müde wir waren. In Freiburg versuchten wir, ein Unterkommen zu 50 finden. Wir fragten in drei Gasthäusern nach, aber keins hatte ein Zimmer frei. Da sagte Alfred: „Kinder, warum setzen wir uns nicht in einen Zug — da können wir schlafen!" Glücklicherweise ging noch um zweiundzwanzig Uhr siebenunddreißig ein Schnellzug nach Karlsruhe ab. Nach Mitternacht kamen wir an. Am nächsten Tag stand ich erst um elf Uhr auf — ich mußte doch noch für den Musikabend üben. Der 55 war gestern abend, und alles ist recht schön gegangen.

Aber das schönste in der letzten Woche war die Schwarzwaldfahrt. Hoffentlich habt Ihr einen Begriff bekommen, wie schön diese Landschaft ist, und wie viel es da zu sehen gibt. Jetzt könnt Ihr mir auch einen Gefallen tun. Bitte, behaltet diesen Brief und die Wanderkarte, bis ich wieder nach Hause komme, und gebt sie mir dann zurück, 60 denn ich habe keine Zeit, solche Erlebnisse in ein Tagebuch zu schreiben. Und es waren wirklich drei herrliche Tage, die ich nicht vergessen möchte. — Vielen Dank im voraus.

Herzlichst
Eure Pat

ÜBUNGEN

Write a set of ten questions on the material in the preceding reading passage. Try to vary your questions by using as many of the following question words as possible: **Wann? Wo? Wohin? Wer? Wen? Wem? Warum? Wie? Was?**

Gender recognition

Grammar Reference §7.3, page 340 and review page 244.

Reread the passage, 11/3, lines 28–56, and try to determine the genders of the nouns in the list below. Use clues from the grammatical endings of modifiers and from context in the passage — for example, sometimes a pronoun referring to a noun will give a clue to its gender. Watch for repetitions and compounds. List the nouns whose gender you determine this way in the nominative singular form with the proper definite article. (This list should contain nineteen words.)

Make a second list of those nouns in the remaining group which you already know so well that you can give the gender without looking them up. Give the nominative singular form and the definite article.

Make a third list of the nouns for which you had to look up the gender in the end-vocabulary. — Remember that a noun in the plural often gives no clue to its gender. Also, grammatical endings of modifiers used with masculine and neuter nouns in the dative and genitive singular are identical and therefore give no clue to gender. — Give the nouns of this third list in the nominative singular with the definite article.

1. Rundfahrt 2. Titisee 3. Weg 4. Forstbeamte 5. Gespräch 6. Herr 7. Kopf 8. Stück 9. Papier 10. Hand 11. Förster 12. Jagdhund 13. Gewehr 14. Berg 15. Straße 16. Landungssteg 17. Menge 18. Schulkind 19. Lehrer 20. Klassen-ausflug 21. Boot 22. Lust 23. Wetter 24. Tourist 25. Tag 26. Tal 27. Unterkommen 28. Gasthaus 29. Zimmer 30. Schnellzug

Auswendig zu lernen

heißen, hieß, geheißen
laufen (läuft), lief, gelaufen
rufen, rief, gerufen
stoßen (stößt), stieß, gestoßen

[Siehe Seite 171]
biegen, bog, gebogen

Wien

Zwölftes Kapitel

12/1 Der Sportwagen

ERWEITERUNG DES WORTSCHATZES

dufte *großartig, fabelhaft, toll, herrlich*
die **Pferdestärke -n (PS)** — Dieser Volkswagen hat 65 **Pferdestärken.**
  Ein großer amerikanischer Wagen hat manchmal über 300
  Pferdestärken. (PS = *hp*)
unterhalten (ä), ie, a (sich) *über interessante Sachen sprechen, ein*
  Gespräch führen
die **Wagenpflege** *was man tun muß, um seinen Wagen in Ordnung*
  zu halten, z. B. Öl wechseln, waschen, den Luftdruck in den
  Reifen prüfen, schmieren

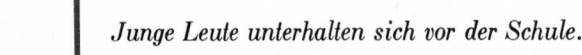

Junge Leute unterhalten sich vor der Schule.

266

ELISABETH: Aber Günther, was gibt's denn da drüben? Darf ich fragen, was dich so fesselt?

GÜNTHER (*nach langem Schweigen*): Hast du das gesehen?

5 ELISABETH: Nein, was denn? Ella und Alfred?

GÜNTHER: Nein — den Mercedes-Sportwagen, der da eben vorbeigefahren ist.

ELISABETH: So? Nein, den habe ich nicht gesehen.

GÜNTHER: Das war doch einfach dufte. Dreihundertsechzig Pferdestärken — dessen bin ich ganz sicher. Wie der da um die Ecke bog — das war doch elegant. So einen 10 möcht' ich auch mal haben.

ELISABETH: Und dann überall herumsausen?

GÜNTHER: Ja, — möchtest du nicht mit? Hundertzwanzig Kilometer die Stunde — das wär' doch etwas!

ELISABETH: Ja, das wäre schön!

15 GÜNTHER: Aber jetzt! Jeden Tag in die Schule — und Hausaufgaben machen — und herumsitzen!

ELISABETH: Aber da lernst du doch was. Das ist doch auch wichtig.

GÜNTHER: Wagenpflege — Fahrunterricht — glaubst du, daß ich d a b e i nichts lernen würde?

20 ELISABETH: O sicher. Aber doch nicht Mathematik und Englisch und Geschichte!

GÜNTHER: Das kann mir geschenkt bleiben: — Mathematik und Englisch und Geschichte. — Welchen Wert haben denn solche Fächer?

ELISABETH: Du mußt aber an die Zukunft denken!

GÜNTHER: Ich denke doch daran!

21 **Das kann mir geschenkt bleiben.**   *You can have it.*

FRAGEN

1. Was möchte Elisabeth gerne wissen?
2. Antwortet Günther gleich?
3. Was hat er gesehen, das ihn so fesselt?
4. Wie findet Günther den Wagen?
5. Was würde er tun, wenn er so einen Wagen hätte?
6. Was mag Günther nicht gern tun?
7. Glauben Sie, daß Günther an einer Tankstelle arbeiten möchte?
8. Welche Fächer hat man in der Schule?
9. Will Günther aber so etwas lernen?
10. Glauben Sie, daß Günther wirklich an die Zukunft denkt?

12/2 Dr. Storck hat doch geholfen!

ERWEITERUNG DES WORTSCHATZES

das **Antiquariat -e** *Buchladen, wo man alte gebrauchte Bücher kaufen kann* — Wenn jemand zu viele Bücher hat, verkauft er die Bücher, die er nicht gern hat, an ein **Antiquariat.**

der **Aufsatz ⸗e** *eine geschriebene Arbeit über ein bestimmtes Thema (Siehe unten)* — „Was ist deine Hausaufgabe für morgen?" „Ein **Aufsatz** über das Museum für Technik und Industrie."

auf-schneiden, schnitt . . . auf, aufgeschnitten — Wenn man ein Buch kauft, und die Seiten noch nicht offen sind, muß man sie mit einem Messer **aufschneiden.** *(siehe Zeichnung)*

ein-reichen *dem Lehrer geben* — Ich muß meinen Aufsatz schon am Freitag **einreichen.**

etruskische Vase *(siehe Zeichnung)* — Im Archäologischen Museum in Florenz gibt es eine große Ausstellung von **etruskischen Vasen.**

leihen, ie, ie — Ich hab' nicht genug Geld bei mir. Kannst du mir zehn Mark **leihen?** Ich geb' es dir morgen zurück.

das **Thema Themen** *Grundgedanke zu einem Aufsatz*

wählen *aussuchen*

ein **wahlfreies Thema** — Wenn man selbst sein eigenes Thema aussuchen darf und einen Aufsatz darüber schreibt, so nennt man das ein **wahlfreies Thema.**

auf-schneiden

etruskische Vase

Waltraut und Rosi stehen vor einem Antiquariat und lesen. Neben ihnen sitzt Golo.

WALTRAUT: Schau mal, Rosi! Das ist ja gerade, was ich brauche!

ROSI *(ohne aufzusehen)*: Hm?

WALTRAUT: Hier hab' ich ja endlich alles beieinander, was ich brauche.

ROSI: Wart doch mal eben! *(Liest weiter, ohne aufzusehen.)*   5

WALTRAUT: Aber schau doch mal. Das ist ja gerade, was ich brauche!

ROSI *(sieht auf)*: Was denn?

WALTRAUT: Über etruskische Vasen!

ROSI: Was willst du denn damit?

10 WALTRAUT: Ich muß doch einen Aufsatz darüber schreiben. Das ist nämlich mein wahlfreies Thema. Und ich hab' bis jetzt einfach nichts darüber finden können.

GOLO: Etruskische Vasen! Warum wählst du denn auch so'n verrücktes Thema?

WALTRAUT: Ich hab' ja nicht gedacht, daß es so schwer sein würde. Letzten Sommer, als wir in Italien waren, hab' ich viel davon in einem Museum gesehen. Und da

15 sah's alles so hübsch aus. Aber hier in der Stadt ist einfach nichts darüber zu finden.

GOLO: Hat dir denn Doktor Storck nicht helfen können?

WALTRAUT: Ach der! Er hat 'ne große Bibliothek, aber er denkt ja nicht daran, uns eins von seinen Büchern zu leihen. Außerdem glaub' ich, daß er an etruskischen

20 Vasen gar kein Interesse hat.

GOLO: Bist du sicher? In der Stunde spricht er immer von der Rolle der Kunst in der Geschichte.

ROSI: Warum schreibst du denn nicht über ein anderes Thema?

WALTRAUT: Das geht doch nicht! Dann denkt Doktor Storck, daß ich kneifen will. Du

25 kennst ihn doch!

ROSI: Ja, natürlich!

WALTRAUT: Und außerdem muß ich den Aufsatz übermorgen einreichen!

ROSI: Was? Dann schon? Na, dann schreib doch lieber über etruskische Vasen!

WALTRAUT: O, ist das nicht komisch? Sieh doch mal, was hier steht!

30 ROSI (*liest laut*): „Aus der Bibliothek von Doktor Walther Storck" — Und schau doch mal! (*Zeigt Golo das Buch.*) Die Seiten sind ja gar nicht aufgeschnitten!

---

24 kneifen   *get out of it*

ÜBUNG

Pronouns or **da(r)-** and prepositions

Grammar Reference §33, §34.1 and §34.2, pages 357 and 358.

Rewrite the following sentences, substituting the **da(r)-** *compound or the preposition + personal pronoun, whichever is appropriate, for the prepositional phrase in* **heavy type.**

EXAMPLES: Ich muß doch einen Aufsatz **über etruskische Vasen** schreiben.
Ich muß doch einen Aufsatz darüber schreiben.

Ich muß doch einen Aufsatz **über die deutschen Arbeiter** schreiben.
Ich muß doch einen Aufsatz über sie schreiben.

1. Was kann man **mit diesem Buch** anfangen?
2. Ich kann einfach nichts **über deutsche Studenten** finden.
3. Mein Deutschlehrer hat **an deutschen Studenten** gar kein Interesse.
4. In der Stunde spricht er immer **von der Rolle der Kunst.**
5. Warum schreibst du denn nicht **über die Kunst?**
6. Denk doch **an den Künstler!**
7. Doktor Storck interessiert sich gar nicht **für etruskische Vasen.**
8. Waltraut und Rosi stehen **vor dem Antiquariat.**
9. Golo sitzt **neben den beiden Mädchen.**
10. Um die Ecke, **hinter Golo,** steht eine Dame.

12/3 Bad Hersfeld

ERWEITERUNG DES WORTSCHATZES

das Schaufenster

der **Filmschauspieler** - *Mann, der eine Rolle in einem Film spielt*
die **Gegenwart** *heute, die jetzige Zeit*
der **Roman -e** *lange Erzählung in Prosa*
das **Schaufenster** - *das Fenster vorne in einem Kaufhaus oder Laden, wo Sachen ausgestellt werden, die in diesem Geschäft zu kaufen sind (siehe Zeichnung)*
die **Vergangenheit** *die Zeit, die schon vorbei ist; das Gegenteil von „Zukunft"*

Bad Hersfeld ist eine kleine Stadt im Lande Hessen. Sie hat etwa 25 000 Einwohner, die ihr Brot durch Textil- und Maschinenindustrie und durch landwirtschaftliche und kleinbürgerliche Betriebe verdienen. Sie hat mehrere höhere Schulen, eine Stadtbibliothek und ein Museum und einige Heilquellen für Krankheiten der Ernährungsorgane. Wie die meisten deutschen Städte hat sie eine Geschichte, die über elfhundert Jahre in die Vergangenheit zurückreicht.

Aber die Menschen von Hersfeld sind nicht nur an der Vergangenheit interessiert. Sie interessieren sich auch für die Gegenwart. Der ältere Herr, der vor dem Schaufenster

---

3 kleinbürgerliche Betriebe *small businesses*
4–5 Ernährungsorgane *digestive tract*

des kleinen Ladens steht, möchte herausfinden, was es in der Welt Neues gibt. Und dafür ist er hier am richtigen Platze. Denn hier findet er nicht nur eine Zeitung seiner 10 Stadt Hersfeld sondern auch Zeitungen aus umliegenden Gegenden, die „Hannoversche Presse" oder die „Frankfurter Allgemeine". Aber ebenso findet er hier auch die internationale Presse, eine italienische Gazzetta, eine französische Abendzeitung, das englische Daily Telegram und sogar die New York Times. Denn wenn man aus aller Welt nach Bad Hersfeld kommt, um sein Magenleiden zu kurieren, dann möchte man 15 auch wissen, was zu Hause geschieht. Und dann möchte man auch die Bildpresse lesen, wo man die neusten Sensationen aus dem privaten Leben der Filmschauspieler und der früheren Aristokraten finden kann.

Aber in diesem kleinen Laden sind nicht nur Zeitungen und Zeitschriften zu haben. Hier bekommt man auch Zigarren und Tabak, Ansichtspostkarten und Stadtpläne. 20 Und wenn man einen Roman lesen möchte, aber sich das Buch nicht kaufen will, dann kann man es sich hier leihen. Das kostet nicht zu viel.

Für all diese Sachen scheint sich der ältere Herr nicht zu interessieren. Sie sind ihm vielleicht zu kitschig — er hat einen kritischen Ausdruck im Gesicht. Viel lieber möchte er herausfinden, ob das Programm für die großen Sommerkonzerte von Bad Hersfeld 25 schon bekannt ist. Es ist ja noch ziemlich früh im Jahr. Aber es wäre schön zu wissen, was man im Juli hier geben wird — klassische oder moderne Musik? — und wer die einzelnen Konzerte dirigieren wird.

---

15 Magenleiden *stomach ailment*
24 Ausdruck *expression*

ÜBUNGEN

Make a list of ten to fifteen "catchwords", to which you can refer as you give an oral description of the picture accompanying the essay on Bad Hersfeld.

The comparative

Grammar Reference §28, §29.1-3, and §29.6, pages 353 and 354.

Finish the sentences according to the pattern.

EXAMPLE: Mein Bruder ist nicht so groß wie Heinrich.
          Heinrich ist also . . .
          Heinrich ist also größer als mein Bruder.

1. Dieser Herr ist nicht so alt wie mein Onkel.
   Mein Onkel ist also . . .
2. Die Schulzeit ist nicht so angenehm wie die Ferien.
   Die Ferien sind also . . .
3. Mein Haus ist nicht so hoch wie das Kaufhaus Behrens.
   Das Kaufhaus Behrens ist . . .
4. Kaffee schmeckt mir nicht so gut wie Milch.
   Milch schmeckt mir . . .
5. Herr Neuenberg hat nicht so viel zu tun wie Herr Kupfer.
   Herr Kupfer . . .
6. Ein Film ist nicht so interessant wie eine Theater-Aufführung.
   Eine Theater-Aufführung . . .
7. Ein Schwan ist nicht so intelligent wie ein Hund.
   . . .
8. Der Monat Oktober ist nicht so warm wie der Monat Juli.
9. Diese Gebirge sind nicht so hoch wie die Alpen.
10. Ein Laden ist nicht so groß wie ein Kaufhaus.

12/4 Pech in den Alpen

ERWEITERUNG DES WORTSCHATZES

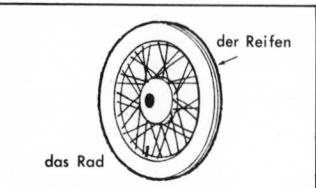

der Reifen

das Rad

bemerken *Notiz nehmen; sehen, hören* — Hast du die Wolken **bemerkt?** Es kommt doch ein Sturm!

besetzt *nicht mehr frei* — Wenn ein Platz **besetzt** ist, sitzt jemand darauf.

das **Rad ⸚er** / der **Reifen -** *(siehe Zeichnung)*

rechnen (mit etwas) *eine Möglichkeit erwarten* — In den Bergen und auf dem Meer kann man immer **mit** Stürmen **rechnen.**

der **Sturm ⸚e** *ein sehr starker Wind mit Regen oder Schnee* — Im Winter gibt es **Schneestürme.**

der **Verlust -e** — Wenn jemand etwas verliert, ist es ein **Verlust** für ihn.

Zwei Mopedfahrer, Oswald Spangenberg und Arnold Toede, halten am Rand einer Straße in einem Alpental. Arnold hat eine Reifenpanne gehabt und ist beim Reparieren.

OSWALD: Glaubst du, daß du damit noch fertig wirst, ehe der Sturm kommt?

5 ARNOLD (*aufschauend*): Sturm? Auch das noch! Das hab' ich gar nicht bemerkt.

OSWALD: Hier in den Bergen kann man immer damit rechnen. Aber das dauert noch eine Weile.

ARNOLD: Ausgerechnet j e t z t muß ich eine Panne haben! Und dann noch am Hinterrad, wo ich die ganze Sache auseinandernehmen muß. — Was mich ärgert, ist

10 nur der Zeitverlust. Wir könnten doch wirklich gut dreißig Kilometer weiter unten im Tal sein. Und dann noch der Sturm. Es ist wirklich zu dumm.

OSWALD: Ach, mach dir keine Sorgen. Wenn wir heute nicht hinkommen, schaffen wir's morgen gewiß. Wir können ja hier bleiben, wenn's nötig sein sollte. Da sind ja noch Zimmer frei, mit fließendem Wasser.

15 ARNOLD: Ja, ja! Das kenn' ich. Und wenn man hinkommt, dann ist doch alles besetzt. — So, jetzt brauch' ich nur noch diese Stelle am Schlauch trocknen zu lassen und dann kann ich den Reifen wieder anlegen — und das Rad.

OSWALD: Na, das machst du ja ganz geschickt. Wirklich. —

ARNOLD: Kannst du mir mal deine Luftpumpe leihen? Ich glaube, ich hab' meine

20 nicht mitgebracht.

OSWALD (*herumsuchend*): Tut mir leid, Arnold.

ARNOLD (*etwas unzufrieden*): Was denn?

OSWALD: Ich hab' meine auch nicht dabei!

ARNOLD: Dann sind wir also aufgeschmissen! — Na, wir sind ja schöne Touristen!

25 Fahren in die Alpen und nehmen nicht einmal eine Luftpumpe mit! — Daran hättest du wirklich denken sollen!

OSWALD: Nun mach nur keine Szene. — Wir müssen eben hier übernachten. Kann ja einmal nachfragen, ob sie noch ein Zimmer für uns frei haben.

ARNOLD: Nein, ich will doch lieber weiterfahren.

30 OSWALD: Aber wo kriegst du 'ne Luftpumpe her?

ARNOLD: Na, dann setzen wir uns eben an den Straßenrand und warten auf den nächsten Fahrer. Vielleicht hat der eine Pumpe bei sich.

OSWALD: Vielleicht auch nicht. Wir wollen's hoffen. — Weißt du übrigens, wo uns dieser kleine Unfall passiert ist?

35 ARNOLD: Nein, wo?

OSWALD: Auf dem Wege nach dem Himmelreich.

ARNOLD: Nach dem Himmelreich! Was meinst du damit?

OSWALD: Na, siehst du da auf dem Schild? Diese Straße heißt der Himmelreichweg.

ARNOLD: Ach, wie niedlich!

---

9 ärgert *annoys*
16 Schlauch *inner tube*

24 aufgeschmissen *"sunk"*
36 Himmelreich *Kingdom of Heaven*

ÜBUNG

Complete the sentences, filling in one or more words or phrases.

Zwei Mopedfahrer befinden sich ____ . Der eine, Arnold, hat ____ gehabt und ist beim ____ . Es kommt ein ____ , aber Arnold hat's nicht ____ . Er muß das ganze Hinterrad ____ , denn an diesem Rad hatte er eine ____ . Die beiden verlieren natürlich ____ dabei. Aber Oswald macht sich keine ____ . Er sagt, sie können hier ____ , wenn es ____ sein sollte. Er hat das Schild gesehen: Zimmer frei, mit ____ . Aber Arnold ist ein Pessimist. Er glaubt nicht, daß sie ein ____ bekommen können. Jetzt ist er aber beinahe fertig. Er braucht nur noch eine ____ . Er fragt Oswald, ob er ihm seine ____ kann. Aber Oswald hat seine auch ____ . Jetzt macht Arnold eine kleine Szene. Er sagt, Oswald hätte seine Luftpumpe ____ sollen. Oswald glaubt am Ende, sie sollten ____ . Aber Arnold möchte das nicht tun. Er glaubt, sie sollten ____ . Inzwischen hat Oswald das andere Schild gesehen, mit dem Namen der Straße: ____ . Er findet es nett, daß Arnold an dieser Stelle so einen ____ gehabt hat.

12/5 „Das Betreten der Weide ist verboten!"

ERWEITERUNG DES WORTSCHATZES

klettern

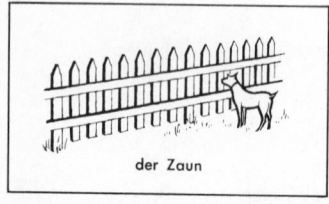

der Zaun

außerhalb *draußen* — Er wohnt **außerhalb** (= nicht in der Stadt).

betreten (betritt), a, e *den Fuß auf etwas setzen und dann darauf weitergehen*

der **Bub -en** — So nennt man einen Jungen in Süddeutschland und in den Alpen.

darauf zu (gehen) *in der Richtung von etwas (gehen) und immer näher an es (kommen)* — Wir haben den Turm vom Rathaus gesehen und sind immer **darauf zu gegangen.**

klettern — Der Junge **klettert** auf den Berg. *(siehe Zeichnung)*

quer *von der Seite her durch etwas hindurch; kreuzend, von Ecke zu Ecke*

verbieten, o, o *mit Bestimmtheit etwas nicht erlauben* — Das Betreten des Gartens ist **verboten.**

der **Zaun ⸗e** *(siehe Zeichnung)* — Fritz ist ohne Schwierigkeiten über den **Zaun** geklettert.

Ein Bauer in einem Alpendorf hält zwei Jungens an, die über seine Weide gelaufen sind.

BAUER: Hört mal, ihr Buben, was denkt ihr euch denn? Wo wollt ihr denn hin?

FRITZ: Zur Jugendherberge da im Dorf. Es gibt hier doch eine Jugendherberge?

5 BAUER: Ja, es gibt schon eine, aber die ist nicht im Dorf. Die ist außerhalb — da um den zweiten Berg herum. Noch gut zwei Stunden von hier. — Aber seht ihr denn nicht, daß ihr hier nicht durchkönnt?

FRITZ: Warum denn nicht?

BAUER: Na, habt ihr denn nicht das Schild da an der Landstraße gesehen? Daß das

10 Betreten der Weide verboten ist?

HARALD: Nein, das haben wir nicht gesehen.

BAUER: Das kann jeder sagen. Und übern Zaun seid ihr auch geklettert!

FRITZ: Wir sind doch gar nicht von der Landstraße her gekommen!

BAUER: Ja, wo seid ihr denn hergekommen?

15 HARALD (*nach rückwärts weisend*): Von der anderen Seite.

BAUER: Wieso? Hier quer durch die Weide durch? — Warum habt ihr denn das gemacht?

FRITZ: Wir haben hier halt ein bißchen abkürzen wollen. Die Landstraße macht doch so 'ne große Kurve durchs Tal. Und den Umweg haben wir uns sparen wollen.

20 BAUER: Und wo seid ihr dann hereingekommen?

HARALD: Sehen Sie dahinten? — Da sind wir aus dem Wald gekommen. Und da haben wir die Kirche gesehen und sind immer darauf zu gelaufen. — Sie können's ja am Gras sehen.

BAUER: Ja, ja, da könnt ihr recht haben.

25 FRITZ: Aber so w a r ' s doch!

BAUER (*auf einen Baum deutend*): Und den Apfelbaum habt ihr noch gar nicht gesehen?

HARALD: Wo? Welchen Apfelbaum?

BAUER: Na, den da links in der Weide.

FRITZ: Da sind wir ja gar nicht gewesen.

30 HARALD: Sie können's ja am Gras sehen!

BAUER: Da habt ihr halt wieder recht. — Na, ich will euch was sagen. Diesmal will ich euch noch glauben. Aber es darf nicht wieder vorkommen! — Nun müßt ihr hier übern

35 Zaun klettern — an der Kirche vorbei — und dann immer die Straße entlang. — Hier habt ihr noch ein paar Äpfel auf den Weg!

FRITZ: Danke schön — danke schön!

ÜBUNG

Negative: **nicht** or **kein**

Grammar Reference §31.1, 2, page 356.

Answer the questions in the negative, using the negative article **kein** *or the negative* **nicht,** *whichever is appropriate.*

EXAMPLES: Hast du eine Taschenlampe dabei?
Nein, ich habe keine Taschenlampe dabei.

Hast du deine Taschenlampe mitgebracht?
Nein, ich habe meine Taschenlampe nicht mitgebracht.

Haben die Buben Äpfel gestohlen?
Nein, sie haben keine Äpfel gestohlen.

1. Gibt es eine Jugendherberge im Dorf?
2. Sind die Seiten aufgeschnitten?
3. Seid ihr über den Zaun geklettert?
4. Hat Arnold seine Luftpumpe dabei?
5. Hat dieser Fahrer eine Luftpumpe bei sich?
6. Hast du Interesse an etruskischen Vasen?
7. Hast du deinen Aufsatz eingereicht?
8. Habt ihr den Apfelbaum gesehen?
9. Kennst du dieses Dorf?
10. Hast du den Sportwagen gesehen?

12/6 Wohin? — Nach dem Süden natürlich!

ERWEITERUNG DES WORTSCHATZES

an-bieten, o, o *offerieren* — Kann ich Ihnen ein kühles Getränk **anbieten?**

der **Gang** ⸗e *Gericht, Teil eines Essens* — In Deutschland hat das Mittagessen gewöhnlich drei **Gänge:** Suppe, Hauptgericht und Nachtisch.

die **Insel -n** *Stück Land von Wasser umgeben* — Der Staat Hawaii besteht aus einer Gruppe von **Inseln** im Pazifischen Ozean.

leisten können (sich etwas) *genug Geld haben, um etwas zu kaufen (und zu bezahlen)*

das **Plakat -e** *Bekanntmachung in großem Format (siehe Zeichnung)*

preiswert *nicht zu teuer aber doch gut*

überhaupt *ganz und gar*

verlegen *an eine andere Stelle bringen; den Platz ändern* — Früher war die Opernkasse in diesem Gebäude. Hat man sie vielleicht **verlegt?**

die **Vollpension** *Zimmer in einem kleinen Hotel mit drei Mahlzeiten: Frühstück, Mittagessen und Abendessen*

das Plakat

 Herr und Frau Mende und ihr Sohn überqueren den Bahnhofsplatz.

FRAU MENDE: Na, nun möcht' ich doch wirklich wissen, wo das Reisebüro hinge-
kommen ist. Haben sie's denn schon wieder verlegt? Ich weiß nicht; ich komm' ja
so selten an den Bahnhof.

HERR MENDE: Als ich das letzte Mal drin war, da war's zwischen dem Blumengeschäft 5
und der Geldwechselstube in der Bahnhofshalle. Aber damals wurde noch gebaut.
Das kann sich ja alles seitdem geändert haben.

PETER: Jetzt sind wir gleich da. Da sind doch schon die Reiseplakate.

FRAU MENDE: Kinder, nun rennt doch nicht so! Ich kann ja gar nicht recht mitkommen! 10

PETER: Da ist es schon — da rechts im Schatten, unter dem Überhang.

FRAU MENDE: Bin ich aber froh, in den Schatten zu kommen! Die Sonne ist doch
schon furchtbar!

HERR MENDE: Und dann möchtest du nach dem Süden, wo's soviel Sonne gibt?

FRAU MENDE: O, das macht nichts aus, wenn's nur am Meer ist, wo es kühl ist. An der 15
Adria, zum Beispiel, oder in Griechenland.

HERR MENDE: Das kommt ganz darauf an, was die Sache kostet.

PETER: Mir ist's gleich, wenn's nur einen schönen Platz zum Schwimmen gibt.

FRAU MENDE: Na, den finden wir bestimmt an der Adria.

(*Sie treten ins Reisebüro ein.*) 20

ANGESTELLTE: Grüß Gott! Womit kann ich dienen?

HERR MENDE: Grüß Gott! Ich interessiere mich für Ferienfahrten nach dem Mittelmeer, — oder Griechenland oder so was.

ANGESTELLTE: Gerne. Es gibt verschiedene Möglichkeiten. Da haben wir eine Fahrt
mit der „Akropolis" nach der Rosen-Insel Rhodos, mit zwei Tagen Aufenthalt in 25
Athen und sechs Tagen in Rhodos, für 850 Mark. Fünfzehn Tage unterwegs.

HERR MENDE: Das klingt ja sehr fein.

ANGESTELLTE: Und dann kann ich Ihnen die „klassische Kreuzfahrt" anbieten, mit
dem neuen italienischen Luxusschiff „Illiria". Die geht an der Küste von Dalmatien
entlang, dann hinunter nach Griechenland und Rhodos und wieder zurück. Nur 30
erster Klasse, fünfzehn Tage lang, für 950 Mark.

HERR MENDE: Hm. Nur erster Klasse.

FRAU MENDE (*flüsternd*): Aber Adolf, hör doch auf! Du weißt doch, daß wir uns das
nicht leisten können. Und dann: wo bekommen wir unsere Ruhe am Meer? (*Ein
bißchen lauter*) Möchtest du vierzehn Tage lang mit einer Masse Menschen zusam- 35
men sein, die du überhaupt nicht kennst?

ANGESTELLTE: Na, ganz so schlimm ist es doch wohl nicht.

---

21 Womit kann ich dienen? *What can I do for you?*
27 klingt *sounds*

HERR MENDE: Ich dachte, du wolltest an die Adria und nach Griechenland.

ANGESTELLTE: Da habe ich noch etwas anderes — eine Reise nach Griechenland, viel
40 preiswerter! Eine Kombination von Zug, Bus und Schiff. Hinfahrt über Jugoslawien und Rückfahrt über Italien. Da kriegen Sie wirklich eine Menge zu sehen.
Und dauert noch einen Tag länger! Kostet 485 Mark.

HERR MENDE: Das geht ja noch.

FRAU MENDE: Ach was! Davon hab' ich gehört. Die Reise hat Frau Lauinger letzten
45 Sommer mit ihrem Mann auch gemacht. Jeden Tag immer wieder was Neues.

PETER (*der inzwischen einige Plakate betrachtet hat*): Vati, sieh dir doch dies einmal an!
Wir brauchen doch gar nicht nach Griechenland fahren. Wie wär's mit Spanien?

HERR MENDE (*liest*): „Zehn Tage erstklassige Vollpension. Vier Gänge mit Wein ...
Nur 299 Mark." — Wo ist denn das? „Costa Brava, Hotel direkt am Meer ..."

50 FRAU MENDE: Ja, das ist etwas für uns. (*Zur Angestellten*) Erzählen Sie uns etwas
mehr davon.

ANGESTELLTE: Dieser Plan ist sehr beliebt. Eine vierzehntägige Fahrt nach Spanien.

FRAU MENDE: Und wirklich zehn Tage still an einem Platz! Das ist ja, was wir suchen.
Da hat man seine Ruhe.

55 ANGESTELLTE: Ja, die hätten Sie an der Costa Brava. Zwei Tage hin, über die Schweiz,
und zwei Tage zurück, über Straßburg.

HERR MENDE: Und die ganze Fahrt ist wohl per Omnibus?

ANGESTELLTE: Ja, per Luxusbus.

HERR MENDE: So, so. Per Luxusbus.

60 ANGESTELLTE: Ja, mit zwei Fahrern. So daß der eine Fahrer sich ausruhen kann, wenn
der andere fährt.

FRAU MENDE: Das scheint doch sehr vernünftig zu sein. Aber am meisten gefallen mir
die zehn Tage am Meer — und dann so billig! — Peter, da kannst du schwimmen,
soviel du willst.

65 PETER: Ja, dann laßt uns doch an die Costa Brava reisen!

Hauptbahnhof München

ÜBUNG

Conditional sentences

Grammar Reference §58.4, page 383.

Study the examples. You are given a pair of sentences, from which a conditional sentence can be formed. The first sentence is a **Ja/Nein** *question, the second a response to it. To make the conditional sentence, change the* **Ja/Nein** *question to a* **wenn-** *clause and connect it to the main clause. All these conditional sentences will be real conditions.*

EXAMPLES: Will Gabriele schlank bleiben? Dann darf sie nicht viel Schokolade und Schlagsahne essen.
Wenn Gabriele schlank bleiben will, dann darf sie nicht viel Schokolade und Schlagsahne essen.

Ist es kalt? Dann ist ein Feuer im Kamin sehr gemütlich.
Wenn es kalt ist, dann ist ein Feuer im Kamin sehr gemütlich.

1. Gibt es einen schönen Platz zum Schwimmen? Dann ist es mir gleich.
2. Haben sie das Reisebüro wieder verlegt? Dann können wir es vielleicht nicht finden.
3. Wollen wir mit einem Luxusschiff reisen? Dann müssen wir eine Menge Geld ausgeben.
4. Fahren wir ans Meer? Dann können wir schwimmen, soviel wir wollen.
5. Hat Arnold eine Luftpumpe? Dann kann er den Reifen aufpumpen und wieder anlegen.
6. Haben die beiden keine Luftpumpe dabei? Dann müssen sie hier über Nacht bleiben.
7. Will der ältere Herr herausfinden, was es in der Welt Neues gibt? Dann ist er hier am richtigen Platz.
8. Hat der ältere Herr einen kritischen Ausdruck im Gesicht? Dann findet er all diese Sachen vielleicht zu kitschig.
9. Wollen die Buben ein bißchen abkürzen? Dann müssen sie durch die verbotene Weide gehen.
10. Kannst du mir zehn Mark leihen? Dann geb' ich sie dir morgen wieder zurück.

12/7 Wien!

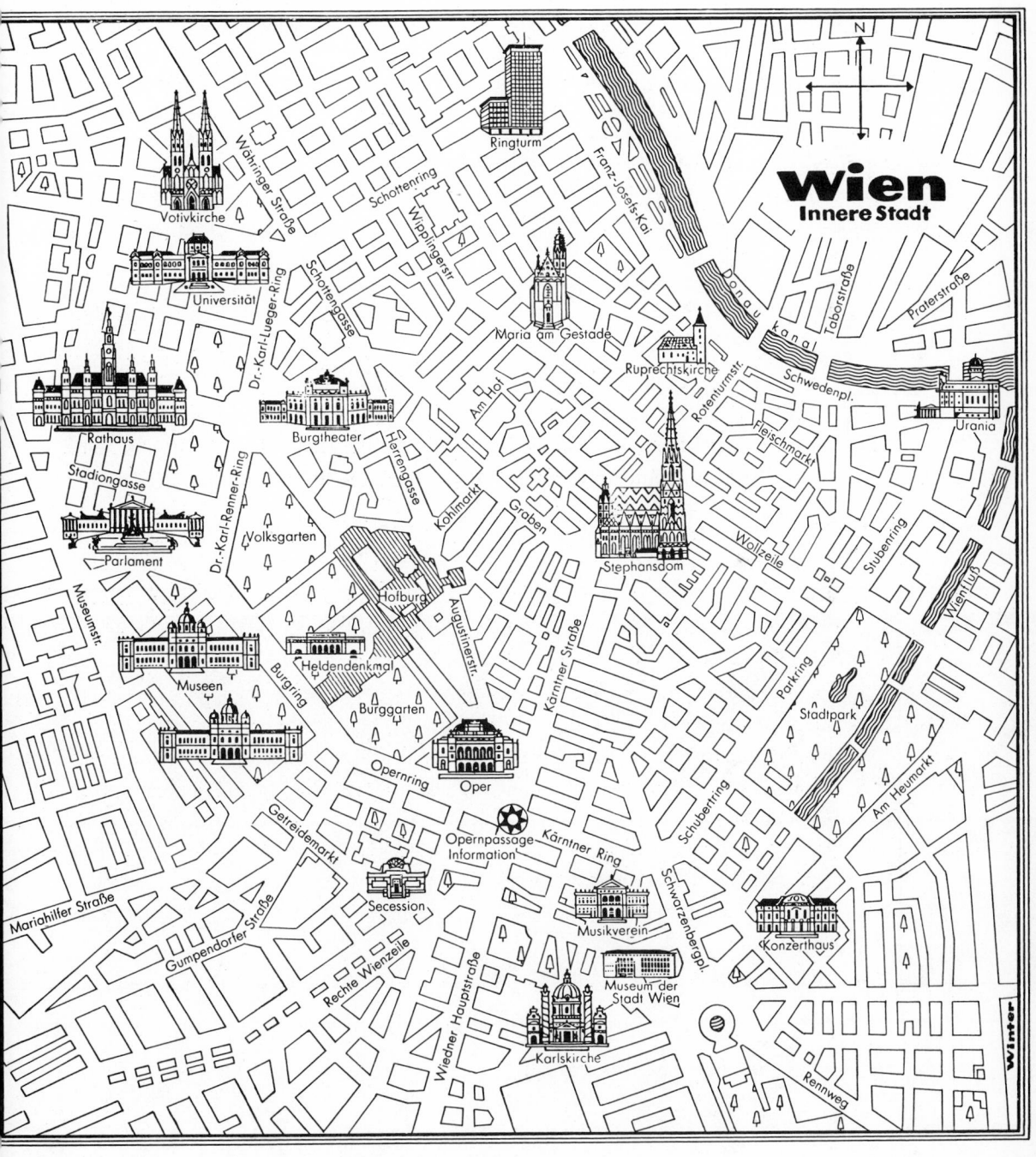

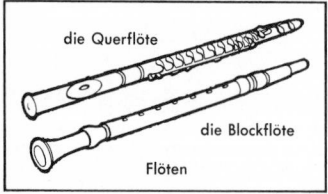

die Querflöte

die Blockflöte

Flöten

die Mauer

ERWEITERUNG DES WORTSCHATZES

erscheinen, ie, ie *sich zeigen, sich sehen lassen; das Gegenteil von*
   „verschwinden" — Jeden Morgen **erscheint** die Sonne im Osten.
die **Flöte -n** (*siehe Zeichnung*)
geistig *intellektuell* — Eine Universität ist ein Mittelpunkt **geistigen**
   Lebens.
die **Kapelle -n** *Gruppe von Musikern, kleines Orchester*
lauschen *ganz still sitzen und zuhören*
die **Mauer -n** (*siehe Zeichnung*)
der **Quadratkilometer** = qkm = km^2
winken *mit der Hand grüßen*
der **Zauber** *Magie, Wunder, magische Schönheit*

   Die Fassade der Wiener Staatsoper ist hell erleuchtet. Das Haus ist bereit, seine
Besucher zu empfangen. Heute abend steht Mozarts „Zauberflöte" auf dem Programm.

---

2 empfangen   *receive*

Ludwig van Beethoven

Johannes Brahms

Joseph Haydn

Wir stehen vor einem bekannten Mittelpunkt europäischer Kultur. Seit mehr als zweihundert Jahren ist die deutsche Musik in Wien zu Hause. Wenn wir hier vor der
5 Staatsoper stehen, könnten wir uns sogar vorstellen, daß in jedem der erleuchteten Fenster ein bekannter Musiker zu sehen wäre. Da erscheint das lächelnde Gesicht von Wolfgang Amadeus Mozart. Ludwig van Beethoven blickt ernst auf den Verkehr auf der Straße hinunter. Neben ihm erkennen wir Johannes Brahms und Joseph Haydn. Franz Schubert schaut verträumt in den Schatten der Nacht, und Johann Strauß winkt
10 auf einige Freunde in der Menschenmenge auf der Straße. Richard Strauss, Franz Lehár und Alban Berg sind in den nächsten Fenstern zu erkennen, und in den oberen Fenstern erscheinen die Köpfe von Anton Bruckner, Hugo Wolf, Gustav Mahler und Arnold Schönberg. Sie alle sind hier beieinander, die wohlbekannten Namen der deutschen Musik. Es ist unmöglich, sie alle zu nennen. Jeder findet hier den Komponisten, der ihm
15 besonders am Herzen liegt.

Auf einmal sind die Fenster wieder dunkel. Die Gesichter sind verschwunden. Innen im Bühnenraum der Staatsoper beginnt das Orchester die ersten Töne der

---

9 verträumt *dreamily*

Richard Strauss

Hugo Wolf

Franz Schubert

Ouvertüre zur „Zauberflöte" zu spielen, und die Opernfreunde lauschen gespannt dem Zauber der deutschen Musik.

Die Staatsoper steht am Opern-Ring, einem Teil der berühmten Ring-Straße. Diese 20 Straße liegt genau da, wo die alten Mauern der Stadt Wien standen. Hier in der inneren Stadt findet sich eine Konzentration kulturellen und geistigen Lebens, wie sie kaum in einer anderen Stadt der Welt erscheint. Innerhalb des engen Raums von etwas über einer Quadratmeile befinden sich solche Gebäude wie die Universität, die Technische Hochschule, die Nationalbibliothek, das Kunsthistorische Museum und das Natur- 25 historische Museum, das Burgtheater, die Akademie der Wissenschaften, die Akademie der bildenden Künste und viele andere Institute.

Aber Wien ist nicht nur eine Stadt des wissenschaftlichen Studiums, der geistigen Arbeit. Man weiß hier auch zu leben. Jemand hat einmal gesagt, daß der Mensch das einzige Wesen ist, das nicht weiß, wie man das Leben genießen soll. Wer dies gesagt hat, 30 ist wahrscheinlich nie in Wien gewesen. Denn hier nimmt man sich Zeit zum Leben. Das kann man an den vielen Theatern sehen, oder im Prater, einem großen Volkspark am Fluß, wo es viel Spiel- und Vergnügungsplätze gibt — und natürlich auch Wiener Würstchen. Oder man kann es an den vielen Cafés sehen, wo Musikkapellen die berühmten Wiener Walzer spielen. Wenn man nach Wien kommt, findet man vielleicht, 35 daß die „schöne blaue Donau" heute nicht mehr ganz so blau ist wie früher. Aber die Menschen in Wien sind so freundlich und gemütlich wie immer. Sie sind lustig und singen gerne — ein populäres Lied oder eine Melodie aus einer berühmten Operette. Und wenn ein Wiener eine junge schöne Dame trifft, dann sagt er mit lächelndem Gesicht: „Grüß Gott! Küß die Hand!" — Ja, in Wien kann man sich wohl fühlen und 40 das Leben genießen.

---

18 gespannt *expectantly, eagerly*
23 innerhalb des . . . Raums *within the . . . space*

Johann-Strauß-Denkmal in Wien

Zwei Herzen im Dreivierteltakt,
die hat der Mai zusammengebracht,
zwei Herzen im Dreivierteltakt
in einer Walzernacht.
    Ein Viertel Frühling und ein Viertel Wein,
    ein Viertel Liebe — verliebt muß man sein!
Zwei Herzen im Dreivierteltakt:
wer braucht mehr, um glücklich zu sein?

Wien, Wien, nur du allein
sollst stets die Stadt meiner Träume sein.
Dort, wo die alten Häuser stehn,
dort, wo die lieblichen Mädchen gehn —

Wien, Wien, nur du allein
sollst stets die Stadt meiner Träume sein.
Dort, wo ich glücklich und selig bin,
ist Wien, ist Wien — mein Wien.

ÜBUNG

Grammar Reference §7.3, page 340, and page 244.

Gender recognition

Reread the last two paragraphs of the preceding passage, and try to determine from context the genders of the nouns in the list below. Make THREE LISTS *on your paper: the first should contain the nouns for which you could deduce the gender from clues in the passage (watch for repetitions and compounds); the second, those nouns which you already know so well that you can give the gender without looking them up; third, those for which you had to look up the gender in the end vocabulary. Give the nominative singular form of the definite article for each noun. (Your first list should contain eighteen words.)*

1. Staatsoper 2. Opern-Ring 3. Teil 4. Ring-Straße 5. Mauer 6. Stadt 7. Konzentration 8. Leben 9. Welt 10. Raum 11. Quadratmeile 12. Gebäude 13. Universität 14. Hochschule 15. Bibliothek 16. Museum 17. Akademie 18. Wissenschaft 19. Kunst 20. Institut 21. Studium 22. Arbeit 23. Mensch 24. Wesen 25. Zeit 26. Theater 27. Würstchen 28. Café 29. Donau 30. Lied

Auswendig zu lernen

[Siehe Seite 147]
leihen, lieh, geliehen

[Siehe Seite 171]
an-bieten, bot . . . an, angeboten
verbieten, verbot, verboten

Prater, Wien

Schloß Neuschwanstein

München

Dreizehntes Kapitel

13/1 Drei Freunde in Bayern (1)

Samstag, ein paar Minuten vor zwölf. Vor dem Prinzregententheater in München. Erich Stadler und Bernhard Sarbach und ihr amerikanischer Mitschüler, Lawrence Mitchell, auf dem Weg von der Schule nach Hause.

LAWRENCE: Sag mal, ist es oft so heiß bei euch?

BERNHARD: Na, ich weiß nicht — findest du's so heiß? 5

ERICH: Und du kommst aus Texas? Habt ihr keine Hitze in Houston? Wenigstens im Sommer?

LAWRENCE: Doch, natürlich. Aber hier scheint es viel heißer zu sein. Wie könnt ihr Jacken tragen?

BERNHARD: Nun, wir sind's eben gewöhnt. *used to it*

ERICH: Ihr habt wohl überall Klimaanlage, gelt? *air conditioning* 10

292 LAWRENCE: Ja, zu Hause und in der Schule, sogar im Wagen.

not here, right *right!* *gelt - isn't it true - pop. in S. Germany*

ERICH: Ach ja — ihr lebt im Luxus! „Am Luxus wird die Welt zugrunde gehen!" sagt Doktor Scholderer immer.

15 LAWRENCE: Wer ist Doktor Scholderer?

BERNHARD: Erichs Geschichtslehrer. Den kennst du noch nicht. Er unterrichtet nur in der „A".

LAWRENCE: Er ist wohl sehr pessimistisch?

ERICH: Na, und wie!

20 LAWRENCE: Das versteh' ich nicht. Warum soll die Welt zugrunde gehen, wenn man sich das Leben ein bißchen angenehmer machen will?

BERNHARD (*ablenkend*): Ich möchte zum Wochenende in die Berge. Wollt ihr mit?

LAWRENCE: Wenn's da ein bißchen kühler ist, komm' ich mit. Gerne. — Wohin willst du denn?

25 BERNHARD: Nicht so weit. In die Vorberge. Nach Schliersee oder nach Tegernsee.

ERICH: Mensch, da kommst du ja gar nicht ans Wasser. Da ist ja alles besetzt, in dieser Jahreszeit. Warum gehst du denn nicht nach Murnau oder nach Oberammergau oder nach Füssen? Dann könnten wir uns sogar noch das eine oder das andere von den Schlössern ansehen — Linderhof, zum Beispiel, oder Neuschwanstein.

30 LAWRENCE: Die Schlösser vom „verrückten König"? Die muß ich noch sehen, bevor ich Deutschland verlasse.

ERICH: Das weiß ich nun nicht — ob er wirklich so „verrückt" war.

LAWRENCE: Vielleicht wollte er auch nur ein bißchen Luxus. —

BERNHARD: Also, Erich, kommst du auch mit?

35 ERICH: Na, ich habe eigentlich nichts anderes vor.

BERNHARD: Ja — oder nein?

ERICH: Nun — wenn du willst, ja!

BERNHARD: Wollen wir uns um halb drei am Bahnhof treffen?

ERICH: Du willst mit der Bahn? Warum nicht per Rad oder mit dem Bus?

40 BERNHARD: Wir haben nicht zu viel Zeit. Mit der Bahn geht's am schnellsten. Wenn wir mit dem Bus fahren, geraten wir ja doch nur in die große Herde. Und mit dem Fahrrad müssen wir zu viel Proviant mitnehmen.

ERICH: Das hast du dir alles schön ausgedacht! Wollen wir denn nicht wandern?

BERNHARD: O ja. Ein klein bißchen. Aber ich möchte auch einmal wandern, ohne all
45 das Gepäck mitzuschleppen — Rucksack und Feldflasche und Fernglas —! Nur einen Photoapparat.

LAWRENCE: Mir ist es recht so.

ERICH: Mir auch!

BERNHARD: Also — dann bis halb drei. — (*Zu Lawrence*) Gehst du jetzt nicht nach
50 Hause?

LAWRENCE: Ja, aber keine Sorge! Ich treff' euch schon um halb drei!

ÜBUNG

Personal and emphatic pronouns

Grammar Reference §17.2, page 347.

Rewrite each sentence twice: a) substituting the personal pronoun for the noun phrase in **heavy type,** *and then b) using the corresponding emphatic pronoun instead of the personal pronoun. Be sure to start your second sentence with the emphatic pronoun (or with the prepositional phrase in which it occurs), as in the example.*

EXAMPLE: Mein Freund Erich hat **dieses Bild** aufgenommen.
Mein Freund Erich hat es aufgenommen.
Das hat mein Freund Erich aufgenommen.

1. Du kennst **Erichs Geschichtslehrer** noch nicht.
2. Ich muß **die Schlösser vom „verrückten König"** noch sehen, bevor ich Deutschland verlasse.
3. Wir haben **das Schild da** nicht gesehen.
4. Vielleicht hat **der nächste Fahrer** eine Pumpe bei sich.
5. Wir haben von **diesem berühmten Bildhauer** gehört.
6. Ich möchte **allen meinen Freunden** für das schöne Geschenk danken.
7. Man soll **dem Schuldirektor** immer antworten.
8. Ich traf **Oskar Naegele** einmal abends im Bus.
9. Detlev ist sehr begeistert von **Onkel Christophs schönen Töchtern.**
10. Vielleicht wollte **der König** auch nur ein bißchen Luxus.

13/2 Drei Freunde in Bayern (2)

Am Schalter im Hauptbahnhof. Bernhard löst Fahrkarten, Erich spricht mit Lawrence, der eben angekommen ist.

BERNHARD: Drei Sonntagsrückfahrkarten, zweiter, nach Oberau.

BEAMTER (*für sich*): Acht Mark fünfundsiebzig. (*Laut*) Sechsundzwanzig fünfund-
5   zwanzig.

BERNHARD: Bitte schön, hier sind dreißig.

BEAMTER: Drei Mark fünfundsiebzig zurück. — Alle Züge nach Garmisch-Partenkirchen fahren ausnahmsweise auf Gleis drei ab. Auf Gleis neun und zehn wird nämlich gearbeitet. — Sie finden's da drüben angeschlagen.

10 BERNHARD: Gut, daß ich das weiß. (*Tritt zu Erich und Lawrence.*) Na, Larry, da bist du ja! Wir hatten schon beinahe die Hoffnung aufgegeben, dich wiederzusehen!

LAWRENCE: Das ist nett von euch. — Hast du denn 'ne Karte für mich?

BERNHARD: Ist in Ordnung. Ich hab' dich kommen sehen. Jeder von euch schuldet mir acht Mark fünfundsiebzig.

15 ERICH: Schreib's doch an! Ich geb's dir Montag wieder.

BERNHARD: Sag mal, Larry, wo bist du denn die ganze Zeit gewesen? Zu Hause?

LAWRENCE: Nein, gar nicht. Ich hab' die Wohnung sogar schon um halb zwei verlassen.

ERICH: Und wo hast du dich dann 'rumgetrieben?

20 LAWRENCE: „Herumgetrieben" ist gut! Ich hab' mich verirrt.

BERNHARD: Man verirrt sich vielleicht in den Alpen — aber doch nicht in München!

LAWRENCE: Tut mir leid — aber ich hab' mich verirrt. Wie ihr wißt, muß ich am Kurfürstenplatz umsteigen, und ausgerechnet heute mußte ich in der falschen Richtung fahren.

25 BERNHARD: Wie weit bist du denn gefahren?

LAWRENCE: Bis zum Olympiaturm. Dort hab ich's erst gemerkt. So bin ich schnell ausgestiegen, denn ich weiß, von dort fährt ein Bus direkt zum Hauptbahnhof — der Olympiabus.

ERICH: Aber kostet der nicht eine Mark?

30 LAWRENCE: Ja, aber ich dachte, ich könnte damit am schnellsten herkommen. Aber da hab' ich wieder Pech gehabt.

ERICH: Wieso denn?

LAWRENCE: Als ich zur Bushaltestelle kam, hab' ich den Bus gerade losfahren sehen. Ich mußte beinahe eine Viertelstunde warten, bis der nächste Bus kam.

---

3 zweiter: d.h. zweiter Klasse. Fahrkarten zweiter Klasse sind billiger als Fahrkarten erster Klasse. (Siehe auch Abteil, Seite 179.)

BERNHARD: Da kannst du von Glück sagen, daß du rechtzeitig gekommen bist.   35
LAWRENCE: Ja, ich hab' wirklich Schwein gehabt! — Wo gehen wir nun hin?
BERNHARD: Ich hab' Karten nach Oberau. Von da ist es nicht zu weit nach Linderhof,
    vier bis fünf Stunden. Und dann kriegen wir auch noch Ettal zu sehen.
LAWRENCE: Ettal?
BERNHARD: Ja, hast du noch nicht davon gehört? Kloster Ettal — mit einer der 40
    schönsten Barockkirchen von ganz Bayern. Ganz einfach — und doch schön.
LAWRENCE: Ja, das möchte ich auch gerne sehen.
ERICH: Na, schön! Also los!
BERNHARD: Nach Gleis drei. Hier sind eure Karten.

---

36 Schwein = Glück

ÜBUNG

Man: passive

Grammar Reference §46, page 369.

Rewrite the following sentences, changing the **man**-*construction to a present passive verb phrase.*

EXAMPLES: Bei einem Picknick kocht und ißt man im Freien.
    Bei einem Picknick wird im Freien gekocht und gegessen.

    Den Koffer gibt man im Gepäckwagen auf.
    Der Koffer wird im Gepäckwagen aufgegeben.

1. Auf Gleis neun arbeitet man heute.
2. Hier spricht man Deutsch.
3. Man schneidet dieses Dreieck ab.
4. Man baut hier eine Tankstelle.
5. Hier heizt man mit Kohle.
6. Den Koffer lädt man in den Gepäckwagen.
7. Man erwartet mich zu Hause.
8. Welchen Film gibt man heute abend?
9. In diesem Café tanzt man jeden Samstagnachmittag.
10. In Bochum gründet man eine neue Universität.

13/3 Drei Freunde in Bayern (3)

Bernhard, Erich und Lawrence gehen durch die Sperre.

BERNHARD (*läßt den Beamten seine Karte lochen*): Bitte schön!

BEAMTER: Bitte schön — Oberau — vierzehn Uhr fünfzig — Gleis drei. (*Zu Lawrence, der durchgegangen ist und ihm seine Karte gegeben hat*) Halt! Junger Mann! Hier ist
5   Ihre Fahrkarte. Ist doch 'ne Rückfahrkarte. Die müssen Sie doch an der Endstation wieder vorzeigen.

LAWRENCE (*sich wieder umdrehend*): Ach so, ja. Das hätt' ich beinahe vergessen.

BEAMTER (*gibt ihm die Karte*): Daran muß man festhalten.

BERNHARD (*erklärend*): Er ist nicht daran gewöhnt. Er kommt nämlich aus Amerika.
10   Da macht man es, scheint's, etwas anders.

BEAMTER: Ach so. Da müssen Sie ihn halt daran erinnern, wie man's hier macht.

BERNHARD (*lächelnd*): Ja, das werd' ich dann auch tun.
    (*Die drei gehen lachend und scherzend zum Bahnsteig.*)

LAWRENCE: Eure Beamten kommen sich eigentlich sehr wichtig vor.
15 ERICH: Das kommt, weil sie „der Staat" sind.

LAWRENCE: Oder weil sie sich dafür halten —

ERICH: Und eine Mütze tragen — und eine Uniform. ↓   **297**

BERNHARD: Habt ihr alle euren Photoapparat dabei? Und auch genug Film? Hoffentlich Farbfilm?

> (*Lawrence und Erich bejahen.*) 20

BERNHARD: Dann will ich euch sagen, was ich vorhatte. Ich weiß nicht, habt ihr vom Photo-Wettbewerb in den „Nachrichten" gehört? „Goldnes Wochenende"?

ERICH: Ja, gehört hab' ich davon.

BERNHARD: Aber nicht weiter drüber nachgedacht? — Das hab' ich gefürchtet. Die geben nämlich sehr nette Preise — fünfzehnhundert Mark — tausend Mark — 25 siebenhundertfünfzig Mark und so weiter. Ich dachte, wenn wir alle drei zusammen arbeiten könnten, dann müßte vielleicht etwas Gescheites dabei herauskommen.

ERICH: Du meinst, wir sollten alle das Gleiche aufnehmen?

BERNHARD: Ja — und auch wieder nicht. Ich schlage vor, daß wir alle das Gleiche auf- 30 nehmen sollten, nur zu verschiedener Zeit und von verschiedenen Seiten — oder mit mehr Licht oder weniger Licht — eine Art von Experiment. Das sollte gewisse Vorteile haben.

LAWRENCE: Wir können's ja mal versuchen.

> (*Sie sind inzwischen auf den Bahnsteig gekommen und den Zug entlang gegangen.*) 35

ERICH: Habt ihr gesehen, wie voll der Zug ist?

BERNHARD: Das hab' ich eben auch bemerkt. Es sieht so aus, als ob ganz München in die Berge wollte.

LAWRENCE: Die andern haben wohl den gleichen Gedanken gehabt wie du.

ERICH: Jetzt müssen wir aber aufpassen und einsteigen. Sonst fährt uns noch der Zug 40 weg!

LAWRENCE: Da stehen die Leute ja schon im Gang!

BERNHARD: Ich glaub', da in d e m Abteil sind noch ein paar Plätze frei.

ERICH: Also, versuchen wir's mal! 'rein in den Wagen!

> (*Sie steigen ein, gehen den Gang entlang, bleiben an einem Abteil stehen, worin eine* 45 *kleine Familie sitzt: Vater, Mutter, fünfzehnjährige Tochter.*)

BERNHARD (*die Tür zum Abteil öffnend*): Entschuldigen Sie, sind diese Plätze noch frei?

MUTTER (*mit Blick auf die Tochter, zögernd*): Hm — Hm — Nein. Sag mal, Gabriele, wollten die Heuslers nicht um drei Viertel drei kommen? 50

GABRIELE: Ja, um drei Viertel wollten sie ganz bestimmt hier sein.

BERNHARD: Es ist schon vierzehn Uhr zweiundfünfzig. Um vierzehn Uhr fünfzig sollte der Zug abfahren.

VATER: Ach, Klara, mach doch keine Umstände! Die kommen doch nicht mehr. (*Zu*

---

⁴²Gang = Korridor ⁵⁴Mach keine Umstände! *Don't make a fuss!*

55   *Bernhard*) Ja, da können Sie sich ruhig hinsetzen. Unsere Bekannten haben sich
      wahrscheinlich verspätet.

BERNHARD (*setzt sich*): Danke vielmals. (*Der Zug setzt sich in Bewegung.*) — Na, da
      geht's auch schon los.

LAWRENCE: Da sind wir gerade noch rechtzeitig gekommen.

60 ERICH: Ja, du hast wieder einmal Glück gehabt.

MUTTER (*sieht aus dem Fenster, dann holt sie die Provianttasche aus dem Gepäcknetz*):
      Was möchtest du lieber haben, Gabriele, ein Wurstbrot oder ein Käsebrot?

GABRIELE: O, Mutterle, am liebsten nur eine Apfelsine.

MUTTER: Gut, mein Kind. (*Sie fängt an, die Orange zu schälen.*) — Möchtest du nicht
65   auch eine Apfelsine oder so was, Vaterle?

VATER: Nein, ich bin noch nicht hungrig.
         (*Erich steht auf und geht auf den Gang.*)

LAWRENCE (*zu Bernhard*): Ich glaub', Erich hat schon angefangen, nach Motiven zu
      suchen. Und er hat auch schon was gefunden.

70 BERNHARD: Da hat er ja nicht lange warten brauchen.

ÜBUNG

Double infinitives

Grammar Reference §49.4, page 374.

Rewrite the sentences, changing the present to a perfect verb phrase with a double infinitive.

EXAMPLE: Ich höre die Vögel singen.
      Ich habe die Vögel singen hören.

1. Ich muß noch eine Stunde arbeiten.
2. Wie könnt ihr Jacken tragen?
3. Einen neuen Photoapparat kann ich mir nicht leisten.
4. Bernhard sieht Lawrence kommen.
5. Lawrence sieht den Bus losfahren.
6. Lawrence hört den nächsten Bus kommen.
7. Bernhard läßt den Beamten seine Karte lochen.
8. Karl-Wolfgang läßt die Puppe fallen.
9. Er hilft ihm den Wagen waschen.
10. Der Tourist läßt seine Schlüssel im Bus liegen.

13/4 Drei Freunde in Bayern (4)

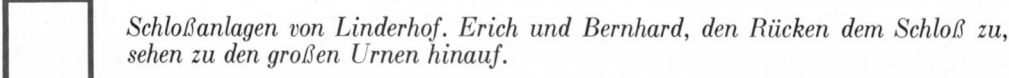

Schloßanlagen von Linderhof. Erich und Bernhard, den Rücken dem Schloß zu, sehen zu den großen Urnen hinauf.

BERNHARD: Sieh doch bloß mal diese Vasen an! Das wäre vielleicht ein schönes Motiv.

ERICH: Ja, aber im Gegenlicht werden die Urnen zu dunkel sein.

BERNHARD: Wenn wir's geschickt machen, vielleicht nicht. Ich möcht' es trotzdem ₅ versuchen.

LAWRENCE (*tritt zu ihnen*): Na, da seid ihr ja! Habt ihr mich da oben gesehen? Ich hab' eben von da aus eine Aufnahme gemacht — den ganzen Schloßpark — Urne, Springbrunnen, Schloß — und ihr seid auch drauf. Wie echte Touristen.

BERNHARD: Ja, wir hatten auch gedacht, daß die Urnen ein schönes Motiv sind. ₁₀
    (*Sie drehen sich um und betrachten das Schloß.*)

LAWRENCE: Das muß doch alles ein schönes Stück Geld gekostet haben.

BERNHARD: Hat es auch. Der verrückte Ludwig hat ja den ganzen Staat beinahe bankerott gemacht.

300

15 ERICH: Stell dir nur einmal vor, wie all dies gebaut werden mußte. Damals gab's doch noch keine großen Baumaschinen.

BERNHARD: Glaubt ihr nicht, daß wir bald genug Bilder haben?

LAWRENCE: Das frag' ich mich auch. Es sind doch genug Menschen hier — und alle knipsen. Das ist ja nicht mehr originell. Nach einer Weile wird's ein bißchen
20 langweilig. Außerdem hab' ich schon zwei Rollen voll. Aber ich hab' immer noch nicht die richtigen Motive gefunden.

ERICH: Wieso?

LAWRENCE: Nun, es ist immer wieder das Gleiche. Terrassen und Schloß und Garten — und wieder Terrassen. Und dabei ist es gar nicht einmal so schön.

25 BERNHARD: Du meinst, es ist alles so ein bißchen künstlich?

LAWRENCE: Ja, wirklich.

ERICH: Das ist mir egal. Wenn ich nur die Grotte aufnehmen könnte, wo König Ludwig sich die Wagner-Opern aufführen ließ. Aber ich hab' mein Blitzlicht nicht mitgebracht.

30 LAWRENCE: Mach dir keine Sorge. Du kannst meins bekommen, wenn du's haben willst.

ERICH: Vielen Dank.

LAWRENCE: Wißt ihr, was m i r am meisten Spaß gemacht hat?

ERICH: Ich wette, es war das Schlafzimmer von Ludwig dem Zweiten — mit den
35 phantastischen Möbeln.

LAWRENCE: Ja, das auch. Aber das meine ich nicht. Ich meine das „Tischlein-deckdich"* im Eßzimmer. Das war doch eine nette Idee. Der Mann war gar nicht so unpraktisch.

BERNHARD: Er mochte wohl keine hochnäsigen Kellner leiden.

40 LAWRENCE: Aber was ich n i c h t verstehen kann, ist, daß er da so ganz allein sitzen konnte und essen. Die ganze Zeit.

BERNHARD: Er muß wohl recht unglücklich gewesen sein.

LAWRENCE: Aber das macht einen ja ganz melancholisch —

ERICH (plötzlich flüsternd): Schaut mal, was da ankommt. Unsere alten Bekannten
45 von gestern.

BERNHARD: Bei Gott! Gabriele mit Vaterle und Mutterle.

ERICH: Die sind also auch den ganzen Weg von Oberau herübergelaufen?

LAWRENCE: Das kann man ihnen ansehen.

BERNHARD: Sollen wir ein bißchen weiter nach oben gehen?

---

* Ein Tisch im königlichen Eßzimmer, der auf einer Plattform stand, die man in die Küche hinunterlassen konnte. Da brauchte niemand ins Eßzimmer zu kommen, während der König aß.

13/5 Drei Freunde in Bayern (5)

Auf der Terrasse oberhalb von Linderhof.

LAWRENCE: Schau mal! Da haben sie eben den großen Springbrunnen wieder ange-
dreht. Jetzt könnt ihr eine großartige Aufnahme machen. Dies ist eure Gelegenheit.
(*Bernhard nimmt seinen Photoapparat in die Hand.*)
ERICH: Paß auf, Bernhard, prüf deinen Belichtungsmesser!
BERNHARD: Ja gewiß, Erich! Nun, wir wollen mal sehen: für meinen Film muß ich die
Blende auf „sechzehn" einstellen.
ERICH: Hast du den dunklen Hintergrund in Betracht gezogen?

BERNHARD: Nun, vielleicht wäre es gut, beides zu versuchen — eine Einstellung auf
10   „elf" und eine auf „sechzehn".

LAWRENCE: Bernhard, wenn du damit fertig bist, darf ich deinen Belichtungsmesser
auch mal gebrauchen? Ich möchte nur ganz sicher sein.

BERNHARD: Gerne. Hier ist er.

ERICH: Ich glaube, für deinen Film solltest du etwas mehr Licht geben als Bernhard.

15 LAWRENCE: Ja, das weiß ich. Aber trotzdem: ich glaube, ich kriege so ein besseres Bild.

ERICH: Kann sein. Ich wollte dich nur daran erinnern.

     (Alle drei machen ihre Aufnahmen.)

LAWRENCE *(seinen Apparat einpackend)*: Das ist doch ein enormer Springbrunnen.
Braucht wohl viel Wasser. Jetzt wird er auf einmal wieder kleiner.

20 ERICH: Sie drehen ihn wohl nur an, wenn ein neuer Bus voll von Besuchern ankommt!

LAWRENCE: Ja — oder die Pumpen funktionieren heute nicht.

ERICH: Ich bin doch froh, daß ich fünf Aufnahmen davon hab'!

BERNHARD: Ich will euch nicht drängen. Aber ich glaube, wir müssen weiter, wenn wir
um vier wieder in Ettal sein wollen.

25 LAWRENCE *(im Weggehen noch einmal auf das Schloß blickend)*: Du — ich glaube, die
Kirche in Ettal gefällt mir doch besser als all diese Pracht.

ÜBUNG

> ### Possessive pronouns
>
> Grammar Reference §20.2, page 349.
>
> *Copy the sentences and replace the noun phrase in* **heavy type** *with the appropriate possessive pronoun.*
>
> EXAMPLE: Mein Koffer steht hier auf dem Gepäckkarren. Wo bleibt denn **dein Koffer?**
> **Mein Koffer steht hier auf dem Gepäckkarren. Wo bleibt denn deiner?**
>
> 1. Ich habe meine Luftpumpe nicht mitgebracht. Hast du **deine Luftpumpe** dabei?
> 2. Mein Buch liegt auf meinem Schreibtisch zu Hause. Hast du **dein Buch** vielleicht mitgebracht?
> 3. Ich habe meinen Schlüssel vergessen. Hat Herr Lange vielleicht **seinen Schlüssel** dabei?
> 4. Hast du deinen Photoapparat noch dabei? **Mein Photoapparat** ist mir eben ins Wasser gefallen!
> 5. Hast du auch für Lawrence eine Fahrkarte besorgt? — Ja, hier hab' ich **meine Fahrkarte** und **seine Fahrkarte.**
> 6. Ich hab' mein Blitzlicht nicht mitgebracht. Darf ich **dein Blitzlicht** gebrauchen?
> 7. Für deinen Film darfst du die Blende auf sechzehn einstellen; für **meinen Film** sollte ich aber etwas mehr Licht geben.
> 8. Darf ich deinen Belichtungsmesser auch mal gebrauchen? Ich möchte nur ganz sicher sein, daß **mein Belichtungsmesser** richtig ist.
> 9. Dein Bild ist wirklich viel besser als **mein Bild!**
> 10. Kannst du unseren Bus sehen? — Nein, **unser Bus** ist doch größer als alle diese hier.

König Ludwig II.

13/6 Drei Freunde in Bayern (6)

☐ *Bernhard und Erich am Parkplatz.*

ERICH: Da sieh doch nur mal all die vielen Busse.
BERNHARD: Und dann wunderst du dich noch, wo all die Menschen herkommen. **305**

(Liest die Schilder an einigen der Omnibusse.) Gelsenkirchen — Berlin — Amsterdam — und da ist sogar einer aus Bergen in Norwegen. 5

ERICH: Der kommt aber weit her. Muß wohl eine Art von Ferienfahrt sein. Schilehrer auf Sommerreise.

(Lawrence kommt ihnen entgegen.)

LAWRENCE *(flüsternd)*: Nun dreht euch aber nicht plötzlich um! Wollt ihr mal was sehen? Da links im Schatten, unter den Bäumen! 10

BERNHARD *(sieht wie zufällig nach links, erblickt Gabriele mit ihren Eltern, auf dem Gras ausruhend)*: Na, die sind aber erschöpft! Ordentlich kaputt.

LAWRENCE: Kein Wunder, wenn man sich sämtliche Sehenswürdigkeiten ansehen will.

ERICH: Hört mal! Ihr geht ruhig so weiter. Ich will doch mal sehen, ob ich das nicht knipsen kann, hinter dem nächsten Omnibus. 15

(Lawrence und Bernhard gehen weiter.)

BERNHARD: Bist du schon beim Verkaufsstand gewesen?

LAWRENCE: Ja. Da war ein furchtbares Gedränge.

BERNHARD: Hast du denn gefunden, was du haben wolltest?

LAWRENCE: Ja, diesen Führer durch die oberbayrischen Schlösser. Da steht die ganze 20 Geschichte drin. — Sogar auf englisch. Das will ich nach Hause schicken.

BERNHARD: Das ist wirklich eine spannende Geschichte. Und der König Ludwig war ein interessanter Charakter. Er scheint vom Wasser fasziniert gewesen zu sein. Sieh doch mal, wieviel Wasser es hier gibt — die große Fontäne — und die Wasserfälle — und dann noch die Grotte, unter der Erde — mit all dem Zubehör. 25

BERNHARD: Na, hier kommt Erich.

(Erich holt sie ein.)

BERNHARD: Ist es 'was geworden?

ERICH *(grinsend)*: Ich glaub', es hat geklappt. Hab' gleich ein paar Aufnahmen gemacht. 30

BERNHARD: Dann brauchen w i r ja keine zu machen.

LAWRENCE: Ich kann mir schon vorstellen, wie's ausgefallen ist.

ERICH: Wirklich, das hättet ihr sehen sollen! Vaterle auf dem Rücken, vollkommen erschöpft, Arme und Beine ausgestreckt. Mutterle wischt sich die Tropfen von der Stirn — und Gabriele sitzt und ißt ihre Apfelsine! 35

LAWRENCE: Die reinste Schnellkamera! Mit d e r Aufnahme gewinnst du sicher!

ERICH: Was sagst du dazu? — Na, ich mach' noch ein oder zwei kleine Aufnahmen. Dann ist die Rolle alle. Zum Beispiel, der Schwan da drüben ... *(Hebt seinen Apparat ans Auge, visiert und knipst.)*

BERNHARD: Aber Erich, mein Lieber! Du hast ja den Deckel noch auf dem Objektiv! 40

ERICH *(mit offenem Mund)*: Um Gottes willen! Dann ist die ganze Rolle hin!

ÜBUNGEN

What aspects of the preceding six episodes do you regard as like or unlike the American scene? Consider transportation, eating, hobbies, attitude toward history, for example. Be prepared to document your arguments with quotations from the text.

Coordinating and subordinating conjunctions

Grammar Reference §59.1, §59.3, §60, pages 384 and 385.

Connect the two sentences with the conjunction in parentheses, using it in the position indicated.

EXAMPLES: Sie drehen den Brunnen wohl nur an. (wenn) Ein neuer Bus kommt an.
Sie drehen den Brunnen wohl nur an, wenn ein neuer Bus ankommt.

(bevor) Ich verlasse Deutschland. Ich muß noch die Schlösser vom „verrückten König" sehen.
Bevor ich Deutschland verlasse, muß ich noch die Schlösser vom „verrückten König" sehen.

1. Du kennst Erichs Geschichtslehrer nicht. (weil) Er unterrichtet nur in der „A".
2. Wir haben nicht viel Zeit. (und) Mit der Bahn geht's am schnellsten.
3. Ich muß noch schnell nach Hause. (aber) Ich werd' euch schon um halb drei treffen.
4. (da) Heute wird auf Gleis neun und zehn gearbeitet. Alle Züge nach Garmisch-Partenkirchen fahren auf Gleis drei ab.
5. Lawrence mußte am Olympiaturm warten. (bis) Der Olympiabus kam endlich vorbei.
6. Da kannst du von Glück sagen. (daß) Du bist rechtzeitig gekommen.
7. Die Beamten kommen sich sehr wichtig vor. (weil) Sie halten sich für „den Staat".
8. Die „schöne blaue Donau" ist heute vielleicht nicht mehr so blau wie früher. (aber) Die Menschen in Wien sind so freundlich und gemütlich wie immer.
9. Bitte, behalte diesen Brief. (bis) Ich komme wieder nach Hause.
10. (wenn) Wir wollten noch die Rundfahrt machen. Wir mußten uns auf den Weg machen.

Unter den Studenten an einer deutschen Universität ist ein rassiger englischer Sportwagen gewiß nichts Ungewöhnliches. Aber trotzdem drängen sich diese Studenten der Universität München neugierig um den MG, der am Professor-Huber-Platz geparkt ist. Der Wagen ist in gutem Zustand und glänzend poliert, obwohl er nicht das
5 neuste Modell ist.

Es ist vierzehn Uhr. Und die Vorlesung sollte beginnen. Aber die Studenten haben Zeit. Denn der Professor wird doch erst in zehn Minuten kommen. Daher können sie noch herumstehen und sich den schönen Wagen prüfend ansehen, bevor sie die Straße und den Geschwister-Scholl-Platz überqueren und in das Hauptgebäude der Univer-
10 sität eintreten.

Die Universität München ist eine der berühmtesten deutschen Hochschulen. 1945, am Ende des Zweiten Weltkriegs, lag das Hauptgebäude in Ruinen. Damals haben Studenten fleißig mitgeholfen, es wieder aufzubauen, und zwar im gleichen romanisch-romantischen Stil, in dem es im 19. Jahrhundert erbaut worden war.

15 Der große Platz vor der Universität ist durch die Ludwigstraße in zwei Hälften geteilt. Auf jedem Teil steht ein Brunnen, dessen Wasser über zwei Becken plätschert. Der östliche Teil des Platzes heißt der Professor-Huber-Platz, der westliche wurde nach den Geschwistern Scholl benannt. Damit will man die Studenten von heute an tapfere

Hans Scholl

Sophie Scholl

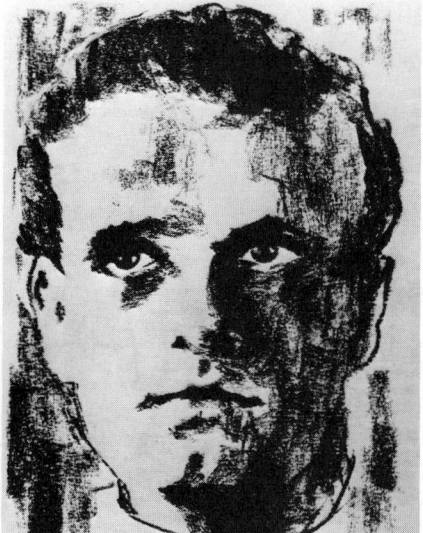

Menschen erinnern, die in der Zeit des „Dritten Reichs" ihr Leben im Widerstand gegen die Tyrannei opferten. Das quellende Wasser der beiden Brunnen ist ein leben- 20 diges Symbol für den Geist der Freiheit, wofür sie kämpften.

Eben ist die Straßenbahnlinie 6 vor der Universität angekommen und hat weitere Studenten mitgebracht. Es wird Zeit zur Vorlesung. Aber warum stehen die jungen Leute immer noch um den MG? Es ist sicher nicht der Glanz, den sie bewundern, sondern sie wollen sich den Zustand des Wagens genau ansehen, denn der Besitzer des 25 Wagens hat ein Stück Papier an der Windschutzscheibe angebracht: „Preiswert zu verkaufen."

ÜBUNG

Gender recognition

Grammar Reference §7.3, page 340, and page 244.

Reread the entire last selection and try to determine from context the genders of the nouns in the list below. Make the usual three lists: a) the nouns for which you could deduce the gender from clues in the passage; b) the nouns which you already know; c) the nouns for which you had to look up the gender in the end vocabulary. Give the nominative singular form of the definite article for each noun. (Your first list should contain twenty-three nouns.)

1. Student 2. Universität 3. Wagen 4. Platz 5. MG 6. Zustand 7. Modell 8. Vorlesung 9. Zeit 10. Professor 11. Minute 12. Hochschule 13. Ende 14. Krieg 15. Gebäude 16. Ruine 17. Stil 18. Jahrhundert 19. Straße 20. Hälfte 21. Teil 22. Brunnen 23. Wasser 24. Becken 25. Mensch 26. Reich 27. Leben 28. Tyrannei 29. Symbol 30. Geist 31. Freiheit 32. Glanz 33. Besitzer 34. Stück 35. Windschutzscheibe

Vierzehntes Kapitel

WEST-BERLIN
BERLIN-OUEST
BERLIN-OESTE

OST-BERLIN
EAST-BERLIN
BERLIN-EST
BERLIN-ESTE

Reinickendorf

Tegel

Spandau

Staaken

Wedding

Tiergarten

Charlottenburg

Pankow

Weissensee

Prenzlauer Berg

Mitte

Friedrichshain

Lichtenberg

Kreuzberg

Wilmersdorf

Schöneberg

Zehlendorf

Steglitz

Tempelhof

Neukölln

Treptow

Köpenick

Dreilinden

1–7 : Sektoren-Übergange

Flughafen Tempelhof

Parkplatz am Flughafen Tempelhof. Frau Meinhoff und ihre Tochter Heidi haben ihre Verwandte Anne-Marie Berkner und deren amerikanische Freundin Dorothy Gordon vom Flughafen abgeholt und an den Wagen gebracht. Heidi hält ihren Dachshund im Arm.

5 DOROTHY: Da landet schon wieder eins! Mit so einem Flugzeug sind wir auch gekommen. — Wie könnt ihr nur den Lärm aushalten?

FRAU MEINHOFF: Daran sind wir gewöhnt. — Sag mal, Heidi, willst du fahren oder soll ich?

HEIDI: Fahr du doch lieber, Mutti. Ich muß den Waldi halten.

10 DOROTHY: Waldi — ist das euer Hund da?

HEIDI: Ja. Ist er nicht niedlich?

DOROTHY: Das kann man wohl sagen. Wie alt ist er?

FRAU MEINHOFF: Über sieben Jahre. Er freut sich furchtbar, wenn er im Auto fahren darf.

15 HEIDI: Du, Anne-Marie. Ich hab' jetzt mein Zimmer neu hergerichtet — neue Vorhänge und eine neue Bettdecke. Und alles in der gleichen Farbe.

ANNE-MARIE: Ja, das mußt du mir zeigen. Das muß wirklich schön aussehen. —

FRAU MEINHOFF: Habt ihr einen guten Flug gehabt?

ANNE-MARIE: Ja, wirklich prima. Aber es war alles besetzt — kein einziger Platz mehr

20 frei.

FRAU MEINHOFF: Es waren wohl viele Leute, die aus den Ferien heimkamen.

ANNE-MARIE: Das kann sein. Da war so 'n junger Herr dabei, der war in Irland gewesen. Der hat allen Leuten im Flugzeug davon erzählt. — War das nicht komisch, Dorothy?

25 DOROTHY: Ja. Und dann hat er immer so laut über seine eigenen Witze gelacht.

ANNE-MARIE: Er nahm sich überhaupt furchtbar wichtig. Es war wirklich zum Schießen.

HEIDI: Übrigens, wie lange habt ihr noch Ferien?

DOROTHY: Nicht sehr lange. Am sechzehnten müssen wir wieder in Köln sein.

30 HEIDI: Ach, da habt ihr ja viel Zeit! Weil ihr nun einmal hier seid, solltet ihr die Stadt zu sehen bekommen.

ANNE-MARIE: Ja, die muß Dorothy einfach zu sehen kriegen. So was sieht man nicht jeden Tag.

FRAU MEINHOFF: Die Stadt, ja. Aber Kinder, vergeßt nicht den Garten.

35 HEIDI: Ja, das muß ich euch ein bißchen erklären. Ihr wißt wohl, daß wir jetzt einen Garten haben.

---

16 Vorhänge *curtains*

ANNE-MARIE: Ja, deine Mutter hat uns darüber geschrieben.

HEIDI: Das ist nun so 'ne Sache. Papa ist einfach begeistert von seinem Garten. Und daneben will er nichts anderes gelten lassen.

FRAU MEINHOFF: O, so schlimm ist es doch nicht! 40

HEIDI: Mama, nimm mir's nicht übel. Aber seitdem wir den Garten haben, denkt Papa an nichts anderes als an „seinen Garten". Das ist ja recht nett. Aber es gibt ja schließlich auch etwas anderes als „seinen Garten" hier in der Großstadt Berlin.

DOROTHY: Heidi, ich kann deinen Vater und seine Begeisterung eigentlich ganz gut verstehen. 45

HEIDI: So? Na, das freut mich. Deswegen möcht' ich euch raten: wenn Papa vom Garten zu sprechen anfängt, seid bitte nicht dagegen!

ANNE-MARIE: O nein! Darauf kannst du dich verlassen. Ein Garten hier in Berlin ist doch beinah so viel wie ein Stück Freiheit.

DOROTHY: Ja, und gerade deswegen möcht' ich ihn sehen. Bei uns nämlich kennt man 50 so was nicht.

HEIDI: Na, ich seh', wir verstehen uns.

---

39 gelten lassen   *mean anything*   46 deswegen   *that's why*
41 Nimm mir's nicht übel.   *Don't take it wrong.*
   Please don't misunderstand.

14/2 Besuch in Berlin (2)

Vor dem Haupteingang zum Siemenswerk. Frau Meinhoff, begleitet von Anne-Marie und Dorothy, begrüßt Herrn Meinhoff, der eben aus dem Werk gekommen ist.

HERR MEINHOFF: Sieh mal an, wie du gewachsen bist, Anne-Marie! Du siehst ja schon ganz wie eine junge Dame aus. 5

FRAU MEINHOFF: Ja, sie ist uns doch schon beinahe über den Kopf gewachsen! Ist sie nicht hübsch?

HERR MEINHOFF: Ja, wirklich! — Nun, wie geht's denn Onkel Richard und Tante Luise?

ANNE-MARIE: O, gut. Sie lassen vielmals grüßen. 10

HERR MEINHOFF: Danke! — Und daß du deine Freundin aus Amerika mitgebracht

Siemenswerk

hast, das ist wunderbar. (*Zu Dorothy*) Willkommen in Berlin, Fräulein Gordon. Hoffentlich gefällt's Ihnen hier.

DOROTHY: Das wird es bestimmt. Das weiß ich.

15 HERR MEINHOFF: Und Sie stammen aus Pennsylvanien? Da leben doch viele Deutsche, soviel ich weiß.

DOROTHY: Ja, ich komme aus Lancaster, und meine Mutter stammt aus einer deutschen Familie.

FRAU MEINHOFF: Warum kommst du heute so spät aus dem Werk? Es ist ja schon
20 alles ganz leer (*indem sie auf den Parkplatz deutet*).

HERR MEINHOFF: Überstunden, Schatz, Überstunden. In ein paar Wochen ist Generalversammlung. Und da muß doch die Bilanz in Ordnung sein!

FRAU MEINHOFF: Du Ärmster! (*Zu Dorothy*) Mein Mann hat nämlich eine sehr verantwortungsvolle Stellung in der Buchhaltung.

25 HERR MEINHOFF: Nun ja — jemand muß doch die Arbeit machen. —Wissen Sie, daß jetzt über fünfzig Prozent aller deutschen Glühbirnen bei uns gemacht werden?

DOROTHY: So? Wirklich? Das ist ja sehr interessant!

HERR MEINHOFF: Aber wo ist denn Heidi? Warum habt ihr die nicht mitgebracht?

FRAU MEINHOFF: Sie mußte doch noch ins Büro.

30 HERR MEINHOFF: Ach so. — Was sollen wir nun tun? Habt ihr etwas Bestimmtes vor?

FRAU MEINHOFF: Eigentlich nicht. Wie wär's mit etwas Kaffee und Kuchen? Dazu hätten wir doch Zeit.

ANNE-MARIE: Fein! Heute hat Dorothy doch Geburtstag!

HERR MEINHOFF: So? Stimmt das?

35 DOROTHY: Ja, Anne-Marie hat recht. Aber ich wollte davon gar nichts sagen.

21-22 Generalversammlung *stockholders' meeting*

HERR MEINHOFF: Na, dann wünsch' ich Ihnen recht viel Glück!

DOROTHY: Danke vielmals.

FRAU MEINHOFF: Herzlichen Glückwunsch zum Geburtstag! — Wir sollten doch in ein Café und ein bißchen feiern. Ist doch klar!

DOROTHY: Das ist furchtbar nett von Ihnen. Aber ich finde, daß Heidi dabei sein sollte. 40

FRAU MEINHOFF: Das glaube ich auch. — Vielleicht sollten wir lieber erst nach Hause fahren.

HERR MEINHOFF: Jetzt schon? Wenn der Abend noch so jung ist? Wir sollten doch irgendwo hingehen. Zur Feier des Tages. Wie wär's mit dem Schillertheater?

FRAU MEINHOFF: Da könntest du doch gar nicht so hingehen! Du müßtest dich doch 45 erst noch etwas umziehen!

HERR MEINHOFF: Wieso? Meinst du? Ich kann doch so hingehen, wie ich bin. Seh' ich denn nicht fein genug aus?

FRAU MEINHOFF: Ach, laß mal! Ich wollte dir zu Hause nur einen Brief zeigen — wegen dem Garten. 50

HERR MEINHOFF: Wieso? Was ist mit dem Garten?

FRAU MEINHOFF: O — eigentlich nur eine Kleinigkeit. Wir sollten uns morgen erst einmal den Schaden ansehen.

HERR MEINHOFF: Schaden? Welchen Schaden?

FRAU MEINHOFF: Herr Weber — weißt du, die Leute, die das Stück hinter uns haben 55 — Herr Weber hat uns einen Brief geschrieben. Da soll ein Hund in seinen Garten gekommen sein und seine Blumenbeete ruiniert haben. Und er schreibt, es wäre unser Hund.

HERR MEINHOFF: Was? Waldi? Das ist ja unmöglich.

FRAU MEINHOFF: Na, ich weiß nicht. Ich glaube, wir sollten uns die Sache einmal 60 ansehen.

HERR MEINHOFF: Da müssen wir aber gleich in den Garten fahren!

FRAU MEINHOFF: Was? Jetzt in den Garten? Es wird ja dunkel, bis du hinkommst.

HERR MEINHOFF: Das ist mir gleich!

FRAU MEINHOFF: Hör doch mal zu, Paul! Erstens ist es dunkel, und zweitens ist der 65 Schaden ja gar nicht in unserem Garten. Es ist ja bei Webers. Da kannst du gar nicht 'rein.

HERR MEINHOFF: Und wenn er beim Gericht Klage einreicht?

FRAU MEINHOFF: Na, so schnell wird er wohl nicht klagen. — Komm, laß uns erst mal nach Hause fahren. 70

HERR MEINHOFF: Ja, wenn du meinst. — Wollt ihr Mädels nicht einsteigen, bitte?

45–46 dich umziehen *change clothes*
53 Schaden *damage*

68 beim Gericht Klage einreicht *files a complaint, takes us to court*

14/3 Besuch in Berlin (3)

Bei Meinhoffs zu Hause. — Frau Meinhoff und die drei Mädchen in der Küche um einen großen Kochtopf auf dem Herd versammelt.

DOROTHY (*hebt den Deckel des Kochtopfs*): Nun bin ich aber wirklich neugierig, was es gibt.

5 ANNE-MARIE: Ich wette, es ist Gulasch.

HEIDI: Oder Leipziger Allerlei —

FRAU MEINHOFF: Nee, Kartoffelsuppe! Sie darf doch nicht anbrennen.

HEIDI: Was? Kartoffelsuppe? — Ist das gut für die „schlanke Linie"?

FRAU MEINHOFF: Reg dich nicht auf! Die wirst du schon behalten. — Vati hat doch
10 Kartoffelsuppe so gern. Und er hat heute abend schon soviel Aufregung gehabt — wegen Waldi.

HEIDI: Der arme Waldi! Was soll er nun wieder getan haben? — Herrn Webers Blumenbeete ruiniert? Dann soll der doch nicht seine Gartentür auflassen.

ANNE-MARIE: Hat er ja auch nicht. Waldi soll einen Tunnel gebuddelt haben — unter
15 dem Gartenzaun durch.

HEIDI: Ach was! Ich wette, das sind Karnickel gewesen.

(*Herr Meinhoff erscheint in der Küchentür.*)

HERR MEINHOFF: Das ist aber doch die Höhe!

FRAU MEINHOFF: Was gibt's jetzt denn schon wieder?

20 HERR MEINHOFF: Wo ist denn meine Abendzeitung?

FRAU MEINHOFF: Die hab' ich dir doch in den Lehnstuhl gelegt.

HERR MEINHOFF: Da liegt sie aber nicht!

(*Heidi geht schweigend zu Waldis Lager in einer Ecke der Küche, hebt die Zeitung auf und gibt sie ihrem Vater.*)

25 HERR MEINHOFF: Also nun muß ich meine Zeitung vom Hund holen, statt daß er sie mir bringt! Wirklich! Ein sehr intelligenter Hund!

HEIDI: Ach, Vati, er will doch bloß spielen.

HERR MEINHOFF: Das hat auch seine Grenzen. — Er sollte auch 'n bißchen Ordnung lernen. — Übrigens, morgen ist Samstag. Wann werdet ihr nun Dorothy die Stadt
30 zeigen?

---

⁶ Leipziger Allerlei *mixed vegetable stew*

FRAU MEINHOFF: Ach, Kinder, dazu habt ihr ja noch eine ganze Woche Zeit!

HERR MEINHOFF: Wenn ich etwas vorschlagen darf: ihr solltet eigentlich das Schloß Bellevue besuchen — und die Gemälde und Plastiken in Charlottenburg — und die Museen in Dahlem. All die großen Kulturschätze! Habt ihr schon ein Programm?

HEIDI: Ja, wir wollen nach Wannsee — und dann auf den Funkturm — und dann in 35 das Hansa-Viertel und den Tiergarten — und ins Kino — und zum Schöneberger Rathaus — und — und —

HERR MEINHOFF: Und wann kommt der Garten dran?

HEIDI: Ich dachte, den könnten wir am Sonntagnachmittag sehen.

ANNE-MARIE: Ja, d e n müssen wir doch zu sehen bekommen. 40

HEIDI: Können wir da nicht Kaffee trinken?

HERR MEINHOFF: Na, schön — meinetwegen am Sonntag.

FRAU MEINHOFF: Aber vergeßt nicht: Wir wollten doch morgen zum Einkaufen — preiswerte Tage!

HEIDI: Und danach treffen wir uns mit Vati in einem Café? 45

FRAU MEINHOFF: Ja, sagen wir, bei Kranzler.

HERR MEINHOFF: Aber morgen nachmittag bin ich doch im Garten!

FRAU MEINHOFF: Bis dahin hast du dich müde gearbeitet.

HERR MEINHOFF: Na, gut! Einverstanden. Um wieviel Uhr?

FRAU MEINHOFF: Sagen wir, um halb fünf? 50

Europa-Center

Schloß Charlottenburg

ÜBUNG

Accusative and dative reflexive pronouns

Grammar Reference §13, page 344.

Rewrite the sentences, substituting the noun or pronoun in parentheses for the subject.

EXAMPLE: Die jungen Leute haben sich sehr amüsiert. (ich)
Ich habe mich sehr amüsiert.

1. Herr Meinhoff freut sich furchtbar, wenn er im Garten arbeiten darf. (wir)
2. Der junge Herr nimmt sich furchtbar wichtig. (du)
3. Darauf kannst du dich verlassen. (ihr)
4. Wir müssen uns noch umziehen. (ich)
5. Wir sollten uns morgen den Schaden ansehen. (du)
6. Du hast dich müde gearbeitet. (Herr Meinhoff)
7. Herr Meinhoff macht sich große Sorgen über seinen Hund. (ich)
8. Ich kann mich ja da auf die Bank setzen. (du)
9. Wir wollen uns noch ein bißchen amüsieren. (die Mädchen)
10. Hast du genug Geld bei dir? (Heidi)

319

14/4 Besuch in Berlin (4)

Frau Meinhoff, Dorothy, Anne-Marie und Heidi aus einem Kaufhaus kommend. Heidi führt Waldi an der Leine.

ANNE-MARIE: So — wo gehen wir jetzt hin?

FRAU MEINHOFF: Na, gehen wir doch den Kurfürstendamm hinunter. Da sind die Schaufenster immer so interessant.   5

      (Sie gehen weiter.)

HEIDI: Ach, Mutti, sieh doch bloß mal die Badeanzüge da im Fenster. Gefallen die dir nicht auch?

FRAU MEINHOFF: Ja, die sehen wirklich sehr nett aus.

HEIDI: Sind die nicht ganz amerikanisch?   10

DOROTHY: Amerikanisch? Das will ich nicht sagen. Sehen die nicht überall ungefähr gleich aus?

      (Sie bleiben am Fenster stehen.)

ANNE-MARIE: Guck mal, Dorothy. Da ist der kleine Regenschirm, von dem wir neulich sprachen. Gefällt der dir?   15

DOROTHY: Ja, so etwas mag ich ganz gern.

ANNE-MARIE: Ich glaube, den wirst du im Herbst gut brauchen können. Hast du so einen?

DOROTHY: Nein. Daran habe ich nie gedacht, als ich drüben abfuhr. Einen Regenschirm hab' ich nicht mitgebracht. Regnet es denn bei euch so oft?   20

FRAU MEINHOFF: Na, ich glaube, in Deutschland muß man immer damit rechnen.

HEIDI: Du, Mutti! Warum schenken wir Dorothy nicht einen Knirps zum Geburtstag?

DOROTHY: Knirps? Was ist denn das?

HEIDI: Das ist doch ein Regenschirm, den man zusammenklappen kann.

FRAU MEINHOFF: Ja, gerne. Den wird sie sicher brauchen können.   25

DOROTHY: Glauben Sie? Zu Hause hab' ich keinen.

FRAU MEINHOFF: Laßt uns doch mal hineingehen!

HEIDI: Nun, es muß aber jemand mit Waldi hier draußen warten. Anne-Marie, ich glaub', du bist dran. Wärst du wohl so gut? — Während wir für Dorothy einen

---

[22] Knirps (= kleiner Kerl) Marke von einem zusammenklappbaren Regenschirm

30 Regenschirm aussuchen. — Es dauert ja nicht lange. Aber man darf den Hund ja nicht mit in den Laden nehmen.

ANNE-MARIE: Natürlich. Aber kommt bald wieder heraus, nicht? Ich kann mich ja da auf die Bank setzen und warten.

HEIDI: Mach dir keine Sorgen. Wir sind bald wieder da.

35 *(Während die andern drei ins Geschäft gehen, bleibt Anne-Marie zurück mit Waldi an der Leine. Schließlich setzt sie sich auf eine Bank für Omnibus-Fahrgäste.)*

EINE ÄLTERE BERLINERIN *(neben ihr auf der Bank)*: 'nen kleinen netten Hund haben Sie da.

ANNE-MARIE: Ja, Waldi ist ein lieber Kerl. Und so intelligent.

40 BERLINERIN: Das kann man ihm ansehen. — Reist er gerne?

ANNE-MARIE: Reisen? Wieso?

BERLINERIN: Na, Sie sind doch nicht von hier. Das hör' ich Ihnen an.

ANNE-MARIE: Nein, ich bin aus Köln. Aber der Waldi, der gehört meiner Kusine. Ich muß nur auf sie warten.

45 BERLINERIN: Ah, darum. — Wir haben auch so 'nen kleinen Dackel — und der ist auch sehr intelligent. Ach, da kommt die Sechsundsechzig. Auf Wiedersehen, Waldi.

ÜBUNG

Negative: **nicht** or **kein**

Grammar Reference §31, page 356.

Answer the questions in the negative, using the negative article **kein** *or the negative* **nicht,** *whichever is appropriate. Then change the noun phrases to pronouns.*

EXAMPLES: Hast du deine Luftpumpe mitgebracht?
    a) Nein, ich habe meine Luftpumpe nicht mitgebracht.
    b) Nein, ich habe sie nicht mitgebracht.

    Haben die Buben Äpfel gestohlen?
    a) Nein, die Buben haben keine Äpfel gestohlen.
    b) Nein, sie haben keine gestohlen.

1. Hast du einen Regenschirm zu Hause?
2. Nimmt der Herr den Hut ab?
3. Habt ihr Heidi mitgebracht?
4. Dürfen die Mädchen den Hund mitnehmen?
5. Haben die Mädchen ein Programm?

14/5 Besuch in Berlin (5)

Familie Meinhoff, mit Dorothy in ihrer Mitte, sitzt um einen kleinen Café-Tisch auf dem Bürgersteig am Kurfürstendamm.

DOROTHY (*lachend*): Wirklich? Wie ist denn das gekommen?

ANNE-MARIE: Ich weiß nicht. Wie ich da auf der Bank sitze, geht ein Herr vorbei, und der Waldi fährt auf ihn los und fängt an, furchtbar zu bellen. 5

HEIDI: Ja, und dann?

ANNE-MARIE: Und der Herr fährt zurück und nimmt den Hut vor mir ab und sagt: „Ach Verzeihung, sind Sie nicht Fräulein Berkner aus Köln?"

DOROTHY: Hast du ihn denn gekannt?

ANNE-MARIE: Nicht zuerst. Aber dann stellt sich heraus, daß er einmal in Köln im 10 gleichen Haus gewohnt hat, im vierten Stock. Vor vier oder fünf Jahren.

HEIDI: Und was tut er hier?

ANNE-MARIE: Ich glaube, er arbeitet für eine Lebensversicherung.

DOROTHY: Na, du machst aber schnell Bekanntschaften, Anne-Marie!

ANNE-MARIE: Dafür kann ich doch nichts! 15

HERR MEINHOFF: Das hab' ich ja schon immer gesagt: Wenn man alte Bekannte wiedersehen will, dann braucht man nur nach Berlin zu kommen. In Berlin trifft sich alles!

FRAU MEINHOFF: Sag mal, Paul, hast du mit Herrn Weber gesprochen?

HERR MEINHOFF: Der war heute nachmittag nicht da. Aber seine Frau war da. Und 20 die sagte, daß er morgen hinkommen wolle.

FRAU MEINHOFF: War denn großer Schaden angerichtet?

HERR MEINHOFF: 'n bißchen. Aber daß das der Waldi getan haben soll, das ist einfach Quatsch.

     (*Waldi fängt an, unter dem Tisch zu bellen.*) 25

HEIDI (*spricht unter den Tisch*): Nein, Waldi! Hinlegen! Leg dich schön hin! So ist recht.

FRAU MEINHOFF: Hat er vielleicht ein schlechtes Gewissen?

HERR MEINHOFF: Du glaubst doch nicht —?

FRAU MEINHOFF: Nein — aber vielleicht hat er das Gefühl, hier unter dem Tisch 30 eingezäunt zu sein. Und das mag Waldi nicht.

322   HERR MEINHOFF: Das mögen wir alle nicht.

FRAU MEINHOFF: Na, also. — Sag mal, Paul, ich sollte eigentlich noch zu meiner Schneiderin, zum Anpassen. Und wenn wir jetzt gehen, finden wir sie sicher noch
35   zu Hause.

HERR MEINHOFF: Ganz wie du willst. Und was machen die Mädchen?

HEIDI: O, wir wollen uns noch ein bißchen amüsieren. Kino — oder so etwas.

HERR MEINHOFF: Habt ihr etwas Bestimmtes im Auge? Wir können ja mal in der Zeitung nachsehen, was es gibt.

40 ANNE-MARIE: Ach, Onkel Paul, laß uns doch losziehen, wie's gerade kommt. Das macht viel mehr Spaß. Es ist hier ja soviel los.

HEIDI: Mutti, darf ich dich um einen Gefallen bitten? Würdet ihr wohl Waldi mitnehmen?

HERR MEINHOFF: Das heißt also, daß i c h auf ihn aufpassen soll!

45 DOROTHY: Das klingt so bekannt!

HERR MEINHOFF: Das kennen Sie auch, was?

    (*Dorothy nickt.*)

FRAU MEINHOFF (*flüstert zu Heidi*): Hast du genug Geld bei dir?

HEIDI: Ich glaube schon, Mutti.

50 HERR MEINHOFF (*sich nach der Kellnerin umblickend*): Fräulein, zahlen, bitte!

---

34 Schneiderin *dressmaker*   50 Zahlen, bitte! = Die Rechnung, bitte!
40 losziehen, wie's gerade kommt *do things as they come along*

ÜBUNG

Emphatic and personal pronouns

Grammar Reference §17, page 347.

Rewrite the sentences, beginning each one with the word or phrase in **heavy type.** *Substitute a personal pronoun for the emphatic.*

EXAMPLE: Der muß wohl **recht unglücklich** gewesen sein.
        Recht unglücklich muß er wohl gewesen sein.

1. Den müssen **wir** wirklich zu sehen bekommen.
2. Die sehen nicht **sehr nett** aus.
3. Den wirst du **im Herbst** gut brauchen können.
4. Der gehört schon lange **meiner Kusine.**
5. Der war aber **heute nachmittag** nicht da.
6. Die haben **wir** nicht mitgebracht.
7. Den kennst **du** noch nicht.
8. Die muß ich noch sehen, **bevor ich Deutschland verlasse.**
9. Der wollte **vielleicht** nur ein bißchen Luxus.
10. Die sind also **den ganzen Weg von Oberau** herübergelaufen!

14/6 Besuch in Berlin (6)

Eingang zur Untergrundbahn. Herr und Frau Meinhoff steigen hinab, die drei Mädchen winken ihnen nach.

FRAU MEINHOFF: Also, Mädels, viel Vergnügen! Kommt nicht zu spät nach Hause!

HEIDI: Nicht vor elf. Macht euch keine Sorgen.

HERR MEINHOFF: Es ist ein weiter Weg nach Friedenau — !   5

HEIDI: Paßt nur gut auf Waldi auf! — Wiedersehen! —

ANNE-MARIE: So — wohin sollen wir nun gehen? Wie ich mich erinnere, gibt's mehrere Kinos hier in der Nähe.

HEIDI: Na, da ist das „Capitol" und weiter unten der „Ufa-Pavillon". Oder wollt ihr vielleicht ganz bis zum „Gloria-Palast" hinauflaufen?   10

DOROTHY: Sehen wir doch mal, was gegeben wird. Es ist ja noch früh.

HEIDI (*zu Dorothy*): Also dies ist der berühmte Ku-Damm.

DOROTHY: Ja, davon hab' ich schon viel gehört. Wenn die Lichter angehen, soll's ganz bezaubernd aussehen.

15 HEIDI: Du wirst Augen machen. Sieht es bei euch auch so aus?

DOROTHY: In Lancaster? O, das will ich nicht sagen. Aber in Philadelphia, mitten in der Stadt, da ist alles doch ein bißchen größer und höher.

HEIDI: Anne-Marie, ich find' das furchtbar ulkig mit deinem Bekannten, oder soll ich sagen, Freund, aus Köln — dem Versicherungsagenten.

20 ANNE-MARIE: Na, „Freund" ist wohl ein bißchen zu viel gesagt!

HEIDI: Warum hat der Waldi ihn so angebellt?

ANNE-MARIE: Der Mann hatte Waldi nicht gesehen, weil er mich so anglotzte. Und da ist er über ihn gestolpert.

HEIDI: So was tut man ja auch nicht! Man stolpert doch nicht über unsern Waldi!

25 ANNE-MARIE: Sag mal, Heidi, wo bist du jetzt in der Schule?

HEIDI: O, hast du das nicht gehört? Ich gehe schon längst nicht mehr zur Schule.

ANNE-MARIE: Und was tust du jetzt?

HEIDI: Ich arbeite bei einem Zahnarzt — Bürodame und Korrespondentin. Und das macht viel Spaß. Man lernt so viele Menschen dabei kennen.

---

[18] ulkig = komisch

Kurfürstendamm

ÜBUNG

Relative clauses

Grammar Reference §57.2 and §57.5, pages 381 and 382.

Join the following pairs of sentences by changing the personal pronoun in **heavy type** *to a relative pronoun.*

1. Heidi hält ihren Dachshund im Arm. **Er** heißt Waldi.
2. Wir haben jetzt zwei große Hunde. Papa ist einfach begeistert von **ihnen.**
3. Frau Meinhoff und die Mädchen begrüßen Herrn Meinhoff. **Er** ist eben aus dem Werk gekommen.
4. Ich wollte dir zu Hause den Brief zeigen. Herr Weber hat **ihn** geschrieben.
5. Die Abendzeitung kann Herr Meinhoff nicht finden. Seine Frau hat **sie** in den Lehnstuhl gelegt.
6. Die Mädchen sehen im Fenster einen Regenschirm. **Er** sieht sehr schön aus.
7. Ein Knirps ist ein kleiner Regenschirm. Man kann **ihn** zusammenklappen.
8. Wir sollten uns morgen den Schaden ansehen. Waldi soll **ihn** angerichtet haben.
9. Anne-Marie spricht mit einer älteren Berlinerin. **Sie** sitzt neben ihr auf der Bank.
10. Wir haben auch so einen kleinen Dackel. **Er** ist sehr intelligent.

14/7 Besuch in Berlin (7)

In der Gartenkolonie. Familie Meinhoff mit Dorothy und Anne-Marie am Eingang zu Webers Garten. Dorothy hat Waldi auf den Arm genommen. Herr Weber steht neben ihnen und schaut freundlich zu.

DOROTHY: Armer Waldi! Daß die Menschen sich deinetwegen so aufregen können!

ANNE-MARIE (*ihn streichelnd*): Er zittert ordentlich! 5

HERR MEINHOFF: Na, Herr Weber, das mit den Blumenbeeten tut mir leid. Wenn's wirklich der Waldi gewesen wäre —

HERR WEBER: Erlauben Sie mal, er i s t es gewesen! Ich hab' ihn mit meinen eigenen Augen gesehen!

HERR MEINHOFF: Seh'n Sie, die Sache ist so: Wir mögen keine Karnickel und Sie 10 mögen keine Karnickel. Und der kleine Waldi mag auch keine Karnickel. Die Karnickel fressen Ihren Kohl genau so ab wie unsern. Und wenn der kleine Kerl nun hinter den Karnickeln her war, so wußte er eben keinen bessern Weg als unter dem Gitter durch.

15 HERR WEBER: Ja, wenn Sie's so ansehen, dann muß ich Ihnen recht geben. Daran hab' ich gar nicht gedacht.

FRAU MEINHOFF: Er wollte Ihnen ebenso helfen wie uns.

HERR WEBER: Jetzt glaub' ich das auch schon fast.

HERR MEINHOFF: Und die Karnickel waren eben auf Ihrer Seite.

20 HERR WEBER: Das will ich nicht sagen.

HERR MEINHOFF: Aber die hab' ich nun gesehen, mit meinen eigenen Augen!

HERR WEBER: Ich hab' ein paar Löcher im Boden gesehen. Aber das ist alles.

HERR MEINHOFF: Sie haben Ihr Grundstück erst vor ein paar Wochen gepachtet. Und vorher hat's brachgelegen — die reinste Wildnis. Und zu der Zeit hätten Sie mal

25 die Karnickel sehen sollen — wie die darin herumgelaufen sind, bei hellichtem Tage. Schließlich hat's der Waldi nicht mehr aushalten können.

HERR WEBER: Aber dann hätten Sie ihn an die Kette legen sollen!

HERR MEINHOFF: Versuchen Sie das mal! Mögen S i e vielleicht an einer Kette liegen?

HERR WEBER: Nee — ich nicht.

30 HERR MEINHOFF: Da haben Sie's! Und deshalb haben wir ihn — im Garten jedenfalls — frei herumlaufen lassen.

FRAU MEINHOFF: Na ja! Daran ist jetzt nichts mehr zu ändern. — Darf ich Ihnen einige von unsern Blumen geben, damit Sie auch wieder was Blühendes im Garten haben?

35 HERR WEBER: Sehr freundlich von Ihnen, Frau Meinhoff!

FRAU MEINHOFF: Heidi, du mußt gleich ein paar Pflanzen herüberbringen.

HEIDI: Ja, Mutti! —

HERR WEBER: Sie haben da eigentlich einen netten kleinen Hund. (*Streichelt Waldi.*)

DOROTHY: Und er ist so intelligent!

40 HEIDI: Ja — und wenn man ihn ansieht, dann weiß doch kein Mensch wirklich, was Waldi denkt.

HERR WEBER: Nee — das kann ich nicht behaupten. Manchmal kann man doch sagen, was so ein Hund denkt.

HERR MEINHOFF: Herr Weber, wenn Sie frei sind und Lust haben, so kommen Sie doch

45 herüber mit Ihrer Familie — zu einer Tasse Kaffee und einem Stück Kuchen in unserer Laube.

HERR WEBER: Danke vielmals. Das ist sehr freundlich von Ihnen. Sie haben schon so große Büsche.

HERR MEINHOFF: Ja, das hat viel Arbeit gekostet. ↓

HERR WEBER: Das kann ich mir denken. Und Ihre Kürbisse! Ich hab' schon zu meiner 50
    Frau gesagt: „Klara, guck dir doch bloß mal die Kürbisse an der Laube von
    Meinhoff an. Die sind ja prima!"

HERR MEINHOFF: Kommen Sie doch und sehen Sie sie sich aus nächster Nähe an.

HERR WEBER: Das werden wir — und ich will gleich meiner Frau Bescheid sagen.
    (Will gehen.) 55

HERR MEINHOFF *(die Hand ausstreckend und Webers Hand schüttelnd)*: Noch eins, Herr
    Weber. Es freut mich doch, daß alles geregelt werden konnte. Dann brauchen wir
    doch wirklich nicht eine Mauer zwischen unseren Grundstücken errichten.

HERR WEBER: Nein, das wäre doch wirklich dumm.

ÜBUNG

Find in the Berlin episode several events and bits of dialogue which reflect the situation of the divided, isolated city.

Mauer zwischen West- und Ost-Berlin

Brandenburger Tor

14/8 Berlin — am Meer?

Man sollte glauben, daß ein Badestrand in allen Ländern gleich aussieht. Das ist aber nicht immer der Fall. Ein deutscher Badestrand ist an seinen Strandkörben oder Badekörben zu erkennen. Das sind korbartige Kabinen, die nach einer Seite offen sind. Innen befindet sich ein Sitz, der breit genug ist, um zwei — manchmal auch drei — Menschen aufzunehmen. Manchmal ist er auch verstellbar, so daß man ihn von der Sonne oder vom Winde wegdrehen oder auch nach rückwärts verstellen kann. Wenn

man allein sein möchte, kann man vorne einen Vorhang herunterlassen. Diese Strandkörbe sind in einem Strandbadeort zu mieten, und der Name des Besitzers ist an
Buchstaben und Zahlen erkennbar.

10   Auf diesem Strande in Cuxhaven, wo die Elbe in die Nordsee mündet, stehen die
Strandkörbe, wie in anderen Strandbädern, in wildem Durcheinander. Sie sind weit
genug vom Meer entfernt, so daß sie von der Ebbe und Flut unberührt bleiben. Das
Leben am Strand ist vor allem für die Kinder ein unvergeßliches Erlebnis der Freiheit.
Ihre Sandbauten und ihr fröhliches Geschrei geben davon Zeugnis. Wenn der Sommer
15 vorbei ist, sind beide vom Winde verweht.

Auf diesem Bilde aber sehen wir einen jungen Künstler am Werk, der etwas
Imposantes schaffen möchte. Die Burg, die er um die Strandkörbe seiner Familie
aufgebaut hat, ist keine gewöhnliche Burg. Denn diese schöne Strandburg ist zu einem
Symbol geworden: sie ist BERLIN geworden, eine Insel in einem fremden Element und
20 von einer Mauer umgeben. Wenn man genau hinsieht, kann man die Symbole erkennen,
die die anderen Menschen an Berlin erinnern sollten.

Da ist ein Bild der Freiheitsglocke, die der amerikanische Militärgouverneur in
Deutschland, General Lucius Clay, im Oktober 1950 der Stadt Berlin im Namen des
amerikanischen Volkes als Geschenk vermachte, und die heute im Rathausturm von
25 Berlin-Schöneberg hängt. Und da ist ein Bild des Funkturms, der weithin als Wahrzeichen von Berlin erkennbar ist. Da ist auch das Bild eines mittelalterlichen Stadttores.

Offenbar stammt die Familie des Jungen aus West-Berlin. Denn er ist nicht nur
stolz auf seine Stadt, sondern er liebt sie auch, ohne daß er es wirklich weiß. Vielleicht
will er mit dieser Strandburg nur sagen: „Ich bin ein Berliner."

---

12 Ebbe; Flut   *low tide; high tide*

ÜBUNG

Gender recognition

*Reread the entire last selection and try to determine the gender of all nouns except
proper nouns. Make the usual three lists: a) the nouns for which you could deduce
the gender from clues in the passage; b) the nouns which you already know; c) the
nouns for which you had to look up the gender in the end-vocabulary. [For the word*
Sandbauten, *line 14, see the end-vocabulary, and for the word* **Imposantes,** *line 17,
see Grammar Reference §23.2.]*

Grammar Reference Notes

Note: Numbers preceded by the symbol § refer to sections of the Grammar Reference Notes where discussion on the topic may be found. Numbers in bold type indicate chapters and sections of the text where Übungen give practice on the topic.

332

To the Student

These grammar reference notes give some tables of the most important grammatical endings. They also give some explanations and background information on specific exercises and occasionally on a reading passage involving a grammatical difficulty.

Emphasis is placed on principles of German grammar which differ from English usage.

§1 Nominative Case

§1.1 General use: Subject of a clause; the verb has an ending in agreement with the person (first, second, third) and the number (singular, plural) of the subject. See §§39–44.

§1.2 Special use: Nominative forms are used in the predicate after a form of the verb **sein.** *Doktor Schultz ist unser neuer Englischlehrer.* (This use is usually known as "predicate nominative".)

§1.3 For the nominative singular form of weak masculine nouns, see §5.

§1.4 The nominative forms of important noun modifiers:

Masc.	Fem.	Neut.	Plur.
der	die	das	die
dieser	diese	dieses	diese
ein	eine	ein	
kein	keine	kein	keine

§1.5 The nominative forms of pronouns are listed in §12 and §17.

§2 Accusative Case

§2.1 General use: Object of a verb.

§2.2 Accusative with prepositions: See §32.3; §32.4.

§2.3 Special uses: Accusative forms are used with nouns referring to distance or duration, to indicate the extent of space or of time. —*Der Dom ist nur* **einen Kilometer** *von der Universität entfernt.* —*Jeden Abend soll er* **drei Stunden** *über seinen Büchern sitzen.*

§2.4 For the accusative singular form of weak masculine nouns, see §5.

§2.5 Accusative forms of important noun modifiers:

Masc.	Fem.	Neut.	Plur.
den diesen einen keinen	die diese eine keine	das dieses ein kein	die diese keine

§2.6 The accusative forms of pronouns are listed in §12 and §17.

§3 Dative Case

§3.1 General use: Indirect object of a verb. When a verb has two objects the noun or pronoun referring to somebody or something indirectly affected is dative.

There are some verbs (like **antworten, gehören, helfen, folgen, begegnen**) whose only object is dative.

§3.2 Dative with prepositions: See §32.2; §32.3.

§3.3 Special uses: Dative forms are used to indicate a person involved in or affected by a situation: *Ich habe* **mir** *den Fuß verrenkt. — Wir sind* **Ihnen** *dankbar. — Dieser Koffer ist gewiß* **deiner Mutter** *zu schwer. — Es geht* **mir** *gut. — Das tut* **mir** *leid.*

§3.4 Noun forms: Formerly, many one-syllable masculine and neuter nouns had a dative singular ending **-e**; this is rarely used today, except in such phrases as **nach Hause, im Lande Baden-Württemberg.**

In the dative plural, nearly all German nouns add an ending **-n**. The exceptions are the nouns that have a nominative plural form ending in **-n** or **-s**.

§3.5 For the dative singular form of weak masculine nouns, see §5.

§3.6 Dative forms of important noun modifiers:

Masc.	Fem.	Neut.	Plur.
dem diesem einem keinem	der dieser einer keiner	dem diesem einem keinem	den diesen keinen

§3.7 The dative forms of pronouns are listed in §12 and §17.

§4 Genitive Case

§4.1 General use: A noun which describes or limits another noun in some way is in the genitive case. The genitive is the case that is related to the English possessive with *-'s* or *-s'* endings, or the prepositional phrase with *of.* A noun in the genitive case can refer to an owner ("Henry's car"), a relationship ("Henry's brother, the ladies' club, yesterday's weather"), an author, composer, etc. ("Beethoven's Fifth"), a characteristic ("men of good will"), or a group of things or people ("the majority of the members").

The genitive is rare in conversational German today. It is typically found in formal written stories or explanations.

§4.2 Genitive with prepositions: see §32.5.

§4.3 Special uses: A few expressions in the genitive refer to a unit of time to indicate a regular or habitual happening – **abends, vormittags, freitags.**

§4.4 Noun forms: Neuter singular nouns have a special genitive case form with the ending **-s** (or **-es** with many one-syllable neuter nouns). The noun **Herz** has an irregular genitive singular form **Herzens** (and dative singular form **Herzen**).

Most masculine nouns have a genitive singular ending **-s** or **-es**. However, some masculine nouns have an ending **-en** in the genitive singular; these are the "weak" masculine nouns: see §5.

A very few weak masculine nouns have an irregular genitive singular ending **-ens** – **Namens, Gedankens, Friedens.**

§4.5 Genitive forms of important noun modifiers:

Masc.	Fem.	Neut.	Plur.
des	der	des	der
dieses	dieser	dieses	dieser
eines	einer	eines	
keines	keiner	keines	keiner

§4.6 The genitive forms of pronouns are listed in §12 and §17.

§5 Weak Masculine Nouns

There is a class of masculine nouns called "weak masculines" which have one form in the nominative singular and another form with the ending **-en** in ALL other cases: accusative, dative, genitive singular, and all cases of the plural. For example, the weak masculine noun **Elefant** has the following forms:

	Singular	Plural
Nominative	der **Elefant**	die **Elefanten**
Accusative	den **Elefanten**	die **Elefanten**
Dative	dem **Elefanten**	den **Elefanten**
Genitive	des **Elefanten**	der **Elefanten**

There are several rather common suffixes, like those in the nouns **Agent, Assistent, Präsident, Student; Kommunist, Pianist, Polizist, Tourist; Bürokrat, Demokrat.** All nouns with these suffixes are weak masculines. A few other nouns, like **Held, Mensch,** are weak masculines.

§5 Note: The weak masculine noun **Herr** has the form **Herrn** in the accusative, dative, and genitive singular, and **Herren** in all cases of the plural.

§6   Noun Plurals

Plural-number nouns are usually indicated in English by a plural ending. In writing, the plural ending is usually -s or -es. In speaking it is a sound -z or -s or an additional syllable ending in -z (dogs, cats, horses). But there are some plural nouns that have a different vowel from the singular, without any plural ending (men, feet, mice). We have a few without any plural sign at all (sheep, deer). And there are a few very strange plurals (children, oxen).

German has a more complicated system of showing that a noun is plural. There are several plural endings, and several kinds of vowel differences.

TYPES OF NOUN PLURALS

Class	Pattern	Example	
1a	**- / -n**	eine Kusine	Kusinen
1b	**- / -en**	eine Frau	Frauen
1c	**- / -nen**	eine Freundin	Freundinnen
2a	**- / -e**	ein Freund	Freunde
2b	**- / ⸚e**	ein Plan	Pläne
3a	**- / -er**	ein Kind	Kinder
3b	**- / ⸚er**	ein Glas	Gläser
4a	**- / -**	ein Onkel	Onkel
4b	**- / ⸚**	ein Bruder	Brüder
5	**- / -s**	ein Hotel	Hotels

339

§7　Compound Nouns

§7.1　Like English, German makes new nouns by combining two or more nouns, or some other kind of word + one or more nouns. Unlike English, German compound nouns are written and printed without spaces or hyphens. Otherwise the two languages have similar principles; once a reader has "broken up" a compound noun and recognizes its parts, the meaning of the whole is usually clear.

§7.2　Often German compound nouns have a "joining" sound at the connecting point between two elements. The commonest of these are **-s (Weihnachtsbesuch), -n (Küchentür), -e (Tagebuch).** But it is also common to join two elements in their simple singular or plural form **(Buchladen, Bücherschrank).**

§7.3　The grammar of compound nouns: The last element of a compound noun "controls" its grammar. The gender of the entire compound is that of the last element. The plural ending (or vowel difference) of the last element is used to form the plural of the entire compound.

§7.3 Note: There are few exceptions: **die Woche,** but **der Mittwoch; das Wort,** but **die Antwort; die Ecke,** but **das Dreieck; der Teil,** but **das Abteil.**

§7.4　The same principle applies to compound nouns composed of several items. Examples: **das Feuer** (fire) + **die Versicherung** (insurance) = **die Feuerversicherung** (fire insurance) + **der Agent** = **der Feuerversicherungsagent** —— **das Eisen** (iron) + **die Bahn** (path, road) = **die Eisenbahn** (railroad) + **das Unglück** (accident) = **das Eisenbahnunglück** + **die Geschichte** (narrative, story) = **die Eisenbahnunglücksgeschichte** (report of a railroad accident) —— **schreib** (write) + **die Maschine** = **die Schreibmaschine** (typewriter) + **das Geschäft** (store) = **das Schreibmaschinengeschäft** —— **das Papier** (paper) + **die Ware** (merchandise) = **die Papierwaren** (stationery) + **das Geschäft** = **das Papierwarengeschäft** (stationery store) —— **das Schreibmaschinen- und Papierwarengeschäft** (typewriter and stationery store). — For this use of the hyphen, see §68.

§8　der

The definite article **der, die, das,** etc., has the function of preceding a noun. Often the combination is simple: article and noun. Often there is a more complex combination: article + adjective + noun. The definite article is usually unaccented in speech. Its forms are:

340

	Masc. Sing.	Fem. Sing.	Neut. Sing.	Plural
Nom.	der	die	das	die
Acc.	den	die	das	die
Dat.	dem	der	dem	den
Gen.	des	der	des	der

§9   dies- Words

§9.1 The definite article is the most frequent noun modifier. There are other noun modifiers, which also have endings that agree with the modified noun. They agree in gender and case with singular nouns, and in case when they modify plural nouns. One important modifier is **dies-** "this/these". Its forms are:

	Masc. Sing.	Fem. Sing.	Neut. Sing.	Plural
Nom.	dieser	diese	dieses	diese
Acc.	diesen	diese	dieses	diese
Dat.	diesem	dieser	diesem	diesen
Gen.	dieses	dieser	dieses	dieser

§9.2 There is a small group of words which have the same case-gender-number endings as **dies-**. This important class of noun modifiers consists of: **dies-** this, the latter; **jed-** each, every; **manch-** many (a), [plur] some; **solch-** such (a); **welch-** which; **jen-** that, that particular, the former.

The **dies-** word endings are:

	Masc. Sing.	Fem. Sing.	Neut. Sing.	Plural
Nominative	**-er**	**-e**	**-es**	**-e**
Accusative	**-en**	**-e**	**-es**	**-e**
Dative	**-em**	**-er**	**-em**	**-en**
Genitive	**-es**	**-er**	**-es**	**-er**

§10   ein, kein

Two important noun modifiers have the same set of endings in the singular: the indefinite article **ein** and the negative article **kein**. The forms are:

	Masc.	Fem.	Neut.	Plural
		Singular		Plural
Nom.	ein kein	eine keine	ein kein	keine
Acc.	einen keinen	eine keine	ein kein	keine
Dat.	einem keinem	einer keiner	einem keinem	keinen
Gen.	eines keines	einer keiner	eines keines	keiner

(Like the corresponding English "a, an", the German indefinite article has only singular forms.)

The negative article **kein** corresponds approximately to English "not any, none, no".

§11   Possessive Adjectives

English examples: *my, your, our, his, her, its, their.* Each of these tells who the "possessor" is: "my brother = the brother of me"; "his left foot = the left foot of him"; "their mistake = the mistake of them".

	Pronoun Forms			Possessive Adjective
	Nominative	Accusative	Dative	Possessive Adjective
First-person singular	ich	mich	mir	mein
Second-person singular, familiar	du	dich	dir	dein
Second-person singular, formal	Sie	Sie	Ihnen	Ihr
Third-person masculine	er	ihn	ihm	sein

table cont'd.

cont'd.

	Nom.	Acc.	Dat.	Poss.
Third-person feminine	sie	sie	ihr	ihr
Third-person neuter	es	es	ihm	sein
First-person plural	wir	uns	uns	unser
Second-person plural, familiar	ihr	euch	euch	euer
Second-person plural, formal	Sie	Sie	Ihnen	Ihr
Third-person plural	sie	sie	ihnen	ihr

In addition, German possessive adjectives have different endings for the case, gender or number of the noun they modify. These endings are exactly the same for each of the possessive adjectives as for **kein**; see §10.

§12 Personal Pronouns

§12.1 The forms of the personal pronouns are:

		Singular			Plural
1. Person	Nom.	ich			wir
	Acc.	mich			uns
	Dat.	mir			uns
	Gen.	meiner			unser
2. Person (familiar)	Nom.	du			ihr
	Acc.	dich			euch
	Dat.	dir			euch
	Gen.	deiner			euer
2. Person (formal)	Nom.	Sie			Sie
	Acc.	Sie			Sie
	Dat.	Ihnen			Ihnen
	Gen.	Ihrer			Ihrer
3. Person		Masc.	Fem.	Neut.	Plural
	Nom.	er	sie	es	sie
	Acc.	ihn	sie	es	sie
	Dat.	ihm	ihr	ihm	ihnen
	Gen.	seiner	ihrer	seiner	ihrer

↓

§**12.2** Noun gender and 3d. person pronouns: In German, all nouns are divided into three classes, masculine, feminine, and neuter, usually without any regard to the noun's meaning. For example, **der Stuhl** is masculine, **die Tür** is feminine, **das Mädchen** is neuter. In English, when we use a pronoun that refers to a chair or a door, we say 'it'; but in German the pronoun that refers to **der Stuhl** is **er,** and the pronoun referring to **die Tür** is **sie,** and the pronoun referring to **das Mädchen** is **es.**

§13   Reflexive Pronouns

§**13.1** Some sentences have a direct object or an indirect object referring to the same person or thing (or persons or things) as the subject. Such sentences are called reflexive, and the object is a reflexive pronoun.

The English pronouns ending in *-self, -selves* can be used reflexively. Examples of reflexive sentences in English are: He didn't recognize himself on TV. — You ought to buy yourself a new pair of shoes.

§**13.2** German reflexive pronouns are just like the regular object pronouns — accusative and dative — for the first person and the second person familiar:

[ich] **mich, mir**	[wir] **uns**
[du] **dich, dir**	[ihr] **euch**

The third person reflexive pronoun is **sich** for accusative and dative; for masculine, feminine, and neuter; for singular and plural. Also, **sich** is the reflexive pronoun for the formal second person subject pronoun **Sie.**

§**13.3** Reflexive pronoun objects may be either accusative or dative. It is only in the first person singular and the second person singular familiar that the difference between accusative **(mich, dich)** and dative **(mir, dir)** can be observed. The other reflexive object pronouns — **uns, euch, sich** — have the same form for accusative and dative.

Accusative examples: *Du hast* **dich** *im Fernsehen erkannt, nicht wahr? — Ich habe* **mich** *gar nicht erkannt. — Elfriede hat* **sich** *nicht erkannt. — Wir möchten* **uns** *hier hinsetzen.*

Dative: In sentences with an accusative object in addition to the reflexive object, the reflexive pronoun is in the dative form. Examples: *Du solltest* **dir** *neue Schuhe kaufen. — Ja, ich muß* **mir** *heute noch ein Paar kaufen. — Elfriede will* **sich** *einen neuen Rock kaufen. — Möchtet ihr* **euch** *etwas Musik anhören?*

344

§13.4 Reflexive constructions are commoner in German than in English, being used for many meanings which English expresses without a reflexive: **sich** (dat.) **etwas ansehen** 'take a look at something'—**sich aufhalten** 'stop over, stay [for a visit]'—**sich beeilen** 'hurry up, keep up the pace'—**sich erkälten** 'catch cold'—**sich fühlen** 'feel [a bodily or mental condition]'—**sich gewöhnen an** 'get used to'—**es versteht sich** 'it's obvious, it goes without saying'.

§13.5 The plural reflexive pronouns **euch, sich, uns** are often used with a "reciprocal" meaning: *each other.*

§14 Emphatic Pronouns

There are emphatic pronouns, which are always accented in speaking. They are used, instead of the personal pronouns, for emphasis and to avoid confusion. An emphatic pronoun usually comes at or near the beginning of a sentence.
The forms are:

	Masc.	Fem.	Neut.	Plur.
Nom.	der	die	das	die
Acc.	den	die	das	die
Dat.	dem	der	dem	denen
Gen.	dessen	deren	dessen	derer

§15 The Pronouns ein-, kein-

To refer to a single thing or person there is an emphatic pronoun **ein-**. The negative is **kein-**. As emphatic pronouns, **ein-** and **kein-** are normally accented in speech. The endings are:

	Masc.	Fem. (ein-, kein-)	Neut.	Plur. (kein-)
Nom.	-er	-e	-es, -s	-e
Acc.	-en	-e	-es, -s	-e
Dat.	-em	-er	-em	-en
Gen.	-es	-er	-es	-er

↓

345

	Masculine	Feminine	Neuter	Plural
Nom.	einer keiner	eine keine	eins keins	keine
Acc.	einen keinen	eine keine	eins keins	keine
Dat.	einem keinem	einer keiner	einem keinem	keinen
Gen.	eines keines	einer keiner	eines keines	keiner

The pronouns differ from the articles in the nominative singular masculine and neuter, and in the accusative singular neuter:

Articles

	Masc.	Neut.
Nom.	**ein** **kein**	**ein** **kein**
Acc.		**ein** **kein**

Emphatic pronouns

Masc.	Neut.
einer **keiner**	**eins** **keins**
	eins **keins**

(In slow or formal speaking and in writing, the forms **eines** and **keines** may be used instead of **eins** and **keins**.)

§16   Relative Pronouns

§16.1   The relative pronoun has a function like that of English *who, whom, which, that.*—"The car *that* is now on the dividing strip struck the pedestrian *who* is lying on the road."—In that sentence there are two relative pronouns, *that* and *who.*

§16.2   In German, the relative pronoun usually comes at the beginning of a clause in which the verb comes at the end. This end position of the verb is a clear indication of a relative pronoun as distinguished from an emphatic pronoun. Examples: (emphatic) *Klaus?* **Der ist** *aber klug!* (relative) *Der Schüler,* **der** *so klug* **ist,** *heißt Klaus.*—The emphatic and relative pronouns have the same forms in the nominative, accusative, and dative cases. Hence it is essential to notice and understand the significance of the position of the verb in order to distinguish between the two.

§16.3 The forms of the relative pronouns are:

	Masc. Sing.	Fem. Sing.	Neut. Sing.	Plural
Nom.	der	die	das	die
Acc.	den	die	das	die
Dat.	dem	der	dem	denen
Gen.	dessen	deren	dessen	deren

§17   Definite Article, Relative Pronouns, Emphatic Pronouns, Personal Pronouns

§17.1   The definite article, the relative pronoun, and the emphatic pronoun are very similar in German. They differ in only two ways: the definite article has a shorter form in the genitive singular and plural, and in the dative plural; the forms of the relative and emphatic pronouns differ from each other in the genitive plural.

§17.2   In the following table the definite article forms are printed in ordinary type, the relative pronouns in *italic type,* and the emphatic pronouns in **boldface type.** The third-person personal pronouns are printed in (parentheses).

	Masc.	Fem.	Neut.	Plur.
Nom.	der *der* **der** (er)	die *die* **die** (sie)	das *das* **das** (es)	die *die* **die** (sie)
Acc.	den *den* **den** (ihn)	die *die* **die** (sie)	das *das* **das** (es)	die *die* **die** (sie)
Dat.	dem *dem* **dem** (ihm)	der *der* **der** (ihr)	dem *dem* **dem** (ihm)	den *denen* **denen** (ihnen)
Gen.	des *dessen* **dessen** (seiner)	der *deren* **deren** (ihrer)	des *dessen* **dessen** (seiner)	der *deren* **derer** (ihrer)

↓

In speech, the emphatic pronoun is usually strongly accented, the relative pronoun moderately accented, the personal pronoun and the definite article relatively unaccented.

The important difference between the emphatic and the relative pronoun is in the position of the verb: the verb is in the second position with the emphatic pronoun, in the final position with the relative pronoun; see §16.

The definite article is usually easy to identify because of the following noun.

§18 Interrogative Pronouns

The interrogative pronouns are used in questions about identification (like English *who?* and *what?*).

	Masc. Fem.	Neut.
Nom.	wer	was
Acc.	wen	was
Dat.	wem	
Gen.	wessen	

There are no special plural forms for the interrogative pronouns.

The neuter interrogative is used normally only in the nominative and accusative.

§19 Indefinite Pronouns

§19.1 The general indefinite pronouns refer to unnamed human beings **(man, einen, einem)** and to anything non-human **(es).** These general indefinite pronouns are normally unaccented.

	Human	Other
Nom.	man	es
Acc.	einen	es
Dat.	einem	

§19.2 To refer to an indefinite but individual person, German has the pronouns **jemand** 'someone, anyone; somebody, anybody' and the negative **niemand** 'no one; nobody'.

		Human
Nom.	**jemand**	**niemand**
Acc.	**jemanden**	**niemanden**
Dat.	**jemandem**	**niemandem**
Gen.	**jemandes**	**niemandes**

§20 Possessive Pronouns

§20.1 There are indefinite and negative pronouns which are described in §15. Similarly, there are possessive pronouns like English "mine, yours, his, its, hers, ours, theirs".

§20.2 The German possessive pronoun stems are **mein-, dein-, sein-, ihr-, unser-, euer-, Ihr-.** They have endings like those of the pronouns **ein-** and **kein-;** see §15.

	Masculine	Feminine	Neuter	Plural
Nominative	***-er**	**-e**	***-es**	**-e**
Accusative	**-en**	**-e**	***-es**	**-e**
Dative	**-em**	**-er**	**-em**	**-en**

[*The possessive pronoun endings with a star are the ones used with the forms that are different from the forms of the possessive adjective. See §10, §11.]

§21 Adjective Endings

Adjective endings are a troublesome feature of German grammar. An adjective's ending in a given noun phrase depends on the gender of the noun, its number and case in the sentence —*and also on what noun-modifier, if any, precedes the adjective.* ↓

A descriptive adjective that directly modifies a noun has an ending. There are two sets of such endings, weak (see §22) and strong (see §23), depending on what comes before the adjective.

Usually descriptive adjectives directly modify a following noun, and have a weak or a strong ending. But there are uses in which an adjective modifies some other part of the sentence; for these the adjective has no ending. §24 describes some of these uses of adjectives without endings.

§22   Weak Adjective Endings

§22.1   A descriptive adjective has a weak ending when it comes before a noun and after the definite article **der** (see §8); or a **dies-** word (**dies-, jed-, manch-, solch-, welch-, jen-**; see §9); or a form of **ein, kein, mein, dein, sein, ihr, unser, euer, Ihr**—if that form has an ending for case and gender-or-plural; see §10, §11.

The nominative singular masculine and neuter and the accusative singular neuter forms of **ein, kein, mein,** etc. have no endings. After one of these ending-less forms, a descriptive adjective has the strong endings.

§22.2   The weak adjective endings:

	Masculine		Feminine	Neuter		Plural
Nominative	-e	*-er	-e	-e	*-es	-en
Accusative	-en		-e	-e	*-es	-en
Dative	-en		-en	-en		-en
Genitive	-en		-en	-en		-en

*These are the strong endings after endingless forms of **ein, kein, mein,** etc.

§22.3   An adjective may be used as a noun. Then, as a noun, it is capitalized; as an adjective, it has a weak or a strong ending; see §23.2. Examples of weak endings: **der Große** 'the tall man or boy'—**jene Blonde** 'that blonde woman or girl'—**das Gute** 'that which is good'—**die Armen** 'the poor'—**des Schönen** 'of that which is beautiful' or 'of the handsome man or boy'—**den Heiligen** 'the saint'—**mit der Hübschen** 'with the pretty woman or girl'.

§22 Note: The combination of the definite article and the adjective „**selb-**'' 'same' is printed as one word, without spacing. The forms are:

	Masc. Sing.	Fem. Sing.	Neut. Sing.	Plural
Nom.	derselbe	dieselbe	dasselbe	dieselben
Acc.	denselben	dieselbe	dasselbe	dieselben
Dat.	demselben	derselben	demselben	denselben
Gen.	desselben	derselben	desselben	derselben

§23   Strong Adjective Endings

§23.1   When a descriptive adjective modifies a following noun, and there is no preceding modifier, the descriptive adjective has a strong ending:

	Singular			Plural
	Masc.	Fem.	Neut.	
Nom.	-er	-e	-es	-e
Acc.	-en	-e	-es	-e
Dat.	-em	-er	-em	-en
Gen.	-en*	-er	-en*	-er

*Except for these rare masculine and neuter endings, which occur in only a few idioms, the strong adjective endings are like those of the **dies-** words; see §9.

§23.2   An adjective may be used as a noun, capitalized like all nouns, and with the proper adjective ending; see §22.3. Examples of strong adjective endings: **ein Großer** 'a tall man or boy'—**Gutes** 'that which is good'—**mein Lieber** 'my dear friend (man or boy)'—**sein Bestes** 'his best'.

The neuter singular adjective usage as a noun occurs after **etwas** and **nichts**: **etwas Gefährliches** 'something dangerous'—**nichts Interessantes** 'nothing interesting'.

§24   Adjectives without Endings

§24.1   A descriptive adjective that does not directly modify a following noun may modify a verb or some other part of a sentence. In such uses the adjective (often called "adverb" or "predicate adjective") has no ending. — *Kätchen sprach* **laut** *und* **schnell.** — *Ich finde es zu* **kalt** *da draußen.* — *Wolfgang ist seit Wochen* **krank** *gewesen.*

§24.2   Adjectives and participles in the noun phrase may themselves be modified. The modifier may be a single word: *eine* **erstaunlich** *schnelle Fahrt* — *diese* **ganz** *überraschenden Entfernungen* — *diese* **überraschend** *großen Entfernungen.*

Single-word modifiers of adjectives have no ending. In „*eine erstaunlich schnelle Fahrt*" **schnelle** modifies **Fahrt** and has an ending; but **erstaunlich** modifies **schnelle** and has no ending. „*Ein angenehm warmes Zimmer*" is not necessarily „*ein angenehmes, warmes Zimmer*".

§24.3   Unlike English, in German a descriptive adjective may be modified by a preceding phrase: *eine vor einigen Tagen eröffnete Ausstellung* — *unser bis vor kurzem so ruhiges Städtchen.*

§25   Participles

§25.1   There are adjective-like forms derived from verbs; they are called "participles". English participles appear in "a changing situation" (the situation changes), and "a changed plan" (somebody changed the plan).

The formation of present participles in German is described in §26, of past participles in §27.

§25.2   A participle can be used like an adjective to modify a following noun. A German participle in this use has the regular weak or strong endings (see §§21–24).

§25.3   The participles of compound "separable" verbs are written as a single word without space: **zusammenhängend, angefangen.**

§25.4   If a modifying participle is itself modified, its modifiers precede it: *die beiden hoch springenden Spieler* — *die beiden nach dem Ball springenden Spieler.*

§26 Present Participles

§26.1 The present participle is formed by adding **-d** to the infinitive. In its original basic function, a present participle is an adjective modifying a noun which would be the subject of the verb: *eine zusammenhängende Form* (*Die Form hängt zusammen.*)—*in den kommenden Jahrhunderten* (*Die Jahrhunderte kommen.*)

§26.2 A present participle without an ending is used in phrases like: *die Stücke* **aufhebend** (someone is picking up the pieces)—*zu Karl-Wolfgang* **tretend** (someone is stepping toward Karl-Wolfgang)—*Fräulein Barlow* **imitierend** (someone is imitating Fräulein Barlow). In this use, the participle without an ending is at the end of its phrase, and comes after the noun or phrase that it modifies.

§26.3 A present participle without an ending may be used as a predicate adjective or general sentence modifier (see §24): *Es ist auch wirklich* **überraschend** (surprising).—*Die Raststätte dort sah sehr* **einladend** (inviting) *aus.*—*Es war doch ein klein wenig* **anstrengend** (tiring).

A present participle without an ending is often used in stage directions: **flüsternd, lachend, erklärend.**

§27 Past Participles

§27.1 The past participle has an ending: **-t** or **-et** with weak verbs, **-en** with strong verbs. Strong verb past participles may have a stem vowel different from that of the present or preterit or both; see §37. Most past participles have a prefix **ge-**. The exceptions are: verbs with an infinitive ending in **-ieren;** verbs with the unaccented prefixes **be-, emp-, ent-, er-, ge-, ver-, zer-** (see §51).

§27.2 A past participle was originally an adjective modifying a noun which would be the object of the verb, usually referring to a past action expressed by a preterit or perfect form. Examples:—*ein geschnitzter Holzblock, den geschnitzten Holzblock* (*Karl-Wolfgang hat den Holzblock geschnitzt.*)—*ungewöhnlich gekleidete Leute* (*Die Leute haben sich ungewöhnlich gekleidet.*)

§28 Comparisons: Equality

When two people, things, events, or situations are compared with each other, their relation may be expressed in terms of equality. The basic formula is **so . . . wie . . . .**—*Hans ist so alt wie ich.*—*Joachim arbeitet ebenso fleißig wie die anderen jungen Leute, aber er lernt langsamer.*

The formula for denying equality is **nicht so . . . wie . . . .**—*Ein Fahrrad ist nicht so schnell wie ein Wagen.*—*Krankheit ist nicht so gut wie Gesundheit.*

§29 Comparisons: The Comparative Degree

§29.1 When a comparison is expressed in terms of difference, German uses the suffix **-er**: **kleiner** 'smaller', **gefährlicher** 'more dangerous', **netter** 'nicer', **dicker** 'fatter', **interessanter** 'more interesting', **schöner** 'finer', **neuer** 'newer'.—Adjectives with this **-er** suffix are called "comparative forms" and are said to be in the "comparative degree".

§29.2 German comparative adjectives and adverbs have the **-er** suffix regardless of the length of the adjective stem. Thus German does not have any comparative phrase like English 'more interesting'.

§29.3 There are three kinds of irregular comparatives in German:
with umlaut in the comparative form: *alt* **älter**, *arm* **ärmer**, *lang* **länger**, *jung* **jünger**, *kurz* **kürzer**, *warm* **wärmer**, *groß* **größer**;
with umlaut and other differences in the comparative form: *hoch* **höher**;
with different stems in the comparative form: *gut* **besser**, *viel* **mehr**.

§29.4 An adjective with the comparative suffix **-er** is treated grammatically like a simple adjective, so far as the adjective endings are concerned: see §§21–24.

When a comparative adjective is used as a noun modifier, it has the usual adjective endings, which are added after the comparative **-er** suffix: *ein* **kleineres** *Kind, mit diesen* **älteren** *Büchern, durch* **wärmere** *Tage, seines* **schöneren** *Hauses, die* **höhere** *Schule, meine* **bessere** *Hälfte, ein* **interessanteres** *Bild, die* **interessantere** *Stadt, unser* **jüngerer** *Sohn,* **kälteres** *Wetter.*

When a comparative form is used as a predicate adjective there is no further suffix: *Er ist* **älter** *als ich. Die Tage werden jetzt* **wärmer**.—*Ich finde es hier viel* **schöner** *als in den Bergen.*—*Sein letztes Buch ist* **interessanter** *als alles, was er vorher geschrieben hat.*—*Sie fahren* **schneller** *als du.*—*Er hätte uns nicht* **herzlicher** *begrüßen können.*

§29.5 With a comparative, **noch** = 'even, still, yet': *Hier ist es* **noch ruhiger** *als bei uns.*—**Noch langsamer,** *bitte.*—*Nachher fuhr Ute* **noch schneller.**

§29.6 Traditional German grammar requires **wie** in expressions of equality (**so groß wie**) and **als** in expressions of inequality (**größer als**). However, in the actual spoken language, this distinction is being broken down, and one often hears cultivated speakers using expressions like **größer wie**.

§29.7 A common German idiom is the combination of **immer** and the comparative form of an adjective or adverb: *immer besser* 'better and better'—*Er fährt immer schneller.* 'He's driving faster and faster.'—*Gerhard sieht immer schlimmer aus.* 'Gerhard looks worse and worse.'—*Im Monat April werden die Tage immer länger.*—*Seine Antworten wurden immer kürzer.*

A related idiom is **immer wieder** 'again and again'.

§29.8 The comparative form is sometimes used to indicate "rather, fairly, somewhat": *ein kleineres Kind* 'a rather small child'—*eine längere Zeit* 'a fairly long time'—*eine größere Gruppe—ein älterer Herr.*

§30 The Superlative Degree

§30.1 The superlative degree is an adjective or adverb form (like English 'oldest, quickest, most quickly, best') which refers to the outstanding or extreme example(s) of some characteristic.

The superlative suffix in German is **-(e)st-: kleinste, interessanteste, schnellste, schlimmste, freundlichste.** Some adjectives have vowel difference (umlaut) in the superlative (and in the comparative): **älteste, kälteste, jüngste, größte, nächste.**

§30.2 The superlative adjectives in the examples above have an ending. All superlative adjectives have to have an adjective ending.—In this respect, superlative adjectives are treated differently from simple adjectives and comparative adjectives. Even predicate adjectives and adverbs—which are suffixless in the simple and the comparative forms—have endings in the superlative.

§30.3 In the superlative form, it is necessary to distinguish between predicate adjective use and adverb use.

The predicate adjective is linked to a noun or pronoun via a verb: 'They're all good but this one is best.—Of all the Brahms symphonies she considers the Fourth the finest.—Steve is tall, Jim is taller, and Bill is tallest'.

The superlative predicate adjective in German is a combination of definite article + superlative adjective with a weak ending: *Sie sind alle gut, aber dies ist das beste. — Von allen Symphonien von Brahms hält sie die Vierte für die schönste. — Sein Wagen ist der schnellste.—Stefan ist groß, Jakob ist noch größer, und Willi ist der größte von allen dreien.*

The superlative adverb modifies a verb directly and is not linked to a noun or pronoun: They all study well but Fritz studies best **(am besten).**—Clara drives fast, Gretchen drives faster, and Mitzi drives fastest of all **(am schnellsten).**

There are a few superlative adverbs, chiefly used as adjective modifiers, which are without endings: **höchst** *gefährlich* 'most highly dangerous'; **äußerst** *angenehm* 'extremely pleasant'; **möglichst** *bald* 'as soon as possible'.

§30.4 Most "adverbs" or "predicate adjectives" have a superlative form illustrated by: *Konrad grüßte uns* **aufs freundlichste.** 'Konrad greeted us in the friendliest way.'—*Karin fährt doch gewöhnlich* **aufs vorsichtigste.** 'Karin usually drives extremely carefully.'

§31 Negation: nicht; kein

§31.1 The word-order position of the negative word **nicht** is a matter of considerable uncertainty. There are a few general tendencies; but there are exceptions to these, depending on the speaker's sense of style, for purposes of emphasis or rhythm. Some general tendencies are for **nicht** to occur:

Before a prepositional phrase: *Warum bist du nicht mit dem Flugzeug gekommen? — Da sind sie mir nicht im Weg.*

Before a "separable prefix": *Dann reise ich morgen nicht ab. — Gehen Sie nicht dahin! — Dann schneidet man uns die Ecke dort nicht ab.*

Before an infinitive or a past participle: *Das können wir uns nicht leisten. — Herr Weber hat seine Gartentür nicht aufgelassen. — Warum hat der Herr den Hut nicht abgenommen?*

Before a predicate adjective or adverb; see §24: *Diese Farben stehen ihr nicht gut. — Hartmuts Wagen ist nicht neu.* — — **nicht** occurs before the combination of an adjective modifier + adjective: *Dieses Restaurant sieht nicht sehr billig aus. — Ich finde es hier wirklich nicht zu warm.*

If the sentence does not contain one of the above elements, and if there is no special reason of emphasis, **nicht** occurs at or near the end of the sentence: *Diese Stellung gefällt mir nicht. — Findest du die Karte nicht? — Ich mag den neuen Wagen nicht.*

§31.2 The negative article **kein** has a quite limited use. It is the negative counterpart of **ein,** and it also is used where **ein** does not occur — in the plural forms, for instance.

Examples of **kein** as the negative of **ein:** *Hast du ein Fußballspiel gesehen? Hast du kein Fußballspiel gesehen? — Heute gibt es ein Examen. Heute gibt es kein Examen. — In diesem Sommer machen wir eine Reise. In diesem Sommer machen wir keine Reise. — Berta hat einen Aufsatz zu schreiben. Berta hat keinen Aufsatz zu schreiben. — Ich habe einen Strafzettel bekommen. Ich habe keinen Strafzettel bekommen. — Andreas möchte einen grünen Pullover haben. Andreas möchte keinen grünen Pullover haben.*

Examples of **kein** to negate a noun which has no article, **dies-** word, or possessive adjective in the affirmative forms: *Macht Heidi Aufnahmen? Macht Heidi keine Aufnahmen? — Hat dein Onkel Töchter? Nein, er hat keine Töchter. — Ich habe keine Lust, Schach zu spielen. — Gibt es denn keine Elefanten in Ihrem Zoo?*

§32 Prepositions

§32.1 There is a class of words called prepositions because they are "preposed to" (put in front of) nouns or pronouns. Some English prepositions are "of, with, from, by, near, at".

German also has prepositions. But since German nouns always have to be in a specific case, every German pronoun or noun phrase, when used after a preposition, has to be in one of three cases: dative, accusative, or genitive.

§32.2 Dative forms of pronouns and noun phrases are used after **aus, bei, mit, nach, seit, von, zu.** Contractions with **dem** are **beim, vom, zum; zu + der = zur.**

§32.3 The prepositions **an, auf, hinter, in, neben, über, unter, vor, zwischen** are usually followed by dative forms of nouns and noun-modifiers. But when the preposition + pronoun or noun refers to a destination, a goal, or a target of some kind, then the accusative form is used.

The prepositions **an, in** are often contracted with **dem: an + dem = am; in + dem = im.** Most of the prepositions of this group can combine with **das** when a neuter singular accusative refers to a destination, goal, or target: **ans, aufs, hinters, ins, übers, unters, vors.**

Note: The dative forms of pronouns and nouns are used after these prepositions to answer a question with ,,Wo?''. The accusative forms are used to answer a question with ,,Wohin?''.

§32.4 Some fairly common prepositions which are followed by accusative forms are **durch, für, gegen, ohne, um.** Less usual are the prepositions **bis** "until, not later than" and **wider** "opposed to, contrary to", which are also followed by accusative forms.

§32.5 There are some prepositions—not very often used—which are followed by genitive forms of pronouns and nouns. The most common of these is **während** "during, in the course of".

In formal German, the preposition **wegen** "because of, on account of" is often followed by genitive forms. But in general use, **wegen** is likely to be followed by a dative form.

There is a formula **um** + genitive + **willen** with a meaning similar to the English "for ---'s sake, for the sake of, because of".

§33 Pronouns with Prepositions

One important function of third-person pronouns is to serve as substitutes for noun phrases in the various cases. The same kind of substitution takes place when the noun phrase is the object of a preposition, provided the noun refers to a human being.

EXAMPLES:		
von unseren Eltern	**von ihnen**	
bei Herrn Schulz	**bei ihm**	
ohne den Arzt	**ohne ihn**	
für Fräulein Barlow	**für sie**	↓

When a noun which is the object of a preposition refers to things or ideas, another formula is generally used: unaccented **da-** or **dar-** + preposition; see §34.

§34   da(r)-, wo(r)-

§34.1   There are formulas that use an unaccented **da-** or **dar-**, **wo-** or **wor-**, + preposition. The unaccented **da-** and **wo-** are used before prepositions beginning with a consonant sound to form **dabei, wobei, dafür, wofür, dazu, wozu,** etc.; **dar-** and **wor-** are used before vowels to form **daran, woran, darauf, worauf, darin, worin,** etc.

§34.2   The **da(r)-** + preposition formula can replace preposition + pronoun, when the pronoun would refer to another sentence or sentence-part, or to a general idea, or to some thing or things.—*Ich glaube kein Wort davon* [*von dem, was du eben erzählt hast*].

EXAMPLES:	bei der Arbeit	**dabei**
	durch Zufall	**dadurch**
	durch den Unfall	**dadurch**
	durchs Land	**dadurch**
	in den Bergen	**darin**
	beim Zusammenpacken	**dabei**
	nach der Aufführung	**danach**
	auf dem Tisch	**darauf**
	im Zimmer	**darin**

§34.3   One form of German idiom consists of a verb associated with a preposition, like **denken an, sprechen über, abhängen von, erzählen von, sich gewöhnen an.** The preposition in these idioms may be followed by a pronoun referring to a human being, or it may occur in the **da(r)-** + preposition form; see §33 and §34.2.—*Ich warte auf Manfred; wartest du auch auf ihn?—Wir freuen uns auf das Fußballspiel heute nachmittag; freust du dich nicht auch darauf?*

§34.4   One type of question word consists of unaccented **wo-** or **wor-** + preposition: **Woraus?** Out of what?; **Wodurch?** Through what?; **Worin?** In what?; **Womit?** With what?

This formula supplies the question words for sentences involving a preposition. Thus the **wo(r)-** compounds are the interrogative counterparts of the **da(r)-** compounds.

Similarly, forms like **wofür, womit, woran, worüber** can be question words asking about things or ideas (but not about human beings).—**Woran glaubst du?** 'What do you believe in?'—**Worauf warten sie?** 'What are they waiting for?'.

The **wo(r)-** + preposition compounds can be used as attaching-words for dependent clauses, like other question words. *Ich weiß nicht, worauf sie warten.*

§34 Note: Standard German does not have combinations of preposition + **was.** Furthermore there is no structural equivalent of English "**What** is he waiting **for?**" The speaker of German must say: „**Worauf** wartet er?"

§35   Types of Verbs: Weak and Strong

There are two main types of verbs in German.
The type called "weak"
  has a past participle ending **-t;**
  with few exceptions, has the same stem vowel in all forms.
A "strong" verb
  has a past participle ending **-en;**
  has different stem vowels in various forms.

§36   Irregular Weak Verbs

§36.1 The modal auxiliaries and **wissen** have some vowel variations and some irregularities in the endings of the present singular forms; see §48.

§36.2 There are eight weak verbs that have some irregular forms. The irregularities are of two kinds: These verbs have **-e-** or **-i-** in the infinitive and present forms, and **-a-** in the preterit and past participle forms. In addition, **bringen** and **denken** have the consonant **-ch-** in the preterit and past participle forms.

Infinitive	Preterit Stem	Past Participle
brennen	brannte	gebrannt
kennen	kannte	gekannt
nennen	nannte	genannt
rennen	rannte	gerannt
senden	sandte	gesandt
wenden	wandte	gewandt
bringen	brachte	gebracht
denken	dachte	gedacht ↓

The same vowel and consonant features occur in compound and prefixed verbs based on these eight irregular weak verbs:

Infinitive	Preterit Stem	Past Participle
ausdenken	dachte aus	ausgedacht
mitbringen	brachte mit	mitgebracht
bedenken	bedachte	bedacht
verbringen	verbrachte	verbracht

§36.3 Verbs with infinitive forms ending in **-ieren** do not have a **ge-** prefix in the past participle form:—**anprobiert, passiert, funktioniert.**—These verbs are always accented on the **-ie-.**

§36.4 Verbs with the unaccented prefixes **be-, emp-, ent-, er-, ge-, ver-, zer-** do not add a **ge-** prefix in the past participle form.

§37 Vowel Patterns of Strong Verbs

The important characteristic of a strong verb is its pattern of vowel differences.

The vowels of the infinitive and of the preterit are different for all strong verbs.

For some strong verbs, the past participle has the same vowel as the infinitive: **sehen gesehen; kommen gekommen; halten gehalten.**

For some strong verbs, the past participle has the same vowel as the preterit: **flog geflogen; blieb geblieben.**

For some strong verbs, the past participle has a vowel which is different from both that of the infinitive and that of the preterit: **finden fand gefunden; beginnen begann begonnen; treffen traf getroffen.**

Some strong verbs also have a vowel difference between the infinitive and the forms for **er** and **du** in the present tense. Example:

Infinitive **tragen**			
(ich)	**trage**	(wir)	**tragen**
(du)	**trägst**	(ihr)	**tragt**
(Sie)	**tragen**	(Sie)	**tragen**
(3 Sg.)	**trägt**	(3 Pl.)	**tragen**

Other strong verbs with vowel differences in the present tense:

Infinitive	er, du
fallen	fällt, fällst
halten	hält, hältst
helfen	hilft, hilfst
nehmen	nimmt, nimmst
lesen	liest, liest
sehen	sieht, siehst

The verbs with the **e/i** or **e/ie** difference have **i** or **ie** also in the singular familiar imperative: **Hilf! Nimm! Lies! Sieh!**.

§38 Principal Parts of Verbs

§38.1 To help in learning and remembering the forms of verbs, it is usual to line up the so-called "principal parts". These are the forms (never more than four) from which all other forms of the verb can be made by regular changes.

Examples: For weak verbs—*kaufen, kaufte, gekauft; warten, wartete, gewartet; brennen, brannte, gebrannt.* For strong verbs—*kommen, kam, gekommen; bleiben, blieb, geblieben; finden, fand, gefunden;* (with vowel difference in the present) *fallen (fällt), fiel, gefallen; helfen (hilft), half, geholfen; sehen (sieht), sah, gesehen.*

§38.2 The most complicated vowel differences are found in strong verbs that have a separate vowel in the second and third person singular of the present. These differences are illustrated by **brechen** as an example:

brechen Infinitive, from which some present forms can be made.
bricht Third person singular present, from which the second person singular and the familiar imperative can be made.
brach First person singular preterit, from which all the other preterit forms can be made.
gebrochen Past participle.

(In the end-vocabulary and in most dictionaries, only the vowel differences are indicated. The verb above will be found listed thus: **brechen (i), a, o.**)

§39 Subject-Verb Agreement

German verbs "agree" with their subjects—that is, a German verb has an ending to go with a particular kind of subject. For this relationship, subjects are classified as to number and as to person:

Number—Singular or Plural;

Person—First Person, Second Person (familiar), Second Person (formal), Third Person.

§40   The Present

§40.1   Regular endings on the verb in the present:

	Singular	Plural
First person	(ich) **-e**	(wir) **-en**
Second person, familiar	(du) **-st**	(ihr) **-t**
Second person, formal	(Sie) **-en**	(Sie) **-en**
Third person	**-t**	**-en**

§40.2   The two **-t** endings are expanded to **-et** if the verb stem ends in "t" or "d" or some consonant combinations. Examples: **wartet, findet, atmet, öffnet.** Similarly: **wartest, findest, atmest, öffnest.** These expanded endings are used with **du, ihr,** and the third person singular:

du	**-est**	ihr	**-et**
er, sie, es (noun)	**-et**		

§40.3   Verbs with stems ending in "s, ß, z" have a shortened second person singular familiar ending: **-t** instead of **-st.** For example: *lesen* **du liest,** *tanzen* **du tanzt,** *heißen* **du heißt,** *wissen* **du weißt,** *sitzen* **du sitzt,** *essen* **du ißt,** *stürzen* **du stürzt,** *schnitzen* **du schnitzt,** *schießen* **du schießt,** *lassen* **du läßt.**

§40.4   German strong verbs have the peculiarity that in addition to having the regular endings to agree with the subject they have certain differences in the stems for various forms. Nearly always the difference consists in having different vowels in some forms.

Strong verbs which have the vowel **-a-** in the infinitive have **-a-** also in the first person singular and all plural forms. But they have **-ä-** in the second person singular familiar form and in the third person singular form. — Strong verbs with **-e-** or **-eh-** in the infinitive have that vowel in the first person singular and all plural forms, but **-i-** or **-ie-** in the second person singular familiar and the third person singular form. (The major exceptions are **gehen** and **stehen.)**

Infinitive, etc.	2d. sg. familiar; 3d. sg.
-a- **-e-, -eh-**	**-ä-** **-i-, -ie-, -ieh-**

Strong verbs which have these **-a/ä-** and **-e/i-** alternations in the present, and which have stems ending in **"-d"** or **"-t"**, do not have the usual **-t** or **-et** ending in the third person singular forms. Examples: *halten* **hält**; *werden* **wird.**

§**40.5** Four important verbs have the following present forms:

Infinitive **sein**	
(ich) **bin**	(wir) **sind**
(du) **bist**	(ihr) **seid**
(Sie) **sind**	(Sie) **sind**
(3 Sg.) **ist**	(3 Pl.) **sind**

Infinitive **haben**	
(ich) **habe**	(wir) **haben**
(du) **hast**	(ihr) **habt**
(Sie) **haben**	(Sie) **haben**
(3 Sg.) **hat**	(3 Pl.) **haben**

Infinitive **werden**	
(ich) **werde**	(wir) **werden**
(du) **wirst**	(ihr) **werdet**
(Sie) **werden**	(Sie) **werden**
(3 Sg.) **wird**	(3 Pl.) **werden**

Infinitive **wissen**	
(ich) **weiß**	(wir) **wissen**
(du) **weißt**	(ihr) **wißt**
(Sie) **wissen**	(Sie) **wissen**
(3 Sg.) **weiß**	(3 Pl.) **wissen**

§41   The Preterit

§**41.1** German has past verb forms called "preterit". Preterit forms are used especially in telling about events that occurred in close connection or at the same time. The preterit is more common in North Germany than in South Germany, Austria, or Switzerland, where the perfect verb phrase is used to express past time. Even in North Germany the preterit is found in formal written language more than in conversation.

§41.2 Weak verbs have a preterit extension, **-te** (or **-ete** for weak verbs ending in "-t" or "-d" or some combinations of "consonant + m, consonant + n"). The following preterit endings are added to the **-te** or **-ete** extension:

ich —	wir **-n**
du **-st**	ihr **-t**
Sie **-n**	Sie **-n**
er —	sie **-n**

For example, the preterit forms of **kaufen** and **warten** are:

ich **kaufte, wartete**	wir **kauften, warteten**
du **kauftest, wartetest**	ihr **kauftet, wartetet**
Sie **kauften, warteten**	Sie **kauften, warteten**
er **kaufte, wartete**	sie **kauften, warteten**

§41.3 The modal auxiliaries have the same preterit endings as the regular weak verbs. However, the modals and also the verb **weiß/wissen** have special preterit stem forms including the **-te** extension, to which the preterit endings are added. The preterit stems with the **-te** extension are:

durfte   **mußte**
konnte   **sollte**   **wußte**
mochte   **wollte**

§41.4 Strong verbs have a different vowel in the preterit from that in the present. But the preterit endings for strong verbs are the same as those which are added after the **-te** or **-ete** extension for weak verbs. Thus, the preterit endings for strong verbs are:

ich —	wir **-en**
du **-st, -est**	ihr **-t, -et**
Sie **-en**	Sie **-en**
er —	sie **-en**

364   For example, the preterit forms of **tragen, sehen,** and **bleiben** are:

ich **trug, sah, blieb**	wir **trugen, sahen, blieben**
du **trugst, sahst, bliebst**	ihr **trugt, saht, bliebt**
Sie **trugen, sahen, blieben**	Sie **trugen, sahen, blieben**
er **trug, sah, blieb**	sie **trugen, sahen, blieben**

§41.5 Four important verbs have the following preterit forms:

Infinitive **sein**	
(ich) **war**	(wir) **waren**
(du) **warst**	(ihr) **wart**
(Sie) **waren**	(Sie) **waren**
(3 Sg.) **war**	(3 Pl.) **waren**

Infinitive **haben**	
(ich) **hatte**	(wir) **hatten**
(du) **hattest**	(ihr) **hattet**
(Sie) **hatten**	(Sie) **hatten**
(3 Sg.) **hatte**	(3 Pl.) **hatten**

Infinitive **werden**	
(ich) **wurde**	(wir) **wurden**
(du) **wurdest**	(ihr) **wurdet**
(Sie) **wurden**	(Sie) **wurden**
(3 Sg.) **wurde**	(3 Pl.) **wurden**

Infinitive **wissen**	
(ich) **wußte**	(wir) **wußten**
(du) **wußtest**	(ihr) **wußtet**
(Sie) **wußten**	(Sie) **wußten**
(3 Sg.) **wußte**	(3 Pl.) **wußten**

§42   The Subjunctive

§42.1 German has a set of verb forms called "subjunctive" in English, „Konjunktiv" in German. They are used in sentences that in some way involve something that isn't real and actual. They express meanings that go all the way from uncertainty or guessing to highly improbable or even impossible happenings or situations. ↓

§42.2 The subjunctive endings are:

(ich)	-e	(wir)	-en
(du)	-est	(ihr)	-et
(Sie)	-en	(Sie)	-en
(3 Sg.)	-e	(3 Pl.)	-en

§42.3 The subjunctive is most usually found with the nine auxiliary verbs. With them, the subjunctive endings are added to the following subjunctive stems:

würd-	dürft-	müßt-
hätt-	könnt-	sollt-
wär-	möcht-	wollt-

§42.4 Four important verbs have the following subjunctive forms:

Infinitive **sein**			
(ich)	**wäre**	(wir)	**wären**
(du)	**wär(e)st**	(ihr)	**wäret**
(Sie)	**wären**	(Sie)	**wären**
(3 Sg.)	**wäre**	(3 Pl.)	**wären**

Infinitive **haben**			
(ich)	**hätte**	(wir)	**hätten**
(du)	**hättest**	(ihr)	**hättet**
(Sie)	**hätten**	(Sie)	**hätten**
(3 Sg.)	**hätte**	(3 Pl.)	**hätten**

Infinitive **werden**			
(ich)	**würde**	(wir)	**würden**
(du)	**würdest**	(ihr)	**würdet**
(Sie)	**würden**	(Sie)	**würden**
(3 Sg.)	**würde**	(3 Pl.)	**würden**

Infinitive **wissen**			
(ich)	**wüßte**	(wir)	**wüßten**
(du)	**wüßtest**	(ihr)	**wüßtet**
(Sie)	**wüßten**	(Sie)	**wüßten**
(3 Sg.)	**wüßte**	(3 Pl.)	**wüßten**

§42.5 Strong verbs add the subjunctive endings to the preterit stem if it contains **-i-** or **-ie-**. Otherwise, the preterit endings are added to the subjunctive variant of the preterit stem as follows:

Preterit stem vowel		Subjunctive stem vowel
a		ä
o		ö
u		ü
Infinitive	1. Sg. Pret.	Subjunctive
kommen	kam	käm-
geben	gab	gäb-
nehmen	nahm	nähm-
bieten	bot	böt-
ziehen	zog	zög-
graben	grub	grüb-
wachsen	wuchs	wüchs-

§42 Note: Occasionally regular weak verbs are used as subjunctive forms. But this is a rare usage, in ordinary German prose. Since the subjunctive forms of regular weak verbs are identical with the ordinary weak preterit forms, the only way to identify them as subjunctive is by the grammar of the rest of the sentence.

§43 Imperatives

§43.1 German has verb forms used in making suggestions or requests or giving orders; these are the imperative forms. Just as there are three pronouns which refer to the person spoken to (du, ihr, Sie), there are three corresponding imperative forms of a verb.

§43.2 Second person singular, familiar (du): Usually with no ending; in slower speech, with the ending **-e**. The strong verbs with vowels **i** or **ie** in the second and third persons singular present (see §40.4) have the vowel **i** or **ie** in the „du" imperative: *Gib mir etwas zu essen! Sieh da!*

§43.3 Second person plural, familiar (ihr): The ending is **-t** or **-et.**

§43.4 Second person, formal: The imperative form has the ending **-en** always followed by the pronoun **Sie.**

§43.5 First person plural: Parallel to the „**Gehen Sie!**" imperative, German has a first person plural imperative: „**Gehen wir!**"—'Let's go.'. ↓

§43.6 The imperative forms corresponding to English 'Be' (like 'Be careful') are rather irregular: (*du*) *Sei vorsichtig, Hans!*—(*ihr*) *Seid vorsichtig, Kinder!*— *Seien Sie vorsichtig, Frau Doktor!*

§43.7 For indirect-discourse imperatives with **sollen,** see §56.

§43 Note: In German writing and printing, imperative sentences usually have the punctuation "!" at the end of the sentence.

§44 Special Quotative Forms

§44.1 In formal prose and poetry there are special verb forms which may be used instead of the subjunctive in indirect discourse; see §56.2.

§44.2 For nearly all German verbs, only the third-person singular has a quotative form. This consists of the present (infinitive) stem + the ending **-e.**— *Martin sagte, Doris* **werde** *nicht bei der Versammlung sein. Ihre Schwester* **habe** *ihm gesagt, Doris* **habe** *sich erkältet und* **könne** *das Haus nicht verlassen.*

§44.3 The irregular verb **sein** has a complete set of quotative forms:

(ich)	**sei**	(wir)	**seien**
(du)	**sei(e)st**	(ihr)	**seiet**
(Sie)	**seien**	(Sie)	**seien**
(3 Sg.)	**sei**	(3 Pl.)	**seien**

§44.4 The modal auxiliaries have special quotative forms in the singular:

(ich)	**dürfe**	**könne**	**möge**	**müsse**	**solle**	**wolle**
(du)	**dürfest**	**könnest**	**mögest**	**müssest**	**sollest**	**wollest**
(3 Sg.)	**dürfe**	**könne**	**möge**	**müsse**	**solle**	**wolle**

§44.5 Some traditional wishes use the quotative: *Er ruhe in Frieden.* 'May he rest in peace.'—*Gott sei Dank!* 'Thank God!'—*Gott bewahre!* 'God forbid!'— *Es lebe die Freiheit!* 'Long live freedom!'.

§45 Verb Phrases: Auxiliaries

§45.1 Some important verb phrases consist of an auxiliary verb + the infinitive or past participle of another verb. The auxiliary verb agrees with the subject in person and number. There are verb phrases in which the auxiliary is in a present form, others in which it is preterit, others in which it is subjunctive—for various meanings.

§**45.2** The auxiliaries are **werden, haben, sein,** and the six modals. The verb phrases formed with an auxiliary are described in §§46–49.

Werden, haben, sein are the three principal auxiliaries in German. Each of the three is used as an independent verb, with its own meanings, in addition to its function as an auxiliary.

§**45.3** **werden:** As an independent verb, **werden** describes a change of condition; it means 'become, get' (as in 'get warmer'). As an auxiliary, **werden** is used in two quite different constructions: with a past participle of another verb, to form a passive verb phrase (see §46); with an infinitive, to form a future verb phrase (see §47).

§**45.4** **haben:** As an independent verb, **haben** means 'have'. As an auxiliary, **haben** is used with a past participle to form one variety of a perfect verb phrase; see §49.2.

§**45.5** **sein:** As an independent verb, **sein** means 'be'. As an auxiliary, **sein** is used with a past participle to form one variety of a perfect verb phrase; see §49.3.

§46   The Passive Verb Phrase: „Passivum"

§**46.1** In a passive sentence, the subject refers to something done or produced, or some activity, or somebody who has something happen to him. Passive sentences refer to what is done rather than to somebody who does something. The subject of a passive sentence is a person or thing to whom or to which something happens.—Examples in English: Dinner *is* usually *eaten* at six o'clock.—Fourteen windows *were shattered.*—My car *has been repaired.*—Joe *will be notified* at once.

§**46.2** The „Passivum" formula describes events which the speaker regards as happening in accordance with schedule, plan, fate, or normal social processes such as law, etiquette, and ritual. ↓

§46.3 The German passive verb phrase has the formula: auxiliary **werden** + a past participle which is at the final position in the clause. There are several combinations of **werden** + participle, often with other auxiliaries. For example, compare the formula of the present passive

(ich)	werde	(wir)	werden	....Past
(du)	wirst	(ihr)	werdet	Participle
(Sie)	werden	(Sie)	werden	
(3 Sg.)	wird	(3 Pl.)	werden	

with various passive constructions:

Present: Gustav wird schlecht bezahlt.

Preterit: Gustav wurde schlecht bezahlt.

Future: Gustav wird schlecht bezahlt werden.

Perfect: Gustav ist schlecht bezahlt worden.

(In the perfect passive phrase the short form **worden** replaces the usual past participle **geworden.**)

With a modal auxiliary: Gustav will besser bezahlt werden.

The Preterit Passive:

(ich)	wurde	(wir)	wurden	....Past
(du)	wurdest	(ihr)	wurdet	Participle
(Sie)	wurden	(Sie)	wurden	
(3 Sg.)	wurde	(3 Pl.)	wurden	

The Future Passive:

(ich)	werde	(wir)	werden	....Past
(du)	wirst	(ihr)	werdet	Participle
(Sie)	werden	(Sie)	werden	+ **werden**
(3 Sg.)	wird	(3 Pl.)	werden	

The Perfect Passive:

(ich)	bin	(wir)	sind	....Past
(du)	bist	(ihr)	seid	Participle
(Sie)	sind	(Sie)	sind	+ **worden**
(3 Sg.)	ist	(3 Pl.)	sind	

The passive can be used with modal auxiliaries. The formula is:

Person-and-number form of a modal auxiliary, depending on the subject	...Past Participle + **werden.**

§46.4 In a passive sentence the actual doer, performer, or producer can be referred to by a phrase with **von** + a dative form: *Der Hauptmann wurde von einem jungen, blonden Fräulein gebeten einzutreten.—Vom nächsten Bauern wird die gleiche Antwort gegeben werden.*

An instrument or method by which something is done to the subject may be indicated in a passive sentence by **durch** + an accusative form: *Düsseldorf war die zweite Stadt in Westdeutschland, die durch eine Eisenbahn mit der Außenwelt verbunden wurde.*

§46.5 There is a construction consisting of the indefinite "human" pronoun **man** + a third person singular verb. This differs slightly in meaning from a parallel passive sentence by calling attention to the fact that what happens is done by a person or by people, even though for some reason the doer is not named.

The noun or pronoun which is the subject of a passive sentence appears as an accusative object in the corresponding **man** sentence: *Ich werde zu Hause erwartet. Man erwartet mich zu Hause.*

§46.6 There is a subjectless passive formula in German. It is used to describe an activity performed by an indefinite someone: *Im ganzen Dorf wird darüber geredet!—Immer wieder mußte abgewaschen werden.*

Verbs like **antworten, begegnen, helfen, folgen, danken** have only dative objects. Passive sentences with these verbs have no subject; the dative object is dative in the passive sentence also: "Dative remains dative."—*Diesem Mann kann geholfen werden.*

§47   The Future Verb Phrase: „Futurum"

The future verb phrase consists of **werden** + another verb, which is in its infinitive form and is at the final position in the clause. This construction is also known as „Futurum".

The present forms of **werden,** which are used as the auxiliary in the future verb phrase, are:

(ich)	**werde**	(wir)	**werden**
(du)	**wirst**	(ihr)	**werdet**
(Sie)	**werden**	(Sie)	**werden**
(3 Sg.)	**wird**	(3 Pl.)	**werden**

§47 Note: In connection with the sentence-modifying **wohl,** a future verb phrase asserts the speaker's judgment of a high degree of probability at the present time. *„Wo ist deine Schwester?"—„Oh, sie wird wohl zu Hause sein."*

§48 Modal Auxiliaries

§48.1 There are six auxiliary verbs known as modal auxiliaries. They are extremely irregular, both in their endings and in their stem forms.

§48.2 The modal auxiliaries are irregular in their present forms:
They have no ending in the first person singular (where most verbs have **-e**) and no ending in the third person singular (where most verbs have **-t** or **-et**).
Most of the modal auxiliaries have different vowels in the singular and plural of the present.

§48.3 The modal auxiliaries have the same preterit endings as the regular weak verbs. However, the modals and also the verb **weiß/wissen** have special preterit stem forms, to which the **-te** extension, and then the preterit endings, are added.

§48.4 The forms of the modal auxiliaries are:

Present							Preterit Stems	Subjunctive Stems
(ich)	**darf** **kann** **mag**	**muß** **soll** **will**	(wir)	**dürfen** **können** **mögen**	**müssen** **sollen** **wollen**		**durft-**	**dürft-**
(du)	**darfst** **kannst** **magst**	**mußt** **sollst** **willst**	(ihr)	**dürft** **könnt** **mögt**	**müßt** **sollt** **wollt**		**konnt-** **mocht-**	**könnt-** **möcht-**
(Sie)	**dürfen** **können** **mögen**	**müssen** **sollen** **wollen**	(Sie)	**dürfen** **können** **mögen**	**müssen** **sollen** **wollen**		**mußt-** **sollt-**	**müßt-** **sollt-**
(3 Sg.)	**darf** **kann** **mag**	**muß** **soll** **will**	(3 Pl.)	**dürfen** **können** **mögen**	**müssen** **sollen** **wollen**		**wollt-**	**wollt-**

§48.5 The modal auxiliaries are most commonly used with the infinitive of another verb, which is at the final position in the clause: *Ich muß mir eine neue Jacke kaufen.* — Less commonly, a modal auxiliary is used without an infinitive: *Ich mag heute kein Frühstück.*

§48.6 An infinitive of a verb referring to motion need not be used after a modal auxiliary if the meaning of motion is otherwise indicated in the sentence. — *Aber jetzt müssen wir nach Hause.*

§48.7 An infinitive is not preceded by **zu** when it is used with one of the six modal auxiliaries or with the future auxiliary **werden.** Strictly speaking, we expect a preceding **zu** when an infinitive is used with any verb except with these auxiliaries. However, there are a few other verbs which in some expressions act like auxiliaries, with an infinitive without **zu: helfen, lassen, hören, sehen.**—In present-day German there is an increasing use of **brauchen** as an auxiliary without **zu,** especially in negative sentences.

§48.8   The modal auxiliaries have a special grammar in the perfect verb phrase construction; see §49.4.

§49   The Perfect Verb Phrase: „Perfektum"

§49.1   The perfect verb phrase is used to tell or ask about an event in past time. The usual perfect verb phrase consists of the proper form of an auxiliary (**haben** or **sein**) + a past participle. The past participle is at the final position in the clause. For the forms of the past participle see §27.

§49.2   The present forms of **haben,** used to form the perfect verb phrase, are:

ich **habe**	wir **haben**
du **hast**	ihr **habt**
Sie **haben**	Sie **haben**
er **hat**	sie **haben**

Haben is always the perfect auxiliary when the verb phrase has an object in the accusative case: *Hast du deine Hausaufgaben gemacht?—Heute morgen hab' ich deine Schlittschuhe gesehen.*

In addition, most perfect phrases without an accusative object also have **haben** + a past participle: *Gestern morgen hat es geregnet.—Hat er schon gehupt?*

§49.3   But there are other perfect verb phrases, with the auxiliary **sein** + a past participle: *Ist Arthur noch nicht heruntergekommen?—Wann bist du heute aufgestanden?—Sie ist heute etwas früher nach Hause gekommen.—Ich bin noch um acht Uhr hingegangen.*

The present forms of **sein,** used to form this variety of perfect verb phrase, are:

ich **bin**	wir **sind**
du **bist**	ihr **seid**
Sie **sind**	Sie **sind**
er **ist**	sie **sind**

↓

A perfect verb phrase is formed with **sein** + a past participle if two conditions are fulfilled: (1) there is no accusative object, and (2) the sentence expresses a change from one location to another or a change from one condition to another. (In addition, the verbs **sein** and **bleiben** form the perfect verb phrase with **sein** + the participles **gewesen** and **geblieben**.)

Some verbs which regularly form the perfect verb phrase with **sein** are:

Infinitives	Past Participles
abfahren	abgefahren
ankommen	angekommen
gehen	gegangen
hindurchkommen	hindurchgekommen
laufen	gelaufen
losfahren	losgefahren
mitkommen	mitgekommen
weggehen	weggegangen
werden	geworden
begegnen	begegnet
reisen	gereist

§49.4 The grammar of the modal auxiliaries in the perfect verb construction is quite exceptional.

Each of the modal auxiliaries has two past participles which are used with the perfect verb phrase auxiliary **haben.** The most usual construction is with a form that is identical with the infinitive of the modal auxiliary: **dürfen, können, mögen, müssen, sollen, wollen;** these are used when there is another infinitive in the construction.—*Viele Menschen haben dem jungen Schüler helfen wollen.— Du hast einem alten, einsamen Menschen eine kleine Freude machen sollen.— Warum hat Golo seinen Aufsatz nicht schreiben können?*

This formula is called a "double infinitive".

The verbs **helfen, lassen, hören, sehen,** (nicht) **brauchen** also occur in the double infinitive construction.

A common construction consists of the subjunctive form **hätt-** + infinitive + **sollen:** *Du hättest ein bißchen früher damit anfangen sollen.*

§49.4 Note: The other past participle of the modal looks like an ordinary weak past participle: **gedurft, gekonnt, gemocht, gemußt, gesollt, gewollt.** This form is rare. It is used when there is no accompanying infinitive; commonly the object of this construction is a neuter pronoun like **es, das, dies.**

§50 Two-word Compound "Separable" Verbs

§50.1 Many German verbs are closely associated with another word: one of the common prepositions (**an, aus, bei, nach, vor, zu,** etc.) or an adverb (**ab,**

weg, zusammen, etc., especially **hin, her,** and their compounds). In combination the verb and the associated word may have a meaning different from that which the verb alone would have, and often without any very obvious connection with the meaning of the associated word. For example: **fangen** 'catch', but **fangen + an** 'start'; **hören** 'hear', **hören + auf** 'stop'. The associated words in these compound verbs are always accented in speech. They are full, independent words, and are among those important sentence elements which have a "final" position in clauses.

§50.2 The associated word, being one of the final elements, is separated from the rest of the verb when that verb-form is in the first or second position in the clause: this is the situation with **Ja/Nein** questions and imperatives (first position), and with declarative sentences and question-word interrogatives (second position).

§50.3 The real-verb part is in the first position for **Ja/Nein** questions (*Sehe ich denn so aus?*) and imperatives (*Kommen Sie doch alle gleich herein!—Kommt doch mit!—Fahren wir doch auf dem Motorrad hinaus!*).

§50.4 The real-verb part is in the second position for declarative sentences (*Ich fange jetzt an.—Endlich hörte der Professor auf.—Lieselotte sieht blaß aus.*) and for question-word interrogatives (*Warum kommst du nicht mit?—Wann fährt Gustav denn los?—Was stellen Sie sich unter Deutschland vor?*).

§50.5 The compound "separable" verb is used in the past participle form in the passive and perfect verb phrases; see §46, §49. In the past participle form, the compound separable verb is written and printed as a single string of letters without any space: *Der Zug ist schon vor zehn Minuten abgefahren.—Das Singen hat endlich aufgehört.—Wir sind alle eingeladen.—Die „Grüne Eule" wird gewöhnlich um halb zwölf zugemacht.*

§50.6 Similarly, when the compound "separable" verb is used in the infinitive form, along with the modal auxiliaries **dürfen, können, müssen, sollen, wollen,** or a form of **möchte** or **werden,** the compound "separable" verb is printed as a single string of letters without any space: *Möchten Sie nicht mit uns hinausfahren?—Willst du mitkommen? Dann werden wir uns deine neuen Platten anhören.—Lieselotte wird gewiß mitkommen.—Wir sollen um halb neun vorbeikommen.*

§50 **Note:** In verb lists and the end-vocabulary, separable verbs are listed with a hyphen after the separable prefix in the headword: **hinaus-fahren, an-hören, auf-stehen, vor-stellen.**—This hyphen is a special device to tell the user that the item is a compound separable verb. No such hyphen is used in regular written or printed German.

§51 Prefixed Verbs

§51.1 There are seven prefixes which are attached to base verbs in German: **be-, emp-, ent-, er-, ge-, ver-, zer-**. Commonly the meaning of the prefixed verb is quite different from that of the base verb alone; the meanings have to be learned for each prefixed verb quite independently.

The prefixes **be-, emp-, ent-, er-, ge-, ver-, zer-** have several features: they are unaccented; they are inseparable from the verb in all forms; verbs with these prefixes do not add the usual **ge-** prefix in the past participle form.

§51.2 "Doubtful prefixes": The prepositions **durch, über, um, unter, wider** are sometimes used as unaccented prefixes with verbs. In this usage they normally have an imaginative or figurative meaning—*durchschauen* 'see through (a problem, a pretense)'—*überholen* 'overtake'—*überwinden* 'conquer'—*umgeben* 'surround'—*unterscheiden* 'distinguish'—*widersprechen* 'contradict'.

A literal meaning of these "doubtful prefixes" sometimes occurs. In a literal meaning, the prefix is used as the associated word in compound separable verbs; see §50. Examples: *übersetzen* (*setzt . . . über*) 'transport across'—*überstehen* (*steht . . . über*) 'overlap, project'—*umfahren* (*fährt . . . um*) 'drive around, make a detour'. Compare the meanings with an unaccented prefix: *übersetzen* (*übersetzt*) 'translate'—*überstehen* (*übersteht*) 'survive'—*umfahren* (*umfährt*) 'travel around, circumnavigate'.

§52 Word Order in Independent Clauses

§52.1 German has its own special ways of putting sentences together.

In discussions of German word order, "the verb" refers to "the inflected verb"—that word in the predicate which has a present, preterit, subjunctive, or quotative ending agreeing in person and number with the subject, or used in an imperative form. The position of the inflected verb in an independent clause determines the kind of word order: normal, inverted, or initial word order.

§52.2 Normal word order

Subject + verb + other sentence parts.

The subject may be a pronoun, a noun, a noun phrase, including a noun with an attached relative clause; see §57.

§52.3 Inverted word order

> "Other sentence part" + verb + subject + other sentence parts.

The "other sentence part" at the beginning may be a question word, an object, an expression of time, place, or manner (which may be a single word, a phrase, or even a dependent clause; see §54.5). The verb is the second major sentence part. It is usually followed by the subject. Then come(s) any other sentence part(s).

§52.4 Initial word order

> Verb + [subject] + other sentence parts.

The verb is in the first position in **Ja/Nein** questions and in imperatives.

Ja/Nein questions, asking simply whether something is true or not, begin with the verb. Normally the subject comes next; see §64 for some rare exceptions.

In imperatives—requests, suggestions, commands—the verb comes first. For the familiar imperative forms like **Geh!** and **Geht!** there is no subject. With the second-person formal imperative the subject is always given: **Gehen Sie!** The same is true of the first-person plural imperative: **Gehen wir!**

§52 **Note:** For the word order in dependent clauses, see §54. Several other features of word order are mentioned in §§61–65.

§53 Major and Minor Sentence Types

§53.1 Grammarians distinguish between major sentence types and minor sentence types.

§53.2 The major sentence types are:
Declarative: **Erich läuft.**
Question-word interrogative: **Wann läuft Erich?—Wohin läuft Erich?—Wer läuft?**
Ja/Nein interrogative: **Läuft Erich?**
Imperative: **Lauf!—Lauft!—Laufen Sie!—Laufen wir!**

§53.3 The minor sentence types are:
Exclamations of various sorts.
Social formulas: **Guten Morgen!—Freut mich sehr.—Einen Moment, bitte.—Auf Wiederhören.** ↓

Brief answers or responses: [*Wann sollen wir hinkommen?*] **Um zehn Uhr.**—
[*Wo wird er uns treffen?*] **Hier natürlich.**—[*Wer kommt mit?*] **Agnes.**—[*Möchten Sie mit uns nach Mannheim fahren?*] **Gewiß.**—[*Glauben Sie, daß wir zu spät ankommen?*] **Hoffentlich nicht.**

Short questions: **Wirklich?**—**Warum nicht?**—**Was sonst?**—**Wann?**

Certain limited constructions: **Mich friert.**—**Jetzt wird getanzt.**

§54   Word Order in Dependent Clauses

§54.1   A dependent clause is a subject + verb combination (often along with other sentence parts) which is attached to another noun or predicate. In German, dependent clauses have a special word order.

§54.2   Beginning: A dependent clause regularly begins: connecting word (conjunction or relative pronoun) + subject. If a relative clause has a nominative relative pronoun, that is of course both the connecting word and the subject.

The only exception is that a short word may come between the connecting word and a noun subject; see §64.

§54.3   End: The verb (that is, the verb with an ending that agrees with the subject) comes last in a dependent clause. Any other sentence parts come between the subject and the verb.

§54.4   Among the "other sentence parts" are the infinitive or the past participle used in a verb phrase (passive, future, with modals, perfect) in a dependent clause. The order at the end of the dependent clause is then: infinitive or participle + auxiliary.

Examples of word order in independent and dependent clauses: *Um wieviel Uhr wird die Sonne aufgehen? Wissen Sie, um wieviel Uhr die Sonne aufgehen wird?*—*Wir könnten so einen Rock im Kaufhaus Benz kaufen. Glaubst du, daß wir so einen Rock im Kaufhaus Benz kaufen könnten?*—*Heinz wird gewiß den Preis gewinnen. Heinz, der gewiß den Preis gewinnen wird, ist ein guter Freund von mir.*—*Gustav wurde schlecht bezahlt. Gustav fügte hinzu, daß er schlecht bezahlt wurde.*—*Haben die jungen Leute den ganzen Abend getanzt? Jürgen hat gefragt, ob die jungen Leute den ganzen Abend getanzt haben.*—*Das Flugzeug ist noch nicht angekommen. Es tut mir leid, daß das Flugzeug noch nicht angekommen ist.*—*Es hat furchtbar viel geregnet. Wir werden zu Hause bleiben müssen, weil es furchtbar viel geregnet hat.*

§54.5   Dependent clauses are used in both conversational and literary German. In conversational German it is common to have the dependent clause follow the independent clause. In literary German the other arrangement is found quite frequently: dependent clause first, then independent clause. When the first clause is the dependent one, there are some complications of word order.

In the arrangement where the dependent clause comes first in the sentence, the order in the dependent clause is:

Subordinating conjunction	subject	.... verb,

The order in the following independent clause is:

verb	subject	....

In both diagrams, the rows of dots stand for the "other sentence parts": direct and indirect objects, expressions of time or place or manner or cause, etc., separable prefixes (see §50), participles, infinitives.

§55   Indirect Questions

§55.1   A direct question with a question word like **Wann? Wie? Wo? Warum? Was? Wer? Wen? Wem? Wessen? Welch-?** has the word order

Question word	main verb	subject	other sentence elements

Examples: *Was hat Pauline jetzt vor? — Wie ist die Stadt Pisa zu erkennen?*

A direct question can be converted into a corresponding indirect question with the word order:

Independent clause	,	question word	subject	other sentence elements	main verb

Examples: *Ich habe keine Ahnung, was Pauline jetzt vorhat. — Jedermann weiß, wie die Stadt Pisa zu erkennen ist.*

§55.2   **Ja/Nein** interrogative sentences can also be converted from direct to indirect questions. There is no question word in a **Ja/Nein** interrogative; so there has to be some other connective to introduce an indirect **Ja/Nein** question. That connective is the word **ob.** ↓

The word order in an indirect **Ja/Nein** question is:

Inde-pendent Clause		**ob**	subject	other sentence elements	main verb

Examples: Direct **Ja/Nein** questions: *Wird der Zug nach Basel bald abfahren?—Ist Luise schon vorbeigekommen?—Wohnen Sie immer noch im Hotel?——*Indirect **Ja/Nein** questions: *Ich möchte wissen, ob der Zug nach Basel bald abfahren wird.—Können Sie mir sagen, ob Luise schon vorbeigekommen ist?—Darf ich fragen, ob Sie immer noch im Hotel wohnen?—Karin hat gefragt, ob Andreas und seine Eltern immer noch im Hotel wohnen.*

§55.3 Summary of word order with indirect questions: With question words and with **ob** as connectives, the indirect question has the subject following the connective, and the main verb at the end of the indirect question. This position of the main verb at the end of an indirect question or an indirect statement is an important feature of German grammar.

§56   Indirect Statements

§56.1   There are two ways of reporting what somebody said. Direct discourse quotes his exact words; in writing and printing, quotation marks are used for direct discourse. In indirect discourse the content of the quotation is given but with certain grammatical differences.

In English an indirect statement may be introduced with "that . . ." or without "that". A parallel situation exists in German. With **daß,** the dependent-clause word order is required; without **daß,** the normal word order is used.— *Paul sagt: ,,Ich wohne nicht mehr in Lübeck." Paul sagt, daß er nicht mehr in Lübeck wohnt. Paul sagt, er wohnt nicht mehr in Lübeck.*

§56.2   Quite commonly in indirect discourse in German, the verbs are in subjunctive forms.—*Martin sagte, Doris würde nicht bei der Versammlung sein. Martin sagte, daß Doris nicht bei der Versammlung sein würde.*

§56.3   For special quotative forms of verbs, see §44.

§56.4   A direct-discourse imperative has a corresponding indirect-discourse form using **sollen.**—*Fritz hat uns zugerufen: ,,Kommt doch herein!" Fritz hat uns zugerufen, wir sollten doch hereinkommen.*

§56 Note: Two of the modal auxiliaries are used in a kind of very general indirect discourse: **sollen, wollen.**

In reporting a general opinion or rumor, **sollen** is used: *Sie soll sowohl intelligent wie auch hübsch sein.* 'She is said to be (is supposed to be) both intelligent and pretty.'

Somebody's claim or assertion, which is not necessarily to be believed, is reported with **wollen:** *Der neue Student will ein Millionär sein.* 'The new student claims to be a millionaire.'—Compare this usage with: *Der neue Student möchte ein Millionär sein. Der neue Student will ein Millionär werden.*

§57   Relative Clauses

§57.1   Relative clauses are a special kind of dependent clause. They are attached to a noun or pronoun rather than to an entire independent clause. The noun is called the antecedent; the attaching-word is a relative pronoun; see §16.

§57.2   A relative clause has a double nature: As a dependent clause, it is part of a larger sentence. But it is also closely related to an independent clause, from which it is derived.

Examples: *Wir sprechen von Freunden.* **Sie sind** *vor Jahren abgereist. Wir sprechen von Freunden,* **die** *vor Jahren abgereist* **sind.**

Der Turm liegt noch ziemlich weit von hier. **Du hast ihn** *gesehen. Der Turm,* **den du** *gesehen* **hast,** *liegt noch ziemlich weit von hier.*

Dieser Wagen gehört meiner Kusine. **Sie hat** *ihn zum Geburtstag geschenkt bekommen. Dieser Wagen gehört meiner Kusine,* **die** *ihn zum Geburtstag geschenkt bekommen* **hat.**

§57.3   This double nature requires the use of two kinds of skills:

A reader or listener, seeing or hearing a relative clause, has to be able to analyze it and recognize the independent clause from which it is derived; see §57.4.

A speaker or writer has to be able to convert the independent clause into a relative clause, and attach it to its antecedent with the proper grammatical adjustments; see §57.5.

§57.4   As a reader or a listener, to discover the corresponding independent sentence from which a relative clause has been derived:

Substitute the corresponding personal pronoun for the relative pronoun, as follows: der (nom. sg. masc.) → er; die → sie; das → es; den → ihn; dem → ihm; der (dat. sg. fem.) → ihr; denen → ihnen.

Place the verb in the second position.

If the relative pronoun was a nominative, the word order of the independent sentence is: The personal pronoun + verb + . . .—*Karl, der eine neue Gitarre hat, wird sie mitbringen.* **Er** *hat eine neue Gitarre.* ↓

If the relative pronoun was an accusative or dative, the word order of the independent sentence is: Subject + verb + the personal pronoun + . . .—*Herr Kohler ist wohl der einzige, den der neue Austauschstudent kennengelernt hat. Der neue Austauschstudent hat* **ihn** *kennengelernt.*

Die Mädchen, denen der Kellner Kaffee und Kuchen gebracht hat, haben nicht genug Geld. Der Kellner hat **ihnen** *Kaffee und Kuchen gebracht.*

§57.5 To build up a relative clause with the appropriate grammatical adjustments, a step-by-step procedure is:

Step one: start with two sentences, where the second one has a pronoun or a possessive referring to a noun in the first sentence (its antecedent).

Step two: replace the pronoun or possessive in the second sentence with a relative pronoun, as follows:

	Masculine	Feminine	Neuter	Plural
Nom.	er→**der**	sie→**die**	es→**das**	sie→**die**
Acc.	ihn→**den**	sie→**die**	es→**das**	sie→**die**
Dat.	ihm→**dem**	ihr→**der**	ihm→**dem**	ihnen→**denen**

For possessive phrases as antecedents, see §57.6.

Step three: move the relative pronoun to the beginning of its clause, and move the verb to the end of the clause.

Step four: insert the relative clause right after the antecedent. Exceptions: If the antecedent is followed by a participle, or by an infinitive, or by a separable prefix, or by a verb at the end of a dependent clause, then the relative clause usually comes after the participle, infinitive, prefix, or verb.

Step five: rewrite each of the resultant pairs of sentences as one sentence, joining them with the relative pronoun.

Review §57.2 for examples, checking the five-step procedure with each of the sentences.

§57.6 A possessive adjective phrase may be an antecedent.
>Any form of the possessive **sein** → **dessen.**
>Any form of the possessive **ihr** → **deren.**

Wir haben den Herrn nebenan eingeladen. Seine Frau ist neulich gestorben. Wir haben den Herrn nebenan, dessen Frau neulich gestorben ist, eingeladen.

Wir haben die Frau nebenan eingeladen. Ihr Mann ist neulich gestorben. Wir haben die Frau nebenan, deren Mann neulich gestorben ist, eingeladen.

Wir haben die Kinder nebenan eingeladen. Ihre Eltern sind neulich gestorben. Wir haben die Kinder nebenan, deren Eltern neulich gestorben sind, eingeladen.

§57.7 The **da(r)-** + preposition construction may serve as the antecedent of a relative clause; the connecting word is **wo(r)-** + preposition.

Karl-Wolfgang hält ihr ein Stück Holz hin. Er hat daran geschnitzt. Karl-Wolfgang hält ihr ein Stück Holz hin, woran er geschnitzt hat.

Einer von ihnen erklärte mir alles. Wir fuhren daran vorbei. Einer von ihnen erklärte mir alles, woran wir vorbeifuhren.

Sie blieben an einem Abteil stehen. Eine kleine Familie saß darin. Sie blieben an einem Abteil stehen, worin eine kleine Familie saß.

§58 Conditional Sentences

§58.1 One important complex sentence type is the conditional sentence. A conditional sentence has two parts, an *if*-clause (the condition) and a *then*-clause (result). "If A is true, then B is true.—If A is true, then B will be true.—B is (will be) true if A is true." "If the temperature falls below 0°C., then water freezes.—If the temperature falls below 0°C., then water will freeze.—Water freezes (will freeze) if the temperature falls below 0°C."

§58.2 German conditional sentences usually have the order of the two clauses as described in §54.5: dependent clause + independent clause. The subordinating conjunction in the *if*-clause (the dependent clause) is **wenn,** and the verb is at the end of that clause. The *then*-clause is introduced by **dann** or **so,** with inverted word order.

If-clause (condition)
Wenn wir unsere Verpflichtungen durchführen wollen,
  then-clause (result)
dann brauchen wir mindestens fünfhundert Dollar.

§58.3 There are several kinds of *if/then* sentences, depending on whether they deal with real conditions ("If it rains, then the flowers grow better.—If it rained, then the flowers grew better.");
  more-or-less possible conditions ("If it rained, then the flowers would grow better.");
  contrary-to-fact conditions ("If it were raining, then the flowers would be growing better.—If it had rained, then the flowers would have grown better.").

§58.4 Real conditions are expressed in German with regular present or preterit forms: *Wenn Elisabeth zuviel ißt, dann sieht sie häßlich aus. Wenn Elisabeth zuviel aß, dann sah sie häßlich aus.*

Wenn sie fliegen, dann kommen sie am nächsten Morgen in Frankfurt an. Wenn sie flogen, dann kamen sie am nächsten Morgen in Frankfurt an.

§58.5 More-or-less possible conditions have a subjunctive form in the *if*-clause; in the *then*-clause there may be either a subjunctive of the verb or **würd-** + infinitive: *Wenn Elisabeth zuviel äße, dann sähe sie häßlich aus. Wenn Elisabeth zuviel äße, dann (so) würde sie häßlich aussehen.*

Wenn sie flögen, dann kämen sie am nächsten Morgen in Frankfurt an. Wenn sie flögen, dann (so) würden sie am nächsten Morgen in Frankfurt ankommen.

§58.6 Contrary-to-fact conditions have subjunctive forms of auxiliary verbs in both clauses. There are two common varieties of the *then*-clause, which have about the same meaning.

IF-Clause	THEN-Clause
Wenn . . . past participle **hätt-, wär-,**	so dann **würd-** . . . past participle **haben. sein.**
	so **hätt-** dann **wär-** . . . past participle.

Wenn Elisabeth zuviel gegessen hätte, so (dann) würde sie häßlich ausgesehen haben. Wenn Elisabeth zuviel gegessen hätte, so (dann) hätte sie häßlich ausgesehen.

Wenn sie geflogen wären, so (dann) würden sie am nächsten Morgen in Frankfurt angekommen sein. Wenn sie geflogen wären, so (dann) wären sie am nächsten Morgen in Frankfurt angekommen.

§59 Subordinating Conjunctions

§59.1 German has a group of words that are pure "subordinating" conjunctions. These are attaching words, "connectives", that begin a dependent clause and link it, each with its kind of linkage meaning, to the rest of the sentence. After any of these conjunctions the verb comes last, as it regularly does in all dependent clauses.

Some of the important subordinating conjunctions are:

als when; as; than
als ob as if, as though
bis until
da since, considering the fact that
damit so that
daß that, the fact that, the idea that
ehe before
indem while, as, -ing
nachdem after

ob whether, if; see §55.2.

obgleich although

obwohl although

seitdem since

während while, during the time that

weil because, as a result of the fact that

wenn if; whenever

wenn (+ auch) even if, even though

§59.2 Question words are also used as subordinating conjunctions; see §18, §55.—**wo** 'where, at the place where, wherever'; **was** 'what, a thing which, whatever'; **wie** 'how, as'; **wann** 'when'; **warum** 'why'.

§59.3 Quite often a dependent clause with a subordinating conjunction begins the sentence. When this happens, the following independent clause has the inverted word order, with its subject following the verb; see §54.5. In this type of sentence, the entire dependent clause is treated as "some other sentence part" for purposes of inversion.

§59.4 In formal German, sentences may begin with a **daß**-clause. Such an initial **daß** corresponds closely to English "the fact that . . .", "the idea that . . .".—*Daß Mitzi nicht mitkommt, tut uns allen leid.*—*Daß man mit ihr lange zusammen sein könnte, kann ich mir kaum vorstellen.*

§59 Note on **als, wenn, wann.**

Als connects in time two events at the same past time, like English *when*.

Wenn connects in time two events at several past times, like English *whenever*. **Wenn** also connects two events in the present or future like English *when* or *if*.

Wann is the interrogative word referring to time. As such, it is used in an interrogative-word question or as the conjunction in an indirect question.

§60   Coordinating Conjunctions

Two independent clauses may be joined by a coordinating conjunction, like **und, aber, sondern, oder, denn.** Such conjunctions introduce clauses which have the normal or the inverted or the initial word order (see §52) they would have as independent sentences.

§61   Special Features of German Word Order

Some special features of German word order are noted in §§62–65.

§62 Time before Place

One difference between German and English sentence grammar has to do with expressions of time and place. In English we usually deal with place before time: "He goes to Washington every month.—I'll be home before nine.—Weren't you at school yesterday?"

The order in German is regularly TIME BEFORE PLACE: *Jürgen ist den ganzen Tag unterwegs.—Ich gehe heute abend zu ihr.—Sie ist heute etwas früher nach Hause gekommen.*

§63 Word Order of Two Objects

In clauses containing both a direct (accusative) object and an indirect (dative) object, the following word orders are the usual ones:
Both are nouns: Dative, Accusative.
Both are pronouns: Accusative, Dative.
One is a noun and one is a pronoun: Pronoun, Noun.

§64 Short Words Preceding Subject

In the inverted word order, the sequence "Verb + Subject", when the subject is a noun or a noun phrase, may be broken by:
one of the object pronouns **mich, mir, dich, dir, ihn, ihm, sie, ihr, es, sich, uns, euch, sie, ihnen, Sie, Ihnen;**
one of the sentence modifiers like **doch, ja, wohl, nämlich, aber, eben, noch, schon;**
a short adverb or prepositional phrase.
The same words may break the sequence "Connecting Word (subordinating conjunction or relative pronoun) + Subject" in a dependent clause. For the usual word order in these constructions, see §52; §54.

§65 "Final" Verb in a Dependent Clause

The end of a dependent clause is the regular position for the inflected verb. However, there is a tendency in German writing and speaking nowadays to relax the "rule" about the final position of the inflected verb in dependent clauses. Even in fairly formal prose we find dependent clauses where the verb is moved toward, but not all the way to, the end of the clause. So long as some other major sentence part comes between the subject and the inflected verb, this seems to satisfy the grammatical sense of many writers and speakers of German today.

§66   Features of Punctuation

Some important differences between German and English punctuation usage are noted in §§67–71.

§67   Comma

§67.1   German uses a comma to set off from the rest of the sentence all dependent clauses, including many whose English parallels would have no separation.

§67.2   Commas set off all dependent clauses: *Ich habe dir alles gesagt, was ich davon weiß.—Rotraut würde Hadubrand nicht heiraten, und wenn er der letzte Mann auf der Erde wäre.—Leute, die weit im Norden wohnen, müssen sich wärmere Kleider kaufen oder machen.*

§67.3   Commas set off all sentence parts containing an infinitive with **zu,** when the infinitive has a modifier or an object: *Es ist jetzt Zeit, nach Hause zu gehen.—Wünschen Sie, den Fernsehturm zu besuchen?—Jeden Samstagvormittag in die Schule zu gehen, würde vielen jungen Amerikanern und Amerikanerinnen nicht gefallen.*

§67.4   German often uses a comma where English would use a semicolon, between two independent clauses without a connecting word: *Tante Ursula kommt morgen früh, wir müssen sie um halb sieben vom Flughafen abholen.*

§68   Hyphen

§68.1   German usage requires writing compound nouns and verbs without spaces; see §7.1; §50.5, §50.6. Whenever combinations of two or more compounds have a shared element, a hyphen is used, as follows: *Es sah doch nicht so aus, als ob dort viele Gäste ein- und ausgingen* [= *eingingen und ausgingen*].

. . . dieses Hin- und Herbewegen [= *dieses Hinbewegen und Herbewegen*] *. . .*

Feuer- und Unfallversicherung [= *Feuerversicherung und Unfallversicherung*] 'fire and accident insurance'

Kraftwagen und -räder [= *Kraftwagen und Krafträder*] 'cars and motorcycles'.

§68.2   When the combination ,,ck" has to be broken at the end of a line, or in the words of a song, it becomes ,,k-k".

§69 „Sperrdruck"

A word or phrase is shown to be emphatic by s p a c e d printing.

§70 Punctuation with Numerals

§70.1 There are three major differences between German and English usage here:

§70.2 Where English uses a decimal point, German uses a comma: 3,1416 and 365,24 and 2,71828.

§70.3 Where English uses a comma to mark off large numbers, German uses a space: *Die Geschwindigkeit des Lichtes im Vakuum beträgt ca. 186 000 Meilen/Sekunde, d. h. in km je Stunde etwa 1 080 000 000.*

§70.4 German uses a period to indicate an ordinal numeral ("first, eighteenth, thousandth"): *am 4. Juli* [= *am vierten Juli*] — *Ludwig II.* [= *Ludwig der Zweite*].

§71 Dates

In referring to a specific day, month, and year, German uses the formula „*am neunundzwanzigsten Februar neunzehnhundertvierundachtzig*". This would be written as „*am 29. Februar 1984*". In German, as in most European usage, the number of the day is given before the name (or number) of the month. Thus in abbreviated form, that date would be written as „*29.2.84*" or „*29.II.84*".

Vocabulary

To the Student

The following end-vocabulary includes the words found in this textbook, except for certain omissions which are described on page iii.

In this vocabulary you will find German words and phrases with English equivalents which most nearly fit the contexts in this book. But it should never be thought that an English word (or even a set of English words) "give the meaning" of anything in German. Since words are likely to have different meanings when they are used in different contexts, we have to be cautious about selecting a word we have learned in one context for use in another one.

FEATURES OF THIS VOCABULARY

NOUNS: The gender of a noun is shown by a definite article (nominative singular **der, die,** or **das**) in the margin. If a noun is given with no definite article in the margin, it is plural or a proper name. Examples: **der Anzug; die Aufgabe; das Beispiel; Eltern; Athen.**

The plural form of a noun is shown by the ending immediately after the headword, using the same symbols as those in Grammar Reference Note §6, "Types of noun plurals". Examples: **der Apfel ⁼; der Apfelkuchen -; die Apfelsine -n; der Augenblick -e; das Bad ⁼er.**

Weak masculine nouns [Gram. Ref. Note §5] are listed with **(-n)** or **(-en)**. Examples: **der Affe (-n) -n; der Architekt (-en) -en.**

VERBS: Verbs are listed under the infinitive form. Strong verbs and irregular weak verbs [Gram. Ref. Notes §36; §38.1–2] are listed with the principal parts. Examples: **bieten, o, o; bitten, bat, gebeten; brennen, brannte, gebrannt.**

Compound separable verbs [described in Gram. Ref. Note §50] are listed with a hyphen inserted in the infinitive headword. Examples: **ab-fahren; bei-treten.**

Basic verbs used as parts of compound separable verbs are given with references to the "separable-prefix" part. Examples: **bauen [→ auf-]; bereiten [→ vor-]; bringen [→ an-, ein-, fertig-, herüber-, hinaus-, mit-, zusammen-].**

Verbs used with reflexive objects [Gram. Ref. Note §13.3] are listed
with **(sich)** after the infinitive for accusative reflexive objects — Examples: **beeilen (sich); anziehen (sich);**
with **(sich etwas)** after the infinitive for dative reflexive objects — Examples: **anhören (sich etwas); verrenken (sich etwas).**

Words used with prepositions + accusative or dative are listed as follows: **abhängen (von); Antwort (auf + acc.); arbeiten (an + dat.); denken (an + acc.).**

ADJECTIVES: Usually a German word that serves as adjective or adverb depending on the grammar of the sentence is supplied with an English word in the adjective form only. Examples: **akkurat; atemlos; bezaubernd.**

Adjectives with irregular comparative and superlative forms with umlaut [Gram. Ref. Notes §29.3; §30.1] are listed. Examples: **alt, älter, ältest-; groß, größer, größt-; jung, jünger, jüngst-.**

REFERENCES TO „ERWEITERUNG DES WORTSCHATZES": Many of the items in the end-vocabulary have references to the „Erweiterung des Wortschatzes" at the indicated chapter and section, where there is more information about the meaning and usage of the word. Examples: **Abfahrt (7/5); ähnlich (5/1); Allgäu (7/1); Apotheke (10/7).**

OMISSIONS: This end-vocabulary does not include some forms of the articles, possessive adjectives, the pronouns, given in §§1–20; words that occur only as temporary vocabulary and are provided with English glosses as footnotes to the text — Examples: **Achsel; Anschauung; aussterben; Behörde; beitragen; blasen; Blütenblatt;**

some words that occur only in definitions or example sentences in the „Erweiterung des Wortschatzes", and that you should be able to guess from context (see pages 12, 13);

words that require no explanation, since they closely resemble the English equivalents or are obvious combinations of familiar German elements — Examples: **Holland; normal; Sommerschule; Rosen-Insel; Musikabend.**

A

die „**A**" one of two parallel classes in a German school — the other is called **die „B"** (4/4)

die **Aare** *linker Nebenfluß des Rheins* (*Schweiz*)

ab away; off; from (the); **ab und zu** now and then (5/2)

ab-biegen, o, o turn off, turn a corner

ab-brennen, brannte, gebrannt burn to the ground

der **Abend -e** evening

das **Abendessen -** evening meal, dinner, supper

abends evenings, in the evening

die **Abendzeitung -en** evening paper

aber but, however

ab-fahren (ä), u, a depart, leave, drive away

die **Abfahrt -en** departure (7/5); descent, ride down

ab-fallen (ä), fiel, a fall away, slope down

ab-fressen (frißt), fraß, gefressen eat up

ab-gehen, ging, gegangen go off, go away

abgeschlossen isolated

ab-halten (hält), ie, a hold, conduct

ab-hängen, i, a (von) depend (on)

ab-holen go to meet, bring (home) from the station; come to meet; call for (3/3)

das **Abitur** final comprehensive examination at the end of secondary school

ab-kochen cook out-of-doors (7/2)

ab-kühlen cool off

ab-kürzen shorten, take a short cut

ab-legen take (an examination)

ab-lenken turn away, divert; change the subject

ab-nehmen (nimmt), nahm, genommen take, take from, take off; relieve (someone of something)

ab-reisen start out on a trip

ab-runden round off

ab-schneiden, schnitt, geschnitten cut, cut off (9/2)

abseits to the side, away from

die **Absicht -en** intention (7/7)

ab-steigen, ie, ie get off (11/1)

die **Abstimmung -en** vote

das **Abteil -e** compartment (8/3)

abwärts down, downward (10/6)

ab-waschen (ä), u, a wash

ab-wechseln alternate (10/3)

ach ah, oh; **Ach so.** Now I see. **Ach so?** Is that so? **Ach was!** Nonsense!

acht eight

die **Adresse -n** address

die **Adria** the Adriatic Sea

der **Affe (-n) -n** ape, monkey

AG = Aktiengesellschaft stock company, corporation; Inc., Ltd.

der **Agent (-en) -en** agent

ähnlich similar (5/1)

die **Ähnlichkeit -en** similarity

die **Ahnung -en** idea, presentiment (1/3)

die **Akademie -n** academy

akkurat accurate

die **Akropolis** the Acropolis, in Athens, Greece; name of a ship

akut acute

all all; **vor allem** above all

alle finished, used up (4/5)

allein alone

allergeringst- the very slightest, least

alles all, everything

das **Allgäu** Alpine region in SW Bavaria (7/1)

allgemein general; **Die Frankfurter Allgemeine** influential and respected newspaper; **im allgemeinen** in general (2/6)

der **Alltag** everyday life, daily routine (7/1)

allzu- excessive, excessively
die **Alpen** Alps
die **Alpengegend -en** Alpine region
der **Alpenverein -e** hiking club in the Alps
als when, as (1/1); than; **als ob** as if, as though; (see Gram. Ref. Note §59)
also so, and so, therefore; well!
alt, älter, ältest- old
das **Alter** age
älter older; elderly
altmodisch old-fashioned (9/2)
die **Altstadt** oldest, usually central part of the city
am = an + dem
die **Ameise -n** ant (11/3)
der **Amerikaner -** American
amerikanisch American
die **Amerikareise -n** trip to America
Amsterdam *Stadt in den Niederlanden*
das **Amt ⸚er** public office
amüsieren (sich) amuse oneself, have fun
an at, by, to, alongside, near, on, of
an-bellen bark at
an-bieten, o, o offer (12/6); **(sich)** volunteer one's services
an-brennen, brannte, gebrannt burn
an-bringen, brachte, gebracht attach, fasten
ander- other; different; **etwas anderes** something else; **nichts anderes** nothing else; **unter anderem** among other things; **unter anderen** including
andererseits on the other hand
ändern alter, change (9/5); **(sich)** change
anders otherwise, different (6/1; 7/8)
anderthalb one and one-half (4/3)
an-drehen turn on
der **Anfang ⸚e** beginning
an-fangen (ä), i, a start, begin (2/6); **mit etwas anfangen** do with something (6/1)
der **Anfangsbuchstabe -n** initial letter
an-fühlen (sich) feel
an-geben (i), a, e: den Ton angeben set the tone
an-gehen, ging, gegangen go on, come on; concern
angenehm pleasant (5/4); **Sehr angenehm.** It's a pleasure to meet you.
der **Angestellte (-n) -n** employee (a man) (7/2)
die **Angestellte (-n) -n** employee (a woman)
an-glotzen stare at
die **Angst ⸚e** anxiety, uneasiness; **Angst haben** be afraid (often without reason) (8/4)
an-gucken look at

an-haben (hat), hatte, gehabt have on (clothes)
an-halten (hält), ie, a stop
an-hören (sich etwas) listen to; **Das hör' ich Ihnen an.** I can tell by listening to you. **Das hört sich vernünftig an.** That sounds reasonable.
an-kommen, kam, gekommen arrive, come up, approach; **auf etwas ankommen** depend on something (7/3); **Darauf kommt's doch gar nicht an.** That isn't the point at all.
an-legen dock, land; put on; lay out
an-melden (sich) make a reservation (10/5)
an-nehmen (nimmt), nahm, genommen accept; assume
an-passen, paßte, gepaßt fit (a new dress)
an-probieren try on
an-richten cause; **Schaden anrichten** do damage
an-rufen, ie, u call up
ans = an + das
an-schlagen (ä), u, a post, display
an-schreiben, ie, ie charge, put on the bill (10/4)
an-schwimmen, a, o: kommt . . . angeschwommen comes swimming
an-sehen (ie), a, e look at, regard; **(sich etwas)** look closely at, watch, consult (a map); **Man kann es ihm ansehen.** You can tell by looking at him.
die **Ansichtspostkarte -n** picture postcard
anstrengend strenuous (6/6)
das **Antiquariat -e** second-hand bookstore (12/2)
der **Antrag ⸚e** motion
an-treiben, ie, ie drive on, urge, incite; propel
die **Antwort -en** answer, reply (**auf** + acc.)
antworten reply; answer the telephone (dat.)
an-ziehen, zog, gezogen pull, attract; **(sich)** get dressed
der **Anzug ⸚e** suit of clothes
der **Apfel ⸚** apple
der **Apfelbaum ⸚e** apple tree
der **Apfelkuchen -** apple cake
die **Apfelsine -n** orange
die **Apotheke -n** pharmacy (10/7)
der **Apotheker -** pharmacist
der **Apparat -e** apparatus; device; camera; set; phone (1/1)
der **Appetit** appetite; **Guten Appetit!** I hope you enjoy the food!
der **April** April
die **Arbeit -en** work
arbeiten work; study (**an** + dat.)

der **Arbeitgeber -** employer
die **Arbeitskleidung** work clothes
das **Arbeitspferd -e** work horse
der **Arbeitstag -e** workday
die **Arbeitsverhältnisse** (pl.) working conditions
    archäologisch archeological
der **Architekt (-en) -en** architect
die **Architektur -en** architecture, architectural style
    ärgern irritate, annoy; **(sich)** be annoyed, become angry
der **Aristokrat (-en) -en** aristocrat
    arm, ärmer, ärmst- poor
der **Arm -e** arm
    arrangieren arrange
die **Art -en** kind, sort (6/5); manner
der **Artikel -** article
der **Arzt ⸗e** physician, doctor
das **Aspirin** aspirin
    Astrup *kleine Gemeinde in Niedersachsen*
der **Atem** breath (4/3)
    atemlos breathless, out of breath
    Athen Athens, capital of Greece
    athletisch athletic
    atmen breathe
    auch also, too; even; **auch . . . nicht** not . . . either; **auch . . . kein** no . . . either
das **Auditorium -ien** auditorium
    Auerbach *kleine Stadt nördlich von Bensheim, zwischen Darmstadt und Heidelberg*
der **Auerhahn** *Raststätte im Harz, zwischen Goslar und Zellerfeld, westlich von der Schalke*
    auf on, upon; up; open; to; toward; **bis auf die Minute** to the very minute; **auf einmal** all at once, suddenly
    auf-bauen build
    auf-brechen (i), a, o start out; break up
der **Aufenthalt -e** stay, sojourn; lay-over (8/4)
der **Aufenthaltsort -e** place to stay
    auf-essen (ißt), aß, gegessen eat up
    auf-führen perform
die **Aufführung -en** performance (6/4)
die **Aufgabe -n** lesson; task, assignment
    auf-geben (i), a, e give up; check (baggage) (8/3)
    aufgegessen (see **auf-essen**)
    auf-gehen, ging, gegangen go up; come up; rise; **Es geht mir ein Licht auf!** Now I get it! Comes the dawn!
    auf-haben (hat), hatte, gehabt have on (a hat)
    auf-halten (hält), ie, a hold up; **(sich)** stay (6/1)
    auf-hängen hang up; suspend

    auf-heben, o, o pick up (6/2)
    auf-hören stop, cease (4/2)
    auf-lassen (läßt), ließ, gelassen leave open
    auf-machen open, open up
die **Aufnahme -n** snap-shot, photograph (10/3)
    auf-nehmen (nimmt), nahm, genommen receive; take on; take up; take (a picture)
    auf-passen, paßte, gepaßt pay attention, watch out (2/7); guard
    auf-regen (sich) get excited
die **Aufregung** excitement
    aufs = auf + das
der **Aufsatz ⸗e** composition, theme (12/2)
    auf-schauen look up
    auf-schneiden, schnitt, geschnitten cut open (12/2)
    auf-schreiben, ie, ie write down
    auf-sehen (ie), a, e look up
der **Aufseher -** attendant, guard (10/3)
    auf-springen, a, u jump up
    auf-stehen, stand, gestanden get up
    auf-wachen wake up
    aufwärts upward (10/6)
    auf-wecken wake (someone) up
das **Auge -n** eye; **Augen machen** be really surprised
der **Augenblick -e** moment
    augenblicklich at the moment (6/1)
der **August** August (the month)
die **Augustinerkirche -n** Church of St. Augustine
    aus out of, from; **Es ist aus mit . . .** It's all over with . . . ; **von . . . aus** from (source) outward/onward; **von sich aus** by himself
    aus-breiten (sich) spread out
    aus-denken, dachte, gedacht contrive, imagine; think through, plan
    aus-drehen turn out, turn off
der **Ausdruck** expression; **zum Ausdruck bringen** express
    auseinander-nehmen (nimmt), nahm, genommen take apart
    auseinander-treten (tritt), a, e step apart; step away from each other
    aus-fallen (ä), fiel, a come out, turn out
der **Ausflug ⸗e** excursion; hike
    aus-führen perform, execute; take out (a dog)
    aus-gehen, ging, gegangen go out; come from, proceed from; **Ihm war der Treibstoff ausgegangen.** He had run out of fuel. (9/1)
    ausgerechnet! of all times! of all places! of all things! etc. (6/4)
    ausgesetzt exposed (7/3)

ausgezeichnet excellent
aus-halten (hält), ie, a bear, endure, stand
aus-hängen display
aus-helfen (i), a, o help out (dat.)
die **Auskunft ⁀e** information
der **Auskunftsschalter -** information window
das **Ausland** foreign parts; **im Ausland** abroad (5/5)
aus-machen plan, decide; **Ihnen wird es nicht viel ausmachen.** It won't make much difference to them. (6/2)
ausnahmsweise contrary to usual practice; as an exception
aus-packen unpack
aus-reichen be enough (7/3)
aus-richten deliver a message, tell
aus-ruhen take a rest (4/2); **(sich)** rest up
aus-rutschen slip, skid
der **Ausschuß ⁀sse** committee
aus-sehen (ie), a, e look, appear; **danach aussehen** look like it
das **Aussehen** appearance
die **Außenwelt** the outside world
außer out of; besides (4/3)
außerdem in addition, besides (4/5)
außerhalb outside of (12/5)
außerordentlich extraordinary
aus-setzen expose (7/3)
die **Aussicht -en** view, prospect
der **Aussichtspunkt -e** vantage point, place from which there is a good view (1/3)
der **Aussichtsturm ⁀e** look-out tower
aus-sprechen (i), a, o express, pronounce
aus-steigen, ie, ie get out, get off (a vehicle) (11/1)
aus-stellen display, exhibit
die **Ausstellung -en** exhibition (8/2)
aus-strecken stretch out, extend
aus-suchen choose
der **Austausch -e** exchange
aus-tauschen exchange (2/1)
der **Austauschschüler -** exchange student (high school)
der **Austauschstudent (-en) -en** exchange student (college)
ausverkauft sold out
auswärtig from another place, foreign
auswärts outward, out of town (10/2)
aus-waschen (ä), u, a wash out
auswendig "by heart"; **Auswendig zu lernen** to be memorized
das **Auto -s** automobile, car
die **Autobahn -en** superhighway
der **Autobus -se** bus

das **Automobil -e** car
der **Autoschlüssel -** car key
autsch ouch!

B

die **„B"** one of two parallel classes in a German secondary school — the other is called **die „A"** (4/4)
der **Bach ⁀e** brook (5/5)
Bach, Johann Sebastian (1685-1750) *deutscher Komponist*
die **Bäckerei -en** bakery
der **Backstein -e** brick
das **Bad ⁀er** bath; spa
der **Badeanzug ⁀e** bathing suit
der **Badekorb ⁀e** covered wicker-ware beach chair
Baden *südwestliche Gegend der BRD: westlicher Teil von Baden-Württemberg*
Baden-Baden *Stadt in Baden-Württemberg, berühmter Kurort*
Baden-Württemberg *südwestliches Land der BRD*
der **Badestrand -e** beach
die **Bahn -en** railway (10/8); **mit der Bahn** by train
der **Bahnbeamte (-n) -n** railway official
der **Bahnhof ⁀e** railway station
die **Bahnhofshalle -n** station concourse
der **Bahnhofsplatz ⁀e** square in front of the station
die **Bahnlinie -n** railroad line
der **Bahnsteig -e** platform (8/3)
die **Bahnstrecke -n** stretch of railroad
bald soon; **bald . . . bald** sometimes . . . sometimes
der **Ball ⁀e** ball; dance
das **Ballspiel -e** ball game
die **Bank ⁀e** bench
die **Bank -en** bank
bankerott bankrupt
das **Bankwesen** banking system
Barmen *östlicher Stadtteil von Wuppertal*
das **Barock, der Barockstil** baroque style
die **Barockkirche -n** baroque church
das **Barometer -** barometer
Basel *Stadt in der Schweiz, am Rhein*
der **Bau -ten** building, construction
bauen build, construct (5/5); till the soil; [→ **auf-**]
der **Bauer (-n) -n** farmer; pawn (in chess) (1/6)
die **Bauernfamilie -n** farm family
das **Bauernhaus ⁀er** farm house (9/7)

der **Bauernhof** ⸚e farm (5/4)
das **Baugeschäft** -e construction firm (10/1)
der **Bauingenieur** -e construction engineer
der **Baum** ⸚e tree
    Baumaschinen (pl.) construction machinery
    Bayern Bavaria, a state in the southeastern region of the West German Republic
    bayrisch Bavarian
der **Beamte** (-n) -n official (11/3)
    beantworten answer
    bearbeiten work, cultivate
das **Becken** - basin
    bedanken (sich) express one's thanks
    bedauern be sorry
das **Bedenken** - scruple, doubt
    bedeuten mean, signify (7/8; 8/2)
    bedeutend significant, important
die **Bedeutung** -en significance, meaning
die **Bedienung** service; the waiters and waitresses
    beeilen (sich) hurry (10/6)
    beenden terminate, bring to an end
    Beethoven, Ludwig van (1770-1827) *deutscher Komponist*
    befestigen fasten (7/4)
    befinden, a, u (sich) be, be situated (9/7)
    befreien liberate, release; excuse
    befürchten fear
die **Befürchtung** -en fear
    begabt gifted, skilled (7/4)
    begegnen meet (dat.) (4/3)
    begeistert von enthusiastic about (8/2)
die **Begeisterung** enthusiasm
    beginnen, a, o begin
    begleiten accompany
der **Begriff** -e idea, concept (10/4); **im Begriff sein** be about to, be in the act of
    begrüßen greet, welcome
    behalten (behält), ie, a keep, keep in mind, remember (10/5)
    behaupten assert, maintain (4/1)
    bei with, near, on, in connection with, in the case of; at, at the place of, by
    beide both; **die beiden** the two; **beides** both
    beieinander together
    bei-legen enclose
    beim = bei + dem
das **Bein** -e leg
    beinah(e) almost
das **Beispiel** -e example; **zum Beispiel (z. B.)** for example (5/1)
    bei-treten (tritt), a, e join
    bejahen say "Yes"

    bekannt known, familiar, well-known, acquainted; announced
der **Bekannte** (-n) -n acquaintance (3/3)
die **Bekanntmachung** -en notification, announcement
die **Bekanntschaft** -en acquaintance, circle of acquaintances (8/2)
    bekommen, bekam, o get, receive (3/2)
    beladen (belädt), u, a load, burden
die **Beleuchtung** lighting, light (6/6)
    Belgien Belgium
der **Belichtungsmesser** - light meter
    beliebt popular (6/3)
    bellen bark; [→ an-]
    Bellevue *Name eines Schlosses. Dieser Name bedeutet auf französisch: schöner Aussichtspunkt.*
    bemerken notice (12/4); remark (2/2)
    benachbart neighboring
    benannt (nach) named (for)
    benehmen (benimmt), benahm, benommen (sich) behave
    Benz, Carl Friedrich (1844-1929) *deutscher Ingenieur*
das **Benzin** gasoline (9/1)
    bequem comfortable
    bereit ready (6/3)
    bereiten [→ vor-]
der **Berg** -e mountain, hill (1/3)
    Bergen *Stadt in Norwegen*
der **Berghof** ⸚e mountain inn
die **Bergspitze** -n top of the mountain, peak
die **Bergstraße** *Straße und Landschaft am Westrand des Odenwalds, von Darmstadt bis Heidelberg*
der **Bericht** -e report
    berichten report (6/5)
    Berlin *bis 1945 Hauptstadt von Deutschland; heute eine geteilte Stadt: Ost-Berlin, Hauptstadt der DDR; West-Berlin, eines der Länder der BRD*
    Bern *Hauptstadt von der Schweiz*
der **Beruf** -e profession, trade, calling (8/4)
die **Berufserfahrung** experience in one's trade (8/4)
    beruhigen calm down, soothe
    berühmt famous (5/3)
    Bescheid sagen tell all about it; let (somebody) know
    Bescheid wissen (weiß), wußte, gewußt know all about it
    beschließen, beschloß, beschlossen decide
    beschmutzen get (something) dirty; soil
    beschreiben, ie, ie describe

der **Besen** - broom
besetzt occupied (12/4)
besitzen, besaß, besessen possess, own
der **Besitzer** - owner
besonder- special (4/3)
besonders especially
besser better
die **Besserung** improvement; **Gute Besserung!**
Speedy recovery!
best- best; **die erste beste** the first that
comes along
bestehen, bestand, bestanden consist; exist;
bestehen (auf + dat.) insist (on) (2/2)
bestellen order
bestimmen determine
bestimmt certain, sure; certainly (1/4)
die **Bestimmtheit: mit Bestimmtheit** definitely
der **Besuch -e** visit; visitor
besuchen visit
der **Besucher** - visitor
der **Betracht** consideration; **in Betracht ziehen**
take into consideration
betrachten consider, regard; look at (6/2)
betragen (ä), u, a amount to
betreten (betritt), a, e enter, set foot on or
in; **Das Betreten . . . (ist) verboten!** No
trespassing! (12/5)
das **Bett -en** bed
die **Bettdecke -n** blanket, quilt; bedspread
die **Bevölkerung -en** population (11/2)
bevor before
bewaldet forested
bewegen move (6/4)
die **Bewegung -en** motion, movement; **sich in
Bewegung setzen** start moving
bewölkt cloudy
bewundern admire
bezahlen pay, pay for
bezaubernd charming
die **Bibliothek -en** library
biegen, o, o bend, turn, curve; [→ **ab-**] (10/2)
Biel *Stadt in der Schweiz*
das **Bier -e** beer
bieten, o, o offer; [→ **an-**]
die **Bilanz -en** balance; balance sheet; yearly
statement
das **Bild -er** picture
bilden form (5/3); **(sich)** develop; **bildende
Künste** plastic arts (sculpture, painting,
architecture)
der **Bildhauer** - sculptor (6/5)
die **Bildpresse** illustrated newspapers and maga-
zines
billig inexpensive, cheap

die **Binde -n** bandage
Bingen *Stadt am Rhein, im Lande Rheinland-Pfalz*
die **Biologie** biology
die **Birne -n** pear; (electric) bulb
bis until, up to
Bismarck, Otto von (1815-1898) *deutscher
Staatsmann*
ein **bißchen** a little bit
die **Bitte -n** request
bitte please; you're welcome; **Bitte schön!**
You're very welcome!
bitten, bat, gebeten ask for, request **(um)**
(4/1)
blaß pale
das **Blatt ⸚er** leaf; sheet (6/3)
blau blue
bleiben, ie, ie remain, stay; be left; **etwas
bleiben lassen** fail to do something;
[→ **stecken-, stehen-, zu-, zurück-, zusam-
men-**]
der **Bleistift -e** pencil
die **Blende -n** lens opening
der **Blick -e** look, glance
blicken look; [→ **hinunter-, um-**] (11/2)
der **Blitz -e** lightning
das **Blitzlicht -e** flash (equipment for a camera)
die **Blockflöte -n** recorder, fipple flute (12/7)
bloß just (4/1); only, merely (6/3)
blühen blossom, bloom
die **Blume -n** flower
das **Blumenbeet -e** flower bed
der **Blumentopf ⸚e** flower pot (2/3)
die **Bluse -n** blouse
bluten bleed
Bochum *bedeutende Industrie- und Handels-
stadt in Nordrhein-Westfalen*
der **Boden ⸚** floor (6/4); ground
der **Bodensee** Lake Constance, a part of the
border between Switzerland, Germany,
and Austria
bog (see **biegen**)
der **Böhmer Wald** Bohemian Forest, between
Bavaria and Czechoslovakia
Bohmte *Dorf an der Bundesstraße 51 zwischen Bremen und Osnabrück*
Bonn *Stadt am Rhein, Hauptstadt von der
Bundesrepublik Deutschland*
das **Boot -e** boat
bot (see **an-bieten**)
die **Botanik** botany
brach-liegen, a, e lie fallow
Brahms, Johannes (1833-1897) *deutscher
Komponist*

der **Brand** ⸚e fire (8/3)
braten (brät), ie, a fry; broil; roast
der **Braten -** roast
brauchen need (see Gram. Ref. Note §48.7); use
braun brown
Braun, Wernher von (1912-   ) *Raketenkonstrukteur*
die **Braut** ⸚e fiancée (7/2)
BRD = Bundesrepublik Deutschland (West Germany)
brechen (i), a, o break; [→ **auf-, zusammen-**]
breit broad, wide (1/5)
breiten [→ **aus-**]
Bremen *alte Hansestadt in Norddeutschland*
Bremerhaven *Hafenstadt nördlich von Bremen*
brennen, brannte, gebrannt burn; [→ **ab-, an-**]
der **Brenner** *Alpenpaß in Tirol, 1370 m hoch*
der **Brennstoff -e** fuel (7/3)
der **Brief -e** letter
die **Brieffreundin -nen** pen-pal
bringen, brachte, gebracht bring; take; give; [→ **an-, ein-, fertig-, herüber-, hinaus-, mit-, zusammen-**]
der **Bringer -** person who brings something, messenger, bearer, bringer and conveyor
der **Brocken** *höchster Berg im Harz (1142 m)*
das **Brot -e** bread
die **Brücke -n** bridge (5/5)
.   **Bruckner, Anton (1824-1896)** *österreichischer Komponist*
der **Bruder** ⸚ brother
der **Brunnen -** fountain
der **Bub (-en) -en** boy (12/5)
das **Buch** ⸚er book
die **Buche -n** beech
der **Buchenweg** Beech Lane
die **Büchertasche -n** book-bag, briefcase
die **Buchhaltung** book-keeping; accounting department
der **Buchladen** ⸚ bookstore
der **Buchstabe -n** letter (of the alphabet)
buddeln dig
die **Bude -n** booth (4/5)
der **Büffel -** buffalo
die **Büffelherde -n** herd of buffalo
der **Bühnenraum** ⸚e stage area, including the orchestra pit
der **Bund** ⸚e federation, society, fraternity
die **Bundesbahn -en** Federal Railway
die **Bundesrepublik** Federal Republic
die **Bundesstraße -n** federal highway (9/3)

das **Bundesverkehrsministerium** Federal Department of Transportation
der **Bunker -** air-raid shelter
bunt colorful, bright, gay; **bunte Reihe** alternate seating of men and women (7/5)
die **Burg -en** castle, fortress (5/4)
der **Bürger -** citizen, bourgeois (7/1)
der **Bürgerkrieg -e** civil war (6/1)
der **Bürgersteig -e** sidewalk (10/6)
das **Burgtheater** famous theater in Vienna (founded by Empress Maria Theresia as the court theater, in 1741)
das **Büro -s** office
die **Bürodame -n** office girl, receptionist
der **Bus Busse** bus
der **Busch** ⸚e bush, shrub
die **Bushaltestelle -n** bus stop
die **Butter** butter
das **Butterbrot -e** bread and butter

C

ca. [= **circa**] about, approximately
das **Café -s** café
der **Charakter -e** character
Charlottenburg *Stadtteil von West-Berlin; Schloß in diesem Stadtteil*
der **Chef -s** boss (7/7)
chemisch chemical
christlich Christian; church
Clausthal city in the Harz region, center of mining operations
Clay, Lucius D. (1897-   ) *amerikanischer General, war 1947-49 Militär-Gouverneur in Deutschland*
die **Costa Brava** *Küste des Mittelmeers in der Nähe von Barcelona, in Spanien*
Cuxhaven *Hafenstadt nordwestlich von Hamburg*

D

da there; then
da [used as subordinating conjunction — verb at the end of the clause] because, considering the fact that, since
dabei in connection with it; in so doing; **dabei sein** be present, on hand; **Da ist nichts dabei.** There is nothing to it.
das **Dach** ⸚er roof (1/5)
der **Dachshund -e** dachshund
der **Dackel -** dachshund
dadurch because of it, through it

dafür for it, for that
dagegen against it; by comparison
daher therefore, on that account; **das kommt daher, weil** . . . that's the reason why . . .
dahin there, to that place
dahinten back there
Dahlem *Stadtteil von West-Berlin*
Daimler, Gottlieb (1834-1900) *deutscher Maschinenbau-Ingenieur*
Dalmatien *Gegend von Jugoslavien, an der Küste der Adria*
damalig of that time
damals at that time (11/1)
die **Dame -n** lady; queen (in chess) (1/6)
die **Damenbekanntschaft -en** acquaintance (lady)
die **Damenkleidung** Ladies' Apparel
der **„Damenstall"** "Stable for Ladies"
damit with it; with that, by that
damit [used as subordinating conjunction — verb at the end of the clause] so that (10/6)
der **Damm ⸗e** dam; dike
der **Dampfer -** steamship
danach after that, about it, about the fact
daneben next to that; near it
Dänemark Denmark
der **Dank** thanks
dankbar thankful
danken thank; be thankful to (dat.)
dann then
daran about it, on it, of it; **Da ist nichts daran.** There is nothing to it.
darauf on it; to it; about it; **darauf zu** aiming directly at it (12/5)
darf (see **dürfen**)
darin in it
Darmstadt *Stadt in Hessen, südlich von Frankfurt*
darüber about it, on that subject
darum therefore; that is why (9/1)
daß that; (see Gram. Ref. Note §59.4)
das **Datum Daten** date
dauern last, continue; take (time)
dauernd continually
der **Daumen -** thumb; **die (den) Daumen halten** hold one's thumbs (= cross one's fingers) (8/4)
davon of it, from it, about that
davon-sausen rush off, rush away
dazu to it, to that, for that; in addition
dazwischen between them, among them
DDR = Deutsche Demokratische Republik (East Germany)
die **Decke -n** cloth cover (11/2); ceiling

der **Deckel -** cover, lid
decken cover; **den Tisch decken** set the table
deinetwegen on your account
die **Demokratie -n** democracy
denen whom, which (see Gram. Ref. Note §17)
denken, dachte, gedacht think (**an** + acc.); [→ **aus-, nach-**] (1/5)
das **Denkmal ⸗er** monument (10/8)
denn [in a question, not at the beginning] "tell me"; [beginning a sentence or clause] because; for
deprimierend depressing, discouraging
deren whose, the latter's (fem.) (see Gram. Ref. Note §17)
dergleichen such things
derjenige that one, the one
derselbe the same (see Gram. Ref. Note §22)
deshalb on that account, that being so
desinfizieren disinfect
dessen of that, of it; whose (see Gram. Ref. Note §17)
deuten point (at) (**auf** + acc.)
deutsch German
der **Deutsche (-n) -n** German (person)
Deutschland Germany
der **Deutschlehrer -** German teacher
die **Deutschlehrerin -nen** German teacher
die **Deutschstunde -n** German class
der **Dezember** December
d. h. = das heißt that is (5/5)
der **Dialekt -e** dialect
dicht close; dense (5/3)
der **Dichter -** poet, author of imaginative literature
dick thick, fat, squat (11/2)
der **Dienstag** Tuesday
diesmal this time
das **Ding -e** thing
der **Dinosaurus -saurier** dinosaur
das **Diplom-Examen -** examination for state certification
direkt direct
der **Direktor -en** director, manager
dirigieren direct, lead, manage
das **Dirndlkleid -er** dirndl dress
DM = Deutsche Mark German mark
doch though, indeed, however, on the contrary; [responding to a negative statement or question] yes
der **Doktor -en** doctor (the title only)
das **Dokument -e** document
der **Dollar -s** dollar
der **Dom -e** cathedral

die **Donau** *sehr wichtiger Fluß, der seine Quelle in West-Deutschland hat, durch Österreich fließt und ins Schwarze Meer mündet*

der **Donner** thunder

der **Donnerschlag** ⸚e clap of thunder

der **Donnerstag** Thursday

Donnerwetter (a mild swear-word)

das **Dorf** ⸚er village (5/2)

dort there (at that place)

dorthin there (to that place)

Dr. = **Doktor**

dran = **daran; drankommen: Wann kommt er dran?** When is it his turn? **Ich bin dran.** It is my turn.

drängen press; (sich) crowd; [→ **herum-**]

draußen outside; out there

drehen (sich) turn; [→ **an-, aus-, um-, weg-**]

drei three

das **Dreieck -e** triangle (9/3)

dreimal three times

dreißig thirty

der **Dreivierteltakt** ¾ time, waltz time

drin = **darin**

drinnen inside

dritt- third

drüben over there (9/1)

drüber = **darüber**

drücken press, push, squeeze, depress

dufte magnificent, wonderful (12/1)

dumm stupid; awkward, silly

dunkel dark

im **Dunkeln** in the dark

dünn thin

durch through; by, by means of

durchaus absolutely

das **Durcheinander** confusion

durch-fahren (ä), u, a drive through

durch-fallen (ä), ie, a fail, flunk (7/7)

durch-führen carry out, meet

die **Durchführung -en** extension

der **Durchgang** ⸚e transit, passage

durch-gehen, ging, gegangen go through

durch-kommen, kam, o come through

durch-können (kann), konnte, gekonnt be able to go through

der **Durchlaß** ⸚sse culvert

der **Durchmesser** - diameter

durchs = **durch** + **das**

durch-schlüpfen slip through

Dürer, Albrecht (1471-1528) *Maler*

dürfen (darf), durfte, gedurft be allowed to; can; may; **nicht dürfen** mustn't

der **Durst** thirst

durstig thirsty

das **Düsenflugzeug -e** jet plane

Düsseldorf *Stadt am Rhein, Hauptstadt von Nordrhein-Westfalen*

duzen address a person as „du" (9/1)

E

eben just, even; exactly

ebenfalls also, likewise (8/4)

ebenso just as

ebensogut just as well

echt genuine; authentic (11/3)

die **Ecke -n** corner (2/3)

egal alike, even; **Das ist mir egal.** It's all the same to me.

ehe before (10/4)

die **Ehe -n** marriage, matrimony

das **Ehepaar -e** married couple

das **Ei -er** egg

die **Eidgenossenschaft** Swiss Confederation

eidgenössisch Swiss

eifersüchtig jealous

eigen own (1/1)

eigentlich really, actually, as a matter of fact

eilig hurried; **Ich hab' es eilig.** I'm in a hurry. (3/3)

ein one; a; in, into; **so ein** such a; **einen, einem** (see Gram. Ref. Note §19.1)

einander one another, each other

die **Einbahnstraße -n** one-way street (10/2)

ein-berufen, ie, u convene, summon

ein-bringen, brachte, gebracht bring in, yield

der **Eindruck** ⸚e impression (7/3)

einfach simple (5/1)

ein-fallen (ä), fiel, a occur to (someone) (8/4)

der **Eingang** ⸚e entrance

eingebildet conceited (7/7)

ein-holen catch up with

ein-hüllen envelop, cover with

einige some; a few (5/3); **nach einigem Zögern** after some hesitation

der **Einkauf** ⸚e purchase; **Einkäufe machen** go shopping

ein-kaufen shop

das **Einkommen** - income (7/7)

ein-laden (lädt), u, a invite (6/5)

einmal once; **auf einmal** all at once; suddenly; **nicht einmal** not even; **noch einmal** again; **zunächst einmal** to begin with (5/1); **Das ist nun einmal so.** That's the way it is.

die **Einnahme -n** receipts, proceeds

ein-nehmen (nimmt), nahm, genommen take in, receive

ein-packen pack (a suitcase, bag); put away
ein-reichen hand in (12/2); **eine Klage ein-reichen** start a lawsuit, file suit
eins one; **noch eins** another one
einsam lonely (6/2)
ein-schlagen (ä), u, a take (a road) (7/3)
ein-sehen (ie), a, e realize, understand; see
ein-steigen, ie, ie get in, get on (a vehicle)
Einstein, Albert (1879-1955) *deutscher Physiker, lebte ab 1933 in Amerika*
ein-stellen set
die **Einstellung -en** setting
einstimmig unanimous
ein-treten (tritt), a, e enter, step into
die **Eintrittskarte -n** admission ticket
der **Eintrittspreis -e** price of admission
einverstanden agreed (2/2)
der **Einwohner -** inhabitant
ein-zäunen fence in
das **Einzelkind -er** only child
einzeln single, various; separate (6/7)
einzig only; single
das **Eis** ice
das **Eisen** iron
die **Eisenbahn -en** railroad
der **Eisenbahnwagen -** railway coach
der **Eiskaffee** iced coffee
die **Eiszeit -en** glacial period
die **Elbe** *sehr wichtiger Fluß, der seine Quelle in der Tschechoslowakei hat, durch Ost- und West-Deutschland fließt und in die Nordsee mündet*
Elberfeld *westlicher Stadtteil von Wuppertal*
der **Elefant (-en) -en** elephant (3/4)
elektrisch electric
das **Elektrizitätswerk -e** power plant
der **Elektrotechniker -** electrical engineer
das **Element -e** element
elf eleven
das **Elsaß** Alsace (region of eastern France)
Eltern parents
die **Ems** *Fluß in Nordwestdeutschland, der in die Nordsee mündet*
das **Ende -n** end
endgültig final, definite
endlich finally
endlos endless, perpetual
der **Endpunkt -e** destination
die **Endstation -en** last station, "end of the line"
die **Energie** energy
energisch energetic
eng narrow (5/6); restricted
England England
englisch English

die **Enns** *rechter Nebenfluß der Donau (Österreich)*
enorm enormous
entdecken discover (11/2)
entfernt distant, away from (10/7)
die **Entfernung -en** distance
entgegen toward
entlang along
entscheiden, ie, ie decide; **(sich)** make up one's mind, decide (6/5)
entschuldigen excuse; **(sich)** apologize
entstehen, entstand, entstanden originate, arise (5/5)
entweder . . . oder either . . . or (10/7)
entzündet inflamed, infected
erbaut built
erben inherit (9/2)
erblicken catch sight of
die **Erbse -n** pea
die **Erdbeere -n** strawberry
die **Erde -n** earth
die **Erdnuß -nüsse** peanut (10/3)
erfahren (ä), u, a experience; find out (8/4)
erfinden, a, u invent, devise, create
erfüllen fulfill
erheben, o, o raise; collect, assess
die **Erhebung -en** elevation, peak (5/3)
erinnern (an + acc.) remind (2/2); **(sich)** remember (2/1)
die **Erinnerung -en** memory, recollection
erkälten (sich) catch cold
erkennbar recognizable
erkennen, erkannte, erkannt recognize
erklären declare; explain
erlauben allow, permit (6/3)
erleben experience, live through
das **Erlebnis -se** experience (2/7)
erledigen finish, carry through, bring to a close (6/5)
erleichtern ease, lighten; relieve (5/6)
erlernen achieve competence in
erleuchtet illuminated, lighted
ermüden make tired (11/3)
ernennen, ernannte, ernannt appoint
ernst earnest, serious, grave; solemn, somber
eröffnen open, inaugurate
erreichen reach, attain, obtain, arrive at
errichten put up, establish, construct
die **Errungenschaft -en** achievement (10/8)
erscheinen, ie, ie appear (12/7)
erschöpft exhausted
erst first; as soon as; only, not until
erstaunlich surprising, amazing, remarkable
erstens in the first place

erstklassig first-class
erstrecken (sich) extend, reach, stretch (5/2)
der **Erwachsene (-n) -n** adult
erwarten wait for, expect (8/5)
die **Erweiterung -en** expansion
erzählen (von) tell (a story)
die **Erzählung -en** story, tale, account (2/2)
erzeugen raise, grow; generate (5/6)
Escher, Alfred *berühmter schweizerischer Politiker des 19. Jahrhunderts*
essen (ißt), aß, gegessen eat; [→ **auf-**]
das **Essen -** meal, food, banquet
der **Eßtisch -e** dining table
das **Eßzimmer -** dining room
ETH = Eidgenössische Technische Hochschule
etruskisch Etruscan (12/2)
Ettal *Gemeinde in Südbayern*
etwa about, approximately (7/4)
etwas something; somewhat (3/3)
die **Eule -n** owl
Europa Europe
europäisch European
ewig eternal, perpetual
exakt exact
das **Examen -** examination
das **Exkrement -e** body waste
das **Experiment -e** experiment

F

fabelhaft fabulous, marvellous
die **Fabrik -en** factory
das **Fach ⸚er** subject, specialty (6/7)
die **Fahrbahn -en** lane; **die linke Fahrbahn** passing lane
fahren (ä), u, a drive, travel, ride, go; [→ **ab-, durch-, her-, heraus-, herüber-, herum-, hin-, hinauf-, hinaus-, los-, mit-, vorbei-, weg-, weiter-, zurück-**]
der **Fahrer -** driver
der **Fahrgast ⸚e** passenger (5/6)
die **Fahrkarte -n** ticket (for bus or train) (3/1)
das **Fahrrad ⸚er** bicycle
die **Fahrt -en** trip
die **Fährte -n** trail, track (6/2)
der **Fahrunterricht** driving lessons
das **Fahrwerk -e** chassis; transport device (5/6)
das **Fahrzeug -e** vehicle (5/6)
der **Fall ⸚e** case
fallen (ä), fiel, a fall, decline, diminish; **fallen lassen** drop; [→ **ab-, aus-, durch-, ein-, herunter-, hin-**]

der **Fallschirm -e** parachute
falsch false, wrong
die **Familie -n** family
der **Familienname (-ns) -n** family name, last name
fangen (ä), i, a catch, seize; [→ **an-**]
die **Farbe -n** color
der **Farbfilm -e** color film
die **Farm -en** (American) farm
die **Fassade -n** facade, front of a building
fast nearly, almost (5/2)
faszinieren fascinate
faul lazy
Faust historical character (1480-1536?), center of legends about his pact with the Devil
der **FC = Fußball-Club** soccer club (4/1)
der **Februar** February
das **Federbett -en** feather-bed
fegen sweep
fehlen be absent, be missing; **Das hat gerade noch gefehlt!** That's the last straw!
der **Fehler -** mistake; fault, defect
die **Feier -n** celebration, ceremony, holiday (8/5)
Feierabend machen stop work for the day (7/2)
feiern celebrate (8/5)
der **Feiertag -e** holiday
fein delicate, fine, excellent, nice
das **Feld -er** field
der **Feldberg** *höchster Berg im Schwarzwald (1493 m)*
die **Feldflasche -n** water canteen
der **Feldkocher -** camp stove (7/2)
der **Felsen -** rock, cliff
das **Fenster -** window
Ferien vacation, holidays
die **Ferienfahrt -en** vacation trip
die **Ferienreise -n** vacation trip
fern distant, far (5/4)
die **Ferne -n** distance
das **Fernglas ⸚er** binoculars (7/4)
der **Fernsehapparat -e** TV set (1/1)
das **Fernsehen** television
fern-sehen (ie), a, e watch television
der **Fernsehturm ⸚e** TV tower
der **Fernsprecher -** telephone
fertig ready, complete, finished, done
fertig-bringen, brachte, gebracht accomplish (4/3)
fertig-machen finish up
fesseln fetter, chain; captivate, fascinate (6/5)
das **Fest -e** holiday, festival

fest firm, definite
fest-halten (hält), ie, a keep, retain, hold on
das Feuer - fire
die Feuersgefahr -en danger of fire
das Fieber - fever
die Figur -en figure, small statue
der Film -e film
der Filmschauspieler - movie actor (12/3)
die Finanz -en finance
finden, a, u find; consider, think; (sich) be, be located; [→ heraus-, statt-, zurecht-]
der Finger - finger
die Fingerspitze -n finger tip
die Firma Firmen company, firm
der Fisch -e fish
fix dextrous; clever
flach flat, level (5/2)
das Flachland level country, plain
die Flagge -n flag
die Flasche -n bottle
der Flecken - spot
das Fleisch meat
fleißig industrious, diligent, assiduous
Flensburg *Stadt an der Grenze zwischen Deutschland und Dänemark*
der Flieder lilac (11/1)
fliegen, o, o fly
fließen, floß, geflossen flow, run
Florenz *Stadt in Norditalien*
die Flöte -n flute (12/7)
der Flug ⸚e flight
der Fluggast ⸚e air passenger (3/1)
der Flughafen ⸚ airport
die Flugkarte -n plane ticket
das Flugzeug -e plane
der Fluß ⸚sse river
das Flüßchen - little river
der Flußhafen ⸚ river harbor
flüstern whisper (4/2)
folgen follow (dat.)
das Fondue (cheese) fondue
die Fontäne -n fountain
Forbach *kleine Stadt im Schwarzwald*
die Forelle -n trout (3/4)
die Form -en form, outward shape, style
der Forst -e forest, wood
der Forstbeamte (-n) -n forestry officer
der Förster - forest ranger, game warden, ranger (11/3)
die Frage -n question
fragen ask, inquire; [→ nach-]
fraglich questionable
Frankfurt *Großstadt am Main, im Lande Hessen*

die Frankfurter Allgemeine influential and respected newspaper
Frankreich France
französisch French
frappant striking, surprising
die Frau -en woman; Mrs.
das Fräulein - young woman; Miss
frei free, vacant; im Freien in the open air
Freiburg im Breisgau *Kulturzentrum von Südwestdeutschland*
die Freiheit -en freedom, liberty
die Freiheitsglocke Liberty Bell
der Freitag Friday
freitags on Friday, Fridays
das Freizeitheim -e Community Recreation Center (1/6)
fremd alien, strange, foreign
fressen (frißt), fraß, gefressen eat (of animals); [→ ab-] (4/5)
die Freude -n joy, pleasure
Freudenstadt *Stadt in Baden-Württemberg*
freuen make happy; (sich über + acc.) be happy, be glad about; (sich auf + acc.) look forward to
der Freund -e friend (a man or boy)
die Freundin -nen friend (a woman or girl)
freundlich friendly, pleasant
der Friede (-ns) peace
Friedenau *Stadtteil von West-Berlin*
frieren, o, o freeze
frisch fresh, cool; refreshing; vigorous, active
der Frisör -e (Friseur -e) hairdresser, barber (10/6)
froh happy, glad, cheerful
fröhlich merry, jolly
fruchtbar fruitful, fertile
der Fruchtsaft ⸚e fruit juice
früh early; früher formerly; earlier
das Frühjahr spring
der Frühling -e spring
das Frühstück -e breakfast; zweites Frühstück mid-morning meal (3/4)
frühstücken eat breakfast
fügen [→ hinzu-]
fühlen (sich) feel; [→ an-]
führen lead, conduct; [→ auf-, aus-, durch-]
der Führer - leader, guide; guidebook
der Führerschein -e driver's license
die Fulda *Fluß in Deutschland, der mit der Werra die Weser bildet*
fünf five
fünfeinhalb five and a half
fünfzehnjährig fifteen-year-old

funktionieren work, function

der **Funkturm** ⸗e radio tower

für for, instead of, for the sake of, in return for, **für sich** to oneself, under one's breath

die **Furcht** fear, fright

furchtbar terrible, horrible, awful; terribly

fürchten fear; **(sich)** be afraid of (**vor** + dat.) (10/6)

fürs = **für** + **das**

Furtwangen *Kurort im östlichen Schwarzwald, in Baden-Württemberg*

der **Fuß** ⸗e foot; **zu Fuß** on foot

der **Fußball** soccer (4/1)

die **Fußballmannschaft** -en soccer team

das **Fußballspiel** -e soccer game

Füssen *Kurort und Wintersportplatz in den Allgäuer Alpen*

der **Fußgänger** - pedestrian

der **Fußpfad** -e footpath

das **Futter** fodder, feed (4/5)

füttern feed (animals) (9/3)

G

Gaggenau *Stadt im nördlichen Schwarzwald, in Baden-Württemberg*

gähnen yawn (6/4)

die **Galerie** -n railroad or highway cut back into a mountain slope, with roof and supports; "half-tunnel"

der **Gang** ⸗e walk (7/1); corridor, hall; aisle; passageway; course (of a meal) (12/6); **im Gang sein** in good working order; in good shape

die **Gans** ⸗e goose; silly girl (7/7)

ganz entire, complete, whole; **das Ganze** the whole thing

gar entirely, very; **gar nicht** not at all, by no means

die **Garage** -n garage

Garmisch-Partenkirchen *Kurort und Wintersportplatz in Oberbayern*

der **Garten** ⸗ garden; **Zoologischer Garten** Zoo

das **Gartenhäuschen** - garden cottage

die **Gartenkolonie** -n garden colony

Gartenstr. = **Gartenstraße**

die **Gartentür** -en garden gate

der **Gartenzaun** ⸗e garden fence

das **Gas** -e gas

die **Gasse** -n lane; narrow street

der **Gast** ⸗e guest

das **Gasthaus** ⸗er inn, small hotel (3/4)

die **Gaststätte** -n inn (7/1)

die **Gaststube** -n guest room, dining room (in an inn)

Gazzetta (*italienisch*) *Zeitung*

das **Gebäude** - building

geben (i), a, e give; **es gibt** there is (are); **Was gibt es?** What is the matter? What is happening? What's going on? [→ **an-, auf-, mit-, wieder-, zurück-**]

gebeten (see **bitten**)

das **Gebiet** -e region, territory (5/3)

das **Gebirge** - mountain range (5/3)

gebrauchen use

der **Geburtstag** -e birthday

die **Geburtstagsfeier** -n birthday celebration

der **Gedanke** (-ns) -n thought, idea (6/4)

das **Gedränge** - crowd

die **Gefahr** -en danger (8/4)

gefallen (ä), gefiel, a please; **Das gefällt mir.** I like that.

der **Gefallen** - favor

das **Gefäß** -e container, receptacle

das **Gefühl** -e feeling

gegen against, towards, contrary to, compared with

die **Gegend** -en region, countryside (5/1)

gegeneinander against each other

das **Gegenlicht** backlight

das **Gegenteil** -e opposite; **im Gegenteil** on the contrary (9/2)

gegenüber opposite, on the other side; compared with

die **Gegenwart** present times (12/3)

gegenwärtig present; at present

gegessen (see **essen**)

gehen, ging, gegangen go, walk; **an etwas gehen** start (doing) something; **vor sich gehen** happen; **Wie geht's dir?** How are you? **Wie geht's in . . .?** How are things in . . .? **Es geht so.** So-so. **Das geht ja noch.** That's not too bad. **Das geht nicht.** That does not work. That can't be done. **Das geht auf dich.** That's aimed at you. [→ **ab-, an-, auf-, aus-, durch-, herum-, hin-, hinaus-, hinein-, hinüber-, hinunter-, los-, mit-, nach-, schief-, spazieren-, unter-, vorbei-, vorüber-, weg-, weiter-**]

gehören belong to (a person: dat.) (4/1); **(zu)** be among, be required; **(in** +acc.) belong in, should be in

der **Geist** -er spirit, ghost

geistig intellectual (12/7)

gekleidet clothed, garbed

gelb yellow

das **Geld** -er money

Geldgeschäfte (pl.) financial transactions (5/1)

die **Geldwechselstube -n** exchange office

gelegen located

die **Gelegenheit -en** opportunity, occasion; chance

gelernt trained

gelingen, a, u go well; **es gelingt mir** I succeed (7/6)

Gelsenkirchen *Stadt im Ruhrgebiet, in Nordrhein-Westfalen*

gelt? isn't that so? doesn't it? etc. (6/6)

gelten (i), a, o be of value, be valid, be considered; pass for

das **Gemälde -** painting

die **Gemeinde -n** community (6/5)

gemocht (see **mögen**)

das **Gemüse -** vegetable

gemütlich comfortable, home-like (7/7)

genau exact; accurate (1/1); **Genaueres** details (8/2)

genießen, genoß, genossen enjoy (7/1)

genug enough

der **Genuß ⸚sse** pleasure, enjoyment (7/1)

die **Geographie** geography

das **Gepäck** baggage (3/1)

der **Gepäckkarren -** baggage cart

das **Gepäcknetz -e** baggage rack

der **Gepäckraum ⸚e** baggage room

der **Gepäckwagen -** baggage car

gerade just, exact(ly); straight (9/3)

geradeaus straight ahead

das **Gerät -e** device, equipment (8/4)

geraten (gerät), ie, a fall into, get into

das **Gericht -e** court; dish, course (of a meal)

gern(e), lieber, am liebsten gladly, willingly, with pleasure; **gern haben** like

das **Geschäft -e** shop, store; business (2/3; 5/1)

der **Geschäftsschluß** end of the business day

geschehen (ie), a, e happen, occur (8/4); **Gern geschehen!** Don't mention it! (10/5)

gescheit clever, intelligent

das **Geschenk -e** gift, present (8/6)

die **Geschichte -n** story; history (5/5); history class

der **Geschichtslehrer -** history teacher

die **Geschichtslehrerin -nen** history teacher

die **Geschichtsprüfung -en** history test

die **Geschichtsstunde -n** history class

geschickt skillful, adept, capable (6/2)

geschnitzt carved

das **Geschrei** shouting, yelling

geschrieben written

die **Geschwindigkeit -en** speed, velocity

Geschwister brothers and sisters

der **Geselle (-n) -n** helper, companion, fellow; journeyman (8/3)

die **Gesellenprüfung -en** journeyman's examination

die **Gesellschaft -en** society; party; company

das **Gesicht -er** face

gespannt tense, interested

das **Gespräch -e** conversation

gestehen, gestand, gestanden confess, admit; **offen gestanden** I must frankly admit (6/3)

das **Gestell -e** frame, framework

gestern yesterday

gesund healthy, well

die **Gesundheit** health

getan (see **tun**)

das **Getränk -e** drink, beverage

das **Gewehr -e** gun, rifle

gewesen (see **sein**)

gewinnen, a, o win, obtain, get, gain

gewiß certain, sure; for sure

das **Gewissen** conscience

das **Gewitter -** thunderstorm, storm (11/2)

gewöhnen (sich) become accustomed (**an** + acc.)

die **Gewohnheit -en** custom, habit (5/1)

gewöhnlich usual

gewöhnt accustomed (**an** + acc.)

gewußt (see **wissen**)

gezogen (see **ziehen**)

die **Gitarre -n** guitar

das **Gitter -** grating, lattice; fence

der **Glanz** radiance, splendor, luster

glänzend glittering, brilliant, splendid

das **Glas ⸚er** glass

glauben believe, think

gleich same, equal; instantly, right away

das **Gleiche** the same thing

das **Gleis -e** track, rails

der **Gletscher -** glacier

die **Gliederung -en** outline

glotzen [→ **an-**]

das **Glück** luck, happiness, good fortune; **Glück haben** be lucky; **zum Glück** fortunately; **Glück wünschen** congratulate

glücklich happy, fortunate, lucky

glücklicherweise fortunately, luckily

der **Glücksbringer -** bringer of luck

der **Glückwunsch ⸚e** congratulation; **Herzlichen Glückwunsch zum Geburtstag!** Happy Birthday!

die **Glühbirne -n** light bulb

das **Goal -s** goal (4/1); point (in soccer)

Goethe, Johann Wolfgang (1749-1832) *be-rühmter deutscher Dichter*

das **Goethe-Haus** Goethe's birthplace in Frankfurt, now a museum

das **Gold** gold
golden golden; **goldenes Wochenende** weekend trip as prize in a contest

der **Golf -e** gulf
Goslar *Stadt in Niedersachsen, am Nordrand des Harzes*

der **Gott ⁼er** God; god; **um Gottes willen** for heaven's sake! heaven forbid!

der **Gotthard = der (Sankt) Gotthard** Alpine pass in Switzerland (*2091 m*)

die **Gotthardbahn** *Eisenbahn durch die Alpen zwischen Luzern und Chiasso*

der **Gotthardtunnel** *Tunnel unter dem Sankt-Gotthard-Paß, zwischen Göschenen und Airolo*

Göttingen *Stadt in Niedersachsen, an der Leine; bedeutende Universität*

graben (ä), u, a dig

das **Gramm -e** gram

das **Gras ⁼er** grass
grasen graze
gratulieren congratulate (dat.)
grau gray
Graz *alte Stadt an der Mur in Österreich*
greifen, griff, gegriffen seize, grasp

die **Grenze -n** border, limit
grenzen border (**an** + acc.)
Griechenland Greece
grinsen grin, smirk, sneer
groß, größer, größt- big, tall, large, great
großartig magnificent, grand, splendid

die **Größe -n** size
Großeltern grandparents

die **Großmutter ⁻** grandmother

die **Großstadt ⁻e** big city, metropolis

der **Großvater ⁻** grandfather

die **Grotte -n** grotto
grün green

der **Grund ⁼e** ground, soil; reason (7/1); **im Grunde** basically, in reality
gründen found, establish (6/7)

der **Grundgedanke (-ns) -n** basic idea
gründlich thorough (8/4)
grundlos groundless, without foundation (8/4)

das **Grundstück -e** piece of property, garden plot, estate (9/6)

die **Gründung** founding, establishment

die **Gruppe -n** group

der **Gruß ⁼e** greeting

grüßen say hello to, greet; salute; **Grüß Gott!** Good morning! Hello! (South German greeting)

gucken look, see; [→ **an-**] (10/3)

das **Gulasch** goulash

die **Gunst** favor, good will
günstig favorable
gut, besser, best- good; well

das **Gut ⁼er** property, estate; farm, farm estate (9/1)
gutgehend flourishing, prosperous

H

das **Haar -e** hair
haben (hat), hatte, gehabt have; [→ **an-, auf-, vor-**]

der **Hafen ⁻** harbor (5/2)
Hahnenklee-Bockswiese *Kurort im Oberharz, 1 600 Einwohner*
halb half

die **Hälfte -n** half
hallo hello (on the telephone)

der **Hals ⁼e** neck, throat

die **Halsentzündung -en** throat infection
halt [South German colloquial] simply, just (6/4)
Halt! Stop!
halten (hält), ie, a hold, contain; keep; **halten für** consider; **halten von** think of (4/4); [→ **ab-, an-, auf-, aus-, fest-, hin-**]
halt-machen stop (7/3)
Hamburg *alte Hansestadt an der Elbe, mit dem größten Hafen Deutschlands; eins der elf Bundesländer*

der **Hammer ⁻** hammer, gavel

die **Hand ⁼e** hand; **an Hand** with the help of (10/5)

der **Handball (das Handballspiel)** game similar to soccer, except that the ball is thrown and can be held in the hand up to three seconds (or three steps) (4/4)

der **Handel** commerce, business (5/2)
handeln deal, trade; act; concern; **es handelt sich um ...** the ... in question is (are) ...

die **Handelshochschule -n** School of Business Administration

die **Handpuppe -n** hand-puppet

der **Handschuh -e** glove

die **Handvoll** handful

der **Handwerker -** artisan
hängen, i, a hang, be attached to; (**an** + dat.) [→ **ab-, zusammen-**]

hängen, hängte, gehängt hang up; **(sich)** attach oneself to (**an** + acc.); [→ **auf-, aus-**]

Hannover *Hauptstadt von Niedersachsen*

hannoversch Hanoverian; **Die Hannoversche Presse** name of a newspaper in Hanover

das **Hansa-Viertel** modern residential section of West-Berlin, with high-rise apartment buildings and modern churches, developed as part of an international competition of architects, 1957

die **Hanse** commercial league: Hanseatic League

hart hard, harsh, severe

der **Harz** *Mittelgebirge in West- und Ost-Deutschland*

die **Harz-Hochstraße = Bundesstraße 242,** scenic highway through the Harz Mountains along some of the major ridges

häßlich ugly

der **Haufen -** heap, pile (9/7)

das **Haupt ⸗er** head; **Haupt-** chief, main

der **Hauptbahnhof ⸗e** main station

der **Haupteingang ⸗e** main entrance

die **Hauptfigur -en** main character

das **Hauptgebäude -** main building

das **Hauptgericht -e** main dish, main course

der **Hauptmann -leute** captain

die **Hauptpost -en** main post office

die **Hauptquelle -n** main source

die **Hauptsache -n** main thing

die **Hauptstadt ⸗e** capital

die **Hauptwache** main police station; name of a central square in Frankfurt

das **Haus ⸗er** house; **zu Hause** at home; **nach Hause** homewards

Hausach *kleine Stadt im Schwarzwald*

die **Hausaufgabe -n** homework assignment

das **Häuschen -** little house, cottage

die **Hauseltern** (pl.) chaperons

die **Hausfrau -en** housewife

der **Haushalt -e** household

die **Hausnummer -n** house number

die **Havel** *rechter Nebenfluß der Elbe (Ost-Deutschland)*

Haydn, Joseph (1732-1809) *österreichischer Komponist*

he! hey!

heben, o, o raise, lift; [→ **auf-**]

heda! hey there!

das **Heft -e** notebook

die **Heide** flat, uncultivated, sandy landscape, mostly covered with grass and bushes but with very few trees

Heidelberg *Stadt am Neckar in Baden-Württemberg; bedeutende Universität (gegründet 1386)*

heilig holy, sacred

der **Heilige (-n) -n** saint

die **Heilquelle -n** medicinal spring

die **Heimfahrt** trip home

heim-kommen, kam, o come home

heim-treiben, ie, ie drive home

heiraten marry, get married

heiß hot

heißen be named; **das heißt (d.h.)** that is; that means; **Was soll das heißen?** What do you mean? What's that supposed to mean?

heizen heat (8/3)

der **Held (-en) -en** hero

helfen (i), a, o (+ dat.) help, assist; be good for; [→ **aus-, mit-**]

hell bright, light; brightly lit

hellicht bright; **bei hellichtem Tage** in broad daylight

der **Helm -e** helmet

her here, over here; **von . . . her** from

heran here (up to the speaker)

heran-kommen, kam, o approach, come near, get close

heran-treten (tritt), a, e step up, approach

herauf up here (toward the speaker)

herauf-kommen, kam, o come up

herauf-laufen (äu), ie, au run up (upwards)

heraus out here

heraus-fahren (ä), u, a drive out

heraus-finden, a, u find out

heraus-kommen, kam, o come out, result

heraus-nehmen (nimmt), nahm, genommen take out

heraus-ragen protrude, project (11/2)

heraus-stecken stick out, protrude

heraus-stellen (sich) turn out, become evident

der **Herbst -e** autumn, fall

der **Herbstmantel ⸗** fall coat

der **Herd -e** stove, kitchen stove

die **Herde -n** flock, herd

herein in here

herein-kommen, kam, o come in

her-fahren (ä), u, a drive here

her-kommen, kam, o come here, come from

her-kriegen get, obtain (from someone)

der **Herr (-n) -en** gentleman, master, lord; Mr.

der **„Herrenstall"** "Stable for Gentlemen"

her-richten prepare; arrange

herrlich magnificent, grand

herrschen reign; prevail (2/6)

Hersfeld (Bad Hersfeld) *Stadt in Hessen, an der Fulda; Heilquellen*
her-stellen set up; make, manufacture
herüber over here
herüber-bringen, brachte, gebracht bring over
herüber-fahren (ä), u, a drive over
herüber-laufen (äu), ie, au walk over here
herum around
herum-drängen (sich) crowd around
herum-fahren (ä), u, a drive around; sail around
herum-gehen, ging, gegangen walk around
herum-krabbeln crawl around
herum-laufen (äu), ie, au run around
herum-sausen rush around, speed around
herum-sitzen, saß, gesessen sit around
herum-springen, a, u jump around
herum-stehen, stand, gestanden stand around
herum-suchen look around
herum-treiben, ie, ie (sich) wander around, loiter about
herunter down here
herunter-fallen (ä), fiel, a fall down, drop
herunter-kommen, kam, o come down
herunter-lassen (ä), ie, a lower, let down
hervor-bringen, brachte, gebracht produce, bring forth
das **Herz (-ens) -en** heart
herzlich cordial
Hessen *Land der BRD*
das **Heu** hay
heute today
heutig present-day, today's, of today
die **Hexe -n** witch (7/4)
hier here
hierfür for this
hierher here, to this place
die **Hilfe** help
der **Himmel -** sky, heaven
hin there; gone, done with; **hin und her** back and forth, to and fro, there and back; **über . . . hin** over across; = **hingehen** (7/4 and §48.6)
hinab down
hinab-sehen (ie), a, e look down on
hinab-steigen, ie, ie go down, descend the stairs
hinauf up, up there
hinauf-fahren (ä), u, a drive up, ride up
hinauf-laufen (äu), ie, au run up, walk up
hinauf-schleppen drag, push up
hinauf-sehen (ie), a, e look up toward
hinaus out, out there; **über . . . hinaus** beyond

hinaus-bringen, brachte, gebracht bring out, take out
hinaus-fahren (ä), u, a drive out
hinaus-gehen, ging, gegangen go out; (**über** + acc.) go beyond
hinaus-wachsen (ä), u, a grow beyond (**über** + acc.)
hindurch through
hindurch-kommen, kam, o come through, get through
hinein in, into
hinein-fahren (ä), u, a enter, drive in
hinein-gehen, ging, gegangen go in
hinein-kommen, kam, o get into
hin-fahren (ä), u, a drive there
die **Hinfahrt -en** trip there
hin-fallen (ä), fiel, a fall down
hin-gehen, ging, gegangen go there
hin-halten (ä), ie, a hold out toward, offer
hin-kommen, kam, o get there, arrive; come there, go to
hin-legen lay down; (**sich**) lie down
hin-sehen (ie), a, e look
hin-setzen set down; (**sich**) sit down
hin-stürzen fall headlong
hinten in the rear, at the back; **von hinten** from the background
hintenan behind
hinter behind, back of
der **Hintergrund ⸗e** background
hinterher behind
das **Hinterrad ⸗er** back wheel
hinters = **hinter** + **das**
die **Hinterseite -n** back, rear
hinüber over there
hinüber-gehen, ging, gegangen go over to
hinüber-lehnen (sich) lean over
hinunter down
hinunter-blicken look down
hinunter-gehen, ging, gegangen go down, walk down
hinunter-radeln ride down (on a bicycle)
hinunter-sausen rush down
hinunter-steigen, ie, ie climb down
hinzu-fügen add
die **Hitze** heat
hoch, höher, höchst- high
das **Hochgebirge -** high mountains
das **Hochgebirgsland ⸗er** mountainous country
hochnäsig haughty, arrogant, stuck-up
die **Hochschule -n** college, university; **Technische Hochschule** Institute of Technology
die **Hochstraße -n** mountain road (7/2)

der **Hof** ⸚e yard, barnyard, courtyard; farm estate (9/3)
hoffen hope
hoffentlich it is to be hoped; I hope
die **Hoffnung** -en hope
höflich polite
hoh- (see **hoch**)
die **Höhe** -n height, high point; **Das ist die Höhe!** That's the limit!
der **Höhepunkt** -e high point (8/6)
holen fetch, come and get, go and get; [→ **ab-, ein-**]
das **Höllenfeuer** hell-fire
Holstein (see **Schleswig**)
das **Holz** ⸚er wood
der **Holzblock** ⸚e block of wood
die **Holzfigur** -en wooden figure, statue
holz-schnitzen carve wood
der **Holzschnitzer** - wood-carver
hören hear, listen; [→ **an-, auf-, wieder-, zu-**]
die **Hornisgrinde** *Berg im nördlichen Schwarzwald (1164 m)*
die **Hose** -n trousers
das **Hospital** ⸚er hospital
das **Hotel** -s hotel
Huber, Kurt (1893-1943) musicologist, philosopher; member of „die weiße Rose" (see **Scholl**)
hübsch pretty, nice
der **Hubschrauber** - helicopter
der **Hügel** - hill (5/4)
das **Hügelland** ⸚er hilly country
die **Hügellandschaft** -en hilly countryside, region
das **Hühnchen** - chicken
hüllen [→ **ein-**]
der **Hund** -e dog
das **Hündchen** - little dog
hundert hundred
der **Hundert-Meter-Lauf** 100-meter dash
Hundseck *Raststätte im Schwarzwald (Blick auf die Hornisgrinde)*
der **Hunger** hunger; **Ich habe Hunger.** I am hungry.
hungrig hungry
hupen honk
der **Hut** ⸚e hat
hüten protect, take care of
die **Hütte** -n cottage, cabin

I

die **Idee** -n idea
idyllisch idyllic
die **Iller** *rechter Nebenfluß der Donau (West-Deutschland)*

im = **in** + **dem**
imitieren imitate
immer always; **immer mehr** more and more; **immer noch** still; **immer wieder** again and again
imposant impressive
in in, at, into, to, within
indem during the time that, while, as, by (doing something)
der **Indianer** - (American) Indian
die **Industrie** -n industry
der **Ingenieur** -e engineer
das **Ingenieurwesen** engineering
der **Inhalt** -e contents
das **Inland** interior; home country
der **Inn** *rechter Nebenfluß der Donau (Schweiz, Österreich, West-Deutschland)*
innen within, inside
die **Innenstadt** downtown; the central (old) part of the city
inner- central, inner
Innsbruck *Hauptstadt von Tirol, in Österreich*
ins = **in** + **das**
die **Insel** -n island (12/6)
installieren install
das **Institut** -e educational/cultural institution
das **Instrument** -e (musical) instrument
interessant interesting
das **Interesse: Interesse haben** be interested in (**an** + dat.)
interessieren (sich) be interested in (**für**)
inzwischen meanwhile (7/8)
irgend any, some
irgendein any
irgendwo anywhere, somewhere
Irland Ireland
der **Irrtum** ⸚er error, mistaken idea
die **Isar** *rechter Nebenfluß der Donau (Österreich, West-Deutschland)*
die **Isolierung** isolation
ißt (see **essen**)
Italien Italy
italienisch Italian
Ivendorf *Gemeinde in der Nähe von Lübeck*

J

ja [as answer to a question] yes; [within a clause] of course; you know
die **Jacke** -n jacket
die **Jagd** -en hunt, chase
der **Jagdhund** -e hunting dog
Jahn, Friedrich Ludwig (1778-1852) der „Turnvater"

das **Jahr -e** year
   jahrelang for years
die **Jahreszeit -en** time of year, season
der **Jahrgang ⸚e** grade, age group
das **Jahrhundert -e** century
   jährlich yearly
das **Jahrtausend -e** millenium, a thousand years
die **Jakobi-Kirche** Church of St. James
der **Januar** January
   je ever; per
   jed- each, every; **jeder** everybody, anybody
   jedenfalls anyhow, in any case
   jedermann everybody
   jederzeit at any time
   jedesmal every time
   jemand someone, anyone
   jenseits on the other side of (9/2)
   jetzig- present, present-day
   jetzt now
die **Jugend** youth
die **Jugendbewegung** youth movement, here referring especially to the one of the first thirty years of this century
der **Jugendfreund -e** childhood friend
die **Jugendherberge -n** youth hostel (10/5)
   Jugendspiele (pl.) athletic games (for youth)
   Jugoslawien Yugoslavia
der **Juli** July
   jung, jünger, jüngst- young
der **Junge (-n) -n** (colloquial plural forms: **Jungs/Jungens**) boy
der **Juni** June

K

die **Kabine -n** booth
der **Kachelofen ⸚** tiled stove (9/7)
die **Kadenz -en** cadenza
der **Kaffee** coffee
die **Kaffeekanne -n** coffee pot
   kalt, kälter, kältest- cold
der **Kamin -e** chimney, fireplace (11/2)
   kämpfen struggle, fight
   Kanada Canada
der **Kanal ⸚e** canal, channel
der **Kandidat (-en) -en** candidate
die **Kapelle -n** chapel; small orchestra (12/7)
das **Kapitel -** chapter
die **Kappe -n** cap
   kaputt broken, out of order
die **Karikatur -en** caricature
   Karlsruhe *Hauptstadt von Nordbaden, im Lande Baden-Württemberg*
das **Karnickel -** rabbit

die **Karte -n** card; ticket; map
die **Kartoffel -n** potato
die **Kartoffelsuppe -n** potato soup
der **Käse -** cheese
das **Käsebrot -e** cheese sandwich
das **Käse-Fondue** cheese fondue
das **Kasperle** Kasper, the clown in plays
   Kasperletheater spielen give puppet shows
die **Kasse -n** cash-box; cashier's desk; ticket office of a theater (8/6)
der **Kassenbericht -e** treasurer's report
die **Katharinenkirche** Church of St. Catharine
die **Katze -n** cat
   kaufen buy, purchase; [→ **ein-**]
das **Kaufhaus ⸚er** department store
der **Kaufmann Kaufleute** businessman
   kaum hardly, scarcely (6/6)
   kein no, not any; **keiner** nobody
der **Keller -** cellar, basement
der **Kellner -** waiter
die **Kellnerin -nen** waitress
   kennen, kannte, gekannt know, be acquainted with
   kennen-lernen learn to know, become acquainted with
der **Kerl -e** fellow
der **Kessel -** kettle
die **Kette -n** chain
der **Kiefhölzer Teich** *Waldteich zwischen der Schalke und Zellerfeld*
das **Kilogramm -e** kilogram (2.2 pounds)
der **Kilometer -** kilometer (0.62 mile)
das **Kind -er** child
   kindisch childish
das **Kino -s** movie theater
die **Kirche -n** church (1/5)
der **Kirchenfeiertag -e** church holiday
der **Kirchturm ⸚e** church tower, steeple
der **Kitsch** trash, cheap art
   kitschig trashy, junky
die **Klage -n** complaint; lawsuit
   klagen bemoan; bring suit
   klappen clap; flap; work out well, be all right; [→ **zusammen-**]
   klar clear
die **Klasse -n** class
der **Klassenausflug ⸚e** class outing
das **Klassenzimmer -** classroom
   klassisch classical
das **Klavier -e** piano
das **Kleid -er** dress; **Kleider** clothes
   kleiden: gekleidet dressed
der **Kleiderschrank ⸚e** clothes cupboard, wardrobe

die **Kleidung** clothes, clothing
klein small, little, short
der **Kleine -n** little fellow, younger boy
das **Kleingeld** change
die **Kleinigkeit -en** unimportant detail, trifle, small matter
klemmen pinch, squeeze
klettern climb, clamber (12/5)
die **Klimaanlage** air conditioning
klingen, a, u ring, sound
das **Kloster** ≈ monastery, convent
der **Klub -s** club
klug intelligent, clever, prudent
km = Kilometer (5/6)
der **Knecht -e** farmhand (9/7)
das **Knie -** knee
der **Kniebis** *Bergrücken im Schwarzwald*
knipsen take snap-shots
der **Knochen -** bone (6/4)
das **Knusperhäuschen** "Gingerbread House"
der **Koch** ≈e cook
kochen cook; boil; [→ **ab-**] (9/5)
der **Kocher** cooking outfit
der **Kochtopf** ≈e cooking-pot, saucepan
der **Koffer -** suitcase (3/1)
der **Kohl** cabbage
die **Kohle -n** coal
der **Kollege (-n) -n** co-worker, colleague (11/1)
Köln *Großstadt im Lande Nordrhein-Westfalen; berühmter Dom*
kolossal terrific, tremendous
der **Kombi -s** station wagon
die **Kombination -en** combination
komisch funny
das **Komma -s** comma
kommen, kam, gekommen come; get, get around to; happen; **Es kommt darauf an** It depends on . . .; **Das kommt daher, weil** That is because; **Das kommt, weil** . . . The reason is . . .; [→ **an-, durch-, heim-, her-, heran-, herauf-, heraus-, herein-, herunter-, hin-, hindurch-, hinein-, mit-, vor-, vorbei-, weg-, wieder-, zurück-, zusammen-**]
die **Kommode -n** dresser, chest of drawers
kompliziert complicated
der **Komponist (-en) -en** composer
der **König -e** king; (also in chess, 1/6)
königlich royal, kingly
der **Königssee** *Alpensee bei Berchtesgaden, in Oberbayern*
können (kann), konnte, gekonnt be able, can; [→ **durch-**]
konstruktiv constructive

der **Kontakt -e** contact; **Kontakt aufnehmen** establish contact
der **Kontinent -e** continent
das **Konzert -e** concert
der **Kopf** ≈e head; **auf den (dem) Kopf** upside down
das **Kopfweh** headache
der **Korb** ≈e basket (10/1)
korbartig basket-like
der **Korbball** basketball
das **Körbchen -** little basket, rattan purse
der **Körper -** body
körperlich physical (6/7)
die **Korrespondentin -nen** correspondent
die **Korrespondenz** letter writing
der **Korridor -e** corridor
korrigieren correct
kosten cost
das **Kostüm -e** costume; woman's suit
krabbeln crawl; [→ **herum-**] (11/3)
der **Krach -e** loud noise, crash; quarrel
die **Kraft** ≈e strength, power
der **Kraftwagen -** automobile
der **Kran** ≈e crane, hoist
krank ill, sick
die **Krankenschwester -n** nurse
die **Krankheit -en** illness
Kranzler *berühmtes Café am Kurfürstendamm in West-Berlin*
der **Kreis -e** circle; area, district
die **Kreisstadt** ≈e main city in a district **(Kreis)**, comparable to a county seat
das **Kreuz -e** cross
kreuzen cross
die **Kreuzfahrt -en** cruise
die **Kreuzung -en** cross, cross-breeding; crossroads
der **Krieg -e** war
kriegen get, obtain; [→ **her-**] (6/6)
kritisch critical
die **Krone -n** crown
Krs. = Kreis
krumm curved, twisted, bent (9/3)
der **Ku-Damm** (also **Ku'damm**) abbreviation for **Kurfürstendamm**, avenue in West Berlin
die **Küche -n** kitchen
der **Kuchen -** cake
die **Küchentür -en** kitchen door
kucken (see **gucken**, 10/3)
der **Kuckuck -e** cuckoo
die **Kuckucksuhr -en** cuckoo clock
die **Kugel -n** sphere
der **Kugelschreiber -** ball-point pen
das **Kugelstoßen** shot-put (4/4)

die **Kuh** ⸚e cow (3/4)
kühl cool
der **Kühlschrank** ⸚e refrigerator
die **Kultur** -en culture
kulturell cultural
der **Kulturschatz** ⸚e cultural treasure
der **Kunde** (-n) -n customer (6/4)
die **Kunst** ⸚e art
die **Kunstausstellung** -en art exhibit
kunsthistorisch of art history
der **Künstler** - artist (6/5)
künstlich artificial
das **Kunstmuseum** -museen art museum
der **Kürbis** -se pumpkin
der **Kurfürst** (-en) -en Prince Elector
der **Kurfürstendamm** *Hauptstraße in West-Berlin*
der **Kurfürstenplatz** *Platz in München*
kurieren cure
der **Kurort** -e spa
die **Kurve** -n curve
kurz, kürzer, kürzest- short, brief
kürzen [→ **ab-**]
die **Kusine** -n cousin (girl or woman)
küssen kiss
die **Küste** -n coast (5/2)

L

lächeln smile
lachen laugh; **Das ist zum Lachen!** That is ridiculous!
laden (lädt), lud, geladen load; [→ **ein-**]
der **Laden** ⸚ shop, store (10/7)
die **Ladung** -en load
die **Lage** -n situation
das **Lager** - camp; bed, lair
die **Lahn** *rechter Nebenfluß des Rheins (West-Deutschland)*
die **Lampe** -n lamp
das **Land** ⸚er land; state; country; state of the Federal Republic of Germany or Austria (2/6); **auf dem Lande** in the country (8/3)
die **Landarbeit** farm work
landen land
der **Landeplatz** ⸚e landing place
der **Landesteil** -e part of the country (10/8)
die **Landkarte** -n map
die **Landschaft** -en landscape, countryside; region (5/2)
die **Landstraße** -n highway
der **Landungssteg** -e pier
die **Landwirtschaft** agriculture (9/1)
landwirtschaftlich agricultural
lang, länger, längst- long

lange long, for a long time; **noch lange nicht** not under present circumstances; by no means
langsam slow(ly)
längst for a very long time
langweilig boring
der **Lärm** noise
lassen (läßt), ließ, gelassen let, leave; have (something done); **fallen lassen** drop; **Laß doch!** Let it go!; [→ **auf-, herunter-, los-, nieder-**]
der **Lastwagen** - truck (2/6)
die **Laube** -n arbor, summer-house
der **Lauf** ⸚e course
laufen (äu), ie, au run, go (on foot), walk; [→ **herauf-, herüber-, herum-, hinauf-, weg-, wett-, zurück-**]
der **Läufer** - bishop (in chess, 1/6)
lauschen listen (12/7)
laut loud
Lautenthal *Luftkurort im Harz, südwestlich von Goslar*
leben live (2/7); **Es lebe . . .!** Long live . . .!
das **Leben** life
lebendig alive; lively; vivacious (5/4)
die **Lebensversicherung** -en life insurance
leblos lifeless
der **Lech** *rechter Nebenfluß der Donau (Österreich, West-Deutschland)*
die **Lederhose** -n leather pants
leer empty (7/3)
legen lay, put; **(sich)** lie down; [→ **ab-, an-, hin-**]
Lehár, Franz (1870-1948) *ungarischer Operettenkomponist*
lehnen [→ **hinüber-**]
der **Lehnstuhl** ⸚e easy chair
lehren teach
der **Lehrer** - teacher (man)
die **Lehrerin** -nen teacher (woman)
der **Lehrling** -e apprentice (8/3)
leicht light; slight; easy (5/6)
leid: es tut mir leid I am sorry
leiden, litt, gelitten suffer; be damaged; tolerate; allow; **leiden mögen** like
leider unfortunately
leihen, lieh, geliehen lend (12/2); **(sich etwas)** borrow
die **Leine** -n leash (7/1); washline
Leipzig *Großstadt in der DDR*
leise soft, gentle; gently
leisten (sich etwas) afford (12/6)
leiten lead, direct (9/5)
die **Leiter** -n ladder (8/3)

lenken steer; [→ ab-]

die **Lerche -n** lark

lernen learn, study; **Ich lerne, wie man Schach spielt.** I'm learning to play chess. [→ **kennen-**]

lesen (ie), a, e read; [→ **weiter-**]

letzt- last

leuchten shine, gleam

Leutchen little people

Leute people; men; **-leute** plural of **-mann** as the last element of a compound noun; see **Kaufmann Kaufleute**

das **Licht -er** light (1/2); **Es geht mir ein Licht auf!** Now I get it! Comes the dawn!

das **Lichtbild -er** slide

die **Lichthupe -n** headlight flashing to signal intention to pass (2/7)

das **Lichtspiel -e** movie

lieb dear; nice, kind; **mein Lieber!** dear fellow!

die **Liebe** love

lieben love

lieber rather; (see **gern**)

lieblich lovely, charming

liebsten: am liebsten best of all; I'd really prefer (see **gern**)

das **Lied -er** song

liegen, a, e lie, recline; be situated, be located; [→ **brach-, nebeneinander-, übereinander-**]

die **Limmat** *rechter Nebenfluß der Aare* (*Schweiz*)

die **Limonade -n** soft drink, often carbonated (4/5)

die **Limousine -n** (airport) limousine

Linderhof *Schloß in Südbayern*

die **Linie -n** line; contour; **die schlanke Linie** trim figure

link- left

links left; to the left; at the left

die **Liste -n** list

das **Loch ⸚er** hole

lochen punch (a ticket)

locken tempt, lure (6/7)

lohnen reward; **das lohnt sich** that is worth it, that pays (6/5)

die **Lorelei** legendary enchantress who lures mariners to shipwreck by her singing from a hilltop high above the Rhine

los loose; **Was ist los?** What is the matter? What is going on? **Also los!** Let's get going!

lösen solve; dissolve; buy (railroad tickets) (3/1); [→ **ein-**]

los-fahren (ä), u, a start out; make straight for; fly out at

los-gehen, ging, gegangen start

los-lassen (läßt), ließ, gelassen let loose; release

los-werden (wird), wurde, geworden get rid of

der **Löwe (-n) -n** lion (3/4)

Lübeck *alte Hansestadt in Norddeutschland*

Ludwig der Zweite (1845-1886) King of Bavaria, patron of architecture (extravagant picturesque castles) and of Richard Wagner (Festspielhaus in Bayreuth)

die **Luft** air

der **Luftdruck** air pressure

die **Lufthansa** the West German airline

der **Luftkurort -e** health resort with reputation for pure air

die **Luftpumpe -n** air pump

Luitpold (1821-1912) Prince Regent of Bavaria (1886-1912), stabilized government and economy after the reign of Ludwig II.

die **Lüneburger Heide** *Heide südlich von Hamburg* [siehe auch **Heide**]

die **Lunge -n** lung

die **Lust ⸚e** desire; **Lust haben** want, have a desire, like

lustig merry, gay

der **Luxus** luxury

der **Luxusbus -se** luxury bus

das **Luxusschiff -e** luxury ship

M

m = Meter

machen make, do; amount to; see it to it; **das macht nichts** that doesn't matter; **(sich) auf den Weg machen** set out for; **schnell machen** hurry; **Augen machen** be really surprised; [→ **auf-, aus-, fertig-, halt-, mit-, wett-, zu-**]

die **Macht ⸚e** power

das **Mädchen -** girl

die **Mädchenschule -n** girls' school

das **Mädel -s** girl

mag (see **mögen**)

magisch magical

mähen mow, cut (grass)

Mahler, Gustav (1860-1911) *österreichischer Komponist*

die **Mahlzeit -en** meal

der **Mai** May

der **Main** *der größte rechte Nebenfluß des Rheins* (*West-Deutschland*)

mal = einmal

das **Mal -e** time
der **Maler -** painter (6/5)
    man one, a person, somebody, you, they, anybody
    manch- many a; some; **manches** a good deal
    manchmal sometimes (1/4)
der **Mann ⸚er** man, husband
    Mannheim *Stadt am Rhein in Nordbaden, bedeutender Flußhafen*
die **Mannschaft -en** team (6/1)
der **Mantel ⸗** coat
die **Mark** mark (unit of German currency)
die **Marke -n** brand; trade-mark
der **Markt ⸚e** market
der **Marsch ⸚e** march
der **März** March
die **Maschine -n** machine
die **Maschinenfabrik -en** factory producing industrial machines
die **Maschinenindustrie** machine-manufacturing industry
die **Maske -n** mask
die **Masse -n** mass, large number
    massiv massive; heavy and solid
die **Maßnahme -n** measure; precaution
die **Mathematik** mathematics
die **Mauer -n** wall (12/7)
die **Maus ⸚e** mouse
der **Mechaniker -** mechanic
die **Mechanikerin -nen** mechanic
das **Meer -e** sea; ocean (5/1)
    mehr more; **nicht mehr** no longer; **kein . . . mehr** no more . . .; not any more; (see **viel**)
    mehrere several (9/7)
die **Meile -n** mile
    meinen say, mean (7/3); think so; **Das will ich meinen.** I should say so.
    meinetwegen for my sake; for all I care
die **Meinung -en** opinion
    meist- most; **die meisten . . .** most of the . . .; (see **viel**)
    meistens mostly; for the most part
der **Meister -** master (8/3)
    melancholisch melancholy
    melden [→ **an-**]
die **Melodie -n** melody
die **Menge -n** crowd; quantity; **eine Menge** a lot
der **Mensch (-en) -en** human being, person
die **Menschenmenge -n** crowd
die **Menschheit** humanity
    menschlich human
    Mercedes *berühmte Kraftwagenmarke der Daimler-Benz AG*

    merken note, observe, notice (6/2)
das **Messer -** knife
das **Meter -** meter
der **MG** *britische Kraftwagenmarke*
    Michelangelo (1475-1564) *italienischer Bildhauer und Maler*
    mieten rent
der **Militärgouverneur -e** military governor
die **Million -en** million
    mindestens at least (9/1)
die **Minute -n** minute
der **Mist** manure
der **Misthaufen -** manure pile (9/7)
    mit with; along
    mit-bringen, brachte, gebracht bring along
    miteinander with one another, together
    mit-fahren (ä), u, a drive along, ride along
    mit-geben (i), a, e give to take along
    mit-gehen, ging, gegangen go along
das **Mitglied -er** member (6/5)
    mit-helfen (i), a, o help, share in the work
    mit-kommen, kam, gekommen come along, follow
    mit-machen take part, have the same experiences
    mit-nehmen (nimmt), nahm, genommen take along
    mit-schleppen drag along
der **Mitschüler -** fellow student; classmate
der **Mittag -e** noon
das **Mittagessen -** lunch, noon meal
die **Mittagspause -n** lunch-hour
die **Mitte -n** middle, center, midst
    mit-teilen communicate, express
    mittelalterlich medieval
    Mitteldeutschland central Germany (intermediate between North and South)
    Mitteleuropa central Europe
das **Mittelgebirge -** ranges of mountains in central Germany
das **Mittelmeer** Mediterranean Sea
    mittelprächtig so-so; not good and not bad (10/1)
der **Mittelpunkt -e** focus, center
der **Mittelstand ⸚e** middle class
    mitten in the middle of
die **Mitternacht ⸚e** midnight
    mittler- middle, central; average
der **Mittwoch** Wednesday
das **Möbel -** furniture
der **Möbelwagen -** furniture van
    möcht- (see **mögen**)
das **Modell -e** model
    modern modern

die **Modernisierung** modernization
mögen (mag), mochte, gemocht want, like; may, can; **möcht-** would like to
möglich possible
die **Möglichkeit -en** possibility
möglichst . . . as . . . as possible
Moltke, Helmuth von (1800-1891) *preußischer Generalfeldmarschall*
der **Moment -e** moment, instant
der **Monat -e** month
der **Mond -e** moon
der **Montag** Monday
das **Monument -e** monument
das **Moped -s** motorbike
der **Mopedfahrer -** motorbike rider
der **Morgen -** morning; **morgens** in the morning
morgen tomorrow; **morgen früh** tomorrow morning
der **Morgennebel -** morning mist
der **Morgenspaziergang ⸗e** morning stroll
die **Morgenzeitung -en** morning paper
die **Mosel** *linker Nebenfluß des Rheins*
das **Motiv -e** subject, motif
der **Motor -en** motor
das **Motorboot -e** motorboat
der **Motorist (-en) -en** driver
das **Motorrad ⸗er** motorcycle
Mozart, Wolfgang Amadeus (1756-1791) *Komponist*
müde tired
der **Mummelsee** *See an der Hornisgrinde, im nördlichen Schwarzwald*
München *Hauptstadt Bayerns: bedeutende Universität, Akademien der Wissenschaft, Künste; Museen; auch Industriestadt*
der **Mund -e** *or* ⸗er mouth
münden flow into, empty into
die **Mündung -en** mouth (of a river) (5/5)
das **Münster -** cathedral
die **Mur** *Fluß in Österreich*
die **Murg** *kleinerer Nebenfluß des Rheins, im Schwarzwald*
das **Murgtal** *industriereiches Tal der Murg*
das **Murgwerk** power plant in the Murg valley
das **Murmeltier -e** marmot, hibernating rodent like but smaller than a woodchuck; **wie ein Murmeltier schlafen** sleep like a log (9/7)
Murnau *mittelgroße (ungefähr 6 000 Einwohner) Stadt in Oberbayern*
das **Museum Museen** museum
die **Musik** music
der **Musiker -** musician

die **Musikhochschule -n** School of Music, conservatory
die **Musikkapelle -n** band
der **Muskel -n** muscle
müssen (muß), mußte, gemußt have to, must; **nicht müssen** not have to
das **Muster -** pattern
die **Mutter ⸗** mother
Mutterle Mummy
Mutti Mom
die **Mütze -n** cap (10/6)

N

'n = ein, einen; guten
na well . . .; **na also** there you have it! well now, well then
nach after, toward, to; according to
der **Nachbar -n** neighbor (man)
die **Nachbarschaft -en** neighborhood
nach-denken, dachte, gedacht consider, reflect; (**über** + acc.) ponder (9/4)
nachdenklich thoughtful, pensive (4/1)
nach-fragen make inquiries
nach-gehen, ging, gegangen go slow (clock or watch)
nachher after that, afterwards (7/5)
der **Nachmittag -e** afternoon; **nachmittags** in the afternoon
die **Nachricht -en** news (6/6)
nach-sehen (ie), a, e look into, investigate; look after; answer the door
nächst- next, nearest; **in nächster Zeit** in the immediate future; **unser Nächster** the one who follows us, who comes along next
die **Nacht ⸗e** night
der **Nachteil -e** disadvantage (9/7)
die **Nachtigall -en** nightingale
der **Nachtisch -e** dessert
nach-winken wave to someone departing
nahe, näher, nächst- near, close (3/3)
die **Nähe** vicinity
der **Name (-ns) -n** name; **namens** by the name of
nämlich you see; you must know; of course; namely
die **Nase -n** nose
naß wet (11/1)
die **Nation -en** nation
die **Nationalbibliothek -en** national library
die **Natur** nature
naturhistorisch of natural history; scientific
natürlich natural; naturally, of course
'ne = eine
der **Nebel -** fog, mist (11/2)

nebelig foggy, misty
neben next to, near
nebenan next door
nebeneinander next to one another
nebeneinander-liegen, a, e lie next to one another
die Nebenfigur -en minor character
der Nebenfluß -flüsse tributary
der Neckar *rechter Nebenfluß des Rheins (West-Deutschland)*
das Neckartal Neckar Valley
nee Nope!
nehmen (nimmt), nahm, genommen take; **sich wichtig nehmen** be conceited; [→ **ab-, an-, auf-, auseinander-, ein-, heraus-, mit-, teil-, übel-, weg-**]
nein no
die Neiße *linker Nebenfluß der Oder (Ost-Deutschland); siehe auch* Oder
'nen = einen
nennen, nannte, genannt name, call
nervös nervous
nett pleasant, kind
das Netz -e net
neu new
der Neubau -ten new building, under construction (10/5)
neugierig curious, inquisitive
Neukirch *Gemeinde im Schwarzwald*
neulich recently
neun nine
neunzehn nineteen
neunzig ninety
Neuschwanstein *Schloß bei Füssen im Allgäu, 1869-86 für König Ludwig den Zweiten von Bayern erbaut*
nicht not
nichts nothing, not anything
nicken nod (9/3)
nie never
die Niederlande the Netherlands, Holland
nieder-lassen (läßt), ließ, gelassen (sich) settle (5/5); make camp
Niedersachsen *Land der BRD*
niedlich cute (10/3)
niemand no one, nobody, not anybody (6/1)
noch still; yet; **immer noch** still; **noch einmal** again; **noch nicht/kein** not yet; **sonst noch jemand** somebody else, anybody else; **was ... sonst noch** what else; **noch ein** another; **noch eins** one more thing
norddeutsch North German
Norddeutschland North Germany
der Norden north

nördlich northern; **nördlich von** north of
der Nordosten northeast
Nordrhein-Westfalen *nordwestliches Land der BRD*
die Nordsee North Sea
der Nordwesten northwest
der Nordwind north wind
Norwegen Norway
die Note -n note; grade (8/4)
nötig necessary
die Notiz -en note
der November November
die Nummer -n number
das Nummernschild -er license plate
nun well; now
nur only
Nürnberg *Stadt in Bayern; Industrie- und Kunstzentrum Nordbayerns*

O

O Oh
ob whether, if; **als ob** as if; **und ob!** and how!
oben above; upstairs; **nach oben** up
ober- upper; **Ober-** Upper (higher, more southerly)
der Ober = Oberkellner (10/4)
Oberammergau *Ort in Oberbayern, berühmt durch Sommerfrische, Wintersport und Passionsspiele*
Oberau *Dorf in der Nähe von Oberammergau*
Oberbayern Upper Bavaria (the southern part of Bavaria, which is mostly mountainous country)
oberbayrisch Upper Bavarian
oberhalb above
der Oberkellner - head waiter (10/4)
der Oberstudiendirektor -en high school principal (7/6)
das Objektiv -e lens
der Obstbaum -e fruit-tree
obwohl although (6/7)
der Odenwald *Waldgebirge östlich des Rheins, zwischen Neckar und Main*
die Oder *Fluß, der mit der Neiße die Grenze zwischen Ost-Deutschland und Polen bildet*
oder or
offen open; **offen gestanden** I must frankly admit
Offenbach *Stadt in der Nähe von Frankfurt, südlich vom Main*
offenbar apparently
offiziell official
öffnen open

oft often
ohne without
das **Ohr** -en ear
die **Oker** *kleiner Fluß im Oberharz*
der **Oktober** October
das **Öl** -e oil
die **Ölfirma** -firmen oil firm
der **Olympiaturm** *Fernsehturm mit Restaurant in München*
der **Omnibus** -se bus
der **Onkel** - uncle
die **Oper** -n opera
die **Operette** -n operetta
der **Opernbesuch** -e visit to the opera, attendance at the opera
der **Opernfreund** -e opera fan
das **Opernhaus** ⸗er opera house
die **Opernkarte** -n opera ticket
die **Opernkasse** -n box office at the opera
der **Opernring** *berühmte Straße in Wien*
opfern sacrifice
der **Optimist** (-en) -en optimist
die **Orange** -n orange
das **Orchester** - orchestra
ordentlich orderly; regular; ordinary; really (6/6)
die **Ordnung** -en regulation; order; **in Ordnung** OK; **in Ordnung bringen** put in order, straighten out
organisieren organize
originell original
der **Ort** -e place, spot; small town (9/1)
Osnabrück *Stadt in Niedersachsen, ungefähr 150 000 Einwohner, Industrie, Museen, gotische und Barockarchitektur, Theater*
Ost = **Osten**
Ost-Deutschland East Germany (the political organization)
der **Osten** east
Ostern Easter (11/1)
Osterode *Kreisstadt im Harz, sieht noch zum Teil mittelalterlich aus*
Österreich Austria
österreichisch Austrian
östlich eastern; **östlich von** east of
die **Ostsee** Baltic Sea
die **Ouvertüre** -n overture
der **Ozean** -e ocean

P

das **Paar** -e pair, couple
ein **paar** a few, some
die **Pacht** lease, rent

pachten lease, rent (9/4)
der **Pächter** - lessee, tenant (9/4)
packen pack; [→ **aus-, ein-, zusammen-**]
der **Pakt** -e agreement, pact
der **Palast** ⸗e palace
die **Panne** -n break-down, mechanical failure
das **Papier** -e paper
die **Papierfabrik** -en paper mill
der **Papierkorb** ⸗e wastepaper basket
Papierwaren (pl.) stationery
die **Papierwoche** -n paper-drive week
das **Pärchen** - young couple
der **Park** -e park
parken park (a car); **Parken verboten** no parking
der **Parkplatz** ⸗e parking place
der **Passagier** -e passenger
das **Passagiergepäck** passenger's baggage
passen, paßte, gepaßt fit, match; **gut zueinander passen** be congenial; [→ **an-, auf-**]
passieren happen; happen to someone
die **Pause** -n pause, recess
der **Pavillon** -s pavilion
das **Pech** pitch; bad luck
die **Pegnitz** *Fluß, an dem Nürnberg liegt*
der **Pelzmantel** ⸗ fur coat
per by, per; via
die **Person** -en person, human being
das **Personal** staff (7/1)
der **Personenwagen** - passenger car (2/6)
die **Pfanne** -n pan (7/3)
der **Pfennig** -e penny; 1/100 of a mark
das **Pfennigstück** -e penny coin
das **Pferd** -e horse (3/4)
der **Pferdestall** ⸗e stable
die **Pferdestärke** -n horsepower (12/1)
Pfingsten Whitsuntide, Pentecost (7/6)
der **Pfingstmontag** Monday after Pentecost
die **Pfingstrose** -n peony (11/1)
der **Pfingstsonntag** Pentecost
die **Pfingstwanderung** -en hike during the Pentecost holiday
die **Pflanze** -n plant
pflanzen plant
pflegen cultivate, care for
die **Pflicht** -en duty (10/6)
das **Pfund** -e pound; one-half kilogram (10/3)
phänomenal phenomenal, prodigious
phantastisch fantastic
der **Photoapparat** -e camera
der **Photograph** (-en) -en photographer
der **Photo-Wettbewerb** -e picture-taking contest
der **Physiker** - physicist
das **Picknick** -e picnic

der **Pilgervater** ⸗ pilgrim father
das **Plakat -e** placard, sign, poster (12/6)
der **Plan** ⸗e plan; map
    planen plan
die **Plastik -en** piece of sculpture (8/1)
    plätschern splash
die **Platte -n** = **Schallplatte**
der **Platz** ⸗e place, square; room, space
das **Plätzchen -** nice little place
    plötzlich sudden
    Polen Poland
    polieren polish
    politisch political(ly)
die **Polizei** police; police station
die **Polizeipfeife -n** police whistle
die **Polizeiwache -n** police station
der **Polizeiwagen -** police car
der **Polizist (-en) -en** policeman
    populär appealing to a large part of the population
die **Post** postal service, mail
der **Posten - : auf seinem Posten** at his post
der **Postenstand** ⸗e police platform
die **Postkarte -n** post card
die **Pracht** pomp, splendor
    prächtig splendid, magnificent
    praktisch practical; in practical matters
der **Präsident (-en) -en** president
die **Präsidentin -nen** president (woman, girl)
der **Prater** *Vergnügungspark in Wien*
die **Praxis** practice
der **Präzedenzfall** ⸗e precedent
der **Preis -e** prize; price
    preiswert worth the price; less expensive (12/6)
die **Presse** press, newspaper industry
    prima first-rate (4/4)
der **Prinz (-en) -en** prince
der **Prinzregent (-en) -en** prince regent: senior member of a royal family taking over the reins of government while the regular successor to the throne is incapacitated or a minor
das **Prinzregententheater** theater in Munich, named in honor of Prince Regent Luitpold
    privat private
die **Probe -n** rehearsal, test
    probieren [→ **an-**]
das **Problem -e** problem
das **Produkt -e** product
    produzieren produce
der **Professor -en** professor
das **Programm -e** program

    prominent prominent, outstanding
der **Proviant** provisions, supplies (7/2)
die **Proviatasche -n** bag for provisions
das **Prozent -e** per cent, percentage
    prüfen test, take a reading, examine carefully
die **Prüfung -en** test, quiz
das **Publikum** public; audience
der **Pullover -** pullover, sweater
die **Pumpe -n** pump
    pumpen pump
der **Punkt -e** point; period (punctuation)
    pünktlich punctual (1/1)
die **Puppe -n** doll, puppet (6/1)
der **Puppenkopf** ⸗e doll's head, puppet head
das **Puppenschnitzen** puppet-carving
das **Puppenspiel -e** puppet show

Q

das **Quadratkilometer -** [qkm *or* km²] square kilometer (12/7)
die **Quadratmeile -n** square mile
der **Quatsch** nonsense, rubbish (9/5)
die **Quelle -n** source (5/5), spring
    quellend surging
    quer transverse, diagonally across, across (12/5)
die **Querflöte -n** (transverse) flute (12/7)

R

das **Rad** ⸗er wheel (12/4); bicycle
    radeln ride a bicycle; [→ **hinunter-**] (7/2)
das **Radio -s** radio
der **Radioamateur -e** radio ham
der **Radioapparat -e** radio set
die **Radtour -en** bicycle tour
    ragen [→ **heraus**]
der **Rand** ⸗er edge (7/1), margin
    rassig first-class; elegant, chic
    rasten rest
das **Rasthaus** ⸗er roadside hotel
der **Rastplatz** ⸗e roadside rest area
die **Raststätte -n** roadside restaurant (9/5)
    raten (ä), ie, a advise; guess (7/5)
das **Rathaus** ⸗er city hall (1/5)
der **Rathausturm** ⸗e tower on the city hall
der **Raum** ⸗e room; space
die **Raumrakete -n** space rocket (8/2)
    Raumünzach *Dorf im Schwarzwald*
    rechnen count, calculate; **mit etwas rechnen** reckon with something (12/4); **auf etwas rechnen** count on, depend on something (8/6)

die **Rechnung -en** bill, check (2/3)
   recht right; quite, very; **recht geben** admit
     that someone is right; **recht haben** be
     right; **mir soll's recht sein** it is all right
     with me
   rechts to the right, at the right
   rechtzeitig punctually, on time (3/1)
die **Rede -n** talk, speech; **nicht der Rede wert**
   not worth mentioning
   reden talk, speak
die **Reformierung -en** reform
   regelmäßig regular(ly)
   regeln regulate, straighten out
   regen [→ **auf-**]
der **Regen** rain
   Regensburg *Hauptstadt des bayrischen Re-*
     gierungsbezirks Oberpfalz; liegt an der
     Donau, viele sehr alte Kirchen und Bauten
der **Regenschirm -e** umbrella
die **Regierung -en** government
der **Regierungsbezirk -e** governmental district
   regnen rain
der **Rehbock** ⸗e male deer (3/4)
das **Reich -e** empire, kingdom; **das Dritte Reich**
   Nazi name for Hitler Germany (1933-
   1945)
   reich abundant, rich (6/3)
   reichen reach, extend; give, hand; [→ **aus-,**
   ein-, zurück-]
der **Reifen -** tire (12/4)
die **Reifenpanne -n** flat tire (the happening, not
   the physical tire: see also **Panne**)
die **Reihe -n** row; series; **Die Reihe ist an dir.**
   It's your turn. **bunte Reihe** alternate seating of men and women (7/5)
   'rein = herein
   rein pure
   reinigen clean, purify
   reinst- regular, just like a real
die **Reise -n** trip, journey
das **Reisebüro -s** travel agency; travel bureau
   reisen travel; [→ **ab-**]
der **Reisende (-n) -n** traveler
das **Reiseplakat -e** travel poster
   reißen, riß, gerissen rip, tear
   reiten, ritt, geritten ride (a horse)
   reizend charming, attractive
   Rembrandt, *eigentlich* **R. Harmensz van Rijn**
     (1606-1669), *holländischer Maler*
   rennen, rannte, gerannt run
   reparieren repair
die **Republik -en** republic
das **Restaurant -s** restaurant

die **Reuß** *rechter Nebenfluß der Aare* (*Schweiz*)
die **Revolution -en** revolution
das **Rezept -e** prescription, recipe
der **Rhein** *der größte und wasserreichste Fluß*
   Deutschlands; Quelle in der Schweiz,
   Mündung in die Nordsee
das **Rheinland** *deutsche Gebiete auf beiden Seiten*
   des Rheins
   Rheinland-Pfalz *Land der BRD*
das **Rheintal** Rhine Valley
   Rhodos *Insel im östlichen Teil des Mittel-*
   meers
die **Rhone** *wichtiger Fluß, der seine Quelle in der*
   Schweiz hat, durch Südfrankreich fließt
   und ins Mittelmeer mündet
   richten (auf + acc.) direct; [→ **aus-, her-**]
   richtig right, correct, real
die **Richtung -en** direction
   Rippoldsau *Gemeinde in Südbaden*
der **Rock** ⸗e skirt
   Rodin, Auguste (1840-1917) *französischer*
   Bildhauer
der **Rohstoff -e** raw material
die **Rolle -n** roll; rôle
   rollen roll
der **Roman -e** novel (12/3)
   romanisch-romantisch combined Roman-
   esque and Romantic (architectural styles)
der **Römer** City Hall of Frankfurt
   rosa pink
die **Rose -n** rose
   rosig rosy
   rot red
der **Rücken -** back; ridge
die **Rückfahrkarte -n** return ticket, round-trip
   ticket
die **Rückfahrt -en** return trip
der **Rucksack** ⸗e knapsack, rucksack
   rückwärts backwards (10/6)
das **Ruderboot -e** row-boat
   rudern row (4/1)
   rufen, ie, u call; [→ **an-, zu-**]
die **Ruhe** peace and quiet, rest; **Ruhe!** Quiet!
   ruhen [→ **aus-**]
der **Ruhetag -e** day off (7/1)
   ruhig calm, quiet
die **Ruhr** *rechter Nebenfluß des Rheins* (*West-*
   Deutschland)
die **Ruine -n** ruin
   ruinieren ruin
   rund round; about
die **Rundfahrt -en** sight-seeing tour
   rupfen pluck

der **Rüssel** - trunk (of an elephant) (10/3)
Rußland Russia
rutschen [→ **aus-**]

S

's = es; das
die **Saale** *linker Nebenfluß der Elbe (Ost-Deutschland)*
das **Saarland** *Land der BRD*
die **Sache -n** thing, affair, subject
sachte soft, gentle; cautiously, gradually, gently (4/2)
sagen say, tell
die **Saison -s** season
der **Salat -e** salad
die **Salzach** *rechter Nebenfluß des Inns (Österreich)*
Salzburg *Bundesland Österreichs; Hauptstadt des Bundeslandes, an der Salzach: Musikschule, Festspiele, kirchliche Institute*
die **Sammlung -en** collection
der **Samstag** Saturday
sämtlich all, entire
der **Sandbau -ten** castle built of sand (see also **Bau** and **Neubau**)
der **Sandstein** sandstone
sanft gentle, soft (5/4)
Sankt Saint
sauber clean (6/7)
das **Sauerkraut** sauerkraut
sausen whiz; rush, dash; [→ **davon-, herum-, hinunter-**] (4/4)
das **Schach** chess
die **Schachfigur -en** chess piece (1/6)
schade too bad, a pity
schaden hurt, damage
der **Schaden** ⁼ damage
schaffen, schuf, a create, produce; make
schaffen, schaffte, geschafft accomplish, do (11/1)
schälen peel
die **Schalke** *Berg (763 m) im nordwestlichen Harz*
die **Schallplatte -n** record
der **Schalter** - ticket window
scharf sharp (5/2)
der **Schatten** - shadow, shade
der **Schatz** ⁼e treasure; sweetheart, darling
die **Schatzmeisterin -nen** treasurer
schauen look, see; [→ **auf-, zu-**] (8/3)
das **Schaufenster** - show-window (12/3)
der **Scheck -s** check

der **Scheibenwischer** - windshield wiper
der **Schein -e** shine; appearance; ticket; banknote
scheinen, ie, ie shine; seem (6/1)
schenken give, present; **Das kann mir geschenkt bleiben.** I would not want it as a gift; **sich etwas schenken** spare oneself
scherzen joke, jest, have fun
die **Scheune -n** barn (9/7)
der **Schi -er** ski
schicken send
schieben, o, o shove, push (7/2)
schief diagonal, bent
schief-gehen, ging, gegangen go wrong, turn out badly (6/6)
die **Schiene -n** rail (5/6)
der **Schier** - skier
schießen, schoß, geschossen shoot (3/4); **zum Schießen** hysterically funny
das **Schiff -e** ship
schiffbar navigable (5/5)
die **Schihütte -n** small lodge for skiers
das **Schilaufen** skiing
das **Schild -er** sign (7/1)
der **Schilehrer** - ski instructor
Schiller, Friedrich (1759-1805) *berühmter deutscher Dichter und Dramatiker*
das **Schillertheater** theater in Berlin, named for Friedrich Schiller
der **Schinken** - ham (9/4)
das **Schinkenbrot -e** ham sandwich
schlafen (ä), ie, a sleep
das **Schlafzimmer** - bedroom
schlagen (ä), u, a beat, hit; strike (4/4); [→ **ein-, vor-**]
die **Schlagsahne** whipped cream
die **Schlange -n** snake; line; **Schlange stehen** stand in line (8/5)
schlank slender, slim; „**schlanke Linie**" trim figure (11/2)
schlau sly, cunning (9/1)
der **Schlauch** ⁼e inner tube; hose
schlecht bad, poor
Schledehausen *Dorf östlich von Osnabrück, in Niedersachsen*
der **Schlegel** - drumstick (4/2)
die **Schleife -n** loop; hair-pin turn
schleppen drag, haul; [→ **hinauf-, mit-**] (11/2)
Schleswig former duchy, now part of Schleswig-Holstein, a „Land" of the BRD, north of Hamburg
Schliersee *Kurort in Oberbayern, am Schliersee*

schließen, schloß, geschlossen close; conclude

schließlich finally, at the end; after all

schlimm bad, unpleasant (6/2)

der Schlittschuh -e ice skate

das Schloß Schlösser castle

Schloßanlagen castle grounds

schlüpfen [→ durch-]

der Schluß ⸗sse end, conclusion

der Schlüssel - key

schmal narrow (1/5)

schmecken taste (good)

schmelzen (i), o, o melt

schmieren grease, lubricate (a car)

schmutzig dirty (6/7)

der Schnee snow

die Schneelandschaft -en snow-covered landscape

der Schneesturm ⸗e snowstorm

schneiden, schnitt, geschnitten cut; [→ ab-, auf-]

schnell quick, rapid, fast; schnell machen hurry up

die Schnellkamera "candid camera"

der Schnellzug ⸗e fast train, express train

schnitzen carve; [→ holz-]

die Schokolade -n chocolate

Scholl, Hans (1918-1943) and Sophie (1921-1943) members of an anti-Nazi group called „die weiße Rose" at the University of Munich

schon already; simply; all right

schön fine, beautiful, nice

Schönberg, Arnold (1874-1951) *österreichischer Komponist, seit 1934 in Los Angeles und Boston*

Schöneberg *Stadtteil von West-Berlin*

die Schönheit -en beauty

der Schornstein -e chimney

das Schornsteinfegen (trade of) sweeping chimneys

der Schornsteinfeger - chimney sweep (8/3)

der Schrank ⸗e cupboard, closet

schrecklich horrible, terrible

schreiben, ie, ie write; [→ an-, auf-]

die Schreibmaschine -n typewriter

der Schreibtisch -e desk

schreien, ie, ie scream, cry out

der Schriftführer - secretary

der Schriftsteller - writer, author

der Schritt -e step, pace (10/7)

Schubert, Franz Peter (1797-1828) *österreichischer Komponist*

der Schuh -e shoe

der Schulbus -se school bus

die Schuld -en debt; fault, blame (10/6)

schulden owe

schuldig guilty, at fault (6/5)

der Schuldirektor -en school principal

die Schule -n school

der Schüler - pupil

die Schülerin -nen pupil

das Schülerkonzert -e school concert

das Schülerorchester - school orchestra

die Schülerzeitung -en school paper

das Schulfest -e school festival

der Schulkamerad (-en) -en classmate, fellow alumnus

das Schulkind -er school child

der Schulsport athletic program in connection with a school

die Schulter -n shoulder

der Schulweg -e way to school

schütteln shake

der Schutz protection (7/1)

schützen protect

schwach, schwächer, schwächst- weak

der Schwager ⸗ brother-in-law

der Schwan ⸗e swan

der Schwanenteich -e swan-pond

schwärmen (für) be enthusiastic (about)

schwarz black

der Schwarzwald *Mittelgebirge östlich des Rheins in Baden-Württemberg*

die Schwarzwaldbahn Black Forest Railroad

Schwarzwälder Black Forest (from the Black Forest)

die Schwarzwaldfahrt -en trip through the Black Forest

Schwaz *Stadt am Inn in Tirol, Österreich*

die Schwebebahn -en suspended monorailway

Schweden Sweden

schweigen, ie, ie be silent (6/5)

das Schweigen silence

das Schwein -e hog, pig (3/4); good luck

der Schweinebraten - roast pork

das Schweinefüttern feeding of pigs

die Schweiz Switzerland

schweizerisch Swiss

schwer heavy; difficult, hard (5/6)

die Schwerindustrie heavy industry

die Schwester -n sister

die Schwierigkeit -en difficulty (5/6)

das Schwimmbad ⸗er swimming pool

schwimmen, a, o swim

die Schwimmhalle -n indoor swimming pool

sechs six

sechzehn sixteen

sechzig sixty

der **See** -n lake

die **See** -n sea, ocean

der **Seehafen** ⸗ ocean harbor

die **Seele** -n soul

Seesen *Stadt in der Nähe von Braunschweig, im Lande Niedersachsen*

das **Seeufer** - lakeside; seashore

das **Segelboot** -e sailboat

segeln sail (1/4)

sehen (ie), a, e look, see; **siehe da!** behold! **Was sieht sie an ihm?** What does she see in him? **Das sieht ihr ähnlich.** That's typical of her. [→ an-, auf-, aus-, ein-, fern-, hin-, hinab-, hinauf-, nach-, um-, wieder-, zu-]

die **Sehenswürdigkeit** -en sight, thing worth seeing

sehr very

sein (bin, bist, ist, sind, seid), war, gewesen, wär-, sei be

sein his, its

seit since; **seit acht Tagen** for a week

seitdem since; since then

die **Seite** -n side; page

seitwärts sidewards; to the side (10/6)

die **Sekunde** -n second

selb- same

selber, selbst self, selves (himself, yourselves, etc.); even

selbstverständlich of course; that goes without saying

selig blissful

selten seldom; rare (6/4)

senden, sandte, gesandt send, mail

der **September** September

der **Sessel** - armchair

setzen set, put; **(sich) setzen** sit down; **sich in Bewegung setzen** start moving; [→ aus-, hin-]

sich oneself, himself, itself, herself, themselves; each other; **von sich aus** by himself; **für sich** to himself, under his breath

sicher safe, sure, certain(ly)

die **Sicherheit** security, safety

sieben seven

siebt- seventh

siebzehn seventeen

siebzig seventy

siehe see, compare

das **Siemenswerk** *Siemens und Halske AG, Berlin, München: ein großes Unternehmen der deutschen elektrotechnischen Industrie*

siezen address a person as „Sie" (9/1)

das **Signal** -e signal

der **Silo** -s silo

singen, a, u sing

sinken, a, u sink

der **Sinn** -e sense; meaning; intelligence

der **Sitz** -e seat; site; fit (of a dress)

sitzen, saß, gesessen sit; [→ herum-]

die **Sitzung** -en meeting, session

die **Skizze** -n sketch

skizzieren sketch

so so, thus, this way; like that; **so was** = **so etwas** something like that; **so ein** such a

sobald as soon as

so daß so that

das **Sofa** -s sofa, couch

sogar even (5/1)

sogenannt so-called

der **Sohn** ⸗e son

solange as long as

solch such

solid well-built

sollen be supposed to; ought to; shall, should

der **Sommer** - summer

Sommerferien (pl.) summer vacation

die **Sommerfrische** summer vacation resort

so 'n = **so ein**; **so 'ne** = **so eine**

sondern but, but rather

der **Sonnabend** Saturday

die **Sonne** -n sun

der **Sonnenschirm** -e parasol, sunshade, umbrella (7/1)

der **Sonnenuntergang** ⸗e sunset (7/5)

der **Sonntag** Sunday

der **Sonntagnachmittag** -e Sunday afternoon

der **Sonntagnachmittagsspaziergang** ⸗e Sunday afternoon stroll or hike

das **Sonntagskleid** -er Sunday dress; (*pl.*) Sunday clothes

die **Sonntagsrückfahrkarte** -n weekend round-trip ticket (7/2)

sonst otherwise, else; usually; **Was sonst?** What else?

Sonthofen *Kurort in den Allgäuer Alpen*

die **Sorge** -n care, worry; **(sich) Sorgen machen** worry

sorgen (für) see to it; care for (9/7)

soviel as much, so much; **soviel ich weiß** as as far as I know

sowieso anyhow, anyway (9/1)

sowohl . . . wie . . . both . . . and . . . (7/4)

sozusagen as it were, so to speak

Spanien Spain

spannend exciting

sparen save; **(sich)** spare oneself

der **Spargel** asparagus
der **Spaß** ⸗e joke; fun, amusement
    spät late
    spazieren walk or drive for pleasure
    spazieren-gehen, ging, gegangen go for a walk
der **Spaziergang** ⸗e walk
der **Spaziergänger** - hiker, stroller
der **Speck** bacon (9/4)
die **Speckseite -n** slab of bacon
das **Speerwerfen** javelin throwing (4/4)
der **Sperrdruck** letter-spaced printing
die **Sperre -n** gate (at entrance to platform in railroad station)
der **Spiegel -** mirror (2/3)
das **Spiel -e** play, game
    spielen play, act out
der **Spieler -** player
der **Spielplatz** ⸗e playground
die **Spielwarenwerkstatt** ⸗en toy factory
das **Spielzeug -e** plaything, toy
die **Spielzeugwerkstatt** ⸗en toy factory
    spitz sharp, pointed (5/2)
die **Spitze -n** tip, point; peak
der **Sport** sport
die **Sportart -en** type of sport (6/7)
der **Sportenthusiast (-en) -en** sport enthusiast
das **Sportfest -e** athletic festival
die **Sportmannschaft -en** athletic team
der **Sportnachmittag -e** afternoon devoted to sport; sport rally
der **Sportplatz** ⸗e athletic field
der **Sportwagen -** sports car
die **Sprache -n** language
das **Sprachgebiet -e** area where a language is spoken
    sprechen (i), a, o speak, talk; **(von; über +** acc.) talk about; [→ **aus-**]
die **Spree** *linker Nebenfluß der Havel (Ost-Deutschland)*
der **Springbrunnen -** fountain
    springen, a, u jump, spring; run; [→ **auf-, herum-**]
der **Springer -** knight (in chess, 1/6)
der **Sprung** ⸗e leap, jump
der **Staat -en** state
    staatlich public, state
das **Staatsexamen** state examination (for an official license to practice a profession)
der **Staatsmann** ⸗er statesman
die **Staatsoper -n** state-supported opera
das **Stadion -ien** stadium (6/7)
die **Stadt** ⸗e city
die **Stadtbibliothek -en** municipal library

das **Städtchen -** small city, little town
der **Stadtgarten** ⸗ city park
das **Stadtinnere** center of town
    städtisch municipal
die **Stadtmitte** center of town
der **Stadtplan** ⸗e city map
der **Stadtteil -e** section of the city
das **Stadttor -e** city gate
der **Stahlpfeiler -** steel support
der **Stall** ⸗e stable (9/7)
    stammen (aus) come (from); be derived (from)
der **Stand: gut in Stand halten** keep in good repair
    stark, stärker, stärkst- strong
die **Stärke -n** strength, power; strong point
der **Starnberger See** *größerer See, südlich von München*
    starten start (a car)
    statt instead of
    statt-finden, a, u take place (6/3)
die **Statue -n** statue
die **Steckdose -n** (electric) outlet (6/6)
    stecken stick; put; be buried; be (hidden); [→ **heraus-**] (7/4)
    stecken-bleiben, ie, ie get stuck; break down (9/2)
    stehen, stand, gestanden stand, be situated; be becoming; **Wie steht's?** How are things? **Da steht alles drin.** Everything is printed in it. **was hier steht** what it says here; [→ **auf-, herum-**]
    stehen-bleiben, ie, ie stop, stand still (5/1); remain standing; remain with, linger over
die **Stehlampe -n** floor lamp (2/3)
    stehlen (ie), a, o steal (10/6)
    steigen, ie, ie climb, get (into *or* out of a car, etc.); [→ **ab-, aus-, ein-, hinab-, hinunter-, um-**]
    steil steep (5/4)
der **Stein -e** stone, rock
die **Stelle -n** position, place
    stellen set, put; **eine Frage stellen** ask a question; [→ **aus-, ein-, her-, heraus-, vor-, zufrieden-**]
die **Stellung -en** position, job
    sterben (i), a, o die
    stets constantly
der **Stil -e** style
    still quiet, still, calm
die **Stimme -n** voice
    stimmen agree, be right; **Das stimmt.** That's correct.
    stinken, a, u stink

die **Stirn -en** forehead
der **Stock -werke** floor, story (of a building)
der **Stoff -e** material
    stolpern stumble
    stolz (auf + acc.) proud (of)
    stoßen (ö), ie, o push, shove, hit, touch, border on
    -str. = -straße
die **Strafe -n** punishment; fine, penalty (6/5)
der **Strafzettel -** (parking, traffic violation) ticket
der **Strand -e** beach
das **Strandbad ⸚er** bathing beach
der **Strandbadeort -e** seaside resort
die **Strandburg -en** sand castle
der **Strandkorb ⸚e** covered wicker-ware beach chair
    Straßburg *Hauptstadt des französischen Departments Bas-Rhin, im Elsaß: Universität, Münster*
die **Straße -n** street
die **Straßenbahn -en** streetcar, streetcar system
die **Straßenbahnlinie Sechs** streetcar on Route Six
der **Straßbenbau** road construction
die **Straßenecke -n** street corner
die **Straßenkreuzung -en** street crossing, junction
der **Straßenrand ⸚er** edge of the road; gutter
der **Strauch ⸚er** bush, shrub
    Strauß, Johann (*Vater* **1804-49**; *Sohn* **1825-99**) *österreichische Komponisten*
    Strauss, Richard (**1864-1949**) *deutscher Komponist*
die **Strecke -n** distance; line, stretch
    strecken [→ **aus-**]
    streicheln stroke, pet
die **Strippe -n** cord (6/6)
das **Stroh** straw
der **Strom ⸚e** large river (5/5); stream; electric current
das **Stück -e** piece; play (in the theater); garden plot
der **Student (-en) -en** university student
    studieren study (at an institution of higher learning) (10/1)
das **Studium Studien** study
die **Stufe -n** step (1/5); grade
der **Stuhl ⸚e** chair
die **Stunde -n** hour; class
    stundenlang for hours
der **Sturm ⸚e** storm (12/4)
    stürmisch stormy
    stürzen fall headlong; plunge; [→ **hin-**]

    Stuttgart *Hauptstadt des Landes Baden-Württemberg: mehrere berühmte Hochschulen, alte und moderne Architektur, Fernsehturm (211 m), Industrien*
    suchen (nach) look for, seek; [→ **aus-, herum-**] (4/5)
Süd- South, Southern
Südbayern Southern Bavaria
süddeutsch South German
Süddeutschland South Germany
der **Süden** south
südlich southern; **südlich von** south of
der **Südosten** southeast
Südtiroler-Straße South-Tirol Street
Südwestdeutschland Southwest Germany
der **Südwesten** southwest
die **Summe -n** sum, amount
die **Suppe -n** soup
    süß sweet
die **Swissair** the Swiss airline
das **Symbol -e** symbol
die **Symphonie -n** symphony
das **Symphoniekonzert -e** symphony concert
das **System -e** system
    systematisch systematic
die **Szene -n** scene

T

der **Tabak** tobacco
die **Tafel -n** board, chalk-board
der **Tag -e** day
das **Tageblatt** daily newspaper (9/3)
das **Tagebuch ⸚er** diary
die **Tagesordnung -en** order of the day, agenda
der **Takt -e** measure (music); time (music)
das **Tal ⸚er** valley (1/3)
das **Talent -e** talent
die **Tälerstraße -n** valley road
die **Talfahrt -en** down-hill ride
die **Talsperre -n** dam (7/4)
    tanken get gas
die **Tankstelle -n** filling station
die **Tanne -n** fir
der **Tannenwald ⸚er** fir forest
die **Tante -n** aunt
der **Tanz ⸚e** dance
    tanzen dance
die **Tänzerin -nen** dancer
    tapfer courageous, brave
die **Tasche -n** pocket; bag
die **Taschenlampe -n** flashlight
die **Tasse -n** cup
    tauschen exchange; [→ **aus-**]

tausend thousand
das **Taxi -s** taxicab
die **Technik** technology
technisch technical; **Technische Hochschule** Institute of Technology (10/1)
der **Teetisch -e** tea-table
Tegernsee *Luftkurort in Oberbayern, am Tegernsee*
der **Teich -e** pond (3/4)
der **Teil -e** part
teilen divide; share; [→ **mit-**]
teil-nehmen (nimmt), nahm, genommen take part (**an** + dat.) (6/7)
das **Telefon -e** telephone
telefonisch by telephone
Tempelhof *Stadtteil von Berlin; Zentralflughafen West-Berlins*
das **Tennis** tennis
der **Tennisplatz ⸚e** tennis court(s)
der **Teppich -e** rug
die **Terrasse -n** terrace
teuer expensive; dear
der **Teufel -** devil
Textilien (*pl.*) textiles
Textilwaren = Textilien
die **T.H. = Technische Hochschule** (10/1)
das **Theater -** theater
der **Theaterabend -e** evening at the theater
die **Theaterkarte -n** theater ticket
das **Thema Themen** subject, topic (12/2)
theoretisch theoretical, in matters of theory
die **Thur** *linker Nebenfluß des Rheins* (*Schweiz*)
tief deep
die **Tiefe -n** depth
die **Tiefebene -n** lowland, low-lying plain (5/2)
das **Tier -e** animal (3/4)
der **Tiergarten ⸚** zoo; name of a park in West Berlin
Tirol *Bundesland Österreichs: Alpenland*
der **Tisch -e** table
die **Tischdecke -n** tablecloth
das **Tischlein -** little table
das **Tischtennis** "Ping-Pong", table tennis
der **Titisee** *See im Schwarzwald*
tja well now
die **Tochter ⸚** daughter
der **Tod** death
toll mad; fantastic (1/4)
der **Ton ⸚e** tone; **den Ton angeben** set the mood
der **Topf ⸚e** kettle, pot (9/5)
das **Tor -e** gate; goal (4/1)
tot dead
die **Tour -en** trip
der **Tourist (-en) -en** tourist

die **Tracht -en** traditional costume of a particular region (11/3)
das **Trachtenfest -e** costume festival
tragen (ä), u, a bear, carry; wear (1/2)
trainieren train, be in training
der **Traktor -en** tractor
der **Traum ⸚e** dream
traurig sad, melancholy (6/2)
treffen (trifft), traf, getroffen meet (1/5); hit, hit upon; (**sich**) meet by appointment; [→ **wieder-**]
treiben, ie, ie drive, set in motion; carry on; propel; [→ **an-, heim-, herum-**]
trennen (sich) separate (2/1)
die **Treppe -n** staircase (1/5)
treten (tritt), a, e step; [→ **auseinander-, bei-, ein-, heran-, zurück-**] (6/6)
Triberg *Kurort im mittleren Schwarzwald: in der Nähe prächtiger Wasserfall der Gutach*
trinken, a, u drink
trocken dry (7/1)
trocknen dry
die **Trommel -n** drum (4/2)
trommeln beat a drum
der **Trommler -** drummer (4/2)
die **Trompete -n** trumpet, cornet
das **Trompetensolo -s** trumpet solo, cornet solo
der **Tropfen -** drop
trotz in spite of
trotzdem in spite of that; nevertheless
trüb(e) dreary, dismal, overcast (6/4)
tun, tat, getan do
der **Tunnel -** tunnel
die **Tür -en** door
der **Turm ⸚e** tower (1/5); castle (in chess) (1/6)
das **Türmchen -** little tower
turnen do gymnastic exercises (6/7)
der **Turnlehrer -** physical education teacher
der **Turnplatz ⸚e** outdoor gymnastic grounds
der **Turnunterricht** instruction in gymnastics
der **Turnvater** honorary title of Friedrich Ludwig Jahn: "Father of Gymnastics"
der **Turnverein -e** gymnastic club
die **Tüte -n** paper bag (10/3)
die **Tyrannei** tyranny

U

übel-nehmen (nimmt), nahm, genommen take amiss
üben practice
über over, above; by way of, via; about; **über . . . hin** across; **über . . . hinaus** beyond

überall everywhere

übereinander-liegen, a, e lie on top of one another

übergeben (i), a, e transfer, hand over

der **Überhang ⸚e** projection, overhang

überhaupt in general, after all; at all (8/2; 12/6)

überholen pass, overtake (2/7)

überlegen (sich etwas) think over, consider carefully (6/4)

übermorgen day after tomorrow

übern = über + den

übernachten spend the night

übernehmen (übernimmt), übernahm, übernommen take over, accept, assume

überqueren go across

überraschen surprise

die **Überraschung -en** surprise

übers = über + das

Überstunden overtime

übrig left, remaining; **nicht viel übrig haben für** not care much for

übrigens moreover; by the way (1/1)

die **Übung -en** exercise; practice

die **Ufa = Universum-Film AG**

das **Ufer -** shore, bank (of a river) (5/4)

die **Uhr -en** clock, watch (1/1)

Ulm *Kreisstadt an der Donau: Ulmer Münster, mit dem höchsten Kirchturm in Europa (161 m)*

die **Ulme -n** elm tree

um around (a place or thing), at (a time); **um . . . zu** in order to; **bitten um** ask for

um-blicken (sich) look around

um-drehen (sich) turn around

umgeben (i), a, e surround

umliegend surrounding

der **Umschlag ⸚e** envelope (9/6)

um-sehen (ie), a, e (sich) look around

um-steigen, ie, ie transfer; change trains, buses, etc.

der **Umweg -e** detour, roundabout way

um-ziehen, zog, gezogen move (from one house or town to another) (11/1); **(sich)** change clothes

unbedingt absolute(ly), without fail (6/3)

unbekannterweise "although we are not acquainted" — used in sending a greeting to someone whose acquaintance the speaker or writer has not yet made (7/6)

unbeliebt unpopular

unberührt untouched

unbestimmt undetermined, indefinite

und and; **und wenn** even if

unentschieden undecided (score in a game) (4/4)

unentschlossen undecided (no opinion)

unerhört unprecedented; shocking, scandalous

der **Unfall ⸚e** accident

ungefähr about, approximately (5/1)

ungewöhnlich unusual

unglaublich unbelievable

unglücklich unhappy, unfortunate

die **Uniform -en** uniform

die **Universität -en** university

die **Universitätsstadt ⸚e** university town

unmöglich impossible

unpersönlich impersonal

unpraktisch impractical

die **Unruhe -n** unrest, disturbance; anxiety, alarm

unruhig restless

unsicher uncertain

der **Unsinn** nonsense (10/4)

unten below, downstairs; **nach unten (go)** downstairs

unter under, underneath; among; by; **unter (+ dat.) durch** through under

der **Unterbau -ten** substructure

unterbrechen (i), a, o interrupt (8/3; 10/8)

unter-gehen, ging, gegangen go down

die **Untergrundbahn -en (U-Bahn)** subway

unterhalten (ä), ie, a (sich) have a conversation, converse (12/1); enjoy oneself

das **Unterkommen** lodging, accommodations (11/3)

die **Unterkunft ⸚e** shelter, lodging

unternehmen (unternimmt), unternahm, unternommen undertake, attempt

der **Unterricht** instruction (6/7)

unterrichten instruct, teach, inform (8/6)

der **Unterschied -e** difference (9/3)

unterstützen support, assist

unterwegs on the way, on the road

ununterbrochen uninterrupted (10/8)

unvergeßlich unforgettable

unwahrscheinlich improbable

unwillig unwilling

unzufrieden dissatisfied, displeased

der **Urgroßvater ⸚** great-grandfather

die **Urne -n** urn

usw. = und so weiter and so forth

V

die **Vase -n** vase

der **Vater ⸚** father

Vaterle Daddy

Vati Dad
verabreden (sich) make a date, agree to meet
verabschieden (sich) say good-bye (6/1)
die **Verantwortung -en** responsibility
verantwortungsvoll responsible
der **Verband ⁓e** association
verbieten, o, o forbid, prohibit (12/5)
verbinden, a, u connect (5/2); tie, bind up; dress (wounds)
die **Verbindung -en** connection; club; association, fraternity
verboten (see **verbieten**)
verbringen, verbrachte, verbracht pass, spend (7/6)
verdanken owe, be indebted to
verdienen earn; deserve
der **Verein -e** club, association
vereinen unite
die **Vereinigten Staaten** United States
die **Verfassung -en** constitution
verfehlen miss a connection, fail to find (7/3)
vergangen past
die **Vergangenheit** past (12/3)
vergehen, verging, vergangen pass, slip by (7/6)
vergessen (vergißt), vergaß, vergessen forget (1/6)
vergleichen, i, i compare
das **Vergnügen -** pleasure
der **Vergnügungsplatz ⁓e** amusement park
das **Verhältnis -se** proportion, ratio; (*pl.*) conditions
verheiraten marry; **(sich) verheiraten** get married
verirren (sich) get lost
der **Verkauf** sale
verkaufen sell
die **Verkäuferin -nen** saleslady, clerk
der **Verkaufsstand ⁓e** sales booth
der **Verkehr** traffic (2/6)
die **Verkehrsampel -n** traffic light
das **Verkehrsmittel -** means of transportation
der **Verkehrspolizist (-en) -en** traffic policeman
der **Verkehrspostenstand ⁓e** elevated enclosure for traffic policeman
die **Verkehrsschwierigkeit -en** traffic difficulty
die **Verkehrsstraße -n** trade route
das **Verkehrszeichen -** traffic sign
verlangen demand; charge
verlassen (verläßt), verließ, verlassen leave, leave behind, abandon; **(sich) verlassen (auf + acc.)** depend on (6/2)
verlaufen (äu), ie, au (sich) get lost, lose one's way (7/4)

verlegen shift, move to another place, transfer (12/6); mislay
verliebt (in + acc.) in love (with)
verlieren, o, o lose
verloben (sich) get engaged (7/8)
der **Verlust -e** loss (12/4)
vermachen bestow, present
vermindern lessen, reduce (8/4)
vernünftig reasonable (8/3)
verpassen, verpaßte, verpaßt miss (a train, etc.) (8/3)
die **Verpflichtung -en** obligation
verrenken (sich etwas) sprain, dislocate
verrückt crazy (7/4)
versammeln (sich) assemble, gather, meet
die **Versammlung -en** meeting (6/3)
verschaffen (sich etwas) get, obtain
verschieden various; different (2/1)
verschwinden, a, u disappear (2/6)
der **Versicherungsagent (-en) -en** insurance agent
das **Versicherungswesen** insurance structure, system of insurance
verspäten (sich) come late, arrive late
versprechen (i), a, o promise (6/4)
der **Verstand** understanding, reason, good sense
verständlich understandable
das **Verständnis -se** understanding
verstehen, verstand, verstanden understand
verstellbar movable
verstellen move, shift; disguise
versuchen try (4/4); taste
vertreiben, ie, ie (sich die Zeit) while away (time) (6/4)
vertreten (vertritt), vertrat, vertreten represent
der **Verwandte (-n) -n** relative
verwehen blow away; **vom Winde verweht** gone with the wind
verzeihen, ie, ie pardon
die **Verzeihung** pardon
der **Vetter -n** cousin (male)
viel, mehr, meist- much; **viele** (*pl.*) many; **vieles** much, many things
vielleicht perhaps
vielmals many times; **danke vielmals** many thanks
vier four
viermal four times
viert- fourth
das **Viertel -** fourth, quarter; **drei Viertel acht** 7:45
die **Viertelstunde -n** quarter of an hour
vierzehntägig fourteen-day

Villingen *Luftkurort am Ostrand des Schwarzwaldes*
visieren aim, sight, take a sighting
der Vizepräsident (-en) -en vice-president
der Vogel ⸚ bird (11/2)
das Volk ⸚er people, nation, tribe
das Volkslied -er folk song
der Volkspark "People's Park"
voll full (7/3)
vollkommen perfect(ly)
die Vollpension complete board, all meals (12/6)
vom = von + dem
von from, by; von hier aus from this point; von . . . her from
voneinander from each other
vor in front of; before; ago; vor allem above all, primarily
voraus: im voraus in advance
vorbei past, over; an . . . vorbei past
vorbei-fahren (ä), u, a drive past, ride past
vorbei-gehen, ging, gegangen go past
vorbei-kommen, kam, gekommen come past
vorbei-ziehen, zog, gezogen move past
vor-bereiten prepare
Vorberge foothills
der Vorfrühling early spring
die Vorführung -en display, demonstration, show (6/2)
der Vorgesetzte (-n) -n boss, immediate superior
vorgestern day before yesterday
vor-haben (hat), hatte, gehabt plan, have in mind
der Vorhang ⸚e curtain
vorher before, beforehand, previously (6/3)
vor-kommen, kam, gekommen seem (6/4); happen, appear; occur (6/6); (sich) wichtig vorkommen consider oneself important
die Vorlesung -en lecture
vormittags in the forenoon, mornings
der Vorname (-ns) -n given name, first name
vorne in front; nach vorne to the front
der Vorort -e suburb (1/1)
vors = vor + das
der Vorschlag ⸚e proposal
vor-schlagen (ä), u, a propose (2/1)
die Vorschrift -en regulation, ordinance
die Vorsicht foresight, precaution; Vorsicht! Watch out!
vorsichtig careful, cautious
der Vorsitzende (-n) -n chairman
vor-stellen present, introduce (6/1); (sich etwas) imagine (3/3)

die Vorstellung -en introduction; idea, concept (8/2)
der Vorteil -e advantage (9/7)
vorüber past, over
vorüber-gehen, ging, gegangen pass, pass by, pass over
vorwärts forward (10/6)
vor-zeigen show, display, produce

W

wachen [→ auf]
wachsen (ä), u, a grow; [→ hinaus-, zusammen-] (7/1)
der Wachtmeister - sergeant (10/2)
wagen risk; dare; (sich) dare (to go)
der Wagen - car
die Wagenpflege care of the car (12/1)
der Wagenschlüssel - car key
die Wagenwäsche car wash
Wagner, Richard (1813-1883) *Opernkomponist*
wählen choose (12/2); elect
wahlfrei optional, of one's own choosing (12/2)
wahr true
während during; while (4/2)
die Wahrheit truth
wahrscheinlich probable, probably (8/2)
das Wahrzeichen - symbol, characteristic feature
der Wald ⸚er forest, woods
das Waldfest -e school outing in the woods (4/4)
der Waldrand ⸚er edge of a forest
die Waldstraße -n forest road
der Waldweg -e forest path
der Walzer - waltz
die Wand ⸚e interior wall (of a building) (2/3)
die Wanderkarte -n large-scale map showing hikers' trails
wandern hike (5/3)
die Wanderung -en hike
der Wanderverein -e hiking club
die Wandtafel -n chalkboard
wann when (interrogative; see §59 Note)
der Wannsee *See im südwestlichen Teil von West-Berlin*
die Ware -n piece of merchandise; (pl.) wares
warm, wärmer, wärmst- warm
die Wärme heat, warmth
warten (auf + acc.) wait for
-wärts -wards (10/6)
warum why
was what; was für what kind (of); = etwas (2/1)

die **Wäsche** washing; laundry
waschen (ä), u, a wash; [→ ab-, aus-]
der **Waschkessel** - boiler (for laundry) (9/5)
das **Wasser** - water
der **Wasserfall** ⸚e waterfall
die **Wasserfläche -n** body of water
wasserreich well-watered, with an abundance of water (5/5)
der **Wasserschi -er** water ski
Wasserschi fahren (ä), u, a go water skiing
der **Wassersport -e** water sport
der **Wassersportenthusiast (-en) -en** water sport enthusiast
der **Wassertank -e** tank
der **Wasserturm** ⸚e water tower
der **Wechsel** - change
wechseln exchange, change; [→ ab-] (7/4; 10/3)
wecken [→ auf-]
weder . . . noch neither . . . nor
der **Weg -e** way, path, road; **im Weg** in the way
weg away
weg-drehen turn away
wegen because of (7/1); (see §32.5)
weg-fahren (ä), u, a drive away, ride away
weg-gehen, ging, gegangen go away, leave
weg-kommen, kam, gekommen get away
weg-laufen (äu), ie, au run away
weg-nehmen (nimmt), nahm, genommen take away
weh tun, tat, getan hurt
wehen blow
Wehrendorf *Dorf in der Nähe von Osnabrück*
weich soft (10/3)
die **Weide -n** pasture (5/2)
Weihnachten Christmas
weil because, as a result of the fact that
die **Weile -n** a while, space of time (10/7)
der **Wein -e** wine
die **Weise -n** manner, way (5/5)
weisen, ie, ie (auf + acc.) point (out), direct
weiß white
weit far; **weiter** further, on; additional; **nichts weiter** nothing important
weiter-fahren (ä), u, a drive on, ride on
weiter-gehen, ging, gegangen go on, walk on; be on one's way, get going
weiter-lesen (ie), a, e continue reading, go on reading
weithin from afar
welch which, what; **welche** which
die **Welt -en** world
weltberühmt world-famous

die **Weltgesundheitsorganisation** World Health Organization
der **Weltkirchenrat** World Council of Churches
der **Weltkrieg -e** World War
die **Weltmeisterschaft** world championship
der **Weltrekord -e** world record
wenden, wandte, gewandt (sich) turn around
wenig little; (*pl.*) few; **weniger** less; **wenigstens** at least
wenn if, when, whenever; **wenn . . . auch** even if; **und wenn** even if; (see §59 Note)
wer who, whoever; **wen** whom; **wem** to whom; **wessen** whose
werden (wird), wurde, geworden (worden) become; get, be; will, shall; [→ los-]
werfen (i), a, o throw, cast
das **Werk -e** work; factory
die **Werkstatt** ⸚en workshop
das **Werkzeug -e** tool
die **Werra** und die **Fulda** *zwei kleinere Flüsse in West-Deutschland, die zusammenfließen und die Weser bilden*
wert worth, of value
der **Wert -e** value (9/2)
das **Wesen** - creature, living being
die **Weser** *einer der Hauptflüsse Deutschlands, mündet unterhalb Bremen in die Nordsee*
wessen whose
West-Deutschland West Germany (the political organization); = BRD
der **Westen** west; occident, western world
Westfalen *östlicher Teil des Landes Nordrhein-Westfalen*
die **Westküste -n** west coast
westlich western; **westlich von** west of
der **Wettbewerb -e** contest
wetten bet
das **Wetter** weather
der **Wettkampf** ⸚e contest
der **Wettlauf** ⸚e race
wett-laufen (äu), ie, au run a race
das **Wettlaufen** track meet (100-meter dash, etc.); race (4/3)
wett-machen catch up (4/1)
wichtig important; **sich wichtig vorkommen** consider oneself important; **sich wichtig nehmen** be conceited
die **Wichtigkeit** importance
wider against, contrary to
der **Widerstand** resistance
wie how; as; like
wieder again
wieder-geben (i), a, e give back; reproduce
wiederholen repeat

die **Wiederholung -en** review
wieder-hören hear again; **Auf Wiederhören!** Good-bye! (used on the telephone)
wieder-kommen, a, o return
wieder-sehen (ie), a, e see again; **Auf Wiedersehen!** Good-bye!
wieder-treffen (trifft), traf, getroffen renew acquaintance with
Wien *Hauptstadt von Österreich* (Vienna)
Wiener Viennese
die **Wiese -n** meadow, grassland (5/2)
wieso why, how, how so?
wieviel how much, how many; **wie viele** how many
wild wild
die **Wildnis -se** wilderness, desert
willen: um + gen. + willen for . . .'s sake
willkommen welcome
der **Wind -e** wind
winden, a, u (sich) wind, twine, coil; meander (5/4)
windig windy
die **Windschutzscheibe -n** windshield
winken beckon, wave; [→ **nach-**] (12/7)
der **Winter** winter
das **Winterhotel -s** winter hotel
der **Winterschlaf** hibernation
der **Wintersport -e** winter sport
der **Wintertag -e** winter day
wirklich real(ly), actual(ly)
die **Wirkung -en** effect (6/6)
wirkungsvoll effective, effectual (6/6)
der **Wirt -e** innkeeper, landlord (7/1)
die **Wirtin -nen** landlady, innkeeper's wife
wischen wipe
wissen (weiß), wußte, gewußt know
das **Wissen** knowledge
die **Wissenschaft -en** science, scholarship
wissenschaftlich scientific
der **Witz -e** joke
wo where; wherever; **wo . . . auch** wherever
die **Woche -n** week
das **Wochenende -n** weekend
der **Wochentag -e** weekday
wofür for which; for what
woher where (from); how
wohin where (to)
wohl well; probably; **sich wohl fühlen** feel at home, feel well
wohlbekannt well-known
wohnen live, reside
das **Wohnhaus ⁼er** residence
die **Wohnstube -n** living room (9/7)
die **Wohnung -en** apartment, residence

das **Wohnzimmer -** living room
Wolf, Hugo (1860-1903) *österreichischer Liederkomponist*
die **Wolke -n** cloud
das **Wolkenmeer -e** sea of clouds
wollen (will), wollte, gewollt want to, intend to
womit with which; with what
woran at which, on which; by what
worauf on which; on what, about what, to what
worden (see Gram. Ref. Note §46.2)
worin in which; in what
das **Wort ⁼er** word
das **Wort -e** word, saying, expression
das **Wörterbuch ⁼er** dictionary
der **Wortschatz** vocabulary
worüber over which, about which; over what, about what
wovon from which, about which; from what, about what
wozu to which; to what; to what purpose; why
die **Wunde -n** wound
das **Wunder -** miracle, wonder
wunderbar wonderful
wundern (sich) be surprised, wonder (**über +** acc.) (8/2)
wunderschön lovely, exquisite
wundervoll wonderful, marvelous
der **Wunsch ⁼e** wish, desire
wünschen wish
die **Wupper** *rechter Nebenfluß des Rheins*
Wuppertal *Stadt östlich von Düsseldorf*
die **Wurst ⁼e** sausage
das **Wurstbrot -e** sausage sandwich
das **Würstchen -** little sausage
Württemberg *östlicher Teil des Landes Baden-Württemberg*

Z

die **Zahl -en** number
zahlen pay; **Zahlen bitte!** Please bring the check.
der **Zahn ⁼e** tooth
der **Zahnarzt ⁼e** dentist
der **Zauber** magic (12/7)
die **Zauberflöte** "The Magic Flute"
der **Zaun ⁼e** fence (12/5)
zäunen [→ **ein-**]
z. B. = zum Beispiel for example
zehn ten
zehnmal ten times
das **Zehnpfennigstück -e** ten penny coin

zeichnen draw, sketch (6/3)
die **Zeichnung -en** drawing, sketch
zeigen show; point; [→ **vor-**]
die **Zeit -en** time; **zur Zeit** at the time; at present
die **Zeitschrift -en** magazine, periodical
die **Zeitung -en** newspaper
der **Zeitverlust -e** loss of time
das **Zentimeter -** centimeter
zerbrechen (i), a, o break to pieces
zerstören destroy
der **Zettel -** slip of paper; = **Strafzettel** (10/2)
das **Zeugnis -se** evidence, testimony
ziehen, zog, gezogen draw, pull; extract; extend; move; [→ **an-, um-, vorbei-**] (5/5)
ziemlich rather, quite
die **Zigarre -n** cigar
das **Zimmer -** room
zittern tremble, shake
zögern hesitate (6/3)
der **Zoll ≃e** customs
die **Zollkontrolle -n** customs inspection (3/1)
die **Zone -n** zone; (term used in West Germany for East Germany) (7/4)
die **Zoologie** zoology
zoologisch zoological; **Zoologischer Garten** Zoo
zu to; toward; at; too, excessively; **ab und zu** now and then, sometimes; **um . . . zu** in order to; **sind . . . zu finden** are to be found
der **Zubehör** accessories, fittings
zu-bleiben, ie, ie remain closed
zucken jerk, twitch; **die Achseln zucken** shrug one's shoulders
zuerst first; at first
der **Zufall ≃e** accident, chance
zufällig by chance; accidentally
zufrieden contented; satisfied
zufrieden-stellen satisfy (2/1)
der **Zug ≃e** train; procession; parade; move (1/6)
der **Zugführer -** conductor
zugleich at the same time
zugrunde gehen, ging, gegangen be ruined, perish
zu-hören listen
die **Zukunft** future (9/2)
zuletzt last, at last
zum = **zu** + **dem**
zu-machen close, shut
zum Beispiel for example
zunächst first, in the first place (5/1); **zunächst einmal** to begin with
zur = **zu** + **der**

zurecht-finden, a, u (sich) find one's way around, get oriented (5/1)
Zürich *größte Stadt der Schweiz*
der **Zürichsee** Lake Zurich
zurück back, again; as change
zurück-bleiben, ie, ie stay behind
zurück-fahren (ä), u, a drive back; recoil, jump in surprise
zurück-geben (i), a, e give back
zurück-kommen, kam, gekommen get back, come back, return
zurück-laufen (äu), ie, au go back, run back
zurück-reichen extend back
zurück-treten (tritt), a, e step back
der **Zuruf -e** shout, call
zu-rufen, ie, u shout to, call to
zusammen together
zusammen-bleiben, ie, ie stay together
zusammen-brechen (i), a, o collapse
zusammen-bringen, brachte, gebracht assemble, bring together
zusammen-gehören belong together
zusammen-hängen, i, a be connected (8/4)
zusammenklappbar collapsible
zusammen-klappen fold up
zusammen-kommen, kam, gekommen come together, meet, assemble
zusammen-packen pack up
zusammen-wachsen (ä), u, a grow together
zu-schauen watch
der **Zuschauer -** spectator (6/5)
zu-sehen (ie), a, e watch; see to it; be careful, be sure
der **Zustand ≃e** condition (6/5)
zuverlässig reliable, dependable (8/4)
zuviel too much, too many
zwanzig twenty
zwar indeed, to be sure; **und zwar . . .** and what is more . . .
der **Zweck -e** purpose, goal
zwei two; **zweit-** second; **zweites Frühstück** mid-morning meal (3/4)
der **Zweifel -** doubt
zweifelhaft doubtful (8/2)
zweimal twice
zweitens in the second place; secondly
der **Zwieback -e** zwieback; rusk
zwischen between, among
zwo = **zwei** (used — only orally — to avoid possible confusion between "zwei" and "drei")
zwölf twelve
zwölft- twelfth
der **Zylinder -** cylinder; top-hat (8/3)